弥生文化の起源と東アジア金属器文化

小林青樹 著

塙 書 房

序

　本書は、東アジア各地の金属器文化の比較検討から、弥生文化を象徴する青銅器と鉄器の起源を明らかにしようとするものである。

　当時の東アジア各地の社会において、青銅器は単なる実用品ではなかった。特に、中国北方から韓半島、さらに日本列島においては、実用品以外に非実用品として機能し、大形化した青銅祭器は、まさに非実用の青銅器の代表である。日本列島における青銅祭器の起源がどこにあり、その意味は一体どのようなものであったのか。また、日本列島に流入した初期鉄器は、燕国を中心とする中国からどのようにもたらされたのかはよくわかっていない。

　こうした課題を明らかにするためには、日本列島を飛び越えて大陸での検討を行わなければならない。本書で主として検討を行うのは、中国内蒙古自治区の南から遼寧省一帯にかけてのいわゆる遼寧青銅器文化の地とかつて燕国が存在した河北省を中心とする地域である。遼寧青銅器文化は、すでに殷周代に中原系の青銅器文化の影響を受け、さらに北方草原地帯の青銅器文化の影響をも受けつつ独自の展開を遂げた。春秋戦国期には、燕国の影響が及び、遼寧青銅器文化は大きく変貌する。そして当地域の青銅器文化は、燕国の東方への領域拡大により韓半島や日本列島に影響を及ぼすことになった。日本列島では弥生時代前期末から中期初頭頃に大きな社会変動があるが、その要因として青銅器と鉄器の流入が大きく関わっていると考えられる。

　古代中国の武器に関し、殷中期から前漢中期頃までの検討を行った林巳奈夫は、『中国殷周時代の武器』の冒頭部分で、本書で検討を行う地域の青銅武器について、「中国正統の文化に対するのとはまた異なった観点に立った研究が必要」であると指摘した。本書は、まさに林が指摘する「異なった観点」を提示するものである。

　それでは、この「異なった観点に立った研究」とは一体どのようなものであろうか。筆者は次のように捉えたい。すなわち、中原で培われた武器などの金属器がどのように周辺地域に伝播して、北方系の金属器文化と関係し変容していくのかを明らかにする研究であると。ひとたび、周辺に伝播した金属器は、その地域の生態的、あるいは文化的な世界に適応し、形や意味を変化しつつ展開した。このプロセスと変化を比較検討することで、日本列島における金属器の受容過程を明らかにできよう。

　こうした検討を可能とした背景には、国立歴史民俗博物館による AMS 炭素 14 年代測定法の推進がある。わが国の弥生時代の実年代が明らかになっていくことによって、この実年代をベースに東アジアという広い範囲での検討が可能となったわけである。本書では、この新しい視点と年代観をもって論を進めることにする。

i

目　　次

序

第1章　弥生文化の起源と東アジア金属器文化 …………………………………… 3

　　第1節　本書の課題 ……………………………………………………………… 5

　　第2節　弥生青銅器の起源をめぐる議論 …………………………………………… 9

　　第3節　弥生鉄器の起源をめぐる議論 …………………………………………… 17

第2章　弥生青銅器の起源と遼寧青銅器文化 ……………………………………… 23

　　第1節　研究の舞台 ……………………………………………………………… 25

　　第2節　銅剣の起源 ……………………………………………………………… 33

　　第3節　銅矛の起源 ……………………………………………………………… 55

　　第4節　細形銅矛の起源 ………………………………………………………… 69

　　第5節　銅戈の起源 ……………………………………………………………… 93

　　第6節　動物意匠の起源 ………………………………………………………… 131

第3章　中国外郭圏と弥生文化 …………………………………………………… 157

　　第1節　中国外郭圏の問題 ……………………………………………………… 159

　　第2節　ベトナム南部青銅器文化の特色 ………………………………………… 163

　　第3節　東南アジアの銅戈と弥生銅戈 …………………………………………… 177

iii

目　次

第4章　弥生鉄器の起源と燕国 ……………………………………………… *205*

　　第1節　春秋戦国期の燕国と弥生文化 ………………………………… *207*

　　第2節　春秋戦国期の燕国系初期鉄器と東方への拡散 ……………… *223*

　　第3節　燕国系鉄製農具と弥生文化 …………………………………… *255*

第5章　結論 ………………………………………………………………… *271*

附編　東アジアにおける金属器資料の調査と研究 ……………………… *285*

あ と が き ………………………………………………………………… *299*

引用・参考文献 …………………………………………………………… *301*

出 典 一 覧 ………………………………………………………………… *315*

英 文 要 旨 ………………………………………………………………… *317*

中 文 要 旨 ………………………………………………………………… *321*

索　　引 …………………………………………………………………… *323*

図表目次

図目次

附図　本書に登場する東アジアの遺跡 ……………………………………………………… ix
図 1　ユーラシア地域圏　前 2000〜前 1800 年頃 ……………………………………… 27
図 2　ユーラシア地域圏　前 1800〜前 1500 年頃 ……………………………………… 27
図 3　ユーラシア地域圏　前 1500〜前 1100 年頃 ……………………………………… 29
図 4　ユーラシア地域圏　前 1000〜前 800 年頃 ………………………………………… 29
図 5　銅剣の起源と系譜 ……………………………………………………………………… 35
図 6　小黒石溝遺跡 M8501 墓出土銅剣 …………………………………………………… 43
図 7　小黒石溝遺跡 M8501 墓例の柄と身の接合 ………………………………………… 45
図 8　遼西と遼東の古式遼寧式銅剣の曲刃（棘状突起）の例 …………………………… 45
図 9　銅柄と加重器の比較 …………………………………………………………………… 47
図 10　遼寧式銅剣の起源と系譜 …………………………………………………………… 49
図 11　遼陽甜水塔湾村出土鋳型と韓半島の銅剣 ………………………………………… 51
図 12　遼西地域の銅矛 ……………………………………………………………………… 57
図 13　小黒石溝遺跡 85AIM2 出土遺物 …………………………………………………… 59
図 14　遼西の銅剣・銅斧・鏡文様 ………………………………………………………… 61
図 15　河陽溝遺跡例と南洞溝遺跡例の剣柄 ……………………………………………… 61
図 16　山西省柳林高紅の銅矛と共伴遺物 ………………………………………………… 65
図 17　小黒石溝 85AIM2 銎式銅戈の類例 ………………………………………………… 65
図 18　殷・山西・河北・遼西における銅矛の系譜 ……………………………………… 65
図 19　初期銅矛の分布地域・部分名称 …………………………………………………… 71
図 20　遼寧青銅器文化の銅矛（1） ………………………………………………………… 74
図 21　遼寧青銅器文化の銅矛（2） ………………………………………………………… 75
図 22　韓半島の初期銅矛（1） ……………………………………………………………… 75
図 23　韓半島の初期銅矛（2） ……………………………………………………………… 76
図 24　無銎柄銅矛と使用法の復元案 ……………………………………………………… 76
図 25　遼寧式銅剣の鋳型に彫り込まれた陰刻線 ………………………………………… 76
図 26　初期銅矛諸系列の系譜・変遷・年代 ……………………………………………… 83
図 27　初期銅矛諸系列の分布 ……………………………………………………………… 87
図 28　戦国時代燕国における銅矛の変遷 ………………………………………………… 89
図 29　戦国燕系銅矛 ………………………………………………………………………… 89
図 30　宮本一夫による細形銅矛の分類と変遷案と節帯 A 例 …………………………… 89
図 31　吉田広による弥生細形銅矛の分類と節帯 ………………………………………… 89
図 32　遼寧式銅戈の分布と韓半島の細形銅戈 …………………………………………… 100
図 33　遼寧式銅戈遼西系列の資料 ………………………………………………………… 102
図 34　孤山子 90M1 出土青銅器 …………………………………………………………… 104
図 35　孤山子 90M1 出土土器 ……………………………………………………………… 104
図 36　蓋付豆の変遷 ………………………………………………………………………… 104
図 37　遼寧式銅戈遼東系列と伴出青銅器 ………………………………………………… 107
図 38　遼寧式銅剣と遼寧式銅戈の合成 …………………………………………………… 109
図 39　遼寧式銅戈の研ぎ方模式図 ………………………………………………………… 109

v

図表目次

図 40　遼寧式銅戈の着柄状態の復元模式図‥‥‥‥‥‥‥‥‥‥‥‥‥‥‥‥‥‥‥‥‥‥‥‥‥‥‥‥‥‥‥‥‥ *112*

図 41　遼寧と韓半島における銅斧文様の変遷‥‥‥‥‥‥‥‥‥‥‥‥‥‥‥‥‥‥‥‥‥‥‥‥‥‥‥‥‥‥‥‥ *116*

図 42　遼寧式銅戈の変遷案‥‥‥ *118*

図 43　遼寧式銅戈・細形銅剣・細形銅戈の比較‥‥‥‥‥‥‥‥‥‥‥‥‥‥‥‥‥‥‥‥‥‥‥‥‥‥‥‥‥‥ *120*

図 44　胡・闌先端部分の形態の変遷と研ぎ方‥‥‥‥‥‥‥‥‥‥‥‥‥‥‥‥‥‥‥‥‥‥‥‥‥‥‥‥‥‥‥ *122*

図 45　闌部の形態変遷（模式図）‥‥‥‥‥‥‥‥‥‥‥‥‥‥‥‥‥‥‥‥‥‥‥‥‥‥‥‥‥‥‥‥‥‥‥‥‥ *122*

図 46　細形銅戈の変遷‥‥‥ *124*

図 47　燕下都辛荘頭 30 号墓出土細形銅戈‥‥‥‥‥‥‥‥‥‥‥‥‥‥‥‥‥‥‥‥‥‥‥‥‥‥‥‥‥‥‥‥‥ *124*

図 48　燕式銅戈の虎装飾と壺 A 類の虎文様‥‥‥‥‥‥‥‥‥‥‥‥‥‥‥‥‥‥‥‥‥‥‥‥‥‥‥‥‥‥‥‥ *126*

図 49　中国北方の諸地域‥‥ *132*

図 50　参考館所蔵オルドス青銅器（1）‥‥‥‥‥‥‥‥‥‥‥‥‥‥‥‥‥‥‥‥‥‥‥‥‥‥‥‥‥‥‥‥‥‥ *136*

図 51　参考館所蔵オルドス青銅器（2）‥‥‥‥‥‥‥‥‥‥‥‥‥‥‥‥‥‥‥‥‥‥‥‥‥‥‥‥‥‥‥‥‥‥ *137*

図 52　参考館所蔵オルドス青銅器（3）‥‥‥‥‥‥‥‥‥‥‥‥‥‥‥‥‥‥‥‥‥‥‥‥‥‥‥‥‥‥‥‥‥‥ *139*

図 53　参考館所蔵オルドス青銅器（4）‥‥‥‥‥‥‥‥‥‥‥‥‥‥‥‥‥‥‥‥‥‥‥‥‥‥‥‥‥‥‥‥‥‥ *140*

図 54　参考館所蔵オルドス青銅器（5）‥‥‥‥‥‥‥‥‥‥‥‥‥‥‥‥‥‥‥‥‥‥‥‥‥‥‥‥‥‥‥‥‥‥ *141*

図 55　参考館所蔵オルドス青銅器（6）‥‥‥‥‥‥‥‥‥‥‥‥‥‥‥‥‥‥‥‥‥‥‥‥‥‥‥‥‥‥‥‥‥‥ *142*

図 56　韓国青銅器の絵画資料（1）‥‥‥‥‥‥‥‥‥‥‥‥‥‥‥‥‥‥‥‥‥‥‥‥‥‥‥‥‥‥‥‥‥‥‥‥‥ *150*

図 57　韓国青銅器の絵画資料（2）‥‥‥‥‥‥‥‥‥‥‥‥‥‥‥‥‥‥‥‥‥‥‥‥‥‥‥‥‥‥‥‥‥‥‥‥‥ *150*

図 58　戦国時代の画像紋狩猟紋‥‥‥‥‥‥‥‥‥‥‥‥‥‥‥‥‥‥‥‥‥‥‥‥‥‥‥‥‥‥‥‥‥‥‥‥‥‥‥ *152*

図 59　南山根遺跡出土骨板絵画‥‥‥‥‥‥‥‥‥‥‥‥‥‥‥‥‥‥‥‥‥‥‥‥‥‥‥‥‥‥‥‥‥‥‥‥‥‥‥ *152*

図 60　中国外郭圏の銅戈‥‥ *160*

図 61　ベトナム南部における青銅器時代の遺跡‥‥‥‥‥‥‥‥‥‥‥‥‥‥‥‥‥‥‥‥‥‥‥‥‥‥‥‥‥‥ *164*

図 62　ベトナム南部青銅器文化の鋳型資料‥‥‥‥‥‥‥‥‥‥‥‥‥‥‥‥‥‥‥‥‥‥‥‥‥‥‥‥‥‥‥‥ *167*

図 63　ベトナム南部青銅器資料（1）‥‥‥‥‥‥‥‥‥‥‥‥‥‥‥‥‥‥‥‥‥‥‥‥‥‥‥‥‥‥‥‥‥‥‥ *168*

図 64　ベトナム南部青銅器資料（2）‥‥‥‥‥‥‥‥‥‥‥‥‥‥‥‥‥‥‥‥‥‥‥‥‥‥‥‥‥‥‥‥‥‥‥ *169*

図 65　ベトナム南部青銅器資料（3）‥‥‥‥‥‥‥‥‥‥‥‥‥‥‥‥‥‥‥‥‥‥‥‥‥‥‥‥‥‥‥‥‥‥‥ *170*

図 66　ベトナム南部青銅器資料（4）‥‥‥‥‥‥‥‥‥‥‥‥‥‥‥‥‥‥‥‥‥‥‥‥‥‥‥‥‥‥‥‥‥‥‥ *171*

図 67　ベトナム南部青銅器資料の種類別数量‥‥‥‥‥‥‥‥‥‥‥‥‥‥‥‥‥‥‥‥‥‥‥‥‥‥‥‥‥‥‥ *172*

図 68　東南アジアにおける銅戈の出土遺跡‥‥‥‥‥‥‥‥‥‥‥‥‥‥‥‥‥‥‥‥‥‥‥‥‥‥‥‥‥‥‥‥ *178*

図 69　東南アジアの銅戈資料（1）‥‥‥‥‥‥‥‥‥‥‥‥‥‥‥‥‥‥‥‥‥‥‥‥‥‥‥‥‥‥‥‥‥‥‥‥‥ *180*

図 70　東南アジアの銅戈資料（2）‥‥‥‥‥‥‥‥‥‥‥‥‥‥‥‥‥‥‥‥‥‥‥‥‥‥‥‥‥‥‥‥‥‥‥‥‥ *181*

図 71　東南アジアの銅戈資料（3）‥‥‥‥‥‥‥‥‥‥‥‥‥‥‥‥‥‥‥‥‥‥‥‥‥‥‥‥‥‥‥‥‥‥‥‥‥ *182*

図 72　東南アジアの銅戈資料（4）‥‥‥‥‥‥‥‥‥‥‥‥‥‥‥‥‥‥‥‥‥‥‥‥‥‥‥‥‥‥‥‥‥‥‥‥‥ *183*

図 73　東南アジアの銅戈資料（5）‥‥‥‥‥‥‥‥‥‥‥‥‥‥‥‥‥‥‥‥‥‥‥‥‥‥‥‥‥‥‥‥‥‥‥‥‥ *184*

図 74　東南アジアの銅戈資料（6）‥‥‥‥‥‥‥‥‥‥‥‥‥‥‥‥‥‥‥‥‥‥‥‥‥‥‥‥‥‥‥‥‥‥‥‥‥ *185*

図 75　ロンザオ遺跡資料の変遷案‥‥‥‥‥‥‥‥‥‥‥‥‥‥‥‥‥‥‥‥‥‥‥‥‥‥‥‥‥‥‥‥‥‥‥‥‥ *186*

図 76　東南アジアにおける銅戈の変遷‥‥‥‥‥‥‥‥‥‥‥‥‥‥‥‥‥‥‥‥‥‥‥‥‥‥‥‥‥‥‥‥‥‥ *188*

図 77　有文無胡型銅戈の変遷‥‥ *190*

図 78　外反する無胡型銅戈の着柄‥‥‥‥‥‥‥‥‥‥‥‥‥‥‥‥‥‥‥‥‥‥‥‥‥‥‥‥‥‥‥‥‥‥‥‥‥ *190*

図 79　長胡有翼銅戈の変遷‥‥‥ *190*

図 80　四川盆地における銅戈の編年‥‥‥‥‥‥‥‥‥‥‥‥‥‥‥‥‥‥‥‥‥‥‥‥‥‥‥‥‥‥‥‥‥‥‥‥ *192*

図 81　四川と雲南の青銅戈の比較図‥‥‥‥‥‥‥‥‥‥‥‥‥‥‥‥‥‥‥‥‥‥‥‥‥‥‥‥‥‥‥‥‥‥‥‥ *194*

図 82　雲南の古相を示す無胡型戈‥‥‥‥‥‥‥‥‥‥‥‥‥‥‥‥‥‥‥‥‥‥‥‥‥‥‥‥‥‥‥‥‥‥‥‥‥ *194*

図 83　ドイダー遺跡出土の青銅戈‥‥‥‥‥‥‥‥‥‥‥‥‥‥‥‥‥‥‥‥‥‥‥‥‥‥‥‥‥‥‥‥‥‥‥‥‥ *194*

図 84　雲南のベトナムⅣ類戈の祖型‥‥‥‥‥‥‥‥‥‥‥‥‥‥‥‥‥‥‥‥‥‥‥‥‥‥‥‥‥‥‥‥‥‥‥ *194*

図表目次

図 85	銅鼓に描かれた戦士と銅鉞例	196
図 86	中国外郭圏の銅戈の大形化と装飾化	199
図 87	銅戈の柄の長さの比較	200
図 88	弥生絵画における戈と木戈	200
図 89	燕国の長城	211
図 90	燕山地域の銅剣と関連資料	213
図 91	青谷上寺地遺跡木製琴の羊の線刻絵画	215
図 92	吉野ヶ里遺跡の燕国系鉄製刀子	215
図 93	八日市地方遺跡出土の鉄斧の柄	215
図 94	鋳造鉄器の出土地	215
図 95	吉野ヶ里遺跡における鉄器出土量の推移	216
図 96	滑石含有口縁内弯土器の変遷	217
図 97	沖縄出土の明刀銭	217
図 98	燕国の領域支配の東方拡大と弥生文化	220
図 99	初期鉄器関連遺跡の分布	224
図 100	燕下都東沈村6号居住遺跡の鉄器出土状況	226
図 101	燕下都遺跡出土の鉄器新出器種（1）	226
図 102	燕下都遺跡出土の鉄器新出器種（2）	226
図 103	燕下都遺跡出土の鉄器新出器種（3）	228
図 104	内蒙古老虎山遺跡出土鉄器	229
図 105	遼寧蓮花堡遺跡出土鉄器	230
図 106	遼寧高麗寨遺跡出土鉄器	231
図 107	龍淵洞遺跡出土鉄器・青銅器	233
図 108	細竹里遺跡出土鉄器	233
図 109	虎谷遺跡第6期の鉄器	233
図 110	松山里遺跡の鋳造鉄器	234
図 111	韓国の初期鉄器（1）	235
図 112	韓国の初期鉄器（2）	236
図 113	龍淵洞遺跡出土斧形鉄器の特徴	239
図 114	副将（大付将）溝出土鉄製鋳型2種の特徴	239
図 115	韓半島における土器の変遷案	243
図 116	日本列島の初期鉄器	246
図 117	燕下都44号墓出土鉄製品	247
図 118	燕国の領域支配の東方への拡散過程	250
図 119	初期鉄製農具関連遺跡の分布	255
図 120	斧形鋤鍬先	256
図 121	釜柄平鋤・方形袋状鋤先	257
図 122	鋤板類	258
図 123	平鍬・又鍬・横鍬	259
図 124	鎌・石包丁形鉄器	260
図 125	鉄製農具の分布	265
図 126	方形柄孔系木製農具と関連資料	268
図 127	多鈕鏡の分布と文様帯	275
図 128	多鈕鏡文様の変遷	275
図 129	中国と韓国の銅鈴	275

vii

図 表 目 次

図 130　中国外郭圏の銅戈 ……………………………………………………………… *277*
図 131　初期弥生文化形成における 2 つの大きな流れ …………………………………… *281*
図 132　中国における金属器資料の調査光景 …………………………………………… *298*

表目次

表 1　ユーラシア東部諸文化の併行関係 ……………………………………………… *26*
表 2　遼西地域における銅矛資料 ……………………………………………………… *57*
表 3　初期銅矛のデータ ………………………………………………………………… *89*
表 4　ベトナム南部の青銅器・鋳造関連遺物一覧 …………………………………… *166*
表 5　東南アジアにおける銅戈の出土遺跡 ……………………………………………… *178*
表 6　外郭圏の銅戈要素比較 …………………………………………………………… *202*
表 7　鋳造鉄器実年代対応表 …………………………………………………………… *227*
表 8　燕下都遺跡における各種鉄器の出現年代 ………………………………………… *228*
表 9　東北アジア初期鉄器の基本セット ………………………………………………… *251*
表 10　東北アジア諸地域における初期鉄製農具組成表 ………………………………… *266*

viii

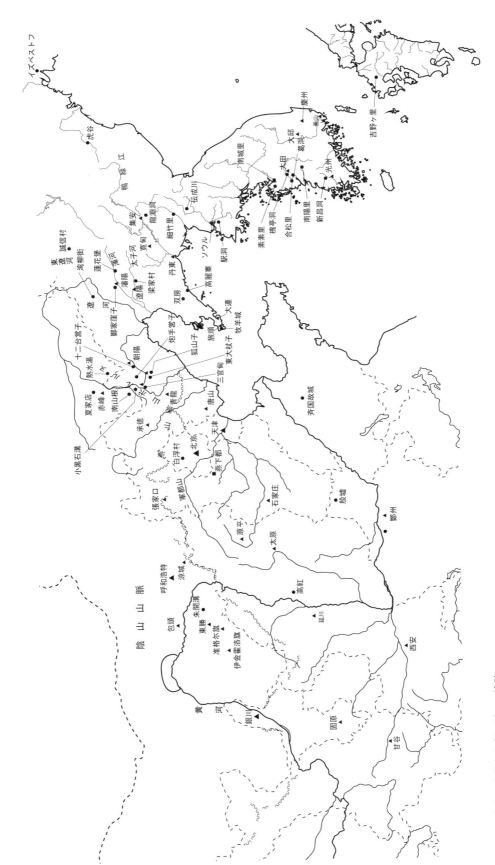

附図　本書に登場する東アジアの遺跡

弥生文化の起源と東アジア金属器文化

第1章　弥生文化の起源と東アジア金属器文化

第1節　本書の課題

　本書は、青銅器・鉄器という金属器に着目して、弥生文化の起源を東アジア全体のなかで探求し、新しい歴史像の構築を目指したものである。特に、日本列島において、大陸文化の影響を最初に受ける北部九州弥生社会の形成に関わる、青銅器・鉄器という主要な文化要素の起源地と系譜関係を明らかにすることが検討の中心となる。これらの検討によって得られた成果が、初期弥生社会の形成にどのように関わっていたのかを明らかにするのが目的である。従来の説では弥生文化の起源は韓半島にあり、その後に北部九州へ伝播し、東方の縄文世界に広がったというものであった。また大陸との関係においては、紀元前108年（以下「前」と略す）に前漢帝国により楽浪郡が設置されて以降に、大陸の文物が流入しはじめるというのが定説であった。しかし近年の弥生時代の実年代をめぐる研究の大きな進展は、それまでの研究の再検討を促し、そしてより精確な年代を検討する必要性が生じた点において重要な画期となった。本書は、まさにこの状況下において進められた研究の成果であり、3つの大きな発見に基づいている。

　第1の発見は、中国北方の青銅器・鉄器文化の再検討の結果、中国遼寧省において弥生青銅器の1つである銅戈の起源と考えられる遼寧式銅戈を発見したことである。この銅戈の発見は、あらためて弥生青銅器文化が遼寧青銅器文化と深い関係にあり、また遼寧地域に前6世紀以降に強い影響を与えるようになる燕国系の文化の重要性を再確認することにも繋がった。さらには銅剣・銅矛などについても検討を加え、弥生青銅器の起源を遼寧青銅器文化をはじめとする中国北方青銅器文化との関連で考察したのが本書の第1の課題である。

　第2の発見は、第1の課題の1つである銅戈の問題から派生した。筆者はかつて東南アジアの青銅器研究に触れる機会があり、特にベトナム南部の調査において多数の銅戈が存在することを知った。なぜ、このような辺地に多量の銅戈が存在するのか。この疑問を解消する検討が、中国外郭圏という考え方へと結実した。話を日本列島に戻すと、弥生文化においても、銅戈が最も東方に伝播し、さらなる東方では銅戈を模倣した石戈や石戈を模倣した有角石器が分布する。こうした状況は日本だけの特異な現象ではなく、ベトナムを中心とする東南アジアでも同様なあり方を示していることから、銅戈自体に特別な意味があり、銅戈を生み出した中国中原から周辺地域に銅戈とそれを用いた祭祀が同じように伝播したと考えた。このように戈に着目して、中国中原の周辺地域を「中国外郭圏」と考え、議論を進めたわけである。これが本書で考察する第2の課題である。

　第3の発見は、遼寧や内蒙古での現地調査を通じて、前6世紀以降における当地域への燕国の強い影響を確認し、さらにその影響は弥生時代の日本列島にまで到達していた事実に直面することによって見出したものである。

　戦国七雄の1つである燕国の鉄器などの痕跡は、西日本各地ですでに確認されており、燕国

第1章　弥生文化の起源と東アジア金属器文化

の本拠地である河北省の現地調査や韓半島における燕国系資料の調査を実施した。同時に、日本国内の燕国系遺物の再検討を実施し、弥生時代の前期末から中期前半頃に燕国や東方の遼寧地域との間にすでに直接的な交流があったことを明らかにした。また燕国の影響は、沖縄諸島にも及んでおり、それら資料の検討も実施した。

　こうした第3の発見をもとに、春秋戦国時代の燕国と弥生文化の関係を考察したのが本書の第3の課題である。

　本書は、以上の3つの発見から導かれた課題を検討することにより、弥生文化の起源と東アジア金属器文化との関係に関する考え方の枠組みを再構築するものであり、そこで判明した事実は、これまでとは異なる歴史像であり、想像を超える遠隔地とのダイナミックな交流によって達成されたものであった。

　なお、本書に収載した論考の初出は以下の通りであり、いずれも大幅な加筆・修正を行っている。

〔初出一覧〕
第1章　弥生文化の起源と東アジア金属器文化
　第1節　本書の課題：新稿
　第2節　弥生青銅器の起源をめぐる議論：小林青樹 2010「銅剣の起源」(『栃木史学』第28号、14-37頁)をもとに加筆修正。
　第3節　弥生鉄器の起源をめぐる議論：石川岳彦・小林青樹 2012「春秋戦国期の燕国における初期鉄器と東方への拡散」(『国立歴史民俗博物館研究報告』第167集、1-40頁)をもとに加筆修正。
第2章　弥生青銅器の起源と遼寧青銅器文化
　第1節　研究の舞台：小林青樹 2014「ユーラシア東部における青銅器文化―弥生青銅器の起源をめぐって―」(『国立歴史民俗博物館研究報告』第185集、213-238頁)をもとに加筆修正。
　第2節　銅剣の起源：小林青樹 2008b「遼寧式銅剣の起源に関する諸問題―小黒石溝遺跡 M8501 墓出土短剣の観察から―」(『中国考古学』第8号、167-185頁)・小林青樹 2010「銅剣の起源」(『栃木史学』第28号、14-37頁)・小林青樹 2014「ユーラシア東部における青銅器文化―弥生青銅器の起源をめぐって―」(『国立歴史民俗博物館研究報告』第185集、213-238頁)をもとに加筆修正。
　第3節　銅矛の起源：小林青樹 2010b「銅矛の起源」(『日本基層文化論叢』椙山林継先生古稀記念論集、雄山閣、38-47頁)・小林青樹 2011「細形銅矛の起源」(『栃木史学』第25号、13-37頁)をもとに加筆修正。
　第4節　細形銅矛の起源：小林青樹 2011「細形銅矛の起源」(『栃木史学』第25号、13-37頁)・小林青樹 2014「ユーラシア東部における青銅器文化―弥生青銅器の起源をめぐって―」(『国立歴史民俗博物館研究報告』第185集、213-238頁)をもとに加筆修正。
　第5節　銅戈の起源：小林青樹・春成秀爾・宮本一夫・石川岳彦 2007「遼西式銅戈と朝鮮式銅戈の起源」(『中国考古学』第7号、57-76頁)・小林青樹 2008a「東アジアにおける銅戈の起源と年代」(『新弥生時代のはじまり　東アジア青銅器の系譜』第3巻、雄山閣、24-38頁)・小林青樹・春成秀爾・宮本一夫・宮里修・石川岳彦・村松洋介 2011「遼東における青銅器・鉄器研究の諸問題」(『中国考古学』第11号、203-222頁)・小林青樹・宮本一夫・石川岳彦・李新全 2012「近年の遼寧地域における青銅器・鉄器研究の現状」(『中国考古学』第12号、213-229頁)の筆者執筆担当部分をもとに

加筆修正。
　　第6節　動物意匠の起源：小林青樹 2012a「中国北方地域の動物意匠と弥生文化」（『栃木史学』第26号、23-48頁）をもとに加筆修正。
第3章　中国外郭圏と弥生文化
　　第1節　中国外郭圏の問題：新稿
　　第2節　ベトナム南部青銅器文化の特色：小林青樹 2006e「ベトナム南部青銅器文化の調査と研究」（『メコン流域における金属資源とその利用に関する考古学的研究』、33-52頁、研究代表者：新田栄治・鹿児島大学）をもとに加筆修正。
　　第3節　東南アジアの銅戈と弥生銅戈：小林青樹 2006f「東南アジアにおける銅戈の調査と研究」（『メコン流域における金属資源とその利用に関する考古学的研究』、53-79頁、研究代表者：新田栄治・鹿児島大学）・小林青樹 2006a「弥生祭祀における戈とその源流」（『栃木史学』第20号、87-107頁）・小林青樹 2006b「中国外郭圏の銅戈」（『歴博国際シンポジウム 2006　古代アジアの青銅器文化と社会—起源・年代・系譜・流通・儀礼—発表要旨集』、141-146頁）をもとに加筆修正。
第4章　弥生鉄器の起源と燕国
　　第1節　春秋戦国期の燕国と弥生文化：小林青樹 2012b「春秋戦国時代の燕国と弥生文化」（『歴史のなかの人間』野州叢書第2集、國學院大學栃木短期大学、7-33頁）・小林青樹 2015「弥生時代前半期における内蒙古・遼寧関連資料の問題」（考古学研究会岡山例会、岡山大学）をもとに加筆修正。
　　第2節　春秋戦国期の燕国系初期鉄器と東方への拡散：石川岳彦・小林青樹 2012「春秋戦国期の燕国における初期鉄器と東方への拡散」（『国立歴史民俗博物館研究報告』第167集、1-40頁：石川岳彦氏と共著）をもとに加筆修正。
　　第3節　燕国系鉄製農具と弥生文化：小林青樹 2013「燕国と遼寧・韓半島の初期鉄製農具」（『弥生時代政治社会構造論』、雄山閣、21-33頁）をもとに加筆修正。
第5章　結論：新稿
附編　東アジアにおける金属器資料の調査と研究：新稿

本書には、以下の研究成果が含まれている。
・基盤研究（A）「メコン流域における金属資源とその利用に関する考古学的研究」（研究代表者：新田栄治・鹿児島大学）平成14-17年度
・学術創成研究　「弥生農耕の起源と東アジア—炭素年代測定による高精度編年体系の構築—」（研究代表者：西本豊弘・国立歴史民俗博物館）平成16-20年度
・基盤研究（B）「紀年銘中原系青銅器の再検討による中国北方青銅器文化研究の再構築」（研究代表者：小林青樹・國學院大學栃木短期大学）平成21-23年度
・基盤研究（B）「春秋戦国期における燕国系遺物の年代と産地に関する研究」（研究代表者：小林青樹・國學院大學栃木短期大学・奈良大学）平成24-27年度

第2節　弥生青銅器の起源をめぐる議論

1．20世紀初頭頃から戦前頃の研究と議論

　本書では、先に第1の課題について述べたように、弥生青銅器の起源をその淵源である遼寧青銅器文化とその周辺に求めることが中心的な議論となる。ただし、弥生青銅器の起源の問題は、近年、オルドス系青銅器や長城地帯青銅器の遺物が日本列島で出土するようになり、検討の範囲をさらに西に広げる必要がある。また遼寧青銅器文化自体の形成を考える場合には、その起源となる東部から中央ユーラシアの青銅器文化についても言及しなければならない[1]。

　まず、これまでの学説史についての概略を整理し、研究の大きな流れを把握するが、第1の課題である弥生青銅器の起源の問題のなかに、系譜をめぐる問題と大きく関連してその年代問題が大きく横たわっているので、年代問題についても関連づけて検討し、問題点を抽出する。なお、第2の課題である中国外郭圏については、銅戈の問題から派生した議論であるので、本節に含めて検討することにする。また、青銅器の個々の器種に関する研究史的問題については、それぞれの節において詳述する。

　弥生青銅器の起源と系譜の問題は、研究がはじまった20世紀初頭頃からすでにユーラシア東部の広大な地域のなかで把握しようとする考え方が萌芽していた。そのきっかけは、韓半島と中国大陸における戦前の朝鮮古蹟調査と東亜考古学会による大陸での調査研究を中心とするものであった。

　1900年代の前半頃、朝鮮総督府が統括した韓半島における数々の考古学調査の成果と、その後の古蹟調査報告の出版により、韓半島の青銅器文化は、楽浪郡設置以降に中国文化を受容して成立し、韓半島北部から日本へと推移していくという年代的変遷過程が想定された（藤田・梅原・小泉 1925）。

　この朝鮮古蹟調査と東亜考古学会による大陸での調査と研究が進み、大陸の青銅器文化に関する情報が得られることにより、日本列島における弥生時代の青銅器の起源についても大きな関心が向けられた。ただし、年代的な問題として、古蹟調査報告で示されたように、当時から日本列島の青銅器の伝来時期について、楽浪郡の設置が重要な契機であるという考えが定説化していた。その後、朝鮮古蹟調査以降、韓半島における漢代の遺物研究が進むなかで、韓半島の青銅器文化の形成をめぐって、非中原的特徴をもつ出現段階の青銅器が先秦時代に年代的に遡及するという問題や北方系金属器文化との関係などが梅原末治や藤田亮策によって議論された（梅原 1933 など、藤田・梅原 1947 など）。こうした動向のなか、次第に弥生時代の青銅器の起源と系譜の研究の関心は中国の北方地域やロシアへと向けられるようになった。

　すでに、こうした視点に立った研究として、鳥居龍蔵は韓半島の磨製石剣が「土耳古式短剣」

9

第1章 弥生文化の起源と東アジア金属器文化

に由来すると考えており（鳥居 1922）、梅原末治は韓半島南部の銅剣にシベリアの系譜を見出し、西方文化の青銅器が北方アジアを経由して東アジアに及んだ可能性を考え、中国の青銅器文化に影響を与えた北方系青銅器文化を問題とした（梅原 1933）。また、高橋健自は、青銅武器の体系的研究のなかで、たとえば、細形銅剣の起源について、中国北方より伝播したのは疑いなく、さらに銅剣の触角式の柄の起源について、中央ユーラシアを発しシベリアを経由して中国あるいは北方の遼寧にいたり韓半島を経て日本に伝来した、と想定している（高橋 1916）。

1920 年代後半頃は、ロシア人研究者による北方系青銅器文化の研究が大きく前進した時期であり（高濱 2005）、梅原は、数度にわたりロシアを訪問し、北方系青銅器に関する知見を広めた。梅原は、その折での成果を踏まえ、たとえば韓半島のいわゆる異形銅器である有鍔異形鈴の起源をスキタイ系であるアルタイの動物形装飾をもつ鈴形銅器に求めるなど、主として韓半島における漢代以前に遡りうる青銅器の起源と系譜に関する論考を相次いで発表した（梅原 1932 など）。ただし、当時はまだ中央ユーラシアと中国を繋ぐ地帯である内蒙古などの様相は、アンダーソンによる調査の成果などでしか窺いしれず、未知の領域であった。しかし、江上波夫と水野精一が 1930 年から内蒙古で調査を行い、その成果が『内蒙古・長城地帯』（水野・江上 1932）として刊行されるに及び、梅原らが問題としていた、青銅器文化伝播経路上の重要な地域である綏寧（オルドス）地域における青銅器文化の様相解明の端緒となった。以降、江上らを中心に綏寧（オルドス）青銅器文化の研究が進展した。一方で、当然のことながら、弥生青銅器の起源の候補は、中国中原にも求められており、樋本杜人は、韓半島の狭鋒銅矛が秦漢銅矛・鉄矛とは系統が異なり、また年代的に先行するとし、広義には殷周銅矛の系譜にあると考えたのは今に続く中原系弥生青銅器起源論の端緒であろう（樋本 1944）。

一方、大陸での調査の進展により当時西日本で見つかりはじめた多鈕細文鏡については、韓半島での調査研究において同種のものの存在が明らかになっており、さらに大陸各地での類品の存在が日本列島の多鈕細文鏡の起源と系譜に大きく関わることから、多くの弥生時代の研究者の関心を得て、多数の論考が短期間に集中して発表され、その起源をめぐりさまざまな学説が登場した（江上 1936 など）。この多鈕細文鏡をめぐる一連の動向からは、弥生文化の研究者だけではなく、大陸での調査を経験した研究者一同の関心が中国の北方からシベリア、そして中原のかなり広範囲に及んでいたことがよくわかる。以上の戦前の研究では、韓半島における青銅器の出現は先秦時代に遡り、楽浪郡設置以降に年代がかかるという理解であった。また、日本列島への伝来時期は、楽浪郡設置以降とされた。しかし、その直接的な系譜関係は明らかになっていない。むしろ、中国の漢文化を受容した、という見方が支配的で、ようやく北方系青銅器文化もその候補の一つとなった。その後、北方青銅器の研究は、1970 年代以降、高濱秀らに引き継がれ、精緻な編年と中央ユーラシアを舞台にした交流の実態が明らかとなっていった（高濱 2005 ほか）。

本書では、第 2 章において主に遼寧青銅器文化を舞台として弥生青銅器文化の起源について論じていくが、オルドス地域をはじめとする北方青銅器文化についても検討する。

2．戦後の研究と議論

　1960年代に入ると、韓半島や中国における考古学的成果が増加し、研究状況は一変する。特に画期的であったのは、遼寧省朝陽の十二台営子遺跡において、それまで満州式銅剣（琵琶形銅剣・遼寧式銅剣）として認識されていた銅剣が出土した墓で多鈕鏡が伴出し、遼寧青銅器文化が日中韓朝の考古学者の大きな注目を集めたことであろう（朱貴1960）。そして、遼寧省やこれに接する内蒙古自治区南部で同種の遺跡が立て続けに調査報告され、北朝鮮の考古学者からは琵琶形銅剣の出現年代を大幅に遡上させる説が出されるなど、にわかに遼寧青銅器文化研究が活発化し、日本では秋山進午により遼寧青銅器文化の青銅器について、主に秋山が命名した遼寧式銅剣の問題について体系的な論考が発表された（秋山1968・1969）。

　秋山の論考以降、遼寧青銅器文化に関する研究は、その後の研究の年代観に強い影響を与えたが、遼寧から韓半島へ年代的に傾斜編年を想定した点に問題があった。このあたりの年代問題の経緯については、すでに大貫静夫が詳しく論じているように（大貫2005）、遼寧式銅剣の傾斜編年だけでなく、この時点で不確かな情報によって年代を新しく見積もった点などはすでに現在、見直しがなされ更新されている。しかし、遼寧青銅器文化の全体的な様相を最初に体系的に整理した点で評価されるべきであろう。秋山は、この一連の論考のなかで、遼寧式銅剣が細形銅剣の起源問題に関わることを指摘しており、現在の遼寧式銅剣から細形銅剣への変遷過程の検討の端緒になった。

　また、この頃、弥生時代の年代の問題に関連して、その後約20年間の弥生開始年代の年代的根拠となる考えが、森貞次郎により発表された（森1968）。その考えとは、燕将秦開による遼寧から韓半島北部にいたった征討年代の時期であるとされた前300年頃は、燕の東方への支配の拡大時期であり、それが弥生時代の開始年代に関わるというものであり、その後の日本と韓国の研究に大きな影響を与えた。

　その後、銅矛の研究では、近藤喬一による「朝鮮式銅矛燕系起源説」すなわち「外来起源説」が提起され（近藤1969）、国内外のその後の研究に大きな影響を与えた。特に河南・河北の戦国時代の銅矛を細形銅矛の起源とみる尹武炳の検討（尹1972）や、燕国との接触により出現したという李清圭や全榮來の検討（李清1982、全1977）のように、韓国の青銅器研究に影響を与えることになった。このように、1960年代のうちに弥生時代の開始年代は前4世紀頃であると定説化し、また韓国では、その後、朴淳發により韓半島における細形銅剣文化の形成と同調する粘土帯土器の出現を、燕将秦開の征討年代である前300年頃に設定する考え方へと繋がっていく（朴2004）。

　こうした、後に大問題となる日韓における年代問題を抱えながら、1970年代以降になると、遼寧の多鈕鏡から多鈕細文鏡への変遷(宇野1977)、遼寧式銅剣から細形銅剣への変化(村上1997、宮本2003ほか)、細形銅矛の起源と変遷(李健1992b、宮里2001・2007・2009、宮本2008a・2008b)、に関する多くの研究が登場した。

第1章　弥生文化の起源と東アジア金属器文化

3．弥生時代の新しい年代と大陸における青銅器研究の進展

　こうした研究の過程で、2003年に国立歴史民俗博物館（以下「歴博」）による新しい年代観の見直し作業が公表され、弥生開始年代は、前10世紀頃、また日本列島で青銅器が流入しはじめる前期末から中期初頭の年代が前4世紀前半頃から中頃となり、大きな転換を迎える。前者の年代観は、本書との関わりで見れば、遼寧式銅剣の起源と大きく関わる。

　なぜ、遼寧式銅剣が弥生開始年代と深く関わるかといえば、それは、韓半島においても遼寧式銅剣が出土し、それと一緒に出土した地元の土器と、それらの土器と類似する日本列島の土器と時間的な併行関係を想定することが可能となり、遼寧式銅剣の本場での年代を日本列島にまで繋げることができるからである。

　ここで問題となるのは、韓国における古式の遼寧式銅剣と同型式とされる小黒石溝遺跡M8501墓出土の短剣が、最古の遼寧式銅剣であると考えられていることである。遼寧式銅剣の起源地については、学史的に最近では遼西と遼東同時起源説（大貫編2007）も提起されているが、遼西起源説と遼東起源説の二説に大きく分かれる。秋山進午による遼西説（秋山1968・1969）と林澐よる遼東起源説（林澐1980）が問題提起されて後の起源地をめぐる問題では、遼西起源説について取り上げてみても、諸氏により起源地が微妙に異なっている点に注意が必要である。遼西起源説における遼寧式銅剣の起源地については、ヌルルホ山以西とヌルルホ山以南の大・小凌河流域をあわせて想定する考え方（靳1982、宮本1998）、寧城地域（近藤2000など）や寧城・建平地域（町田2006）に限定する考え方、大・小凌河流域に限定する考え方など（村上1997、王成2003など）に分かれる。また、中村大介は燕山山脈周辺にまで範囲を広げる（中村2007）。このように遼西起源説といっても多様な考え方がある[2]。

　先のように、小黒石溝遺跡M8501墓出土の短剣を重視するのは、遼西起源説に依拠することを意味し、遼東起源説は歴博の年代を支持する根拠となっている。春成秀爾は、遼西の小黒石溝遺跡・南山根遺跡の年代がむしろ前8世紀までくだると予想したほうがよいとする（春成2006b）。そして春成は、まず遼東の双房遺跡や二道河子遺跡の遼寧式銅剣は遼西より型式学的に古く、遼寧式銅剣の起源は遼東に求められる可能性が強いとして「遼東起源説」を展開し、その年代はおそらく前11～前10世紀まで遡ると推測した。

　このように、遼寧式銅剣の起源の追究は、中国だけの問題ではなく、韓半島と日本を含めた年代問題と深く関わっているわけである。しかし、問題は年代にのみとどまらず、韓半島と日本に伝播した銅剣の祖型はいずれも遼寧式銅剣にあり、その起源地と時期を特定することは、剣をめぐる文化事象のさまざまな問題に取り組むうえで重要であろう。

　一方、前期末から中期初頭の年代の見直しを行った研究については、旧来の年代観に依拠する極端な立場を除けば、歴博の前4世紀前半頃から中頃が最も古く、新しくは前3世紀代となり、ほぼ100年の誤差のなかで議論がなされている。韓半島では青銅器時代の開始自体が前4

世紀頃と考えられており、粘土帯土器の後半の土器型式が前4世紀中頃に相当するということになるだけに、現在でも歴博による新しい年代観に対する強い批判がなされている。中国の研究者の間でも、たとえば燕国の鋳造鉄器の遼寧と北朝鮮への流入時期に関し、燕将秦開の征討年代である前300年頃と考えるのが主流である。しかし、最近、燕将秦開の征討年代について、文献記録の不確かな解釈によって導かれたことが判明し（石川岳 2009b、小林 2012b）、その年代的根拠は薄弱となった。この点の詳細については、第4章で詳しく触れることにする。しかし、日中韓の研究者の間では、不確かな文献記録をもって、年代の基準にする状況が問題であるという認識がないことが残念である。

　以上のような文献記録を参照する方法に代わる有効な方法は、遼寧から韓半島に広がる青銅器の年代と燕系遺物の年代を検討していくことである。これまでに筆者らは、こうした視点から遼寧省、河北省、内蒙古自治区、韓半島において調査研究を行ってきた（小林ほか 2006 など）。幸いにして、2003 年以降、遼寧省を中心に春秋戦国時代の実年代を検討するうえでの重要な資料が相次いで報告され、青銅器の変遷と年代の再構築が進んだ。遼寧式銅剣の編年と年代観は、より精緻となり、同時に、さらに西方の燕山地域や長城地帯の青銅器文化の研究（靳 2011 ほか）、さらにはオルドス青銅器や甘粛、寧夏地域の青銅器文化の研究（三宅 1999、楊 2004）、新疆地区青銅器文化の体系的な研究（韓 2007）など、中国北方地域から西域にかけての青銅器文化研究は大きく進展し、これら青銅器文化の時間的・空間的問題の整理が可能となった。これにより、ロシアのチェルヌィフによって構築された旧ソ連地域における初期の青銅器文化との関係性が有効に議論できるようになった（Chernykh 1992）。最近の筆者による東アジアの初期青銅器文化の起源に関する検討（小林 2014 ほか）、松本圭太による日蒙露をまたいだ一連の初期青銅器研究は、研究状況が整ったことを示している（松本 2011b ほか）。

　こうした最近の研究の過程で、新たな発見もあり、日韓の青銅器のうち、細形銅戈の起源となるものが遼西地域にあることが判明し「遼西式銅戈」と名づけた（小林ほか 2006、 小林 2008a）。その後、遼東においても同種の銅戈が発見され、遼西式銅戈が細形銅戈の起源であることはほぼ確定したことから、筆者はこの種の銅戈の名称を「遼寧式銅戈」に変更し、遼西にあるものを遼寧式銅戈遼西系列、遼東のものを遼寧式銅戈遼東系列と区別した（小林ほか 2012）。この遼寧式銅戈は、前6世紀頃から本格化する燕国による領域支配の拡大の影響により出現した可能性の高い青銅器であり、また、この遼寧式銅戈を祖型とする細形銅戈と細形銅剣、細形銅矛がセットで日本列島に伝播する契機もおそらく前4世紀頃に韓半島北部付近にまで及んだ燕国の領域支配の拡大に伴うものであろう（宮本 2006a、石川 2009b、小林 2012b）。このような、弥生青銅器の出現に燕国が大きく関わるという考え方は、やはり歴博の年代観による見直し作業によって再構築された重要な点であり、燕国系の鋳造鉄器の動向とも整合的である（野島 2008 ほか）。

　以上のように、弥生青銅器の起源をめぐる研究は、学史的に早い段階から中国北方地域にその遡源を求めていたが、実際に現地のフィールド調査などによって実践され、さらにロシアや

モンゴル、そして中央アジアなどの広域な文化圏との関係にまで広がりをみせた。そして、弥生文化に地理的に近く、かつ韓半島の青銅器文化の起源に関して、日本の研究者だけでなく中国と北朝鮮、そして韓国の研究者の関心が強まり、同時に中国東北地域の資料が増加することとも相まって、ことにここ20年間で遼寧青銅器文化研究は大きく進展した。したがって、本書の研究の大枠はすでに用意されていたわけであるが、2003年以降の日本での弥生時代の年代の見直しが大きく影響し、先に述べたように遼寧青銅器文化の再検討が行われるようになった。この見直しの過程で、中国東北地域では、春秋戦国時代における燕国の動向が東方の青銅器文化に大きな影響を与えていたことが明らかとなり、それは同時に遼寧青銅器文化により正確な実年代による議論ができることを示していた。こうした状況のなか、遼寧省において次々と新資料の発見が続き、それらは弥生青銅器の起源と大きく関わるものばかりであった。本書第2章で論じる弥生青銅器起源論は、まさにこうした研究の過程で、実際に内蒙古自治区や遼寧省などの中国北方青銅器文化の地において数年間にわたって行ってきた調査研究の成果をまとめたものである。

4．中国外郭圏と弥生青銅器の起源

　弥生青銅器の起源を考える際に、弥生文化における戈の位置づけが問題となる。先に述べた第2の課題であり、弥生文化を東アジアのなかで考える場合には避けて通れないと考える。なぜならば、日本列島の弥生文化において、銅戈のみが最も東方に伝播し、銅戈を模倣した石戈や石戈を模倣した有角石器がさらなる東方に分布する。かつて筆者は、こうした状況は日本だけの特異な現象ではなく、東南アジアでも同様なあり方を示していることから、銅戈自体に特別な意味があり、それが原因で中国中原の周辺地域である「中国外郭圏」に銅戈とそれを用いた祭祀が同じように伝播したと考え、「中国外郭圏」という考え方の枠組みを図式化して提示した（小林2006b）。この段階でのねらいは、東南アジアと弥生文化の比較を念頭においていたこともあり、古代中国中原を中心に遼西から西南中国にかけての周辺地域に、銅戈とその祭祀的意味が同じように伝播したと構想したものである。こうした中国外郭圏という考え方は、銅戈以外のさまざまな文化的要素にも認めることができる。

　なお、こうした中国外郭圏という考え方は、一方で常に中原からの文化伝播を受ける周縁地域で、周縁であるがゆえに特異性をもつとみなされるかもしれないが、こうした考え方は、いわゆる中原の研究が中心にあり、かつては文化的な意義づけの点でも中原中心主義といわれる考え方が支配的であったなかでの議論である。そうしたなかで童恩正は、「辺地半月形文化伝播帯説」と呼ばれる考え方の枠組みを提唱した（童1987）。それは、雲南西部、川西高原一帯、さらには長城地帯から遼寧などの東北地域までを含む中原の周りを取り囲む広大な範囲を、先史時代の文化的連動地帯とした壮大な考え方である（童1987）。一面において筆者の考え方に近い。

これに対し、宮本一夫は、中原を囲むように現れる文化共通地帯は、実は、北方青銅器文化の二つの支脈を表しており、一つは遼西・遼東から韓半島に向かう遼寧青銅器文化であり、もう一つは中国西北部から中国西南部への文化接触地帯を介しての青銅器文化の広がりであるという仮説を提示した。こうした仮説を実証するため、宮本は、遼寧青銅器文化と同様に、中国西北部と中国西南部を繋ぐ川西高原、すなわち東チベット高原の青銅器文化を検討している（宮本ほか編 2013）。筆者の中国外郭圏の考え方は、一面でこうした宮本の考え方のように、北方青銅器文化が逆時計周りで西南部中国から東南アジアに繋がる文化伝播の流れに関わり、一方で中心と周縁という観点でみれば中原から同心円状に影響を受ける周縁地帯のことを表している。

　こうした検討を行うために、筆者は東南アジアの青銅器研究を実施し、特に銅戈の検討を行ってきた（小林 2006f）。そして、検討の結果、東南アジアの青銅器文化において、特にベトナムには多数の銅戈が存在することが明らかとなった。ここで特に筆者が注目するのは、ベトナム南部の青銅器文化である。ベトナム南部地域は、古代中国外郭圏の南縁に接する地域であり、同じ中国外郭圏の北縁に位置する日本列島とは対照的な位置関係にある。日本列島が島であるのに対して、ベトナム南部が陸続きであるという相違もあるが、古代中国中原の周辺文化という意味では、同列に比較検討することも重要であろう。

　以上の検討により、銅戈をもとにして、弥生青銅の起源問題を、東アジアのなかに位置づけることにしたい。

註
（１）　中央ユーラシアの青銅器文化については、第2章第1節において詳しく解説している。
（２）　遼寧式銅剣の遼西起源説の場合、論者はこの小黒石溝の銅剣の年代を定点（基準）として遼西―韓半島―日本、というように年代を繋げていくことになる。しかし、この定点とされる年代については、年代のわかるとされる中原系青銅器の位置づけや、共伴した青銅器に刻まれた金文自体にいくつかの解釈が可能であり、さらに銅剣が副葬された年代と銅剣の製作された年代は異なるわけで、このあたりの年代をどうみるかで一致した意見はない。今のところ、前9世紀から前7世紀中葉にまでばらつきをもつのが実状である。

第3節　弥生鉄器の起源をめぐる議論

1．戦前から戦後へ

　第4章では、弥生鉄器の起源を考えるため、春秋戦国期の燕国の鋳造鉄器を中心とした初期鉄器文化が、燕国の支配が及んだ領域である遼寧（遼西・遼東）から清川江以北一帯に拡大していく様相を整理し、さらにこの範囲を越えて初期鉄器が拡散した清川江以南の韓半島、そして日本列島での様相を考察する。そして、春秋戦国時代の燕国が日本列島の弥生文化に与えた影響も議論したいと考える。

　本書で取り上げる初期鉄器の問題は、戦前の中国東北地方における東亜考古学会の調査にはじまり、高麗寨遺跡（濱田 1929）や牧羊城遺跡（東亜考古学会 1931）などが調査され、この地域における初期の鉄器資料が出土した。これらの鉄器の年代については当時、「周末漢初」と考えられ、この成果は日韓の初期鉄器文化研究の端緒となった。

　戦後、関野雄は戦前の発掘資料などの検討を行い、中国における初期鉄器文化について、戦国時代後期の秦国が鉄器の効果的な使用によって中華統一に成功し、中国全土に鉄器が普及したと考えた（関野 1956）。また、関野は中国における鉄器普及について、鋳造から鍛造への変遷があったことを指摘し、鉄器生産の開始を前7世紀から前6世紀頃と推定し戦国中期には鍛造の鉄器が現れるとした。さらに関野は中国の「純粋な鉄器時代の到来」を前漢の武帝期であると考えている。

　その後、1950年代から1980年代にかけて中国、特に河北省から中国東北部で出土する鉄器資料が増加し、韓半島北部の初期鉄器資料の調査も進んだ。これらは戦国時代の燕国の領域にあたる。このような状況下において、李スンジンは燕国の周辺地域における独自の鉄器文化として、細竹里・蓮花堡類型を構想している（李スほか 1973）。また、同じ頃、中国から韓半島、日本をも含めた東アジアの初期鉄器文化に関する潮見浩の研究がなされ（潮見 1982）、潮見は日本の初期鉄器文化を東アジアの鉄器文化のなかで位置づけて考察した。潮見による中国の初期鉄器文化についての考察は、戦前の資料を精査したうえで、燕下都遺跡の資料を引用するなど、緻密な検討がなされており、後述するように、同時に日本列島で出土しはじめた初期鉄器資料にも積極的に発言している。

　その後、東北アジアの初期鉄器文化については、村上恭通の研究（村上 1987）や中国における農具の鉄器化を論じた佐野元の研究（佐野 1993）なども登場した。さらに、この時期には、中国の研究者の間でも王巍による研究（王巍 1999）など、東アジアのなかで中国の鉄器文化の普及を論ずる研究が現れている。

17

2．弥生文化の鉄器問題

　一方で国内はどのような状況だったのであろうか。実は鉄器の問題は、その発見がない時代から弥生時代の重要な要素と考えられていた経緯があり、弥生時代研究の草創期にまで遡ってみていく必要がある。

　戦前の弥生文化研究を主導していた一人である小林行雄は、弥生式土器に伴う鉄器が未発見の段階にあって、唐古遺跡の中央砂層の調査で鹿角製刀子の柄が出土し、そのなかに鉄錆が認められたことから、鉄器の使用は前期段階と推測した（末永ほか 1943）。そして、こうした状況証拠から小林は、石器・青銅器・鉄器が併存する鉄器時代観を日本列島の特質として考えていた（小林 1938）。こうした見解は、その後の研究に強い影響を与え、弥生時代は鉄器時代であるという見方が早くから定着することとなった。

　その後、1960 年代に問題は鉄器使用の開始時期へと推移した。板付遺跡の環濠において金属製の道具で掘削した痕があるという見解が杉原荘介と乙益重隆によって指摘され（杉原 1961、乙益 1961）、さらに熊本県斎藤山遺跡から板付Ⅰ式土器や夜臼式土器に伴って鉄斧が出土したとされ、弥生最古の鉄器として位置づけられた（乙益 1961）。これらの動向から、弥生時代の開始当初から金属器を有するという弥生時代像が形成され、当時の考古学のみならず歴史学（石母田 1962）にも大きな影響を与え、たとえば近藤義郎のように、水田稲作に生活の基盤をおき、金属器使用がさらなる発達を生むという発展史観の評価へと繋がるなど（近藤 1962）、大陸に遅れて発展していく日本列島の弥生文化の特殊性に、鉄器が強く作用しているという論調の議論が近藤以外にも相次いだ。

　こうした前期段階の鉄器について、特に斎藤山遺跡出土の鉄斧については出土後の分析などで鍛造説と鋳造説が並立する状況が続いているなか、先に触れた潮見浩は、形態的な特徴などから「なお鋳造品ではあるまいかという疑いを消すことができない」と指摘している（潮見 1982）。この見解は、東アジアの鉄器文化を通覧するなかでの疑問であり、その矛盾が吐露されている。

　その後、事態はさらに複雑となっていく。福岡県曲り田遺跡において、曲り田新式土器段階の住居床面近くから、鍛造されたと考えられる小鉄片が出土したと報告されたのである（橋口編 1985）。突帯文土器の初頭である時期に鉄器が存在したとされ、当時の年代観で前 4 世紀のことであった。この鉄器をめぐっては、分析結果から楚国産の鍛造品であるという見解が出された（佐々木ほか 1985）。東アジア最古級の鉄器となってしまったのである。この発見の後、宮原晋一は菜畑遺跡で、弥生時代早期の山ノ寺式段階の水田に使われていた大量の杭の先端が鉄器で加工されたと考えた（宮原 1988）。

　こうしたなか、鉄器自体の詳細な観察による研究が新たな局面を迎える。野島永は、国内で出土している鋳造鉄器について、中国戦国時代の燕国の鋳造鉄器の破片であることを指摘した

（野島 1992）。観察の視点としては、双合笵の笵型合わせ目が突帯状の鋳バリによって確認でき
ることであり、鋳造鉄器の破片であると考えたわけである。同時に、野島は、磨製石器の製作
と同様に小鉄片を打割・研磨するという方法が用いられている点を指摘し（野島 1992）、村上
恭通も同様な見解を述べている（村上 1992）。

　その後、曲り田遺跡の鉄器をめぐっては、潮見の考えを踏襲し、鋳造説（川越 1993 など）も
出され、さらにまた時期が古すぎるという見解まで出されるにいたった（李南 2002b）。

　このような状況下、2003 年以降の歴博による弥生時代の「新しい年代観」に関する研究が
進むなかで、日本の弥生時代の鉄器に注目が集まり、その出現時期の見直し作業が行われた。

　当初は、弥生時代前 4 世紀開始説に立つ側から、鉄器の年代との不整合さが指摘されていた
が（村上 2003、橋口 2003 など）、これらに対して、春成秀爾は、曲り田遺跡などでは、鉄器の
出土状態に不明な点があることから保留すべきであるとし（春成 2003）、さらに石川日出志や
設楽博己が弥生前期後半以前とされてきた鉄器については、ほとんどの出土状況が不明瞭で時
期を特定できないことを明らかにした（石川日 2003a、設楽 2003 ほか）。歴博による年代の見直
し作業をまとめた春成秀爾によれば、奈良県唐古遺跡の鹿角製品の鉄錆は誤認、熊本県斎藤山
遺跡の鉄斧は再堆積土からの出土[1]、福岡県曲り田遺跡の鉄片は出土状況が不明、福岡県今川
遺跡の鉄片は弥生時代後期の特徴をもっているなど、いずれも不確かなものと認識されるにい
たった（春成 2006a ほか）。この時点での春成・石川・設楽による検討の結果、確実な証拠に基
づく鉄器の出現時期の資料は、前期末から中期初頭の山口県豊浦町山ノ神遺跡の鉄器、愛媛県
小松町大久保遺跡の鉄器、鳥取県鳥取市青谷上寺地遺跡などに絞られた。ただし春成はこれら
の前期末から中期初頭の例にも問題点を挙げつつ、「最古例は弥生時代中期前葉と考えるのが
無難であって、鋳造鉄斧の多くは中期中葉以降に中心があると理解するのが穏当であろう」と
し、その出現年代は弥生時代前期末から中期初頭頃、実年代では前 4 世紀半ばから後半頃に求
めた（春成 2006a ほか）。このように、春成らの議論にみられるように弥生時代中期の上限年代
が鉄器の出現時期と深く関わることとなり、この弥生時代前期末と中期初頭の境目の実年代に
ついては、その後歴博によって前 380 年から 350 年頃、すなわち前 4 世紀前半から中頃となった。

3．燕国系初期鉄器をめぐる議論

　以上のように、弥生時代の鉄器の出現年代が、偶然にも弥生時代前期末から中期初頭という
年代の問題と大きく関わっているわけであるが、この出現期の鉄器は先に述べたように燕国系
の鋳造器が中心となり、詳細な議論もなされてきた（野島 1992 ほか）。そして、1996 年に燕
下都の報告である『燕下都』（河北省文物研究所 1996）が出版されたことにより、燕下都出土の
鉄器資料の全体像を知ることができるようになった。この報告は、燕国の初期鉄器文化の様相
を捉えることができる重要な報告で、春秋戦国時代の中国、特に韓半島や日本の鉄器文化に大
きな影響を与えることになり、東アジアの初期鉄器資料に関する総合的研究が白雲翔や村上恭

通によりなされた（白 2005・2009、村上 1998b・2008）。

　こうした『燕下都』の報告とその影響は、東方の諸地域における初期鉄器の流入時期の問題に繋がる。

　先に述べたように、潮見浩は、日本列島の弥生時代前期末から中期前半に現れる鉄器は、燕国またはその系統を引くものであるとした（潮見 1982）。そして、燕系の鉄器の拡散した時期と空間的広がりについては、戦国晩期に韓半島北部の清川江流域までであるというのが中国と韓国における共通の見解であり（李南 2002b、白 2005 など）、日本でも同じ見解がこれまでに出されている（大貫 1998、後藤 2015、宮本 2017 ほか）。こうした見解の年代観はまさに『燕下都』に依拠していることを示している。しかし、韓半島南部へは前 2 世紀にまでくだるという考え（李南 2002b など）と、遼東地域と同様に戦国晩期に舶載されるという見解（金想 2012、李昌 2010）に分かれる。なお、白井克也は、弥生時代中期前半に流入する燕系の鋳造鉄斧は、衛氏朝鮮のものと推測している（白井 1996）。

　さらに近年の研究では、韓半島南部独自の鉄器の存在が指摘されるようになった（村上 2008、石川岳・小林 2012、金想 2012）。こうした状況を踏まえ、中村大介は、燕系鉄器の東方への拡散について、燕国と東方諸地域の鋳造鉄器を分析し、燕系鉄器は、燕の末期から滅亡後のしばらくの間に韓半島や日本列島に流入したと考えた（中村 2012）。

　初期鉄器に関するこうした議論は、燕下都における鉄器の出現と普及の様相を実年代をも含めて詳細に考察することにより検証されることになるであろう。燕国の鋳造鉄器の見直し次第では、先に触れた見直し作業でやや消極的な位置づけをされている弥生時代前期末から中期初頭にかけての初期鉄器資料群について、積極的な位置づけが可能となるであろう。そうした作業を行ったのが石川岳彦であり（石川岳・小林 2012 ほか）、燕下都における鉄器の出現と普及の様相と実年代を押さえ、燕国産の鋳造鉄器が東方へ拡散していく年代と過程を明らかにし、延長上の議論として筆者は日本列島の初期鉄器の再検討を行った（石川岳・小林 2012 ほか）。

　この議論でさらに明らかにしたい問題は、日本で展開している年代問題だけではなく、燕国の領域の東方への拡大とともに燕国産の鋳造鉄器が東方へ拡散していく歴史的背景と、この影響を受けて韓半島と日本列島で生じた社会変化、そして、鋳造鉄器の流入をめぐる燕国との交流の問題である。すでに筆者は、日本列島において中期前半に木製農具の方形柄穴が、燕国の鋳造鉄器製の農具の影響を受けたことを論じた（小林 2013）。このような議論が可能となったのは、燕国の鉄器研究の著しい進展があったからである。

　これまでの研究では、弥生文化が大陸の政治的世界と接触をもつのは、前漢の楽浪郡設置以降というのが通説であったが、あらためて燕国や遼寧地域、韓半島北部との関係についてもその可能性を考えなければならない。

　この問題を考えるうえで、燕国の初期鉄器生産が東方に拡散し鉄器のみが広がるだけではなく、各地域で独自の鉄器を生産している点についても検討する必要がある。これまで、韓半島や日本列島の初期鉄器のなかに燕国の鋳造鉄器が含まれていることは指摘されているが、実際

には燕国と遼寧（そして日本の場合は韓半島北部も含む）という広範囲がその候補地であり（村上1998bほか）、製品の故地を絞り込めてはいない。この問題を突き詰めていけば、燕国の領域拡大の実態が明らかになるだけでなく、特徴的な製品の広がりの分析から、鉄器を受容する側である韓半島や日本列島の各地域集団が大陸と結んでいた関係性について、ある程度の推測が可能となろう[2]。

註

（1） 斎藤山遺跡出土の鉄斧の位置づけについては、その後、本資料を保管する國學院大學博物館において平成26年に本資料を特別展示する機会があり、筆者は関連資料の展示に関わった。その際に、問題となった鉄斧が出土したC地点において、鉄斧と共伴した土器・石器・骨などがまとめて箱詰めされていることが判明した。この箱の中身は、突帯文土器である斎藤山式2点、板付II式の壺1点のほかは、城ノ越式3点、そのほか型式不明の土器が5点であった。その他、剝片石器1点、骨1点、自然石1点が含まれていた。こうした共伴資料の構成からみて、先に板付I式土器や夜臼式土器に伴ったとされる見解（乙益1961）は、この箱の構成をみる限り時期を絞り込むのが難しい。ただし、本資料が燕系の鉄器である可能性が否定されたわけではなく、むしろ城ノ越式土器と共伴していた可能性が高く、発見当時としては最古の鉄器であったことは確かである。

（2） 近年、燕国の周辺国の鋳造鉄器に関する調査研究が進み、中山国、趙国、斉国の様相が明らかとなりつつある。このあたりの事情については、白雲翔による解説が詳しい（白2009）。特に、注目されるのは河北省とその周辺での資料の増加である。河北省において燕国以外の鋳鉄生産の実態がよくわかる遺跡としては中山国の鋳鉄製品の豊富さと鋳鉄技術のあり方に関する詳細な報告がなされている（河北省文物考古研究所2005）。そこでは、鋳型をはじめ、燕国のものと非常に類似した製品が多数出土している。

中山国の鉄器生産の実態を示す遺跡としては、三汲古城遺跡では西城の中央部にある5号遺跡と6号遺跡が挙げられる。5号遺跡で1基、6号遺跡で2基の鉄器生産関連の炉も発掘されている。このうち5号遺跡の炉は溶鉱炉、6号遺跡の炉は2基とも溶解炉とされる遺構であった。また、これらの遺跡からは、鉄器を鋳造するための鋳型や鉄器も多数出土している。

これらの二つの遺跡で注目されることは鉄器生産のみならず、青銅器生産も行っていたことである。これらの遺跡からは鉄器鋳造用の鋳型とともに青銅器鋳造用の鋳型も出土しており、河北省博物館においてそれらの資料を実見した。鉄器の鋳型のほとんどは、青銅器の鋳型と非常に類似していた。

さらに6号遺跡では上述した2基の鉄器鋳造用の溶解炉のほかに、青銅器鋳造用の溶解炉1基も発見されており、報告では青銅器鋳造用溶解炉と鉄器鋳造用溶解炉の構造が同じであると指摘しており、図を見る限り確かに似たような構造をしている。これらのことから、5号遺跡と6号遺跡では、鉄器と青銅器が同一の工房地区内で生産されているのみならず、鋳造のための炉の構造もほぼ同じであるなど、基本的な鉄器生産技術と青銅器生産技術の共通性が認められる。

なお、その後の中国山東省での調査によって新発見があったが、それについては、第4章第2節の註5において詳しく述べている。

第 2 章　弥生青銅器の起源と遼寧青銅器文化

第1節　研究の舞台

1．研究の舞台

　弥生文化は、1000年以上の長い期間に、大陸との相互交渉により文化変容を繰り返し農耕文化を形成してきた。弥生文化の地理的な位置は、ユーラシアの大陸側からみれば、東端部の周辺世界であり、当然のことながらユーラシアで熟成されたさまざまな文化要素が多方面から流れ込む終着点である。これまでの研究では、考古学的な相対年代観をもとに、ユーラシア地域における諸文化との対応関係や系譜関係が論じられてきたが、近年の実年代による地域間の相対編年の研究が進むことによって、ユーラシア地域の広大な文化の空間軸・時間軸に、弥生文化を正確に位置づけることが可能となった。これによって、同時代の相互関係はもちろんのこと、これまで不確かであった弥生文化の起源と系譜について新しい見解を提出できるであろう。

　第2章で問題とする弥生青銅器の起源を遼寧青銅器文化に求める研究は、弥生文化研究が本格化する戦前頃から、すでにその起源を中国中原だけでなく、中国北方から中央ユーラシアにまで求める議論から出発した（高橋1916、梅原1933、水野・江上1932、江上1936など）。このあたりの学史的経緯については、第1章の第2節で論じた通りである。その後、遼寧や内蒙古をはじめとする中国北方地域の新資料が増加し、具体的な様相が明らかになってきた。ただし、実年代の問題が表面化する2003年以前にあっては、具体的に系譜をたどるには、まだ年代的根拠が定まらず多くの問題があった。しかし、2003年以降、弥生文化の年代観の再構築作業が進み、同時に韓半島、遼寧、内蒙古の青銅器の年代自体の再構築を促した結果、すでに同様な年代と地域研究が進展していた中央ユーラシアから東部ユーラシアにかけての広大な地域のなかに、時間的に位置づけることが可能となった。このような状況が、本書の検討を可能としたのである。

　こうした研究の過程で、特に重要な役割をもったのが、青銅武器の研究であった。日韓の青銅武器については、後述するようにそれぞれ起源から系譜にいたる過程で相互に複雑に絡み合い、関係性をもっていた。そして、これら青銅武器は、日本列島では埋納され大形化するなど祭器としての側面をもっており、当然ながら、こうした祭祀・儀礼自体の起源も大陸に求めることができるはずである。特に銅剣・銅矛については、遼寧青銅器文化にそれぞれの起源を求めているが、その起源を考えるときには、さらに遠く北方へと目を向けなければならない。そうした検討を行うために、東アジアという枠を越えてユーラシア東部における諸文化圏にまで範囲を広げて整理し、青銅器文化の形成過程とユーラシア大陸の東縁部に位置する弥生文化に伝播する過程を考えるための大枠について見ておくことにする。そして、次節以降に弥生文化における青銅器文化（以下「弥生青銅器」と略す）の主要な器種のうち、銅剣・銅矛・銅戈について、その大枠と展開過程を検討する。

25

第2章　弥生青銅器の起源と遼寧青銅器文化

　なお、細形銅剣の祖型である遼寧式銅剣の起源は、弥生開始年代と深く関わり、細形銅矛と銅戈の起源は燕国の東方への拡大と大きく関わり、さらに弥生時代前期末から中期初頭の年代と大きく関わっている。すなわち、青銅武器の起源の問題は、弥生時代の年代問題と不可分の関係にあるので、本来であればこれまでの研究史を回顧して問題点を明らかにし、特に年代問題についても詳しく触れなければならないが、それは各青銅器の起源を検討するなかで触れることにする。

2．前2千年紀から前2千年紀後半の諸文化圏（図1・2）

　ユーラシア大陸において、弥生青銅器の起源に大きく関わるのは、前2千年紀以降の中央ユーラシアから東部の諸文化圏である。

　ユーラシア大陸の中央部から東側の地域は、非常に広範囲に及ぶ（図1～4）。特に、そのかなりの部分を占めるロシアにおいては、青銅器文化の分布圏は植生環境による基本的な区域分けがなされ、それを基本として議論される（Chernykh 1992ほか）。また、チェルヌィフは、青銅器時代のユーラシアで起こったグローバルな冶金化プロセスのモデル化のために、技術的、形態的に類似する器物のグルーピングに基礎をおいた冶金圏（Metallurgical province）という考え方を用いて議論している。図1から4の作成にあたっては、このチェルヌィフによる冶金圏のうち、ユーラシア冶金圏については、その範囲を示すにとどめ、コルヤコワなどによる、主要な文化圏を並立させ（Koryakovaほか 2007など）、多少強引ではあるが、ロシア、新疆、中国

表1　ユーラシア東部諸文化の併行関係

	BC3000	BC2000	BC1300	BC1100	BC800	BC600	BC400～300
ロシア中東部アルタイ	アファナシェボ文化期先アンドロノヴォ文化	セイマ・トルビノ系アンドロノヴォ文化ペトロフカ文化／アラクリ文化フェドロヴォ文化	アンドロノヴォ様文化期サルガリー文化	イルメン文化カラスク文化期	先スキタイ／タガール文化期	スキタイ文化／サカ	パジリク
新疆		青銅器時代（天山北路文化）		早期鉄器時代（焉不拉克文化他）			
甘粛・寧夏	馬家窯文化半山累計・馬廠累計	四覇文化斉家文化	寺窪文化		沙井文化	（千家）	（馬庄）
内蒙古中南部	老虎山文化	朱開溝	李家崖文化	先オルドス青銅器文化狼禽子坑		オルドス青銅器文化毛慶溝	オルドス青銅器文化
中原	廟底溝王湾	二里頭　商前期	商後期（殷墟期）	商末・西周	西周末・春秋前半	春秋後半～戦国初期	戦国後半
燕山（燕・長城以北）	雪山		沙道溝	琉璃河小河南　白浮	燕玉皇廟文化		燕国の領域拡大
遼西北	小河沿文化	夏家店下層文化		夏家店上層文化		燕化（領域支配の東方への拡大）	燕国の領域拡大
遼西南	偏保類型	高台山文化	魏営子類型	凌河文化		燕化（領域支配の東方への拡大）	燕国の領域拡大
遼東	郭家村	小珠山上層	双蛇子3期新楽上層	双房	崗上	鄭家窪子	燕国の領域拡大
韓半島	櫛目文中期　後期		無文土器早前期		中期	後期	清川江以北は燕の領域支配
日本列島	縄文後期	縄文晩期		弥生早期	弥生前期		弥生中期

26

第 1 節　研究の舞台

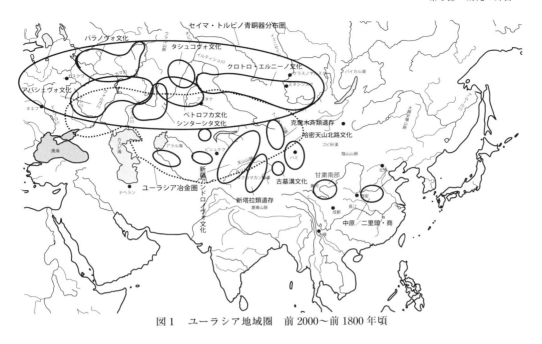

図 1　ユーラシア地域圏　前 2000～前 1800 年頃

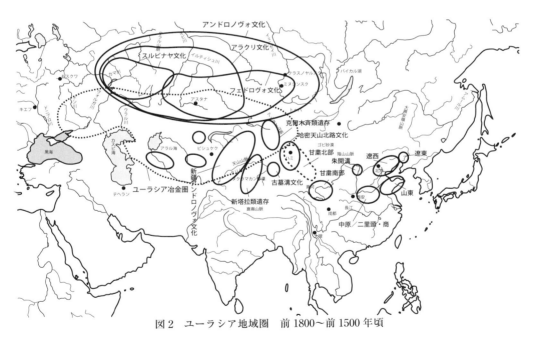

図 2　ユーラシア地域圏　前 1800～前 1500 年頃

第 2 章　弥生青銅器の起源と遼寧青銅器文化

北方といった大地域ごとの研究成果を引用して合成し、ユーラシア東部における諸文化圏を示した。各文化圏の空間的広がりを表現した図 1 から 4 のうち、旧ソ連における様相については、コルヤコワの考え方（Koryakova ほか 2007 など）をもとに作成した。なお、ウズベキスタンからキルギス周辺のアラル海南東部、バルハシ湖南部と北西部にも青銅器文化の遺跡群があるが、本書ではこれらの地域については、年代などについて不明な点が多くはずしている。

　図 1 から 4 では以下での議論を踏まえ、旧ソ連の領域についてはやや細かく文化圏を表示し、一定の時期幅のなかの諸文化を重ねて表示している[1]。その他の注意点については、各図の説明において触れることにする。なお、本章で触れるユーラシア東部における諸地域の編年網については、表 1 のように整理した。

　まず、図 1 は、前 2000 年から前 1800 年頃まで、図 2 はその次の段階である前 1800 年から前 1500 年頃まで、図 3 はその次の段階である前 1500 年から前 1100 年頃までの諸文化圏の展開を整理したものである。図 4 は、前 1000 年から前 800 年頃までの諸文化圏を中心に中国については戦国時代頃までを重ね合わせた。

　小アジアでの冶金による銅器文化の開始は、前 8 千年紀にまで遡り、その後中東を経て、旧ソ連領では、前 4 千年紀中頃あるいは後半においてはじまった（高濱 2006）。こうした銅器文化の起源の年代は、本書で見ていくような前 2 千年紀以降の内容とはかけ離れており、本書では青銅器文化圏の東方への拡大が大きく展開しはじめる前 2 千年紀以降を対象とする。

　図 1 でまず注目されるのは、黒海の東岸からヨーロッパ平原を西限とし、北は西シベリア、東はアルタイ地域、南はアラル海から新疆地域に広がる先アンドロノヴォ文化ホライズンと、いわゆるユーラシア北方草原森林地帯に広がるユーラシア冶金圏の範囲である。先アンドロノヴォ文化ホライズンを構成する諸文化は、主に黒海とカスピ海に接続する諸河川流域に密集しており、シンターシタ文化とペトロフカ文化はユーラシア冶金圏と接する。このユーラシア冶金圏[2]と東側で接するのがカザフスタン東部から新疆西部の新疆アンドロノヴォ文化圏と克爾木斉類遺存の範囲である。

　図 2 の段階では、旧ソ連における 2 つの広大な文化圏は、スルビナヤ文化、アラクリ文化、フェドロヴォ文化からなるアンドロノヴォ文化圏となり、新疆地域では第 1 段階の分布圏をそのまま維持する。以上の分布圏と重なるのが、セイマ＝トルビノ青銅器文化圏である。セイマ＝トルビノ青銅器文化圏は、前 1500 年から前 1400 年頃に、先アンドロノヴォ文化ホライズンとアンドロノヴォ文化圏の範囲をほぼカバーする。アンドロノヴォ文化圏は、一般的な総称であり、各地域の類似した諸文化を包括してアンドロノヴォ様文化とも呼ばれる。アルタイ周辺など東方を起源とする本文化圏は、遠く東ヨーロッパにまで分布を広げる。セイマ＝トルビノ青銅器文化は、有銎矛、有銎斧、ナイフを特徴とし、有銎矛は、銎が身に接続するところにフォーク状の加工がなされている。またナイフには、羊や馬、人などの像がつけられる。集落からは出土せず、墓地からの出土や一括埋納が多く、墓では遺体や土器、盛り土がない。青銅製武器が墓の床面や壁面に突き刺した状態で発見されることがある。非常に、特異なあり方を示す青

第 1 節　研究の舞台

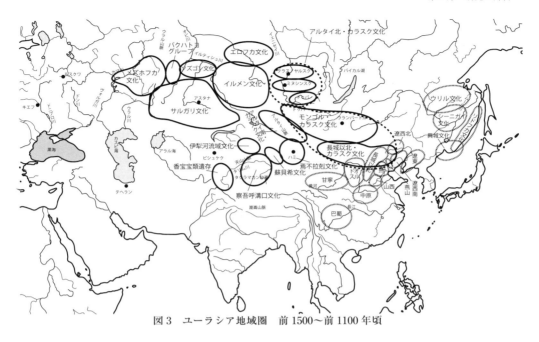

図 3　ユーラシア地域圏　前 1500～前 1100 年頃

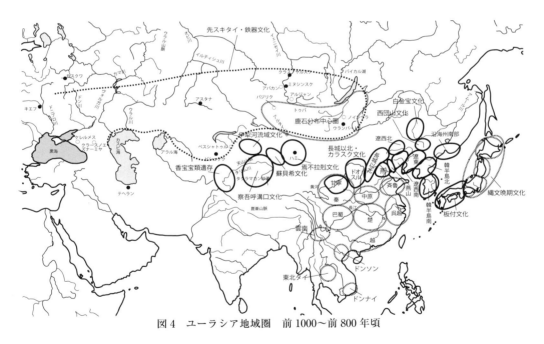

図 4　ユーラシア地域圏　前 1000～前 800 年頃

銅器群である。このセイマ＝トルビノ青銅器文化は、アルタイ周辺などの東方を起源とし、遠く東ヨーロッパにまで分布を広げるが、チェルヌィフはこうした青銅器を製作した集団は、前16世紀から前15世紀頃に、冶金術をもった青銅器職人というだけでなく、武器をもった戦士集団であり、アルタイ地方から西方へ移動していったという「戦士西漸モデル」を想定した（Chernykh 1992）。最近、セイマ＝トルビノ青銅器群のうち、有銎矛の分析を行った松本圭太は、詳細な型式学的分析と製作技法などの再検討の結果、発生地はウラル山脈付近の可能性があり、その分布についても一度きりの集団移動ではなく、一定期間、文化圏内部での関係性が維持されたと考えた（松本 2011b）。

　中国では、第1段階（図1）で甘粛省を中心とする斉家文化をはじめとする初期の青銅器文化圏があり、中原では搬入青銅器や少数生産ではなく、一定量の青銅器を保有する段階である二里頭文化がある。第2段階（図2）では、中国内部での青銅器の在地生産が拡散し、殷代以前の地域間関係の複雑性を示している。この段階で問題となるのは、いわゆる東アジア初期青銅器文化の二極化問題である（宮本 2005）。東アジア初期青銅器文化の二極化問題とは、青銅彝器を中心とする中原と、中央ユーラシアとの関連が強い新疆や長城地帯の青銅器の関係性を表現した考え方であり、宮本一夫は、この関係性を中原の農耕民と中央ユーラシアの東端に位置する新疆、長城地帯に居住した牧畜農耕民という、東アジアの歴史展開における基礎である二項対立的構造とし、この段階にすでにその構造があったと考えた（宮本 2005）。この関係性に関して注目されるのは、セイマ＝トルビノ青銅器の有銎矛などが、青海省沈那などで出土していることである（宮本編 2008a）。松本圭太は、こうしたセイマ＝トルビノ青銅器文化圏のあり方と同時に進行したユーラシア冶金圏の東方への伝播のあり方が、東アジア初期青銅器文化の二極化問題に関連するとみる（松本 2011b）。松本によれば、ユーラシア冶金圏は、新疆西部までアンドロノヴォ文化の土器を伴い、コンプレックスとして流入しており、新疆東部、甘粛、内蒙古の長城地帯では、ユーラシア冶金圏の影響を受けつつも、各々で実用工具や装飾品を志向しているとする。一方、長城地帯の南側の青海省、陝西省、山西省、河南省では、セイマ＝トルビノ青銅器文化圏の影響があり、青海省沈那遺跡出土のセイマ＝トルビノ青銅器系の有銎矛のように非実用的志向がみられるとし、これらが、東アジア青銅器文化の二極化とおおまかに対応するとした。二極化の背景について、宮本一夫は中国各領域における独自の志向性によるという指摘をしているが（宮本・白編 2009）、松本は中央ユーラシアの青銅器文化本来のこのような二極の系譜性や内容が関わっていた可能性を指摘したわけである（松本 2011b）。

　しかし、松本の想定したセイマ＝トルビノ青銅器文化圏の影響は、特徴的な青銅器が伝播するというレベルでの影響であり、この現象は宮本が想定したような中央ユーラシア系の牧畜農耕民と中原の農耕民の対立のような社会構造の二項対立現象と同一のものであると考えるにはまだ材料が不足している。むしろ、後述するようにセイマ＝トルビノ青銅器文化系の武器は、内蒙古や遼寧の青銅器文化にも影響を与えており、きわめて複雑な関係性が横たわっているようである。

3. 前2千年紀後半から前1千年紀前半の諸文化圏 (図3・4)

　前2千年紀後半になると、アンドロノヴォ文化圏については、西はカスピ海に接続する河川流域からオビ川流域のおよそ6つの諸文化圏の並列状態となり、アルタイ地域では刀子と短剣の発達したカラスク文化が成立する。この時期は、中国におけるカラスク系の青銅器の存在から殷の末期頃であり（高濱 1983、松本 2011b）、その系譜は西周中期頃まで追跡できる。カラスク文化後半期については、後出するタガール文化との関係が問題となり、タガール文化自体、前10世紀まで遡るという見解もあるようで（田中 2011）、両文化の関係が焦点となっている。また、先スキタイ文化の代表的存在であるアルタイのアルジャン古墳I出土の、カラスク／タガール系の銅剣が前9世紀後半頃まで遡ることが判明しており（Koryakova ほか 2007）、図4に示した先スキタイ文化の広がりは、すでにこの段階に形成されていたことが判明している。また、カラスク文化の段階以降に、バイカル周辺からアルタイ、そしてモンゴル平原部を中心に鹿石が広がる（図4）。鹿石は、さらに中央ユーラシアにまで拡散するが、分布の密度から見て当地域が中心であるのは間違いない。この鹿石については、高濱秀が指摘するように石柱表面にカラスク系の短剣などが線刻されており（高濱 1995）、出現時期はカラスク文化成立期にまでは遅くとも遡るであろう。

　以上のような北方ユーラシア地域の様相に対して、中国の状況は前1500年から前1100年頃では、中国北方地域において、直径800kmから1000kmほどの文化圏が並立する状況となる（図3）。この地域圏をベースに、西周併行期から春秋期にかけての段階（図4）では、さらにこの南北の周囲にほぼ同規模の範囲をもつ文化圏が形成される。韓半島や日本列島、沿海州などは、ユーラシア東部でも青銅器時代末期になりようやく青銅器時代を迎えたわけである。ただし、韓半島については、最近、炭素年代で前1000年を越える青銅短剣が京畿道広州市の駅洞遺跡で出土し、これまでよりも青銅器時代の開始年代が早まる可能性が高まっている[3]。

註
（1）　なお、図1から4については、旧ソ連地域の諸文化の範囲はチェルヌイフ、コルヤコワなどの研究より作成し、冶金圏の範囲はチェルヌイフの研究を参考とした（Chernykh 1992、Koryakova ほか 2007）。なお、ロシア語のカタカナ表記については、福田正宏氏にご教示を受けた。
（2）　ユーラシア冶金圏について、コルヤコワなどは、同じ意味で「ユーラシア冶金技術ネットワーク」という表現を使用している（Koryakova ほか 2007）。
（3）　京畿道広州市駅洞遺跡出土遺物については、ハンオル文化遺産院（当時）の金一圭氏の協力により、資料の観察と実測をさせていただいた。本書では、金氏に提供していただいた現地説明会用の遺跡パンフレットの写真を引用し、それに筆者の実測図をつけている。その後、正式報告書が刊行された。

第2節　銅剣の起源

1．銅剣の起源をめぐって

　近年、日本では弥生開始年代が問題となり、考古学的な実年代の検証の一つとして中国北方の青銅器文化が論争の焦点となっている。特に、弥生開始年代を考古学資料から検証するうえでの定点、すなわち基準となるものの中心は、遼寧省から内蒙古自治区あたりの青銅器文化でみられる遼寧式銅剣であり、その起源と年代が焦点となっている。

　遼寧式銅剣の起源地については、学史的に最近では遼西と遼東同時起源説（大貫編2007）も提起されているが、遼西起源説と遼東起源説の二説に大きく分かれる。先のように、小黒石溝遺跡M8501墓出土の短剣を重視するのは、遼西起源説に依拠することを意味し、遼東起源説は歴博の年代を支持する根拠となっている。春成秀爾は、遼西の小黒石溝・南山根の年代がむしろ前8世紀までくだると予想したほうがよいとする（春成2006b）。春成は、まず遼東の双房遺跡例や二道河子遺跡例の遼寧式銅剣は遼西より型式学的に古く、遼寧式銅剣の起源は遼東に求められる可能性が強いとして「遼東起源説」を展開し、その年代はおそらく前11～前10世紀まで遡ると推測した。

　以上のように、遼寧式銅剣の起源地の問題は中国だけの問題ではなく、韓半島と日本列島を含めた年代問題と深く関わっているわけである。しかし、問題は年代にのみとどまるわけではなく、韓半島と日本列島に伝播した銅剣の祖型はいずれも遼寧式銅剣にあるわけであり、その起源地と時期を特定することは、剣をめぐる文化事象のさまざまな問題に取り組むうえで重要であろう。

　このように銅剣の起源の研究は、そのまま弥生開始年代の議論に大きな影響を与えることになるが、筆者はそうした議論も重要であると考えるが、それ以上に弥生銅剣の起源が一体どこにあるのかを追究することに関心がある。

　すでに弥生青銅の主要5器種（銅剣・銅矛・銅戈・多鈕鏡・銅鐸）の起源について概略を述べたことがあるが（小林2008b）、起源の追究は銅剣などの青銅器とともに付随したであろう文化要素の系譜問題にも大きく関わる。特に注目されるのは、主要な青銅器がいずれも中国北方地域で誕生した可能性が高いことであり、さらに北方遊牧文化の影響を受けているということである。また、起源の起源、というように起源の追究は、際限のない研究であり、その舞台は先に外観したように少なくともユーラシア東部に及ぶ。この事実は、弥生文化の起源は東アジアの枠組みに収まりきらないということも示している。こうした事実がある以上、本書では青銅器の起源について、できる限りユーラシア東部にまで視野を広げてその起源と系譜も概観することにしたい。なお、銅剣に関する研究史的な問題の全体像については第1章において述べ

33

第2章　弥生青銅器の起源と遼寧青銅器文化

ているのでここでは省略し、また必要な点については以下の個々の検討のなかで触れていくことにする。

2．銅剣の分類

　日韓の細形銅剣の起源については、遼寧式銅剣が直接的な祖型であるのは間違いない。しかし、さらに遼寧式銅剣の起源については、主として内蒙古から遼寧のさまざまな銅剣が候補となっているように、理解の仕方は多様である。そこで、本章では中国北方地域を中心に遼寧式銅剣に関わるとされる中原や西方圏の銅剣についても検討の対象とし、分類と系列分け、そして相互の系譜関係について検討を行う。

　中国北方地域における銅剣は、A類～E類の大きく5類に分類できる（図5・10）。なお、ここでの大別分類であるA類～E類は、それぞれを大系列とし、大系列内での小系列を区別する場合は、1から数字をつけて区別する。本来であれば、小系列内の諸型式の順番も示さなければならないが、広域な範囲と多系列を一度に表示することから図が煩雑となるので、今回は明示しない。

　A類は、カラスク文化系の銅剣で、柄の部分が大きく湾曲するものである。本系列を曲刃柄銅剣系列と呼ぶ。

　B類もカラスク文化系の銅剣であり、典型的な有柄銅剣のタイプをB類の有柄銅剣系列とする。

　C類は、殷末期から西周初期頃、内蒙古中部、長城地帯から遼西北にかけてみられる「曲刃銎式青銅短剣」（靳 1982）である。名称については、町田章の指摘のように直刃も存在することから（町田 2006）、銎柄式銅剣系列と呼ぶことにする。

　ここでは、柄がラッパのように下端が開口する直刃タイプをC1類とし、直刃タイプでB類の有柄銅剣の柄の断面C字形の部分を筒状にし、下端に傘状のキャップをはめるものをC2類、そして、曲刃タイプをC3類とする。

　D類は、オルドス系の有柄銅剣系列であり、柄の部分に文様を多用する系列である。

　E類は、内蒙古から遼寧の一帯に分布する遼寧式銅剣系列であり、身の刃部左右に刺状突起を有する。なお、遼寧式銅剣から細形銅剣への変化の過程では、さらにいくつかの小系列に分類できる。

　ここでは、刺状突起を有する典型的な遼寧式銅剣をE1類、刺状突起をもたない系列をE2類、そして、身の細形化が著しい系列をE3類とする。以上の分類に基づいて、銅剣の出現と系譜について検討することにしたい。

34

第2節　銅剣の起源

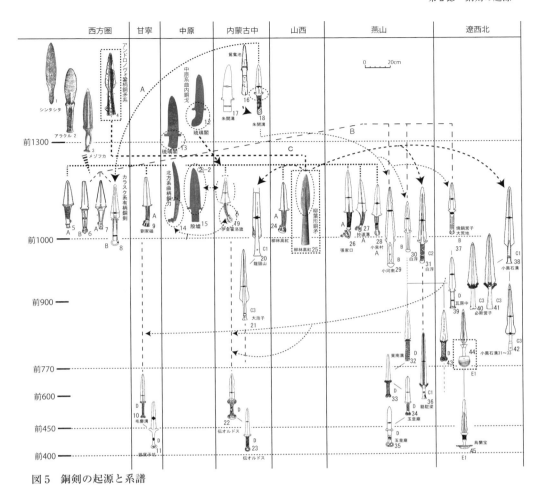

図5　銅剣の起源と系譜

3．銅剣の出現

　弥生銅剣の起源を求めて、まずは銅剣自体の起源をみておくことにしよう。以下、カッコ内の番号は図5・10の銅剣の番号を示す。ユーラシア東部地域における銅剣の起源は、中国北方地域をはるかにしのぐ古さである。旧ソ連地域では、前3千年紀においてすでに無柄で有茎式の銅剣が存在し、前2千年紀以降のアンドロノヴォ文化段階では、この無柄有茎式銅剣に加え、有柄銅剣系列が出現している（Koryakovaほか 2007）。前2千年紀後半段階のアラクリ文化段階には、有柄銅剣系列がみられ、これらと類似し柄の中軸に長方形の凹みをもつものは、ヴォルガ川流域周辺からモルダヴィアにかけてもみられる（Chernykh 1992）。その後、前2千年紀末頃のメゾフカ文化などでは、カザフスタンからアルタイにいたる広域な地域において、柄の中軸に透かし風の窓をもつ有柄銅剣系列がみられる（3）。このように旧ソ連地域のかなり古い青

35

銅短剣は、当然のことながら中国北方地域の青銅短剣の出現に影響を与えたであろう。特に、この影響関係は前1千年紀以降に青銅短剣と青銅刀子を多数組成するカラスク文化の銅剣が問題で、そのカラスク文化系銅剣の広がる中国・ロシア・モンゴルのいずれの地域で祖型が成立するかが問題となっている（高濱 2005 ほか）。

まずA類曲柄銅剣系列は、その分布の中心は長城地帯にあり（19 など）、年代的にもロシアとモンゴルに広がるカラスク文化地域のものよりも古い。甲元眞之も、この種のタイプをカラスク系青銅短剣の祖型として中国北方起源説を考え、曲柄刀子（14 など）をこのA類曲柄銅剣系列の祖型と考えた（甲元 2008a）。また、松本圭太はこうした長城地帯の曲柄剣のタイプをカラスク文化のA類曲柄銅剣の祖型と考えた（松本 2011b）。こうした甲元や松本の指摘については、確かに、曲柄の特徴や形態は同じものと見てよい。ただし、剣身に関しては刀子が変容したとみることもできるが、脊が通る三角形の短い剣身については、その祖型が何かは不明である。このタイプの候補として、筆者は殷系の三角形状をなす無胡形銅戈（15）の身の部分の形状を想定する。内蒙古中部の朱開溝遺跡では、殷系の銅戈（17）が出土しており、町田章は、この銅戈の副葬状態から剣の代用として佩用したと考えた（町田 2006）。当地域は、これ以前に石戈が存在せず、戈がなかった地域であり、こうした銅戈使用法が内蒙古中部で創出され、中原系の銅戈と刀子の柄が接合しA類曲柄銅剣系列が誕生した可能性がある。

次にカラスク文化系銅剣のB類である。このB類の祖型としてふさわしいと考えられる第一の候補は、内蒙古中部の朱開溝遺跡出土の青銅短剣（18）である。本例は、前1500年頃、中国北方地域では最古の銅剣である（田ほか 2004）。この銅剣は、鹿などの長管骨を半裁し石刃を嵌め込んだ骨剣を模したものであるという考え方が宮本一夫や甲元眞之により指摘されている（宮本 2000、甲元 2008a）。柄の部分には、さらに縄が巻きつけられている。この銅剣をめぐり、カラスク系有柄銅剣や中国北方各地域でみられる同種の有柄銅剣の起源であるという説があり（田ほか 2004）、一方、それらの銅剣とは年代的な隔たりがあるということで、系譜関係を認めず保留する考え方がある（甲元 2008a など）。また甲元眞之は、第二の候補として、遼寧地域の焼鍋営子大荒地遺跡出土の有柄銅剣（37）を挙げ（甲元 2008a）、朱開溝短剣と同じような骨剣が起源であると考えている。朱開溝遺跡の短剣の年代は当地域のカラスク系青銅短剣B類系列の年代よりもはるかに古いが、まだ両者の間に系譜的な連続性がある可能性は残っている。なぜならば、朱開溝遺跡の短剣にみられる逆ハの字に開く格（鐔）の形態は、その後のB類有柄銅剣の基本形態であり系譜的に繋がる可能性が高いのである。また、この形態の系譜は、春秋期以降におけるオルドス系のB類有柄銅剣系列の祖型である夏家店上層文化の短剣（32・39 など）にまで系譜をたどることができる。大荒地例（37）や小河南例（29）、白浮例（30）のように、剣身から分離した形で逆ハの字に突出するものの祖型の候補は、A類の曲柄銅剣系列ではなく、いまのところ朱開溝短剣にしかない。両者の間を繋ぐ未発見型式の存在が予想される。

以上のように考えた場合、先に触れた年代的にさらに古いアンドロノヴォ文化系の有柄銅剣

は、B類有柄銅剣系列の祖型にはなりえないのであろうか。剣の全体の形状と、弧状を呈する
剣身の形態は、カラスク系有柄銅剣B類系列的ではない。両者に関係性があるとすれば、そ
れは、柄の部分の凹みや方形の孔のあり方である。この部分の祖型が、はたして朱開溝短剣の
ような長管骨を半裁した骨剣の形状（断面C字形）に起源するのか、それともアンドロノヴォ
文化系の有柄銅剣の系譜にあるのか。これについては、アンドロノヴォ文化系の有柄銅剣のう
ち、アラクリ文化やメゾフカ文化の有柄銅剣の柄の部分の形状が、朱開溝短剣同様に、元来、
長管骨を半裁した骨剣の形状に由来する可能性もあり、当地域ではその材質転換がかなり早く
起こった可能性が考えられる（点線B）。仮に、アルタイ周辺地域のカラスク文化において、こ
うした前段階の銅剣要素を引き継いでいるとすれば、この種の銅剣の形成にあたって、カラス
ク系文化の影響も考える必要があろう。ただし、朱開溝短剣以後の様相がよくわからない以上、
このあたりの系譜関係の決着はまだ先である。

　その後、長城地帯からヌルルホ山以北の遼西北部においてはB類有柄銅剣系列が主流とな
り、西周前半頃にD類のオルドス系有柄銅剣のタイプが形成され、瓦房中例（39）段階から格
や柄の有文化が顕著となる。瓦房中例（39）などは春秋期以降のオルドス系のD類有柄銅剣系
列の祖型であり、夏家店上層文化の短剣（32など）を経て中国北方各地域に広がった。ただし、
長城地帯から内蒙古中部、そして甘寧地域では、西周中期頃から春秋前期頃までの間のD類
有柄銅剣系列の様相が不明で、この時期あたりに一度、各地域の伝統が断絶し、新たな集団に
よる地域圏が形成されたことを示している。これは、甲元が指摘した前1千年紀前半の寒冷化
現象の時期に（甲元 2008a）、北方系集団が長城地帯から燕山を越え、内蒙古南部から遼寧西部
地域へと移住したことによるのであろうか。

4．銎柄式銅剣の起源と系譜

　殷末期から西周初期にかけて、内蒙古中部、長城地帯から遼西北にかけての銎柄式銅剣系列
の変化は、殷末頃から西周初期のC1類から西周中期頃にC3類に変化し、直刃から曲刃へ変
化する（31ほか）。C2類については白浮例（31）の剣身の形態からみてB類有柄銅剣系列の変
化形態であるが、朱永剛は、この種のものをすべてオルドス系の短剣に位置づける（朱永 1992）。
しかし、筆者はこの見解には反対であり、この問題を検討するうえで重要であるのは、C1類
の祖型であると考える。

　この種の銎柄式銅剣系列は、中原系ではなく、内蒙古中部、長城地帯から遼西北にかけて出
現した中国北方独自の銅剣である。そこで注目されるのは、第2章の第3節で検討する小黒石
溝遺跡85AIM2出土の銎柄式の大形銅矛である。この銅矛は、共伴した遺物によって殷後期
から末期頃に位置づけることができる（小林 2010b）。本例のような銅矛の系列は、遼西地域に
特徴的で、遼西柳葉形銅矛系列と筆者は呼ぶ（小林 2011b）。この系列の銅矛は、殷後期から殷
末頃の山西省柳林高紅例（25）（楊紹 1981）と類似し、内蒙古中部から遼西あたりにまで分布す

るタイプである。さらにこの系譜は、旧ソ連地域のアンドロノヴォ青銅器文化の銅矛 (4) に系譜をたどることができる (小林 2010b)。このように両者は形態的に非常に類似しており、遼西柳葉形銅矛系列が銎柄式銅剣系列の祖型になりえた可能性を考えたい。

また、小黒石溝遺跡 85AIM2 遺跡においては、銎柄式銅剣も同時に出土しており (38)、銎柄式の大形銅矛から銎柄式銅剣が出現する可能性がある。これまでにも銎柄式の矛と剣の両者の間に強い関係があることが宮本一夫などにより想定されており (宮本 2000 など)、むしろ内蒙古自治区出土の銎柄式銅矛は銅剣であるという考えもある (李剛 2002)。確かに、剣身の脊柱部分にみられる研ぎ分けによる鎬が、銎柄部末端にまで通っている特徴が、銎柄式の矛と剣の両者に共通しているのも矛と剣の親和性を物語っている。

ただし、この小黒石溝遺跡 85AIM2 例のような直刃の銎柄式銅剣系列 (38) は、山西でみられるような柳葉形の剣身ではなく、在地の B 類の有柄銅剣系にみられる V の字形の関の形状をなすので、在地の要素と接合していることがわかる。また、銎柄式銅剣系列の多くは、夏家店上層文化にも引き続き存在し、長城地帯では春秋期前半にまで残る (36)。なお、西周中期から後期にかけてのヌルルホ山脈以北の夏家店上層文化の地域では、石川岳彦が指摘するように、遼西南部の大小凌河流域を中心とする地域側に C3 類の曲刃タイプの銎柄式銅剣系列が集中する (石川岳 2009a)。こうした銎柄式銅剣系列は、西周中後期以降は、銅製の剣鞘に収納した状態で出土するケースがあり、多くの場合、長短二本がおさめられている。殷末から西周初頭頃には、長剣タイプのみであることが多いので、当地域での銎柄式銅剣系列は、殷末から西周初頭頃は長剣のみであったものが、その後西周中後期以降は、長短 2 本で構成されていた。この長短の組合せについては、殷末から西周初頭頃でみると、白浮村ですでに B 類有柄銅剣系列の長短の組合せがみられる (30・31)。

5．遼寧式銅剣の起源をめぐる問題

以上の諸系列の検討をもとに、E 類とする遼寧式銅剣系列の起源地について検討することにしたい。遼寧式銅剣系列の起源地については、先述のように、遼西・遼東両説に大きく意見が分かれている。ただし、ここでの遼西とは、本来はヌルルホ山脈を境に夏家店上層文化と大・小凌河文化の南北に分ける必要があり、単に遼西・遼東といっただけでは議論が中途半端になってしまうので注意が必要である。遼西・遼東両説の考え方の特徴は、遼東説側は炭素年代や土器編年の検討を重視し、遼西説側は中原系青銅器の年代を信用することに力点をおく。一方、起源論に関する考古学的な分析で重要視されているのは、剣身よりも剣と柄の組合せのあり方が重要となっている。

村上恭通は、剣身と把頭飾の組合せを遼寧式銅剣の最古段階の特徴と考え、この組合せから剣身・剣把・把頭飾の組合せへの変化を想定し、最古段階の組合せのあるヌルルホ山以南の大・小凌河上流域を起源地とした(村上 1997)。村上は、はじめに有機質の組合せ剣柄があり、

後に青銅製の組合せの剣柄に移行したとみたわけである。また、宮本一夫は、小黒石溝遺跡
M8501号墓出土例（44・図6）の剣身の軸と剣柄の鍔部分との接合部分の傾きについて、剣で
握り刺突力を高める機能性を追求した状態と考え、この状態が成立するには、村上が指摘した
剣身・剣把・把頭飾の3点セットがすべて揃っている必要があり、それが最初からみられる
大・小凌河流域や寧城地区（すなわち遼西地域）が、遼寧式銅剣系列の故地であるとした。さら
に銅柄などから、遼西に比べて遼東では当初は実践機能がなく、時間的に遅れた段階にはじまっ
たとし、遼東の遼寧式銅剣系列は非実用の宝器であるとみる（宮本2000）。なお、さらに宮本
は、小黒石溝遺跡M8501号墓例より遡る最初期の遼寧式銅剣0式を設定している（宮本2008c）。
ここで、宮本が起源地について、遼西の南北に限定していないのは、剣身・剣把・把頭飾の3
点セットが一鋳の柄か組立て式の柄の違いはあっても、一応、すべて揃っているからである。
こうした剣身・剣把・把頭飾の3点セットのあり方について、その形成に前後関係を見出すの
が、近藤喬一の考え方である（近藤2000）。

　近藤は、はじめに有機質の組合せ式の剣柄があり、それが後に青銅製の剣柄を組合わせるも
のに置き換わったとは考えない。近藤の考え方は、ヌルルホ山以北の夏家店上層文化の南山根
類型の範囲内で、遼寧式銅剣が誕生したときは、T字形剣柄が青銅製としてまず出現し、剣身
と一鋳する形であったと考える。その後、T字形剣柄と剣身を別々に鋳造し、組合わせる形と
なり、枕石をのせる方法に変化したと考えた。この近藤説は、遼西起源説の重要な拠り所とな
り、韓半島の二段柄式磨製石剣の起源の根拠としても考えられ（中村2007など）、剣身と一鋳
されたT字形剣柄をもつ最古の銅剣として小黒石溝遺跡M8501号墓例（44・図6）が採用され
ることになった。

　以上は、遼寧式銅剣の最古型式が何で、どこが起源地であるかの議論であるが、本題の遼寧
式銅剣の起源が何であるかについて、遼寧式銅剣遼西起源説論者の多くは、銎柄式銅剣を遼寧
式銅剣の祖型とみる。近藤喬一は、組立て式よりも古いと想定する一鋳式の柄をもつ遼寧式銅
剣、すなわち小黒石溝遺跡M8501号墓例（44・図6）の起源は、夏家店上層文化特有のC3類
の曲刃銎柄式銅剣とオルドス系直刃匕首式剣（B類の有柄銅剣）から生まれたとみる（近藤2000）。
しかし、この時点での近藤説には、小黒石溝遺跡M8501号墓例（44・図6）の柄の作りのよう
に複雑な柄を身と一緒に鋳造することができるかどうかという鋳造法に関する議論はなく、ま
た、B類の有柄銅剣のどのような特徴が遼寧式銅剣に引き継がれているか、についても明確で
はない。小黒石溝遺跡M8501号墓例の柄については、中空で立体的な作りであるのに対し、
B類の有柄銅剣の柄は板状に近い厚みのない、中空ではないものばかりであり、この差異の大
きさについての説明が必要である。

　また、町田章は遼西でもヌルルホ山の西方、細かくいえばラオハ河沿岸の寧城・建平地方に
おけるC3類の曲刃銎柄式銅剣系列の分布域において、遼寧式銅剣が出現した可能性が強いと
し、近藤説同様に、曲刃銎柄式銅剣を遼寧式銅剣の祖型とみる（町田2006）。遼寧式銅剣の刺
状突起を波打つような曲刃とみれば、確かに内蒙古と遼寧地域において、刃部が波打つものは

第 2 章　弥生青銅器の起源と遼寧青銅器文化

C3 類の曲刃銎柄式銅剣系列しかない。ただし、後述するように遼寧式銅剣の刺状突起は鋭く尖り、本来はこの部分が鋭利であるはずであるが、ヌルルホ山以北の遼西地域における遼寧式銅剣に分類される銅剣群のなかには、明らかに刺の波長部が丸みをなし鋭利さのないものが多い。これに対し、遼東の古式の遼寧式銅剣の多くは、鋭利な刺状突起を有する（小林 2008b）。また、C3 類の曲刃銎柄式銅剣系列の刺の波長部も、丸みをなして鋭利さがない。こうした刺の波長部が丸みをなし鋭利さのない特徴は、西周中期頃に、剣自体をマムシに見立て、ハの字に開く格の部分を目として表現し、本体を左右にくねらせるように剣を曲刃化させるという蛇形意匠に見立てる象徴的な世界があり、それにより波状をなす C3 類の曲刃銎柄式銅剣系列（40・41 など）が形成されたと筆者は考える（小林 2009a）。これを示すように、曲刃銎柄式銅剣系列の曲刃部の左右の波状部は対称をなさず、交互にずれて曲刃をなす例が多いことは蛇行するヘビを模して曲刃銎柄式銅剣系列が形成されていることを暗示している。

　また、宮本一夫は、小黒石溝遺跡 M8501 号墓例（44・図6）などの遼寧式銅剣の祖型の候補として、ゆるい曲刃をもつ獣首剣の河北省隆化下旬子の例（鄭 1984）を挙げる（宮本 2000 など）。中村大介も同様な見解をもつ（中村 2007）。ただし、この剣の年代については、格から柄部への装飾をみると、春秋期前半のいわゆる B 類のオルドス系青銅短剣のモチーフに類似し、帰属時期が春秋期に下る可能性が高く、またゆるい曲刃であることと合わせて、遼寧式銅剣の起源問題には関わらないという考えがある（鄭 1984、町田 2006）。

　こうした遼寧式銅剣遼西起源説に対し、遼東起源説論者は、刺状突起の位置が上部から下部へ下降する型式学的傾向を重視しつつ、土器編年と炭素年代から議論を組み立てる（金用ほか 1968、林澐 1980・1997、千葉 1997 など）。型式学的に遺物を検討するという原則からみれば、明らかに遼西起源説側にとって、刺状突起の位置が上部から下部へ下降することが認められる遼東における型式学的傾向は、不利である。しかし、遼西起源説側の論者は、こうした型式学的な傾向よりも、鋳造時に鬆が入るなどの鋳上がりの悪さから、遼東の銅剣は宝器であるとし、遼東の方が遅れて出現したとみる（秋山 1969）。

　こうしたなか、春成秀爾は、遼寧式銅剣の起源は石刃を埋め込んだ小営子例（図10-49）のような骨製短剣（石刃骨剣）にあり、この石刃骨剣の石刃は剣の先端部分に埋め込んだ状態から、棘状突起が剣身のより先端にあるものが古く、新しくなるとこの位置が相対的に下がっていくという型式学的変化の方向性を示した（春成 2006b）。この観点によれば、遼東の双房遺跡 M6 墓出土の短剣（図10-51）が最古の遼寧式銅剣となり、それまでに知られていた炭素年代のデータとともに遼寧式銅剣は遼東の方が古いという結論となる。春成の検討は、小黒石溝遺跡 M8501 号墓例（44・図6）に縛られることなく、まずは遼寧式銅剣自体の型式学的変遷をうまく説明した点が重要である。

第 2 節　銅剣の起源

6．小黒石溝遺跡 M8501 号墓例の再検討

　遼寧式銅剣の起源について、遼寧式銅剣の形態・機能などの検討について若干の整理を行っ
たが、いずれの検討においても重要な位置にあるのが、小黒石溝遺跡 M8501 例であろう。本
例が重要であるとされている以上、まずは、小黒石溝遺跡 M8501 例が本当に最古の遼寧式銅
剣としてふさわしい特徴をもっているのか、実物の観察結果をもとにみていきたい。

（1）観察結果

　小黒石溝遺跡は、内蒙古自治区の赤峰市の南西 40km にある寧城県甸子郷の南にある小黒石
溝村の台地上にある。周りを山に囲まれ、遺跡の西約 1km にはラオハ河が流れている。最初
の発掘調査は、1975 年に寧城文物博物館部門により実施され、その後、1980 年以降、1998 年
まで 3 度にわたって調査が実施された。そしてここで問題となる遼寧式銅剣は、1985 年の調
査において発掘された、 1 基の大型石槨墓（M8501 号墓）から出土したものである（項ほか 1995）。
現在、この M8501 号墓出土の短剣は、遼中京城博物館に収蔵されている。筆者は、2007 年 9
月 6 日当博物館において実見、観察した。

　M8501 号墓例の遼寧式銅剣は、2 例存在するが、いわゆる M8501 号墓例として問題となる
のは図 6-2 に図示した短剣である。全体の長さは 41.5cm を測る。以下、特徴的な部位ごとに
詳細をみていく。

柄部：柄は、図 6-1 のもう 1 本の銅剣の加重器の脱落状態や、緑松石の象嵌石とおそらく加重
器 (s) の固定のための目釘孔のルジメントであろう抜けあとの孔 (p) からみて、筒状の握り
部 (n) までは中空であろう。口部 (k) はラッパのように開き、筒状の握り部 (n) に繋がって
おり、側壁が逆ハの字状に立ち上がる、下方からみて楕円形の盤 (q) に接続する。柄口に緑
松石 (l) を飾り、盤の側面に孔をあけて加重器を固定しているルジメントのようである。緑松
石の接合部分の周囲には、やや薄く半透明気味の灰色部分があり、鉛などで後から溶接し固定
した可能性がある。

盤部と加重器：盤部の上部の加重器 (s) は、扁平な半楕円形を呈し、いわゆる鶏冠形をなす。
この加重器は、もう 1 本の銅剣の状態からみて着脱可能のようであるが、溶接している可能性
もある。口部 (k) と筒状の握り部 (n) の間には、段 (m) がある。

剣身：次に剣身の方についてみてみよう。全体の形状に関わるので、まず刃部の欠損状態につ
いても述べておこう。棘状突起部分から身の中央やや下部に相当する一方の辺にそって細かい
割れを伴いつつ、わずかに欠損しているのが確認できる（図 6-3 の▲部分。△は欠損の範囲を示す）。
特に、剣身先端やや下付近に顕著な欠損がみられる。また、先端もわずかに欠損しているよう
である (a)。いずれも公表の図ではわからなかったが、注意が必要である。

鋒部：鋒部 (b) は、より先端に近い方にまで樋が伸びているのが確認できることから、公表

41

第 2 章　弥生青銅器の起源と遼寧青銅器文化

されている図（図6-2）よりも長さは短めであったことがわかる。

樋：樋は、先端部分（c）では、浅くやや低い段状をなしつつ垂下するようである。左右で微妙ではあるが先端部の位置はわずかにずれる可能性がある。片面のみの観察であるが、左右で高さが不統一であり、あるいは一定の使用を経た後の研ぎにより不統一となった可能性もある。

脊柱：脊柱は、棘状突起部（e1・2）で山をなすように隆起しており、身下端部に向かって太くなる。この上の研ぎ分けについては後述する。

棘状突起部：棘状突起部（e1・2）は、公表されている図（図6-2）では尖り具合が強く三角形状に角張って表現している。しかし、実際にはe2の突起はやや丸みを帯びた山形状をなし、e1の突起はややカーブを描くように丸みをもつ形状をなす。これは、当初、鋭角的に三角形状であったものが、使用しているうちに丸みをもった可能性もあるが、研ぎは現状の輪郭にそって丁寧になされており、現状の形状にも意味があるようである。

関：関（h1・2）は、丸くおさめているが、わずかに左右非対称形の可能性があり、傾斜のゆるいカーブときついカーブの両者からなるようである。身の下端から関までは、刃部を明確にはつけていないが、研ぎによって1mmほどの面取りにより鈍角な刃部に整形がなされている。身の下端部付近から関については、細かい割れが1箇所観察できるが、他にはみられない。

茎：剣の茎部分（i）は1cmほどの空隙をもちつつ、柄口部分に接合している（j）。柄の口部に接するにしたがい、面的な盛り上がりを伴い、太く逆ハの字状に広がるように見える。この部分の観察は、さらに詳細に行ったので、写真とともに後で確認してみたい。

研ぎ：刃の研ぎは、脊柱中央軸線上で左右の研ぎ分けを確認できる。突起部（d）で研ぎの作業は大きく2度に分けられており、左右の研ぎ分けは、f部分で研ぎの末端部分がそれぞれすぼまりつつ一度終息し、左右で逆ハの字状をなす。研ぎは、この部分では終わらず、細い幅の研ぎ跡が、上部の左右の研ぎの連続で生じており、関近くにまで達する。おそらく、身の下端から関までの間の1mmほどの面取りに伴う研ぎと考えられ、柄を上にして右側の方をやや太めに研いでいる。

軸のブレ：宮本一夫は、剣身と柄の軸が垂直になっておらず、ブレが生じている点を指摘した（宮本 2000）。実際、筆者自身の観察の結果でもわずかなズレを確認することができた。

付着物：盤部で明確に確認できるが、表面に何かが付着していた可能性を示す痕跡がある。布巻き状の痕跡の可能性があるが、保存処理後のため詳細は不明である。

（2）剣柄と柄の接続痕跡の問題

本例の観察で最も問題となったのは、図7の写真のように、剣柄（i）と柄口（j）の接続部分に不自然な盛り上がりが面的にみられることである。この痕跡は、一鋳作りではないことを示していると考える。こうした疑いをもった理由は、グリップ本体部分に鋳型を合わせた位置にあたる范線が残らず、柄口との接続箇所のみに余分な痕跡が残るのは不自然であると考えたからである。つまり、柄は石製鋳型で作っておらず、中空品であることから土製鋳型の可能性

第 2 節　銅剣の起源

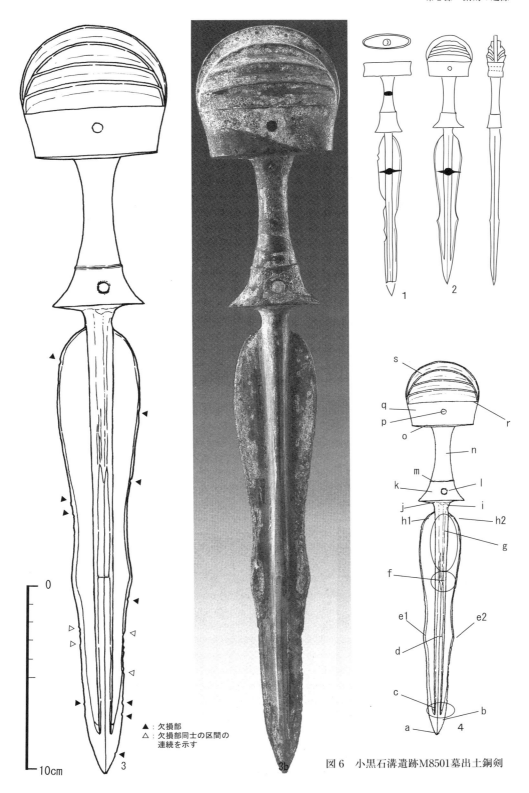

図 6　小黒石溝遺跡 M8501 墓出土銅剣

43

が高い。また、遼寧式銅剣の鋳型は、いままで見つかっているものはすべて石製で、小黒石溝遺跡例のみを特殊なものとみるのは問題である。Ｔ字形銅柄の鋳型は、細かい文様のあり方から、土製であることは明らかであるので（田尻 2007）、小黒石溝遺跡例の場合は、むしろ身は石製の鋳型で作り、この柄の盤部は中空である点から、土製の鋳型で別に製作されたと考えた方がよい。

　ただし、別鋳であったとしても、どのように接合したのかはわからない。まず考えられるのは、両方の鋳造後、おそらく柄の孔に身の茎を挿入し、溶接した可能性を考える。あるいは、先に剣身部分を製作し、次に土製鋳型で柄を製作する。そして、剣身部分をこの土製鋳型に合わせておきながら、柄の部分を鋳造し、結果的に剣と柄を接合した可能性もある。茎と柄口の間に空隙が存在しており、剣身を柄の土製鋳型に合わせた段階で、わずかな空隙が存在しており、この部分に銅が漏れることによって不自然な面的な部分を形成した可能性もあろう。いずれにしても、剣と柄を同時に製作してはいないために、おそらく両者を接合後、わずかに長軸が揃わずにズレが生じたのであろう。宮本が本例に関して指摘したズレは、このように形成された可能性もあろう。今後、Ｘ線などにより確認する必要があるが、いまのところは以上の２つの別鋳方法を想定しておく。

（3）曲刃形態の問題

　先の観察結果のうち、棘状突起部（e1・2）は、e2 の突起はやや丸みを帯びた三角形状をなし、e1 の突起はややカーブを描くように丸みをもつ形状をなす。これは、使用しているうちに丸みをもった可能性もあるが、研ぎは現状の輪郭にそってなされており、現状の形状にも意味があると先の所見では述べた。仮に使用によって形状が変化したとした場合、本例が儀器であるという仮説（宮本 2000、町田 2006）は成り立たなくなる。これは、どのように考えればよいのであろうか。図８には、曲刃筒柄銅剣と遼寧式銅剣の諸例について遼西を中心に比較したものである（小林 2008b）。１は、翁牛特旗例大泡子遺跡の曲刃筒柄銅剣である。細い剣身先端から小波状に外側に張っているが、変換点は鋭角をなさず丸みをもつ。２は小黒石溝遺跡 M8501 例である。３は寧城南山根遺跡 M101 墓出土の遼寧式銅剣である。小黒石溝遺跡 M8501 例ではっきりしなかったが、カーブを描くように丸みをもつ形状は明確で、刃部の研ぎも認められる。また左右で波状の高さが異なり、左右非対称をなす。４は寧城孫家溝遺跡出土のやや新式の遼寧式銅剣である。片方の突起を欠損するが、残存部をみる限り、突起部はカーブを描くように丸みをもつ。こうしたカーブを描く曲刃は、先にみた C3 類の曲刃鎏柄式銅剣系列の影響を受けているのは明らかである。石川岳彦が指摘した C3 類の分布傾向とも合致する（石川岳 2009a）。

　以上のように、突起部がカーブを描くように丸みをもつヌルルホ山以西の遼西の例に比べ、遼東の古式の遼寧式銅剣のなかには鋭い刃部をもつものがある。筆者が実見した例のなかで挙げると、新金双房遺跡 M6 墓例（図8-5）と鉄嶺大山嘴子遺跡石棺墓例（図8-6）がある。双房

第 2 節　銅剣の起源

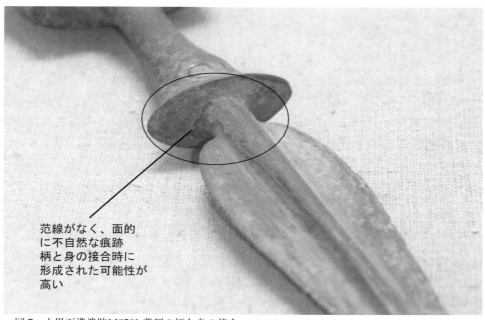

范線がなく、面的
に不自然な痕跡
柄と身の接合時に
形成された可能性が
高い

図 7　小黒石溝遺跡 M8501 墓例の柄と身の接合

図 8　遼西と遼東の古式遼寧式銅剣の曲刃（棘状突起）の例
　　　［1 大泡子　2 小黒石溝 M8501　3 小黒石溝 73 年出土　4 孫家溝　5 双房　6 大山嘴子］

45

第2章　弥生青銅器の起源と遼寧青銅器文化

遺跡 M6 墓例はやや鈍角気味ではあるが、これにやや後出する大山嘴子例の突起部は鋭角な三角形をなす。他に図示してはいないが、十二台営子遺跡の銅剣も棘状突起がよく発達している。図8のなかで上下の段のどちらの方が致命傷を与えるかを考えた場合、下段の方が傷口を広げ威力があると筆者は考える。むしろ、突起部のあり方は、大・小凌河流域から遼東にかけての地域の方から夏家店上層文化側に影響を与えたという、朱永剛が指摘したような説の可能性も再度検討する必要性があろう（朱永 1992）。中村大介は、先述したように、こうした突起について「前殺」的な機能を想定した（中村 2007）。筆者は、「前殺」の機能は、馬上などから長剣で刺突する動作のときに重要な役割をもつと考える。そして、一方の短剣は、馬上での使用ではなく、組み手や接近戦で用いられたはずである。したがって、とどめを刺す武器であり、そこで求められるのは確実な刺突、すなわち威力があり、致命傷を与えることである。乙益重隆によれば、西南戦争において実戦での剣の使用の記録では、一度、刺して抜けにくくなることが多々あるという。そのときに、抜けやすくするために、柄にストッパーがあり、ストッパーに手をあてて、敵の身体を足で踏みながら引き抜いたという。この話は、T字形剣柄の説明の折に良く出た話であるが、加重器の役割は、刺すのと同時に引き抜く際にも効果をもたらすという説明であった。このように考えることができれば、遼西のヌルルホ山以西は長短2本の剣のセットによって武装している可能性があり、これは車馬や騎馬での使用を前提にした、あるいは影響を受けた武装である。これに対して、大小凌河流域や遼東では、車馬や騎馬の導入が遅れたため、ゲリラ的な戦法などの接近戦用に使用する必要から、先に短剣の使用のみとなり、遼寧式銅剣が一気に普及し、さらに組み手などでの致命傷を与える必要性から、突起は剣の先端付近にあった方がよい。しかし、突起がなぜあるのか、という根本的問題は別にあり、本来はこのような機能性は後から結果的に獲得された可能性がある（小林 2008b）。

　話を突起部分の形状に戻そう。曲刃筒柄銅剣の場合は、長剣で曲刃の波状の度合いはゆるく、また3〜4段の曲刃をもつ例も多く、遼西の曲刃筒柄銅剣では、前殺をイメージした機能をもつとは考えられない。さらに、遼寧式銅剣の古式段階では、突起部の位置は相対的に剣身の先端側であるが、次第に下方に移動し、韓半島の細形銅剣の新式段階で剣の下側に大きく下がり「刳込」となる。しかし、これではとても前殺をイメージした機能をもつとは考えられない。こうした特徴から、筆者は棘状突起には、実用的な機能とともに、象徴的な意味が存在したと考えた（小林 2009b）[1]。

　以上の筆者の観察結果から、近藤説や宮本説の根拠となった小黒石溝遺跡 M8501 号墓例（図9-1）については、柄部と身部は身の鋳造後に接合し溶接したものであることは明らかである（小林 2008b）。本来、本例の柄部のように中空のものを石製鋳型で一鋳するのは無理であり、当初から近藤説には無理があったものの、この点は指摘されてこなかった。しかも、小黒石溝遺跡 M8501 号墓例（図9-1）は、柄には剣身と柄上部、さらに柄の下部同士を固定する目釘孔の痕跡をトルコ石の象嵌で模倣するなど、すでに存在した木製の組み立て式剣柄を銅で模したことは明らかである。さらに、遼東と韓半島では、木製の組み立て式の柄の下部に差し込んで

46

使用する青銅製加重器の類例が知られるようになり、木製の組み立て式剣柄の構造が明確になってきた。特に、韓国の京畿道広州市駅洞遺跡1号墓からは、炭素年代で前10世紀を遡る銅剣（図9-2）が出土し、この銅剣は青銅製加重器を伴った状態で出土した[2]。

銅剣は、図9-2のように現存で長さ約22.2cm、厚さ約5mmで、残存部分からは刺状突起をもたないE2類に分類できる。青銅製加重器は、Dの字の丸みをもつ部分（a）を下に向けた形状をなし、中央は口を開けるように孔（f）があいている。柄に装着する上側の横の棒状部分（b）には、中央付近に上に突出する部分があり、ここに円形の目釘孔（c）がある。本体下部の断面は杏仁形で下が厚く重く、上が薄く軽く作られ、加重器としての役割をもたせている。そして、この加重器の装着状態は、図9-2のように復元できる。この駅洞遺跡1号墓タイ

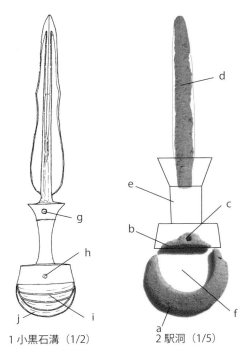

1 小黒石溝（1/2）　　2 駅洞（1/5）

図9　銅柄と加重器の比較

プの加重器の内部が孔となっている剣柄を表現した二段柄式磨製石剣が、韓半島の漁防洞遺跡や月山里遺跡から出土しており（中村 2007）、青銅製としては、李家堡遺跡でより大型のものがあり、同じく遼東の楼上遺跡M3墓でやや上下につぶれたものが出土している。この種の加重器を駅洞タイプとすると、この種の加重器は、駅洞→李家堡→楼上M3、という変化をすると想定でき、遼寧式銅剣の変化とも対応する。遼西ではこの種の加重器は発見されておらず、石製の中央が凹む枕型のものが中心である。

そして、問題となる小黒石溝遺跡M8501号墓例（図9-1）の加重器と剣柄の形状をみると、平面形態は、駅洞タイプと同じであり、加重器の本体下部（i）は駅洞タイプに類似するが、両面に三重に重なってついている装飾のようなものがある点が異なる。しかし、この部分は駅洞タイプの窓枠状に空いた部分（f）へ新たに付加されたものとみれば両者は基本的に同じものである。さらに柄の下部同士を固定する目釘孔をトルコ石の象嵌が脱落している部分（h）は駅洞遺跡1号墓タイプの目釘孔（c）と同一であり、小黒石溝遺跡M8501号墓例（図9-1）の剣柄は遼東の駅洞タイプの加重器をはめた木製の組み立て式の剣柄を銅で模したのは明らかであろう。

このように考えることができるとすれば、遼西北の曲刃鎏柄式銅剣は遼東において遼寧式銅剣が出現して以降のものとなり、遼寧式銅剣の起源には関わらないであろう。むしろ、逆に影響を与えた可能性が出たことになる。また、ヌルルホ山以北の遼西北では、先にみたように刺

第2章　弥生青銅器の起源と遼寧青銅器文化

状突起は鋭く尖らず、丸みをもつ特徴があると述べたが、さらに脊柱をもたないものや刺状突
起さえもたない遼寧式銅剣のような銅剣がみられ、こうした例外的な銅剣の存在からみて当地
域が遼寧式銅剣の本拠地ではない可能性が高まった。

7．遼寧式銅剣の起源と系譜

　以上の検討を踏まえて、遼寧式銅剣の起源問題について考えたい。図10に関係する銅剣を
各地域ごとに系列に分けて配列した。なお、この図では各銅剣の鋒先端が左端の実年代に相当
するようにしている。

　遼寧式銅剣系列の起源が何であるかについては、遼東説の場合、図10のように春成秀爾に
よる骨剣起源説（春成 2006b）とは別の説も存在する（図10の点線A）。郭大順は、遼東地域に
おいて遼寧式銅剣系列の最古段階である双房遺跡 M6 墓例（51）の前段階に相当する双砣子文
化段階に認められる石剣を、その起源の候補に挙げた（郭 2006）。この種の石剣は、剣身の先
端部分に左右の研ぎ分けをもち（50）、この特徴は当地域で最古の遼寧式銅剣と考えられてい
る双房遺跡 M6 墓例（51）のように刺状突起と脊柱部の研ぎ分けの部位が剣身の先の方に位置
しており、類似するといってよいであろう。

　いまのところ、春成が骨剣起源説において祖型として引用する小営子遺跡の骨剣例（春成 2006
b）（49）は、地域的に遼東から相当に離れており、また時間的にも隔たりがあるので、遼寧式
銅剣出現直前段階にみられる石剣も十分に祖型の候補となる。そして、遼東においては、法庫
県の湾柳街遺跡において殷後期段階の青銅器製作に伴う鋳型が出土しており、当地域で青銅器
の在地生産をすでに行っていたことが判明している（春成ほか 2007）。したがって、遼東にお
いては、殷後期段階以降、銅剣を製作する条件が整っており、在地の石剣を青銅器化した可能
性が考えられる。しかし、遼寧式銅剣系列では曲刃の特徴を除けば、太めの断面円形の脊柱を
もち、石剣をそのまま青銅器化したと考えるにはこの脊柱の存在が問題となる。また内蒙古の
朱開溝の銅剣（図5-18）のように、骨剣の特徴を痕跡的に模倣するような特徴も認められない。
そうなると、すでにある断面が脊柱をもつ銅剣と、遼東の刃部の先端部分を研ぐという石剣の
特徴を融合させたと考えなければならないであろう。このように想定したうえで、殷後期段階
に双房遺跡 M6 墓例（51）のような銅剣を創出する条件が揃ったものは、図5に示したアンド
ロノヴォ文化系の銅矛か山西省の柳林高紅遺跡を代表とする殷後期から末期頃の柳葉形銅矛系
列（図5-25）しかない（小林 2011）。ただし、このうちアンドロノヴォ文化系の銅矛は時期的に
古すぎるので、柳葉形銅矛系列の影響が殷後期から末期頃に遼東に及び、遼西で C1 類の鋬柄
式銅剣系列を生み出したのとほぼ同時期頃、遼東では鋬柄部の製作に必要な土製鋳型を使用す
る技術がなく、無柄の有茎式の銅剣を創作し、そこに伝統的な骨剣や石剣の特徴を取り入れ曲
刃化した銅剣を創出した可能性も考慮する必要がある。しかし、この問題を検討するうえでの
資料が不足している現状では、脊柱の問題に関係なく、殷後期から末期頃に青銅器製作技術が

48

第2節　銅剣の起源

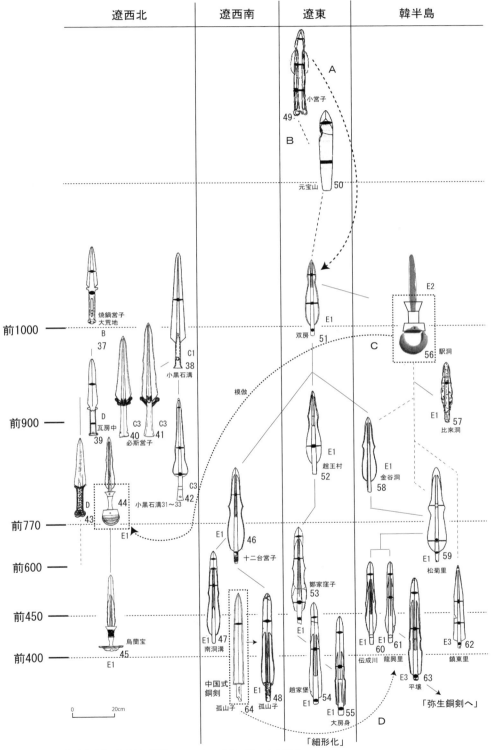

図10　遼寧式銅剣の起源と系譜　図中の番号は図5から続く

第2章　弥生青銅器の起源と遼寧青銅器文化

遼東に到達している以上、あえて柳葉形銅矛系列の影響を考えなくとも、遼東で在地の石剣を
モデルに銅剣化したと考えておく方が妥当であろう。

　先に触れた韓国の駅洞遺跡例 (56) のように、銅剣の出現地域は、予想以上に遼東から韓半
島北部にまで広がっており、銅剣と共伴した炭化物の炭素年代が正しいとすれば、最古級の年
代を与えることが可能で、駅洞遺跡例 (56) のように曲刃化しなかった銅剣も遼東で遼寧式銅
剣が出現するのとほぼ同時期か、もしくは先に出現した可能性がある。これは、遼東か韓半島
の研ぎ分けのない磨製石剣をモデルに、創出した結果であろう。以上から、筆者は、現状での
遼寧式銅剣系列の起源地は遼東にあり、殷後期からおそくとも前10世紀以前に骨剣を祖型に
それを模した石剣をモデルに出現した。そして、この起源地の範囲は、さらに韓半島北部も含
まれる可能性があると考え、これに大小凌河流域も含まれる可能性もある。そして、遼西北に
は西周中期頃以降に拡散したと考える。

　こうして遼寧式銅剣系列は、韓半島に伝播して後、細形銅剣系列へと派生する。筆者は、遼
寧式銅剣から細形銅剣への変化について遼東からの影響が韓半島の遼寧式銅剣の系列に及んだ
ものと想定するが、これまでの研究では、必ずしもそう単純には考えられていない。秋山進午
や尹武炳が、遼寧式銅剣から細形銅剣への変化を想定して以降（秋山 1969b、尹 1972）、李健茂
は、遼西から遼河下流域の遼寧式銅剣が韓半島西南部に直接流入し形成したと考え（李健 1992
b）、李榮文は、韓半島における遼寧式銅剣の型式変化の系譜のなかで成立したと考えた（李榮
2002）。また、村上恭通は、遼東から吉長地区における遼寧式銅剣の退化型式である五道嶺溝
例などが影響を与えたとし（村上 1997）、岡内三眞は、遼寧式銅剣を剣身の研磨方法などから
朝鮮独自の三系統、遼西・遼東系の一系統に分け、それぞれの系統から多様な細形銅剣が出現
したと考えた（岡内 2004b）。さらに宮里修は、龍興里タイプと狐山里タイプの融合によって形
成したと考え（宮里 2007）、宮本一夫は、韓半島における遼寧式銅剣系統のＡⅡc式の変化形
態として、細形銅剣最古型式のＢＩa式が大同江流域を中心とする西朝鮮で成立したと考えた
（宮本 2008bほか）。

　以上のような諸説を検討しつつ、遼寧式銅剣の影響を考えるとすれば、遼東の遼寧式銅剣と
の併行関係のなかで、どの段階で細形銅剣が出現するかを見極めることである。韓半島の銅剣
をはじめとする青銅器文化の出現問題を考えるうえで、年代的な位置づけがなされている遼東
の鄭家窪子遺跡M6512墓出土の1b式（宮本 1998）の遼寧式銅剣例 (53) は重要である。最近、
本銅剣と同時期の銅剣の鋳型である遼陽の甜水塔湾村例が再評価され、鄭家窪子遺跡M6512
墓出土の1b式銅剣の位置づけについての新知見が得られた（小林ほか 2011）（図11）。この銅剣
鋳型で重要なのは、身の輪郭に凹線状の陰刻線を彫り込み、さらに樋の輪郭にも同じ陰刻線を
彫り込んでいることである。宮本一夫は、この樋の輪郭陰刻線について、韓半島の宮本分類の
遼寧式銅剣ＡⅡ・ＡⅢ式で樋が存在することと関連していると考え、鄭家窪子遺跡M6512墓
例 (53) のような1b式の遼寧式銅剣と同時期であると考えた（小林ほか 2011）。確かに、韓半
島の宮本分類の遼寧式銅剣ＡⅡにあたる伝平壌例の樋の部分には、左右にハの字に開く不自

50

第 2 節　銅剣の起源

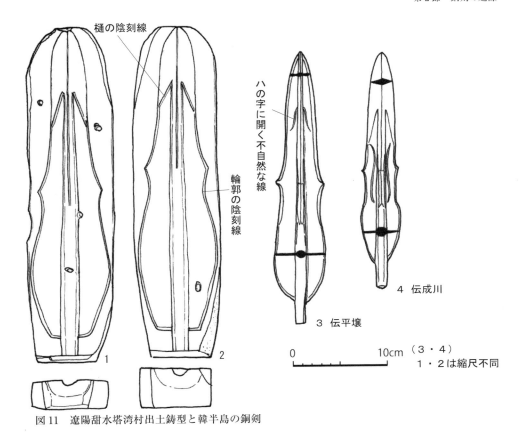

図 11　遼陽甜水塔湾村出土鋳型と韓半島の銅剣

然な線が認められる（図 11-3）。この痕跡のあり方が、宮本の指摘するような併行関係を示すとすれば、鄭家窪子遺跡 M6512 墓例と関係しよう。

　鄭家窪子遺跡 M6512 墓の年代については、遼寧式銅剣 1b 式に後続する遼寧式銅剣 2a 式が出土した杏家荘遺跡 2 号墓の墓葬の年代から前 5 世紀前半のものとされており（宮本 2008b ほか）、これに遡る遼寧式銅剣 1b 式の年代は概ね前 6 世紀におさまるとされる（小林ほか 2011）。そして、宮本は細形銅剣の祖型が韓半島の宮本分類の遼寧式銅剣 A Ⅱ c 式の伝成川例（60・図 11-4）とすると（宮本 2008d ほか）、伝成川例（60）は突起が微かに残り脊の隆起がほとんどなく、遼寧式銅剣 2a 式と同じ時期である可能性を指摘した（小林ほか 2011）。こうした特徴をもつ銅剣が、伝平壌例（63・図 11-3）のような細形銅剣を生み出したのであろう。

　なお、遼西の孤山子遺跡 90M1 墓出土例（48）は宮本分類の 2b 式とされるが、伴出した副葬品から前 5 世紀前半頃であり、先の鄭家窪子遺跡 M6512 墓の遼寧式銅剣 1b 式でみた年代的位置づけと矛盾しないことが判明している（小林ほか 2007）。なお、遼東地域では、鄭家窪子遺跡 M6512 墓例の後、細形化が進行し、下半分が下膨れ状をなし、関まで研ぎ抜くもの（55）とそうでないもの（54）の小系列が出現し遼寧式銅剣は終焉を迎える。

51

第2章　弥生青銅器の起源と遼寧青銅器文化

8．展望

　以上の検討では、まず、中国北方地域における銅剣をA類のカラスク文化系曲刃柄銅剣系列、B類のカラスク文化系有柄銅剣系列、C類の銎柄式銅剣系列、D類のオルドス系有柄銅剣系列、E類の遼寧式銅剣系列に分類し、それぞれの系譜関係を追跡した。それにより、弥生銅剣の起源、すなわち細形銅剣の起源が遼東地域の遼寧式銅剣にあり、さらに遼東地域の遼寧式銅剣は、殷後期から末期頃の青銅器製作技術と遼東の遼寧式銅剣系列の出現前段階に相当する双砣子文化段階に認められる石剣をモデルにし、殷代までに遡る銎柄式銅矛の脊柱をもつ身の影響も成立に関わったと考えた。

　さらなる銅剣の出現については、ユーラシア東部地域の旧ソ連地域の西部での出現が圧倒的に古く、これらに遅れて中国北方地域では内蒙古自治区中南部の朱開溝遺跡出土銅剣が前1500年で最古のものである。遼寧式銅剣の起源はこれからおよそ500年後のことであり、これに法庫県の湾柳街遺跡において発見されたような殷後期段階の青銅器製作によって作られた可能性が高い。しかし、これでは遼寧式銅剣は中原の影響によって生まれたことになってしまうが、この湾柳街遺跡からは、カラスク文化系の青銅器も出土しており、すでに殷代後期から末期に遼東地域でカラスク文化系と中原系の青銅器文化が接触し、北方地域独自の青銅器文化を形成していたことがわかる。したがって、遼寧式銅剣の直接的な系譜を、ユーラシアのより西方に求めることは正しいとはいえないが、北方系遺物の存在などからみて、剣の意味などは伝播していたと考えるべきであろう。

　最後に、本論のなかで触れることができなかった、遼寧式銅剣から細形銅剣への変化の過程における、「細形化」について述べて終わりとしたい。

　かつて筆者は、定型的な細形銅矛の形成に関し、遼東と韓半島では在来で変容した「琵琶形系」と遼東の「細形系」の二つが作用していたと考えた（小林2011）（第2章の第4節で詳しく検討）。そして、初期の細形銅矛系列の形態に変異が大きいのも、こうした「琵琶形系」と遼東の「細形系」の影響関係の強弱が定型的な形状を作り出すのではなく、個々に表出させるような、定型的銅矛出現前段階の社会的変動による反映の可能性を考えた。

　こうした各系列の分類とは異なる概念による「琵琶形」「細形」というまとまりについては、雰囲気的なまとまりであり、数値で表現できるようなものではない。こうした見方は、非言説的で必ずしも特定の命題を表徴しない要素であり、筆者はこれを「象徴伝統」（小林2010b）として説明した。「琵琶形系」と「細形系」の両者は、まさにこの「象徴伝統」であり、前者はおそらく遼寧式銅剣を保有する集団のなかの地域集団のローカリティやエスニシティに関わるアイデンティティの形成や再生産に重要な役割をもっていた可能性がある。そして、一方、後者の「細形系」の「細形」とは、実はそのもの自体の形態の特徴を的確に表現した呼称ではなく、他と比較して「細形」であるという意味において機能している。

52

遼寧式銅剣の変化の過程で、この「細形化」が顕著にみられるようになるのは、前6世紀以降のことである。前5世紀前半頃の建昌県干道溝孤山子遺跡ではほぼ同じサイズの中国式銅剣（64）と遼寧式銅剣（48）が共伴しているが（小林ほか 2007）、中国式銅剣（64）は、細身で身が直線の「細形化」が顕著な剣である。この頃に遼寧で遼寧式銅剣の刺状突起が明瞭さに欠けはじめ細身化するのは、この中国式銅剣の影響による可能性も考える必要があろう。遼寧式銅剣の「細形化」が進行するのは、遼西地域が前6世紀以降、燕国の東方への拡大の過程で「燕化」（宮本 2006a）が進行し、在地の青銅器文化が残存しつつも、部分要素において変容せしめる状況となったことを示している。そして遼東では、関部付近まで研ぐ中国式銅剣の特徴の影響を受け、また韓半島では遼寧式銅剣の突起の特徴を比較的残した状態で細形化が進行したと考える。

　以上のように、前6世紀以降の遼寧式銅剣文化圏では、それまでの伝統的要素と燕系要素が接合し、あるいは在地の伝統要素が変容したと想定する。弥生青銅器文化における銅剣は、銅矛とともに北方地域に起源しその系譜があるが、燕国を介して「細形化」という中原系の影響も受けていたと考えたい。

註

（1）　遼寧式銅剣の象徴的な意味については、中国北方地域に広がる蛇形意匠の象徴性と銅剣の関係性について問題提起する（小林 2008b・2009a）。まず注目するのは、剣鞘である。敖漢旗の熱水湯遺跡の剣鞘の表面板は、裏を革で綴じて使用したらしいが、問題となるのは、表面の三角形に突出する板の鞘口部分に、目と鼻の表現がある点である。こうした飾は、曲刃筒柄銅剣のハの字に開く格の両端に目を、中央の剣身の関と柄の境界付近に鼻の表現をもつものが多い。さらに目と鼻の表現だけではなく、剣鞘自体が蛇の形状を表現しているとみることができる。頭部が三角形であるのは、すなわちマムシの三角頭を象徴的に示しているものと推測する。そうすると、剣自体の格が目でさらに鼻をもつということは、剣自体を蛇に見立てているとも考えることができるのではないか。必斯営子例では、鞘に熱水湯のような目鼻の表現はないが、剣にはその表現がなされており、剣鞘に剣をさしたときに、三角形の鞘口部分に剣の目鼻が位置することになる。見かけ上は、鞘に目鼻を表現してはいないが、同じ位置にくるように意識的に操作しているのは明らかである。そうなると、剣鞘に表現している三角形の透かし文様も蛇に由来するものの可能性があり、筆者はいまのところ、この表現は蛇の鱗か、二匹の蛇が絡み合い体をくねらせながら上昇している様子を表現していると考えている。

　　　さらに、剣の身自体にも蛇形意匠は表現されている。曲刃筒柄銅剣を例にすれば、曲刃の波状の頂点の位置をみると、左右非対称となり、剣自体が蛇行しているように見える。このような、蛇形意匠の起源については、曲刃筒柄銅剣の時期のみの様相にはおさまらない。北方地域の銅剣の祖型の一つである朱開溝型の短剣のハの字に開く格は、最終的に曲刃筒柄銅剣に引き継がれるが、ハの字に開く格の表現のあり方は、本来、蛇のペニスの特徴と非常に類似する。北方地域では、内蒙古中南部の長城地帯の李家崖文化において、蛇ヒ首（甲元 2008a）にも同様な蛇のペニスが表現されている。つまり、朱開溝型の短剣は、剣自体が蛇に見立てられていた可能性を示すのである。北方ユーラシアでは、剣は蛇の象徴となり、さらに男性の象徴となることがある。おそらく、蛇は毒で悪敵を倒すという辟邪の観念が作用し、剣を蛇のメタファーとするようになったと考える。

第2章　弥生青銅器の起源と遼寧青銅器文化

　　一方、遼東を中心に出現する遼寧式銅剣では、最古の双房型のように突起は剣の先端部に上昇して
おり、頭部三角形のマムシを想起させるような形態をなす。おそらく、新石器時代後期の骨剣段階か
ら青銅器への過渡的段階に、北方地域では広域に剣を蛇に見立てる象徴世界が広がっていたのではな
いか。遼寧式銅剣でも棘状突起の位置が左右で非対称となる例は多く、この突起自体にも蛇を象徴的
に表す意味が付与された可能性がある。まだ推測の域を出ないが、三角形状に突出する形状自体に蛇
の鱗やマムシの三角頭の形状を連想しつつ象徴化したと現段階では考えておく。そして、その後、遼
西のヌルルホ山以西では、明確に刃をつけず、蛇が蛇行した形状を表現し、筒柄銅剣が曲刃化したと
考えたい。遼寧式銅剣において、この棘状突起が古式銅剣1式以降にその位置が下がりながらも残存
する状況は、本来はこの部分が実用的機能よりも象徴的機能をもっていたからにほかならず、実用的
機能は後から強化された要素ではないだろうか。秋山による、遼東の遼寧式銅剣が宝器的性格をもつ
という考え（秋山編 1995）は、筆者のこうした推定と関係があるかもしれない。なお、中国北方に
起源する朱開溝型の短剣の系譜は、西周段階にはロシアのカラスク文化の短剣と同系譜となり、北方
ユーラシアに広域に分布する（高濱 1995）。剣を蛇に見立てる象徴世界は、中国北方だけではなく、
さらに北方ユーラシア地帯にまで広がる可能性をもっている。

（2）　駅洞遺跡1号墓出土例の実見にあたっては、ハンオル文化遺産院（当時）の金一圭氏の協力による。
　　なお、この銅剣の年代については、調査当時、金氏からうかがった年代値は、銅剣と共伴した炭化物
　　の炭素年代であった。その折には、年代については未公表であった。筆者は、うかつにも駅洞遺跡1
　　号墓の正式報告の存在を知らず、この論考の原著を執筆した。その後、東北亜細亜考古学研究会の例
　　会において大貫静夫氏から、あらためて本銅剣の年代について指摘を受けた。

第3節　銅矛の起源

1．銅矛の起源をめぐって

　これまで、遼寧青銅器文化で議論となってきた銅矛は、後述するように日中韓での議論では遼東の遼寧式銅矛が中心であり、遼西の銅矛が問題となることはなかった。なぜならば、資料数が圧倒的に少なかったからである。しかし、数年前までほとんど知られていなかった「遼寧式銅戈」が1度注目されると、その後資料の存在が次々と明らかとなったように（小林 2007 ほか）、遼西地域で銅矛資料が今後増加する可能性が高い。以下では、筆者自身の現地調査によって得られた新知見とその折の観察所見を交えて遼寧青銅器文化における遼西地域の銅矛について見ていきたい。そして、遼西地域の初期の銅矛こそが、遼寧青銅器文化の銅矛の起源であることを論ずることにする。なお、地域区分は第2章冒頭の図1〜4と次節の図19を参照する。

2．遼寧地域における銅矛

（1）ヌルルホ山以西

　遼西における銅矛の資料は、夏家店上層文化のもので占められる（図12）。

　①小黒石溝遺跡 85AIM2 号墓出土例（図12-1a・1b）　中国内蒙古自治区赤峰市に所在する小黒石溝遺跡は、西周後期から春秋初頭頃の夏家店上層文化を代表する遺跡である。最近、本遺跡の報告書（内蒙古自治区文物考古研究所ほか 2009）が刊行され、殷後期から西周前半頃の良好な資料が報告された。

　小黒石溝遺跡は、赤峰市の寧城県甸子郷小黒石溝村の東南のやや低い台地に所在する。問題となる 85AIM2 号墓は、約 285cm の長さの長方形竪穴墓であり、木棺から多数の遺物が出土した（内蒙古自治区文物考古研究所ほか 2009）。この墓では、南西を向く伸展葬で銅盔を頭に被った人骨を中心に、遺物の平面分布を詳しく知ることができ（図13-17）、銅矛は、腕の周囲から銎柄式銅剣1点・銅刀1点・管銎斧1点・銎内戈1点、とともに出土した。その他、当盧・有歯柄刀・獣首刀・銅錐・銅斧・銅鏃などが出土している（図13）。銅矛は、断面が八稜形の銎柄をもち、脊柱は断面円形をなし、鋒部では細く身の下半部で「ハ」の字に大きく開き太くなる。剣身は柳葉形を呈し両面に刃をなす。柄の中央に両側からの穿をもつ。全長41cm、矛身長23.5cm、幅4.5cm、銎口径2.8cm。報告では、南山根 M101 例と同時期の西周末から春秋初期のものとしている。

　出土状態をみると、銅矛は、刃を下に向け人骨の西側、つまり右側で銎柄式銅剣1点などと

方向と場所をほぼ同じくして出土している（図13-17）。こうした出土状態からすれば、矛であるとすれば明らかに柄から分離して副葬していることになる。このあり方をどうみるかは、この種の矛を考えるうえで重要である。同時に副葬された鋲柄式銅剣と銅矛はほぼ同じ長さであり、本銅矛と剣との関係が焦点となろう。この問題については、後で触れることにしたい。

②熱水湯遺跡出土例（図12-4）　本遺跡は、内蒙古自治区赤峰市敖漢旗新恵鎮林家地郷熱水湯村に所在する。1981年の調査（邵 1993）で地表下3.2mから長方形竪穴墓が検出され、矛1点のほかに、鋲柄式曲刃剣の剣身破片1点、銅鏃4点、銅泡5点、銅斧1点、銅鑿1点、鈴式杖首1点、馬首刀1点、鏡形飾り1点、蛇形剣鞘飾り1点、護牌1点、以上が出土している。銅矛は、円形断面の鋲柄をもち、鋲部の両側面に穿をもつ。鋒から断面円形の脊が鋲部にまで通り、身は両側に開く木の葉形を呈する。全長15cm、鋒長9.2cm。報告者の邵国田は、南山根M101墓例と同一年代頃とする。

③南山根遺跡M101号墓出土A・B例（図12-2・3）　本遺跡は、内蒙古自治区赤峰市寧城県八里罕南山根村に所在する。遺跡は、南山根村の西南部の標高500mの高所に位置する。M101号墓は、1968年の調査で発見された長さ3.8mの竪穴石槨墓である。木棺内部から500点あまりの多数の副葬品が出土した（昭烏達盟文物工作站ほか 1973）。青銅器は、中原系と北方系が混在する形で含まれており、青銅彝器のほか、鋲柄式銅剣、有柄式銅剣、獣首剣、銅鏃などの武器武具類、銅錘、獣紋刀、環首刀、有歯刀、銅錐、銅鑿などの工具類、動物牌飾り、長方形や円形牌飾といった装飾品などが出土した。M101号墓から出土した銅矛は、2点ある。ここでは、A・B例として説明する。A例は、小黒石溝例に類似した大形の矛である（図12-2）。断面が八稜形の鋲柄をもち、脊柱は断面円形をなし、鋒部では細く身の下半部で「ハ」の字に大きく開き太くなる。剣身は柳葉形を呈し両面に刃をなす。小黒石溝例に比べて柄の中央からやや下部に両側からの穿をもつ。全長34.3cm、矛身長24.3cm、幅4.7cm、鋲口径2.2〜2.4cm。

B例は小形有耳の矛である（図12-3）。鋲部は、断面円形をなし、矛の身の形は柳葉形をなす。脊柱は鋒から細めの円形断面をなし、身の中央から大きく「ハ」の字形に開きつつ太くなり鋲部に接続する。この接続部分は、明瞭な稜をなすわけではないが、わずかに変換点をなす。鋲部やや下部にやや台形がくずれたような不整形の環状の耳部が片側にのみ取りつく。全長16cm、矛身長8cm、幅3.1cm、鋲口径2.3cm、鈕長1.2cm、鈕の厚さ0.5cm。

（2）大・小凌河流域

遼西地域の銅矛は、ヌルルホ山以西に比べて、大・小凌河流域での出土数はきわめて少ない。それは、遺跡数の少なさとも関連しているが、特に春秋後半から戦国前半期の状況がよくわからない点が問題ではある。しかし、皆無ではないので、いくつか知られる資料について見ておくことにしたい。

①炮手営子遺跡M881墓出土例（図12-5）　遺跡は楡樹林子郷炮手営子村に所在する。墓室

第3節　銅矛の起源

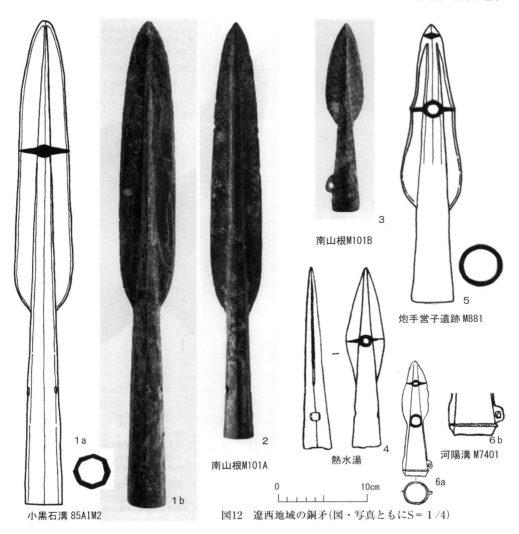

図12　遼西地域の銅矛（図・写真ともにS=1/4）

表2　遼西地域における銅矛資料

遺跡名	所在地	銅矛	年代	図	文献
小黒石溝85AIM2	赤峰市寧城県甸子郷	断面八稜形の鋬柄。脊柱は断面円形。剣身は柳葉形を呈し両刃。柄の中央に両側からの穿をもつ。全長41cm、矛身長23.5cm、幅4.5cm、鋬口径2.8cm。	西周前期	図12-1	内蒙古自治区文物考古研究所ほか2009
熱水湯	赤峰市敖漢旗新恵鎮林家地郷	円形断面の鋬柄。鋬部両側面に穿。身は両側に開く木の葉形。全長15cm、鋒長9.2cm。	西周後期	図12-4	邵国田1993
南山根M101号A	赤峰市寧城県八里罕	断面八稜形の鋬柄。脊柱は断面円形。剣身は柳葉形。柄の中央やや下部に両側から穿。全長34.3cm、矛身長24.3cm、幅4.7cm、鋬口径2.2〜2.4cm。	西周末〜春秋初頭	図12-2	昭烏達盟文物工作站ほか1973
南山根M101号B	同上	円形断面の鋬柄。剣身は柳葉形。鋬部やや下部片側に不整形の環状の耳部。全長16cm、矛身長8cm、幅3.1cm、鋬口径2.3cm、鈕長1.2cm。	西周末〜春秋初頭	図12-3	同上
炮手営子M881	楡樹林子郷	脊柱は前段で断面八角形、下部で円形。断面円形の鋬柄部。鋬柄部ほどに両側から穿。全長23.2cm、矛身長15.2cm、幅4.7cm、鋬口径3.3cm。	春秋前半	図12-5	李殿福1991
河陽溝M7401	凌源県三官甸子	身は柳葉形。断面円形の鋬柄。鋬柄下部に細い節帯一条と台形の耳部。鋬柄部側面に笵線のバリ。全長9.8cm、矛身長5.3cm、幅2.2cm、鋬口径1.6cm。	春秋後期〜戦国初頭	図12-6	靳楓毅1983b
台集屯徐家溝	葫芦島市徐家溝郷	錦州博物館所蔵。柳葉形。身の下部で屈折。中央に鎬、断面八角形、鋬部下端にまで通る。鋬部中央よりやや下部に両側から穿。全長は、約17cm。	不明		未報告

第2章　弥生青銅器の起源と遼寧青銅器文化

は約2mの長方形の石槨墓であり、発見当時すでに破壊され、副葬品は攪乱された状態で出土した（李殿1991）。銅矛は、これまでの研究では、遼寧式銅矛に分類されているものである（宮里2009など）。双合笵鋳製で、銎柄部に笵線が残る。身は遼寧式銅剣と同じ形態をなす。鋒は短く鋭く研がれ、断面形は長さ約1.4cmの菱形をなす。棘状突起はわずかに波形をなすにとどまり、関は丸みをなす。脊柱は、前段に相当する棘状突起の位置より前では、断面八角形に研がれており、下部側は円形をなす。脊柱の下部は断面円形の銎柄部に接続する。銎柄部の中ほどには、両側から穿を入れている。全長23.2cm、矛身長15.2cm、幅4.7cm、銎口径3.3cm。この銅矛と共伴した遺物は、遼寧式銅剣1点、加重器1点、枕状器1点、銅鏃16点、銅鑿1点、銅刀1点、蛮鈴2点、当盧2点、小銅鈴つきの勺形器2点、多鈕鏡1点、鏡形飾り1点、銅盒1点、瓢形銅器1点、銅扣43枚、石斧1点、石珠1点、骨鏃1点である。

　②河陽溝遺跡M7401墓出土例（図12-6）　遼寧省凌源県河陽溝M7401墓から銅矛が出土している（靳1983b）。残念ながら、出土した墓の詳細については不明である。伴出した遺物は、石製の加重器がついたT字形剣柄1点（図15-1）、遼寧式銅剣1点（行方不明）、土器2点である。

　銅矛は、身は柳葉形を呈し、刃部はわずかに残る程度である。断面が円形の銎柄をもち、銎柄下部に突出する細い節帯を1条有する。この節帯に接するように上側に台形の耳部がつく。銎柄部は、側面に笵線の部分のバリが残存する。脊柱は身の上部ではやや断面楕円形をなし、下半部で断面円形となり「ハ」の字に大きく開き銎柄に続く。全長9.8cm、矛身長5.3cm、幅2.2cm、銎口径1.6cm。

　③台集屯徐家溝遺跡出土例　本資料は、錦州博物館に所蔵されている未報告の銅矛であり、台集屯徐家溝郷出土とされるものである。台集屯徐家溝郷は、葫芦島市に所在し、この付近の北女儿河西岸の丘陵には東西約2kmの範囲にわたって春秋から漢代までにいたる大小の城址が存在する。このうちの一つである山城は、春秋期に遡る遼寧式銅剣段階のものである。この付近の傘金溝からは、遼寧式銅戈も出土しており（小林ほか2006）、また徐家溝遺跡では他に戦国時代の木槨墓からおそらく燕系の双龍紋矛（錦州博物館に所蔵）が出土している。ここで触れる銅矛は、出土地や出土状態の詳しい点については不明である。この銅矛は、関の一部が欠損しているが、全形を知ることができる。柳葉形を呈するものの、身の下部で関へといたる部分でやや変換点をなし、屈折するように銎柄部に接続する。鋒部は鋭角で、脊柱は鋒部で細いが、身中央付近から太くなる。中央に鎬が通り、断面八角形をなす。この鎬は、研ぎ出しではなく鋳型にすでに彫りこまれていたものであろう。鎬は、銎部下端にまで通る。銎部中央よりやや下部には両側から穿を入れている。全長は、約17cmほどである。

3．遼西地域の銅矛の年代と系譜

　以上のように、わずかではあるが7点の銅矛の資料を挙げた。この他にも戦国晩期頃の燕系

第3節 銅矛の起源

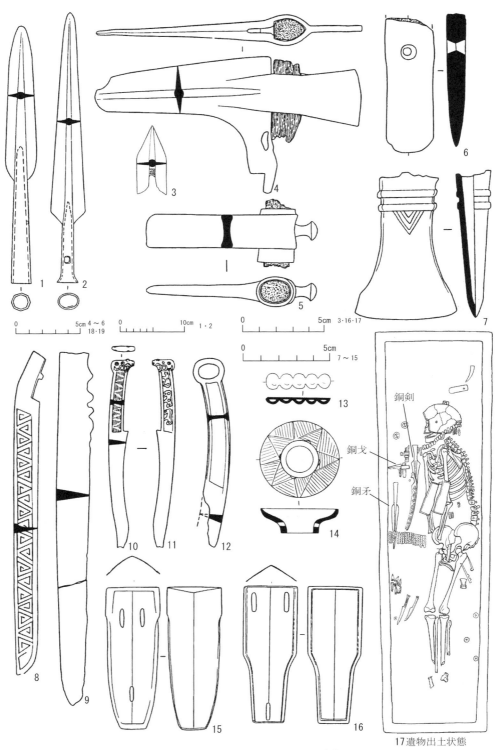

図13 小黒石溝遺跡 85AIM2 出土遺物

第 2 章　弥生青銅器の起源と遼寧青銅器文化

の鏨柄銅戈や戟に使用された可能性の高い銅矛など、数点が遼西地域には存在するのを確認し
ているが、ここでは夏家店上層文化段階から系譜のたどれる資料群を対象とした。燕系矛につ
いては第 2 章の第 4 節において検討する。

　それでは、まず各資料の分類と年代について検討することにしたい。遼西地域の銅矛資料は、
最初に身が柳葉形の銅矛と遼寧式銅剣と同形態の遼寧式銅矛からなる。しかし、遼寧式銅矛は、
炮手営子遺跡 M881 墓例（図 12-5）の 1 点のみであり、ほとんどは柳葉形の銅矛からなる。こ
こでは、遼西地域にみられる柳葉形の鏨柄銅矛の 1 群を「遼西柳葉形銅矛系列」とし、遼東に
分布の中心がある遼寧式銅矛を「遼寧琵琶形銅矛系列」と呼称し直して区別することにしたい。
さて、「遼西柳葉形銅矛系列」は、大小の矛からなるのは明らかである。大形は小黒石溝遺跡
85AIM2 号墓例（図 12-1）と南山根遺跡 M101 号墓 A 例（図 12-2）であり、大きさは小黒石溝
例が圧倒するが、ほぼ形態的特徴は同じである。ただし、鏨柄の長さが南山根 A 例で短くなっ
ている点が異なる。一方、小形のものは、熱水湯遺跡例（図 12-4）、南山根遺跡 M101 号墓 B
例（図 12-3）、河陽溝遺跡 M7401 墓例（図 12-6）、台集屯遺跡例がある。形態的には、南山根 B
例の関部分がやや膨れる木の葉形を呈する以外、その他は柳葉形をなす。また、こうした小形
矛は、有耳型（南山根 B 例、河陽溝例）、無耳有穿型（熱水湯例、台集屯）の 2 つの系列に分ける
ことが可能である。さらに、有耳型は節帯をもつもの（河陽溝例）ともたないもの（南山根 B 例）
に分類可能である。なお、鎬が鏨柄末端にまで通り、鏨柄部が八稜形をなす特徴は遼西式銅矛
系列の一つの特徴であることを付け加えておく。以上のように、今回対象とする資料は、資料
の少なさもあるが、それぞれが特徴的であり、仮にいくつかでまとめて分類した場合、個々の
資料の重要な要素が埋没してしまう。そこで現状では、暫定的ではあるが、1 遺跡出土資料を
1 型式として仮に設定し、1 遺跡で数種類出土している場合は、同じ遺跡名を冠しつつアルファ
ベットで区別することにする。

　次に、個々の資料の年代的位置づけについてみていきたい。

　まず、小黒石溝遺跡 85AIM2 号墓例であるが、本例が出土した竪穴石槨墓出土の副葬品（図
13）をみると、これまでのヌルホ山以西の夏家店上層文化相当の資料群のなかでは古い部類
に入るであろう。特に、副葬品のうちで注目するのは、胡をもつ鏨式戈である（図 13-4）。通
常の胡をもつ銅戈の場合は、内を柄に挿入して使用するが、この鏨式戈は胡をもたない鏨式の
斧や鉞のような戈に改良したものであろう。殷代併行期の北方地域で散見される銅戈であり、
中原の殷では中心的なものではなく、ほとんどみられない（林 1972）。小黒石溝例に近いもの
では、山西省の旌介遺跡 1・2 号墓出土の 2 例（図 18-12・14）（山西省考古研究所ほか 1986）、小
河南村の埋納遺跡例（図 18-16）（王峰 1990）があり、小黒石溝例は援がやや内接する特徴があ
り、図 18-12 の旌介遺跡 2 号墓例に近い。旌介遺跡例は、いずれも殷後期のものであり、小河
南村例も殷後期から西周初頭頃に位置づけられているので（甲元 2008a）、小黒石溝例も殷後期
から遅くとも西周前期頃までのものと位置づけることができるであろう。そのほか小黒石溝遺
跡 85AIM2 号墓では、殷後期から西周初頭に遡る可能性の高いものとして、遼寧省各地で散

第 3 節 銅矛の起源

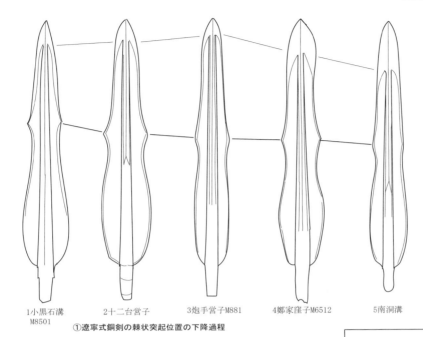

1 小黒石溝 M8501　2 十二台営子　3 炮手営子M881　4 鄭家窪子M6512　5 南洞溝

①遼寧式銅剣の棘状突起位置の下降過程

1 小黒石溝 M8501　2 十二台営子　3 炮手営子M881　4 鄭家窪子M6512

②銅斧の文様（D）と節帯（B）の結合過程

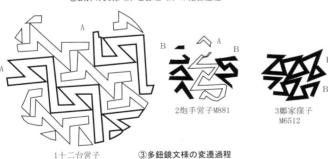

1 十二台営子　2 炮手営子M881　3 鄭家窪子M6512

③多鈕鏡文様の変遷過程

図14　遼西の銅剣・銅斧・鏡文様

鄭家窪子遺跡は遼東の遺跡であるが、比較の必要上本図に含めた。縮尺不同。剣身部分の変遷は、先端から関までの長さの縮尺を合わせて比較した。鋒の研ぎ幅が次第に長くなることがわかる。銅斧ではA～Dの部位が次第に互いに接続して省略化傾向にあることがわかる。多鈕鏡の文様の場合は、斜位・縦位から横位へ、変化することがわかり、おおよそここで示した資料群の順に変遷するものと判断する。

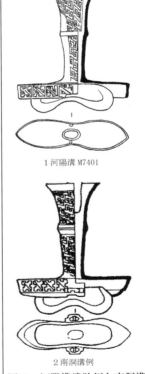

1 河陽溝 M7401

2 南洞溝例

図15　河陽溝遺跡例と南洞溝遺跡例の剣柄

61

第 2 章　弥生青銅器の起源と遼寧青銅器文化

見されるものと同種の胡をもたない鏊式戈（図13-5）がある。また、数点まとまって出土している凹基式の銅鏃（図13-3）は、南山根遺跡 M101 墓を典型とする南山根類型ではみられない銅鏃であり、また刃部が撥形に大きく開く銅斧も同様である。さらに、2点出土している羽子板状の馬面である当蘆は、小黒石溝遺跡 M8501 墓例（内蒙古自治区文物考古研究所ほか 2009）のような目鼻状の突起装飾などがなく、また形状においても型式学的に古相を呈する。以上の諸点から、銅矛をはじめとする小黒石溝遺跡 85AIM2 号墓出土遺物は、先に推定したように殷後期から西周前期頃のものであると判断する。このように、夏家店上層文化の年代については、西周中期から末期にかけての時間帯におさまるという考えが肯定されているが（甲元 2008a）、以上の資料からみる限り、遅くとも西周前期段階にまで遡らせて考える必要があろう。

　それでは、他の資料はどうであろうか。南山根遺跡 M101 号墓の時間的位置づけについては、実は最も難しい。現状では、おおよそ西周後半、ないし末から春秋初期頃に相当するというのが通説であろう。このような時間幅をもつ理由は、多様な時期の青銅器をもっていることに起因する。夏家店上層文化独自の西周段階に相当すると考える青銅器の年代を、それのみで決定できない欠点があるため上限年代を推定するのが困難であることが相対的に新しく年代を見積もる原因となっている。今のところは、本遺跡出土の青銅の簋や簠が春秋初頭の上村嶺虢国墓地 1820 墓出土例（河南省文物考古研究所ほか 1999）と類似し、さらに銅戈も同遺跡と類似するという見方（靳 1983b・甲元 2008a など）や、短剣にいたっては春秋前期に降りる可能性も指摘されている（高濱 1983）。ここでは、こうした諸見解を再検討する余裕はないので、とりあえず先学の見解に従い、西周後半頃、そして副葬年代は春秋初頭頃と位置づけておこう。熱水湯遺跡例については、銅矛と共伴した銅鏃は南山根 101 墓とほぼ同時期であり、獣首刀子などは西周前半の様相をもつ。本遺跡では、南山根例のように新しい青銅器を含んでおらず、西周後半から末、南山根例とは重なる時期があるものの、それよりも先行するものと考えておきたい。

　最後に、炮手営子遺跡 M881 墓例と河陽溝遺跡 M7401 墓例についてみておく。両者については、遼寧式銅剣、銅斧、多鈕鏡、といった3つの共伴遺物の型式学的検討から、ほぼ前後関係と年代を推定可能である。図14にこれら3つの型式学的関係を図に示した。①の銅剣については、鄭家窪子遺跡は遼東の遺跡であるが、比較の必要上本図に含めた。縮尺は不同であり、形態を比較しやすくするため、同一縮尺にして並べてある。剣身部分の変遷については、新式になると銅剣の棘状突起の位置が次第に下降するという点からみると、十二台営子例以降はわずかな変化であるが南洞溝例に向かって下降していくのがわかる。ただし、この変化は微妙なもので これだけでは前後関係を見極めにくい。むしろ、先端の鋒の研ぎ幅が次第に長くなっていくことが注目され、この傾向は新古の判断のうえで重要である。②の銅斧の変遷では、銅斧にみられる文様帯と節帯の結合過程をみると、A～D の部位は図に示したように、次第に互いに接続して文様帯は口部の方に上昇する傾向にあることがわかる。また、③の多鈕鏡の文様の場合は、斜位・縦位から横位へ、段数の減少とともに文様自体もくずれて変化することがわかり、おおよそここで示した①～③の変遷案は正しいと判断する。この変遷のなかで、炮手営子

遺跡 M881 墓例は、銅斧と多鈕鏡の文様からみて十二台営子段階と鄭家窪子段階の間に相当し、概ね春秋前半頃の時期に位置づけることができる。また、河陽溝遺跡 M7401 墓については、銅矛と共伴している青銅製の剣柄（図 15-1）が時期を決定する資料となる。この剣柄は、南洞溝遺跡出土の銅剣の剣柄（遼寧省博物館ほか 1977、靳 1983b）（図 15-2）と類似する。かつて靳楓毅は、南洞溝遺跡の年代について銅戈から春秋後期から戦国初めにおき（靳 1983a）、宮本一夫は前 500 年頃におく（宮本 2008b）。最近、石川岳彦は、自身が新たに設定した燕国の青銅器編年（石川岳 2008）をもとに年代を推定し直した。石川は、南洞溝遺跡出土の青銅容器である盨と戈は、類似品の出土した河北省唐山市賈各荘遺跡 M1（安 1953）の年代を前 6 世紀前半代とするが、銅部につく環状耳部の特徴は賈各荘遺跡 M1 に後出する河北省双村大唐廻出土例に近く、その年代は前 5 世紀代に入る可能性を指摘した（石川岳 2009b）。つまり、南洞溝遺跡の年代は前 6 世紀前半代から前 5 世紀代初め頃までということになり、上限と下限の取り方により年代観が異なることになる。なお、この問題に関連して、宮本一夫は、南洞溝遺跡の銅剣（宮本分類 1b 式）の次の 2a 式が出土した山東省棲霞県杏家荘 2 号墓において共伴した副葬品から、この剣の年代は前 500 年頃には存在していたと推定した（宮本 2006b）。また、同じく 2a 式の剣は凌源市三官甸遺跡（遼寧省博物館ほか 1985）でも出土しており、石川岳彦はその年代について前 5 世紀後半頃とする（石川岳 2008）。これらの見解が正しいとすれば、南洞溝遺跡の銅剣の年代は、前 500 年をそれほど下らない時期のものである可能性が高くなる。したがって、河陽溝遺跡 M7401 墓の銅矛もおおよそ前 6 世紀頃に相当するものと考えておく。

　以上のような遼西地域における銅矛の年代に関する検討から、遼西柳葉形銅矛系列の銅矛は、すでに西周前期頃に大形品の無耳有穿タイプの柳葉形銅矛である小黒石溝式が出現し、その系列は西周末から春秋初期に南山根 A 式へと引き継がれる。小形品は、西周後期頃に無耳有穿タイプの熱水湯式が出現し、西周末から春秋初期に有耳の南山根 B 式が、そして春秋後期頃に有耳有節の河陽溝式が出現する。このように、遼西の銅矛は、資料数が少ないものの、各資料の年代を推定できることから、新たな重大な問題に取り組むきっかけを提供してくれた。次にその問題について触れて終わりとしたい。

4．遼西柳葉形銅矛系列の系譜（図 18）

　以上の年代的位置づけによって、小黒石溝遺跡 85AIM2 号墓出土の銅矛は、当然のことながら遼西地域で最古の銅矛となった。本例を代表とする遼西柳葉形銅矛系列に類する柳葉形の鋬柄式銅矛は、上村嶺虢国墓地 1820 墓出土例（河南省文物考古研究所ほか 1999）のように、中原では春秋期以降に登場するものと考えられており（近藤喬 1969、林 1972）、林巳奈夫はその祖型として西周前期の終わりから中期にかかる狭長な矛とする（林 1972）。しかし、先述のように、小黒石溝例の方が年代的に古い。それでは、小黒石溝例のような柳葉形の鋬柄式銅矛の起源はどのように考えればよいのであろうか。この問題を考えるうえで、山西省柳林県高紅村

第2章　弥生青銅器の起源と遼寧青銅器文化

で出土した銅矛などの青銅器資料は重要である（楊紹 1981）（図18-4）。この銅矛は銎柄式であり、全長 23.5cm と大形で、柳葉形の身の形態などは小黒石溝例と非常に類似している（図18-5）。そして、本遺跡の青銅器群は、鉞とされる銎式戈（図18-2・3）などから殷後期に位置づけることができ、年代的にも問題ない。この柳林高紅例に関連して注目されるのは、小黒石溝例でもみられた銅盔（図18-5）の存在であり、両者の共通性を示している。

　以上のように、柳林高紅例と小黒石溝遺跡 AIM2 号墓例の間には強い類似性がある。ここでは、こうした銅矛にみる遼西と山西の系譜関係を整理するために、殷後期から西周前半にかけての殷系と河北の銅矛、さらには筆者が該期の青銅器の起源地の候補と考える、ウラル・西シベリア系のセイマ・トルビノ青銅器文化（Koryakova ほか 2007）の銅矛をも含めて検討してみよう。図18 にその系譜関係を整理した。図18 は、図と矢印が密集して見にくいが、中央の縦の実線は、殷後期と西周段階を年代的に区切るもので、セイマ・トルビノ系銅矛、遼西柳葉形銅矛、殷系銅矛、山西北方系銅矛、山西殷系銅矛、河北殷系・北方系銅矛、以上の6つのゾーンを点線で区画し大まかな地域の区別を示している。一見して、上段の柳葉形の銎柄式銅矛の系列と、下段の殷系の岡崎敬による分類の1・2類銅矛の系列（岡崎 1951）の2つに分けることができる。

5. ウラル・西シベリア系青銅器文化における銅矛について

　ウラル・西シベリア系青銅器文化については、コルヤコワとアンドレフの最近の整理（Koryakova ほか 2007）に基づいて、当地域における銅矛の変遷について簡単に触れておく。中期青銅器文化以降で見ていくと、まず前2千年紀前後頃の、ウラルのアファシェヴォ文化・バラノヴォ文化・シンタシタ文化などでみられる銅矛は、銎柄部は鋳造後に丸めて銎柄化するタイプである。おおよそ前19世紀から前18世紀頃に出現するセイマ・トルビノタイプになると、新たな中子を利用した鋳造技術によって耳部と節帯をもつ銎柄部の作出へと移行する。

　ほぼ同時期のアンドロノヴォ文化段階のアラクル文化、そして、後続する西シベリアのアンドロノヴォ様文化ホライズンのチェルカスクル文化で同じような耳部・節帯・銎柄部がみられるようになる。近年の新疆・青海・陝西などでは、セイマ・トルビノタイプの銅矛が発見されており、西域でのウラル・西シベリア系青銅器文化の影響の強さは明らかである（宮本 2008a、松本圭 2011a）。かつて岡崎敬は、殷系銅矛の1類について、マックス・レールの中国青銅器外来起源説（Loehr 1951）を引用して外来起源説の可能性を示唆した（岡崎 1951）。セイマ・トルビノタイプの銅矛（図18-1）をみると、刃部の下部が膨らむ身の形態や、片耳・両耳・節帯の存在、さらに殷系の心葉形の窪みに繋がるような脊柱下部のフォーク状の凸線部など、殷系銅矛の祖型として相応しい。また、アラクル文化（図18-2）やチェルカスクル文化の銅矛（図18-3）は、細身の柳葉形をなし銎柄部が伸長しており、山西から遼西にいたる銎柄式銅矛系列の祖型の可能性がある。

64

第3節　銅矛の起源

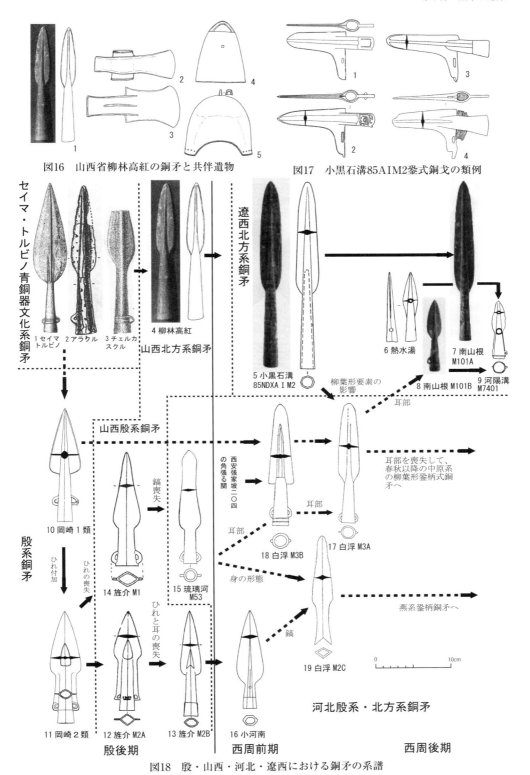

図16　山西省柳林高紅の銅矛と共伴遺物　　図17　小黒石溝85AIM2銎式銅戈の類例

図18　殷・山西・河北・遼西における銅矛の系譜

65

6．中原系初期銅矛との関係

　ところで、遼西柳葉形銅矛系列で問題となるのは、遼西に最も近い河北省の初期銅矛（図18-15〜17）との関係であろう。河北の初期銅矛において、殷系1類の系列の候補は、17と18であり、耳部や脊柱の有無という面で、1類が後まで影響を与えた可能性がある。18の刃の下端が角張るものは、西周前期の西安張家坡遺跡204号墓に類例があり（林1972）、中原系の可能性もある。ただし、現在知られる資料のうちで、耳や鎬（もしくは鎬状の細凸線）といった部分要素のあり方からみれば、1類（10）から変化した可能性のある2類（11）の系列のなかで考えることも可能である。最下段の2類の系列は、ひれ（近藤喬1969）もしくは胡（林1972）とされる部分と耳の喪失、さらに身の下部の心葉部の窪みの細形化に注目すれば、11→12→13→16という変化を想定でき、鎬（もしくは鎬状の細凸線）の存在から19への影響関係も想定できる。なお、林巳奈夫によれば、殷後期段階でも大司空第2・3期頃に、胡（ひれ）の喪失による木の葉形の矛が生まれており（林1972）、中原各地域では連動した変化があったようである。

　また、耳部だけが残る系列は、さらに鎬（もしくは鎬状の細凸線）も喪失するようであり、14→15へという変化を想定でき、この系列の耳が白浮のABCの3例に影響を与えた可能性もある。ただし、白浮M3のA例（17）の身の形態は、殷系のハート形が逆さとなったような形からは逸脱し、むしろ上段の柳葉形の銎柄式銅矛の系列の影響を考える必要もあろう。逆に、遼西地域では、西周前期段階には有耳のものはないので、そうなると逆に南山根B例（8）のような耳部の祖型は、張家坡遺跡204号墓のような西周系の要素を直接、あるいは白浮の銅矛を介して受容した可能性もあろう。以上のように、遼西北方系銅矛系列は、ウラル・西シベリア系銅矛系列が、おそらく西方、そして山西を経て遼西に段階的に流入し、さらに殷から西周にかけて段階的に流入し、それをもとに在地で独自の青銅器武器を創成したと考える。

7．初期銅矛と遠隔地交流

　こうしたなか夏家店上層文化では、遼西北方系銅矛系列における小黒石溝例タイプが、武器をもたない小型墓とは区別されるかのように大型墓のみに細々とではあるが保有され、他の青銅武器類などもウラル・西シベリアに直接的な関係性を想定できる組合せを実現していた。かつて甲元眞之は、山西での北方系と殷系の青銅器のあり方から、当地域の有力首長とその集団が殷との関係のなかで成熟した姿を想定した（甲元2008a）。一方、夏家店上層文化でも克殷後の西周前期段階に、燕国の形成過程において緊張関係が生じた当地域の集団が、北方において戦士が身につける青銅武器や武具を集団の統合のシンボルとして保有し、おそらく儀礼具や崇拝対象とし、最終的に威信財として副葬したことを示している。クズミナは、セイマ・トルビノタイプの青銅武器は有力な戦士で軍事的エリートの威信的武器であり、彼らの下で各地に拡

散したことを指摘している（Kuzumina 2004）。遼西地域の首長層にとっては、殷・西周系文化
の影響を受けながらも北方地域にとって対立関係にあったわけであり、より遠方の青銅器を入
手することが威信を示す重要な行為であり、それらの武器で集団のアイデンティティを示すと
ともに集団の統合のシンボルとするために重要であったと考える。

8．展望

　最後に、銎柄式銅矛と銎柄式銅剣の関係について述べておく。小黒石溝遺跡85AIM2号墓
では、出土状態から、銅矛は刃を下に向け、人骨の西側、つまり右側で銎柄式銅剣などと方向
と場所をほぼ同じくして出土した（図13-17）。矛は長柄であったため、柄からはずして副葬し
た可能性もあるが、このあり方は、銎柄式の矛と剣の密接な関係を示している。夏家店上層文
化の銎柄式銅剣は、構造的に見て柄の部分の断面形がCの字形を呈するカラスク系の銅剣と
は系譜が異なり、小黒石溝例が西周前期以前に遡上するのであれば、第2章第2節でも述べた
ように銅剣の銎柄の形成に銅矛の銎柄が関わった可能性も十分考えられる。

第4節　細形銅矛の起源

1．細形銅矛の起源をめぐって

　ここでの目的は、日本列島の弥生文化、そして韓半島の青銅器文化の武器形青銅器の代表的な存在である銅矛の起源、すなわち細形銅矛の起源を追跡することにある[1]。日本列島の細形銅矛の起源については、韓半島からの舶載品が祖型となり、やがて日本独自の細形銅矛が形成されていくという理解がなされている（近藤 1969 ほか）。しかし、日本列島における細形銅矛の出現当初から、韓半島とは異なる日本独自の要素が発現していることが指摘されるようになり、細形銅矛の系譜に関する問題はこれまでの単純な理解だけでは解決できないことが判明した（吉田 2008・小林 2008c）。このような状況にあって、日本列島の細形銅矛の起源を明らかにするためには、韓半島だけではなく、韓半島や日本列島の細形銅矛と系譜的に繋がりをもつ初期銅矛の源流の地である遼寧青銅器文化の地域をも対象としなければならない。

　遼寧青銅器文化が展開した地域は、内蒙古自治区の東側の一部と、渤海湾と遼東湾に面した遼寧省一帯にわたる。さらにこの地域は、遼河を境に西側を「遼西」、東側を「遼東」と区分できる。ただし、これだけでは不十分な区分であり、遼西地域は、さらにヌルルホ山以西と大・小凌河流域、遼東地域は、遼東平原・遼東半島部・遼東山地に区分する。さらに遼東平原と遼東山地をあわせた一帯は、図 19 のように大きな水系単位を指標にして A から I まで地域を区分する。また、韓半島には宮里修による地域区分を採用し（宮里 2009）、J から O までの地域に区分する。日本列島については、九州地域のみを図上に示した。

2．細形銅矛の起源をめぐる研究史

　最初に、日本の細形銅矛の祖型とされる韓半島の細形銅矛の起源について、日本と韓国の研究を中心に簡単にみておこう。1900 年代の前半、朝鮮総督府が統括した韓半島における数々の考古学的調査の成果と、その後の古蹟調査報告がなされるなかで、韓半島の青銅器文化の形成について、非中原的特徴をもつ出現段階の先秦時代への年代的遡及や北方系金属器文化との関係などが議論され（梅原 1932、藤田ほか 1947 など）、榧本杜人は銅矛の起源について、広義には殷周銅矛の系譜にあると考えた（榧本 1944）。

　1960 年代に入ると、戦後の韓半島や中国における考古学的成果が増加するなか、近藤喬一は、中国中原各地域における銅矛の展開を殷周代から検討し、韓半島の細形銅矛の起源について新見解を示した（近藤 1969）。近藤によれば、韓半島で最古の銅矛とする無耳無穿の a 型式について、脊の存在や鎬の研ぎ出し方、さらに樋の存在から、「戦国中期以降、晩期にかけて

第2章　弥生青銅器の起源と遼寧青銅器文化

発達した様相をしめす燕国の矛との関連も否定できない」としたうえで、a型式の製作開始について燕王戠（昭王）あるいは喜（王喜）の刻銘をもつ矛からの型式的変化を勘案し、「紀元前3世紀初頭あるいは紀元前4世紀に考えることもできよう」とした。近藤が示した燕王戠の矛は、全体の形状など確かに初期の細形銅矛に似ている。

　また、近藤は、片側に耳をもつb型式については、祖形として春秋後期のものとされる河北省竃神廟発見の石範に表出された矛との関係を考えている。このように、近藤は、韓半島の初期の矛2種類についていずれにも燕の影響を考え、その結果最終的な年代観として、「遅くとも紀元前4世紀末3世紀初頭」には作られはじめていたとした。しかし、近藤は、「南鮮で鋳造がおこなわれる頃には、すでに鉄器の使用が盛んであり、青銅利器は異形化のきざしが見え、儀器化の傾向がうかがえる」と韓半島の南北間での時間差を認め、当然ながら時期はさらに下ることになった。こうした近藤の「朝鮮式銅矛燕系起源説」すなわち「外来起源説」の考え方は、国内外のその後の研究に大きな影響を与えた。それは、河南・河北の戦国時代の銅矛を細形銅矛の起源とみる尹武炳の検討（尹 1972）や、燕国との接触により出現したという李清圭や全榮來の検討（李清 1982、全 1977）のように、特に韓国の青銅器研究に影響を与えることになった。

　1970年代以降になると、遼寧式銅矛を網羅的に集成し型式分類した李健茂は、吉長地域と韓半島の関係を示唆した。しかし、李は、遼寧式銅矛から細形銅矛への変遷を認めることはなく（李健 1992b）、その後も遼寧式銅矛に関する研究は深まるものの、細形銅矛の起源を遼寧式銅矛に求める考えはなかった（李清 1997、青木 2002、宮本 2002aなど）。ただし、この議論の過程で、李健茂や宮本一夫が行ったように、吉長地域の遼寧式銅矛が韓半島の遼寧式銅矛の起源であることを具体的に示した点は、その後に繋がる重要な研究であろう（李健 1992b、宮本 2002a・2002b）。こうしたなか、細形銅矛の起源を遼寧式銅矛に求めたのは宮里修と宮本一夫である（宮里 2007・2009、宮本 2008c）。宮里は、韓半島における琵琶形銅矛（遼寧式銅矛）から細形銅矛への変遷過程について、南陽里式→硯谷里式→丁峰里式→細形a式と配列した。コマ形土器文化中期段階とする琵琶形銅矛の南陽里式に後続する硯谷里式は、異形青銅器A群・多紐鏡Ⅱ段階を指標とする段階のもので、細形銅剣成立以降に、硯谷里式の身部の直刃化や鋒の喪失により、丁峰里式へ変化し中間形となったとした。さらに関の位置が下がり鎏端部には1条の節帯が現れ、定型的な細形銅矛である細形a式となり、多鈕細文鏡と共伴した九鳳里遺跡が年代の上限となるという理解である。なお、南陽里式の鋒を貫通する脊、隆起線で表現された刃部鎬などの点から韓半島の銅矛の特異な独自化を想定した。宮里の考察のポイントは、琵琶形銅矛（遼寧式銅矛）から細形銅矛へのスムーズな変遷を示すために、琵琶形の痕跡とされる翼部に細隆線を鋳出す鎏端部の無節の一群を、中間的な様相を示す「丁峰里式」として設定した点である。

　宮本一夫は、宮里による細形銅矛の遼寧式銅矛起源説を支持しつつ、自らの遼寧式銅矛の3型式分類案（宮本 2002a・2002b）をもとに、変遷案を提示した。最も新しい遼寧式銅矛A3式

70

第4節 細形銅矛の起源

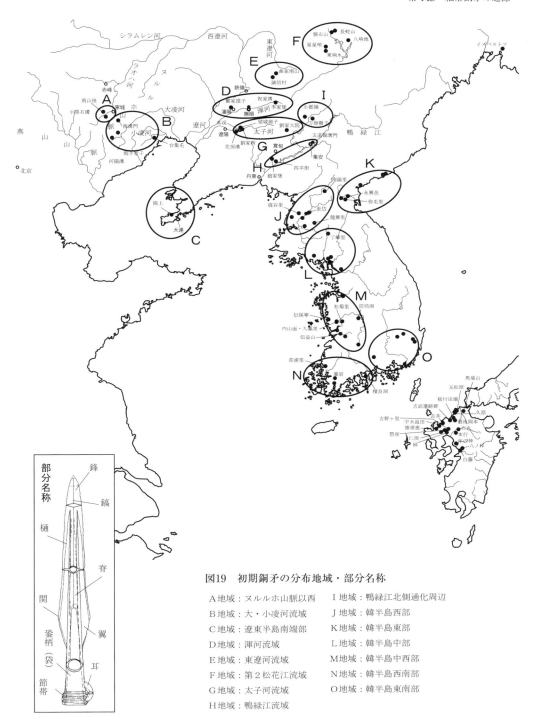

図19　初期銅矛の分布地域・部分名称

A地域：ヌルルホ山脈以西
B地域：大・小凌河流域
C地域：遼東半島南端部
D地域：渾河流域
E地域：東遼河流域
F地域：第2松花江流域
G地域：太子河流域
H地域：鴨緑江流域
I地域：鴨緑江北側通化周辺
J地域：韓半島西部
K地域：韓半島東部
L地域：韓半島中部
M地域：韓半島中西部
N地域：韓半島西南部
O地域：韓半島東南部

71

とする弥屯里例（図22-39）の突起部が消失して刃部の屈曲点となり、そこまで研磨が施され、その端が丸研ぎを呈するイズベストフ例（図22-41）などを最古の細形銅矛D1a式とした。年代について、まず遼寧式銅矛A3式で最も新しい弥屯里遺跡例は、樋のつくりが伝平壌出土例などの遼寧式銅剣の樋の血槽の特徴ときわめて類似している点に共時性を見出し、遼寧式銅矛AⅡc・AⅢc式の時期とした。また、細形銅矛D1a式は、共伴する細形銅剣から韓半島青銅器文化第2段階に相当するとし、細形銅矛は韓半島北部で細形銅剣と同じく前5世紀に成立したと想定した。定型化した細形銅矛のD1b式の成立年代は、前5世紀〜前4世紀とした。

　そのうえで、鋬部下端にかすかな節帯が認められる炭坊洞遺跡例を定型的な細形銅矛の最古例とし、本例をもとに節帯の出現について、はばき部分の仕掛けによるもので、外范と内范の合わせ部分の端部で余分にはみ出したバリ部分が発達したものではないかとした。そして、この成立する年代について、前5世紀〜前4世紀に相当するとした。このように、宮里・宮本両氏の考え方は、基本的に遼寧式銅矛から細形銅矛への変化を想定する点では同じであるが、銅剣を含めた当該時期の青銅器文化の年代観自体には大きな開きがある。

　以上のように、現在までの細形銅矛の起源についての研究は、諸説があるものの、大きくは燕系銅矛起源説と、遼寧式銅矛起源説の二つの考え方に分けられる。こうした二説の検討は、いずれもどの範囲を検討対象とするかが議論の大きな分かれ目となろう。近藤喬一の検討の段階では、遼寧青銅器文化の資料が不十分の段階であり、また中国中原の銅矛の起源から系譜関係を追跡するものであったことが燕系銅矛起源説に行き着いたのであろう。その後の資料の増加によって、主に遼東地域の遼寧式銅矛が焦点となったわけである。本書では、さらに遼西地域の銅矛や遼東地域の細形銅矛系の1群を含め、さらに燕系銅矛、韓半島の様相と合わせて検討し、弥生銅矛の起源にも触れることにする。

3．銅矛の資料と分類

　ここでは、東北アジア東南部における遼寧地域と韓半島の初期銅矛資料の分類と型式変遷について検討する。銅矛は、いずれも鋬柄部（袋部）をもつ点で基本的な形態は共通する。しかし、大きく異なるのは身の形態であろう。したがって、分類では身の形態をもとにアルファベットのAからGの7タイプにまず分類（母型式）し、それぞれの個々のタイプ群（子型式）も分類可能なレベルで分ける。そして、実際にすべての資料を後述する形態変化の方向性などの考え方によって配列し、1点1点の資料の時間的な位置づけを行い、それぞれの順に1から数字をふることによって識別する。そして、本論では、こうした母型式、子型式、さらに時間的に区別された個々の資料で同じ系譜関係にあるものを「系列」とする。以上の操作により、遼寧と韓半島の初期銅矛は、形態的特徴を基本に大きく7つの系列に分類した。以下、個々について図20〜24をもとに簡単に内容を整理する。なお、各銅矛の出土地および部分名称については、図19にまとめた。以下のカッコ内の番号は図20から図24の各遺物番号を示している。

A． 遼西柳葉形銅矛系列 （図20-1〜5）

　本系列は、前節で詳しく述べたように遼西地域に特徴的な銅矛で、身の形態が柳の葉のようであり、身の側縁の輪郭は、曲線的に鋒の先端部分に結ぶものである[2]。赤峰市小黒石溝85AIM 2例（1）、赤峰市南山根M101で2例（2・3）、赤峰市熱水湯例（4）、凌源県河陽溝M7401例（5）がある。このうち、大小凌河流域（B地域）の河陽溝例を除き、他はすべてヌルルホ山以西（A地域）のものである。鎬が鋒の先端から銎柄部下端にまで及ぶ。この特徴は、当該時期の銎柄式銅剣と共通している。有穿のものは、銎柄部の側面に穿をもつ。大小があり、有耳、もしくは有耳節帯のものがある。身の形状は、細かくみれば小形品の場合、木の葉形、もしくは菱形に近い形状をなす。この変異は、小形化のために生じたものであろう。ここでは、まず大形のもの（1・2）をA1、小形のものについては有穿のみのものをA2（4）、有耳のみのものをA3（3）、有耳有節のものをA4（5）とする。

　これらの他、未報告資料として芦蘆島の台集屯遺跡で小形のA2タイプで鎬が銎柄末端にまで及ぶ銅矛が存在する[3]。

B． 遼東柳葉形銅矛系列 （図21-24〜29）

　本系列は、遼東地域に分布するA遼西柳葉形銅矛系列と同種の銅矛である。本系列は、遼東山地の東側で出土しており、D地域の清原県李家堡a例（24）、I地域の通化県万發撥子例（25）と同県小都嶺鋳型a・b例（26・27）、H地域の集安市五道嶺溝門a・b例（28・29）がある。遼西柳葉形銅矛系列と同種と考えるタイプは、B1とする。身の形態は微妙な差異があり、遼東のタイプは先端に向かって先細りする形状をなす。五道嶺溝門の2例は、いずれも身の形態は先端が尖った小判形をなす。脊柱は鋒にまで及ぶ。大小からなり、前者をB2（28）、後者をB3（29）とする。29は身の上部から中部にかけて刃の内側に隆起線が沿う。この特徴は、後述する韓半島の琵琶形銅矛系列の特徴に近似する。

C． 遼寧・朝鮮琵琶形銅矛系列 （図20-10〜19・図22-30〜39）

　本系列は、遼寧式銅矛、あるいは琵琶形銅矛とされる一群で、後述するように遼寧と韓半島では様相が異なるため、地域名を冠するのを避け、系列名として「琵琶形」を採用する。したがって、系列の記号も識別できるよう遼寧の系列をCL、韓半島の系列をCKとして分け、それぞれをCL遼寧琵琶形銅矛系列・CK朝鮮琵琶形銅矛系列とする。まず遼寧では、東遼河から第2松花江流域の周辺に集中する。細かくみると、D地域の撫順市祝家溝M4例（12）、E地域の西豊県誠信村例（13）・東遼県曲家南山例（19）、F地域の永吉県星星哨a・b例（10・11）、吉林市長蛇山57F2例（15）・永吉県東坰水例（16）・蛟河県八坰地例（17）・吉林市猴石山79M 19例（18）がある。その他1点、B地域の大小凌河流域で炮手営子M881例（9）が存在する。韓半島では、J地域で、平壌市表垈H10例（30）・徳川市南陽里H16例（31）・祥原郡龍谷里M 5例（32）・平南硯谷里例（33）、K地域で咸南永興邑鋳型例（34）・同弥屯里例（39）、M地域で

73

第2章　弥生青銅器の起源と遼寧青銅器文化

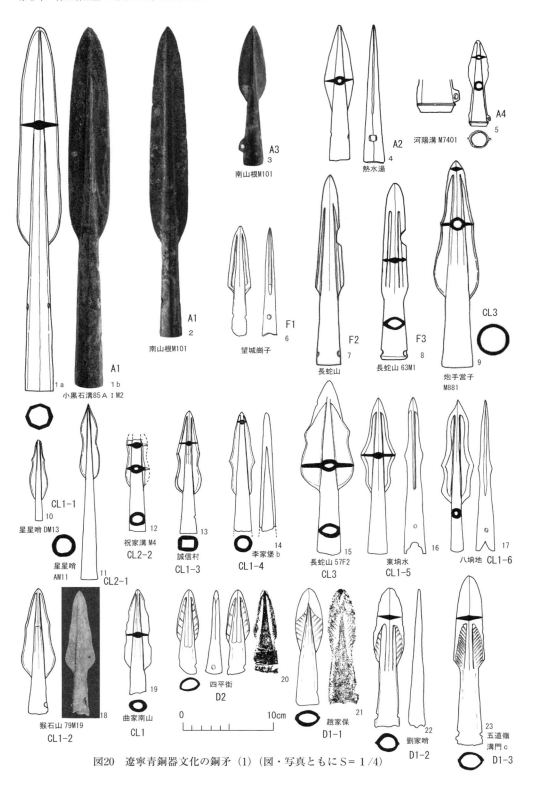

図20　遼寧青銅器文化の銅矛（1）（図・写真ともにS＝1/4）

第4節　細形銅矛の起源

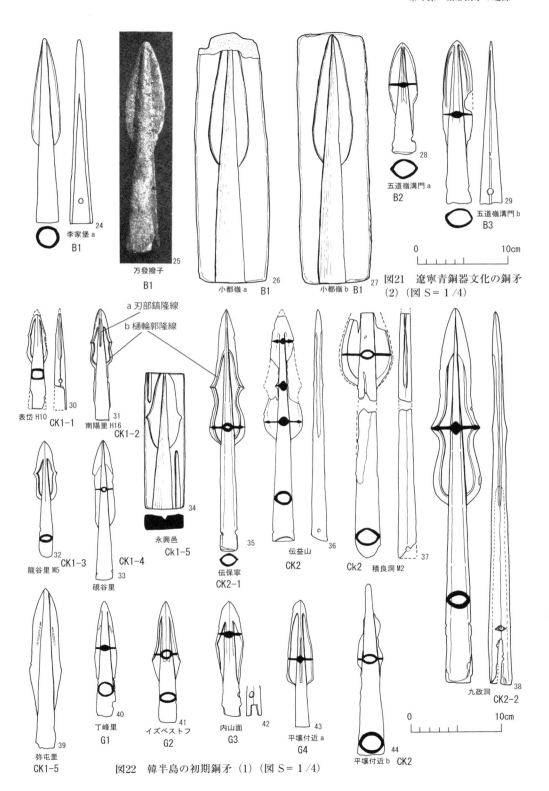

図21　遼寧青銅器文化の銅矛(2)（図 S＝1/4）

図22　韓半島の初期銅矛(1)（図 S＝1/4）

第2章 弥生青銅器の起源と遼寧青銅器文化

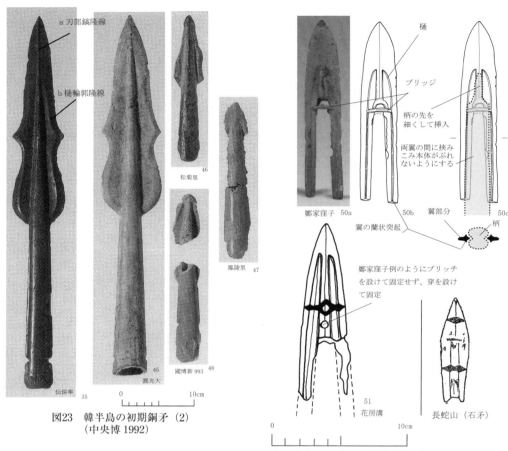

図23 韓半島の初期銅矛（2）
（中央博 1992）

図24 無銎柄銅矛と使用法の復元案（50bと50cは50aの写真から作成した模式図）

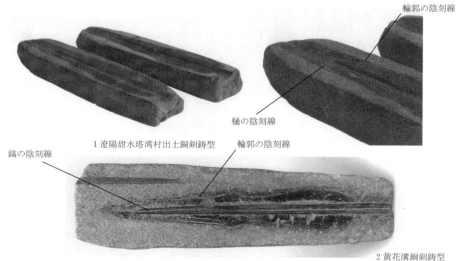

図25 遼寧式銅剣の鋳型に彫り込まれた陰刻線（1：遼陽博2009 2：遼寧博2006）

は忠南伝保寧例（35）・全北伝益山例（36）、N地域の全南積良洞 M22 例（37）がある。その他、湖林博物館蔵例（38）・湖巌美術館蔵例・崇実大学所蔵例などが知られる[4]。

　両地域ともに、典型的な琵琶形銅矛系の一群をなし、それらは CL1 ないし CK1 としてまとめられる。その他、星星哨例（10）や祝家溝 M4（12）のような曲刃的なものを CL2 として区別する。なお細別にあたっては、写真と図で形状のイメージがだいぶ異なるものがある点が今後の問題として残る。また、宮里が琵琶形銅矛に含めない弥屯里例（39）は、刺状突起的な形状が残る点からこの系列に含めた。また、韓半島では遼寧にはない大形の一群があり、これらを CK2 とする。

　これらの琵琶形銅矛系の一群は、遼寧と韓半島で共通する部分と相違する部分がある。相違する部分、すなわち朝鮮琵琶形銅矛系列の特徴は、特に宮里修がすでに指摘するように、「脊を先端まで通す、鋒に該当する部分の翼を肥厚させる、刃部鎬を隆線で表現する」点にある（宮里 2009）。このうち脊を鋒まで通す特徴は、CK2 の系列に特徴的で、型式学的に先行する表岱 H10 例（30）にはみられない。レプリカの観察では、おそらく南陽里 H16 例（31）で鋒から脊の途中あたりまでに隆線状のものが垂下するもの（宮里が指摘する「刃部鎬隆線表現」に相当する図 22-31-a）が起源となり、その後脊柱と一体となって CK2 のような脊を先端まで通す特徴となったと考える。実際、CK2 の伝保寧例（35）を観察すると、鋒にまで達する脊部分はきわめて細く、このあり方は宮里の想定を支持する[5]。こうした見方が正しいとすれば、朝鮮琵琶形銅矛系列はかなり早い段階から独自の変化を遂げていたと考えることができる。また、隆線表現は、脊部分のみならず、樋から関まで側縁の輪郭に沿って隆起線表現が伴っている点も重要である（図 22-35-b）。ここでは、この特徴を「樋輪郭隆線表現」とする。この特徴は、より新段階の硯谷里例（33）においても、図では表現されていないが、樋先端部から外側の刺状突起に向かって開く部分の樋輪郭隆線表現ないしその痕跡を有する可能性がある。

　ここで問題となるのは、この樋輪郭隆線表現が次の段階の弥屯里例（39）などの同じ部分の表現に繋がるかであろう。宮里修はこの点について翼部（樋の上端部）に鋳出された斜めの細隆線は硯谷里例（33）の鋒下端ライン（樋上端のラインと一致）の文様化と理解した（宮里 2009）。一方、宮本一夫は、弥屯里例（39）の稚拙な鋳造技術とする樋の表現について、伝平壌例・伝成川例・龍興里例の遼寧式銅剣の樋である血槽の特徴に似ることから、これらの銅剣と銅矛は同じ技術基盤で作られたものであり、同時期であると考えた（宮本 2008b）。後述する朝鮮プレ細形銅矛系列とする丁峰里例（40）にも同種の表現がある。こうした隆線表現の起源について、今のところ可能性の高いものは、鋳型自体に隆線となる部分を陰刻したものであろう。こうした問題を検討するうえで、第2章第2節で述べたように甜水塔湾村出土の銅剣鋳型が重要である（遼陽博物館 2009）（図 11・25-1）。再び詳しく述べるとこの鋳型は、宮本分類の遼寧式銅剣Ⅰb式に相当し、この鋳型の特徴は、鋒から突起部分までの脊の稜線が鋳型に彫り込まれていることと、樋が明瞭に形作られている点である。この鋳型について宮本一夫は、前者は同型式の鄭家窪子遺跡 6512 号墓銅剣で製品からも確認でき、後者は、同時期の韓半島の遼寧式銅剣 A Ⅱ・

第2章　弥生青銅器の起源と遼寧青銅器文化

AⅢ式で樋が存在することと関連しているとした[6]。こうした鋳型に彫り込まれた陰刻線は、鋳出した後に隆線となるが、これは樋や鎬を上手に研ぐ目安としてのいわばバリであり、あるいはこの部分の湯まわりの悪さによる厚みなどの不均等さを解消するための陰刻であろう。すでに鎬と身の輪郭線を陰刻する鋳型は、図25-2のように遼寧式銅剣1式段階から存在しており（遼寧省博物館ほか2006）、こうした陰刻を丁寧に研いで取り去っていた。南陽里H16例（31）にはじまる樋輪郭隆線表現は、輪郭線全体に及ぶのに対し、甜水の銅剣鋳型の場合は、樋の先端の斜め部分のみであり、現状では樋の上端部のみにその痕跡が認められる弥屯里例（39）についての見解は宮本の指摘が妥当のように考えられる。しかし、北朝鮮の資料の不明確さからみて、宮里が指摘するような変化も同時に進行していた可能性も全くは否定できない。このように不明確な点もあるが、今のところの状況から次のような仮説を提示しておく。まず、遼寧の陰刻で鎬を表現する古いタイプの鋳型で作られたものが南陽里H16例（31）の起源で、韓半島では鋳出した隆線を研ききることをせずに残ってしまったものが、その後脊の起源となった。ここでおそらく韓半島独自の様相として樋の隆線表現も同じように形成され、その後、一部痕跡的となり、その後に続くものもあった。一方、弥屯里例（39）は、その後の遼寧式銅剣Ⅰb式段階頃の陰刻をもつ鋳型にみられる技術が影響したが、同じように隆線部分を研ぎきることをせずに残ってしまった稚拙な技術であった。その後、細形銅剣段階の鋳型をみる限り、甜水の鋳型例のような細工は施されていない。細形銅剣文化では、遼寧系の青銅器文化の技術系譜がすべて継承されず、韓半島で独自に変化したことを示している。

　一方、遼寧と共通する部分で特徴的であるのは、釜柄部下端側面の切れ込みであろう。なかには凸字状に入るものもあり、その出自が注目される。また、釜柄部の断面が方形をなす特徴も同様に誠信村例（13）と表岱H10例（30）の2例のように両地域の古相を示すものに共通してみられる。かつて李健茂や宮本一夫は、韓半島の遼寧式銅剣の系統は吉長地区であると指摘したが（李健1992b、宮本2002a・2002b）、現状の分布からみれば東遼河流域のE地域を含めた遼寧式銅剣（琵琶形銅剣）の分布範囲全体にまで広げた方がよいであろう。

　D.　葉脈文銅矛系列（図20-20〜23）

　本系列は、樋から翼部下端にかけて凹んだ部分に斜めの斜線を充填した文様（ここでは「葉脈文」とする）を有するのを特徴とする。葉脈文は、陰刻ではなく、細隆線で表現されている。G地域の本渓劉家哨例（22）、H地域の寛甸四平街例（20）・寛甸趙家堡例（21）・集安五道嶺溝門例（23）がある。本系列は、宮本一夫が指摘するように琵琶形銅矛系列の変化・退化形態であると仮定すれば（宮本2002a）、趙家堡例（21）の樋が外側に開く点は、より琵琶形銅矛系列であり、本例をD1-1とする。また、遼寧式銅剣でみられる鋒の部分と樋の先端部分の位置が下降する傾向を勘案し、劉家哨例（22）をD1-2、五道嶺溝門例（23）をD1-3とする。四平街例（20）は、樋が先端付近まで達し、三角形状に身がなす点はD1タイプと大きく異なり、小形である点も異なる。後述する朝鮮プレ細形銅矛系列に近い。これをD2とする。

第4節　細形銅矛の起源

E.　無鏨柄細形銅矛系列（図24-50・51）

　本系列は、これまであまり取り上げられてこなかった銅矛である。D地域の瀋陽鄭家窪子例（50）、G地域の本渓花房溝例（51）の2例のみである。身には樋を有し、脊は樋の先端からわずかに下がった部分までで、この部分にまで下部から抉りが入る。間に抉りが入る両脇の翼部は、中央に凸状隆線が両面にあり断面が十字形をなす。鏨柄部（袋部）をもたない。抉りの上端にはブリッジが表裏に取りつく。この銅矛の使用法は、図24のように復元できる（50c）。本体に挿入する柄は、まず下部の断面十字の両翼にはめ込んで上に滑らせてブリッジをくぐらす。そして、先細りさせた柄の先端部分を上部の中空部に差し込む。柄を挿入した状態は、細形銅矛を彷彿とさせる。このタイプのものは、燕や遼西では類例がなく、在地的な武器である可能性が高く、日本でいえば槍に相当するものであろう。この銅矛の祖型について考えられる候補は、吉林市長蛇山出土の石矛の類である（図24右）（吉林省文物工作隊 1980）。この種の石矛のように、差し込んで挟み込むタイプの石矛がモデルとなって形成された可能性をここでは指摘しておく[7]。

F.　遼寧細形銅矛系列（図20-6〜8）

　本系列は、身が細形をなす一群で、F地域の吉林市長蛇山63M1例など2点（7・8）、G地域の本渓望城崗子例（6）・劉家大院例[8]がある。この種の銅矛について、靳楓毅は、戦国中期のものとしたが（靳 1982）、宮本一夫は中国戦国時代系統の銅矛で燕との軍事的な接触から吉長地区にもたらされたものとし、戦国後半期に位置づけた（宮本 2002a）。また、長蛇山63M1例（8）について宮本は、「脊が認められず代わって樋が発達するものである。中国戦国時代の銅矛に近い型式であり、長城地帯の銅矛の系統とは異なるものである」とした。これまで、この種の銅矛については、この長蛇山63M1例（8）が知られるのみであまり注視されてこなかったが、本渓周辺で2例の存在が判明するに及び、これらの位置づけについて再検討する必要がある。細かくは後で検討することとし、ここでは資料の観察結果などについて触れておく。

　本系列4点は、いずれも形態が異なる。したがって、ここでは、小形の望城崗子例（6）をF1、大形で血槽が下まで突き抜ける長蛇山例（7）をF2、血槽が翼部下端を突き抜けない長蛇山63M1例（8）をF3とする。なお、望城崗子例（6）については、血槽が下まで突き抜けないように図化されているが、筆者の観察では翼部の下端部少し手前に、鋳造時のアクシデントであろうか、この部分に余分な銅が詰まり塞がっており、本来は下まで抜けていると判断した。未公表の劉家大院例は、細長い鏨柄をもち、F2タイプに類似するが、節帯をもち、関が水平をなす点が異なる。この種の銅矛は、宮本が指摘するように長蛇山63M1例（8）のように脊柱がないものもあるが、望城崗子例（6）や長蛇山例（7）のように樋を下まで切り通すものについては、見かけ上は脊的な様相を示しつつも、断面菱形化が顕著でより刺突機能を強化した銅矛である。形状からみる限り、図28で示したように、戦国燕系の銅矛をモデルに作られた可能性が高い。

第2章　弥生青銅器の起源と遼寧青銅器文化

　燕の銅矛は、成侯段階の1点以降、数代の空白を経て昭王段階のものが知られる（図28）（宮本 2000）。今のところ、春秋後半から戦国前半までの資料がなく、年代を考えるうえで不明な点があるのが問題である。拓本の形状から判断する限り、長蛇山例（7）は昭王段階以降の宮本分類のe類矛（図28-13）、と類似する。ただし、燕系矛の場合、樋は遼寧系に比べてきわめて浅く凹む程度であり、モデルとしたとしても雰囲気を模倣した程度であり、むしろ樋は在地の特徴によるものであろう。また、最大の相違点は、銎柄部にあけられた穿であり、燕系はすべて正面につく（正面穿）が（図29-1・2）、遼寧系はすべて側面（側面穿）である[9]。こうした浅くない凹みの樋と側面穿の流儀が発揮された銅矛から考えて、燕系の雰囲気をモデルとし影響を受けつつも在地である遼寧系の銅矛の特徴を基本に創出された可能性を考えることができるだろう。年代については、望城崗子例（6）や長蛇山例（7）については、いずれも不明であるが燕の遼東への進出時期を勘案して、前4世紀以前にあってもおかしくはない。燕では成侯から昭王までの様相が不明確であり、昭王矛以前の銅矛の様相を示している可能性もあろう。

G.　朝鮮プレ細形銅矛系列（図22-40〜44）

　本系列は、宮里修によって丁峰里式として設定された一群（宮里 2009 ほか）に相当し、定型的な細形銅矛が出現する前段階の銅矛である。側縁の刃部は刺状突起を喪失して直刃化し、銎柄部が短くなる。韓半島のJ地域の伝平壌付近の2例（43・44）、L地域の黄南丁峰里例（40）、M地域の忠南内山面例（42）があり、地域は離れるが沿海州のイズベストフ例（41）がある。ここでは、丁峰里例（40）をG1、イズベストフ例（41）をG2、内山面例（42）をG3、伝平壌付近例a（43）をG4とする。宮里が設定した丁峰里式は、平面形が前段階の硯谷里式（33）が直刃化した形態、関（突起）位置が細形よりも先端寄りにある、鋒はほとんど形成されず脊が先端まで通る、翼部に細隆線が鋳出されている、という特徴をもつとする（宮里 2009）。丁峰里式には、筆者が朝鮮琵琶形銅矛系列とする弥屯里例（39）も含まれ、その他、先の型式の説明には必ずしも合致しない資料も含まれる。これらのうち、内山面（42）と伝平壌（44）はいずれも時期が不明であり、いまのところは、丁峰里例（40）とイズベストフ例（41）の2例をもって議論しなければならないことからすれば妥当な説明かもしれない。仮にこの2例で本系列を代表させて考えた場合、丁峰里例（40）の祖型は、宮里が指摘する硯谷里式（33）か、弥屯里例（39）ということになる。型式学的な観点からみれば、硯谷里式（33）からの変化も十分ありえるが、細形銅矛の形成過程では銎柄部が長いものから短いものへという変化と、刺状突起的な刃部の形態から直刃へという変化、という重要な要素を考慮する必要があり、そうなると、硯谷里式（33）→弥屯里例（39）→丁峰里例（40）、という変化を想定することができる。この系列で問題となるのは、イズベストフ例（41）の祖型である。前段階まで、朝鮮琵琶形銅矛系列では鋒の拡張により樋の先端位置が下がる傾向にあったが、本例のように樋が鋒にまで達し、刃が屈曲点まで研がれて翼部下端へ抜ける特徴は、遼寧細形銅矛系列の望城崗子

例（6）や長蛇山例（7）に類似する。こうした特徴からみて、細形銅矛の形成過程において、前段階の琵琶形系列の系譜の影響のほかに、遼寧地域の細形系列の影響を考えていく必要がある。

4．変遷・系譜・年代（図26）

　以上の検討を踏まえ、各系列の変遷を図26のように考える。まず、遼西柳葉形銅矛系列は、前節ですでに検討しているが、再び簡単に触れておく。A1とA2・A3の大小の組合せが遅くとも西周後半には揃っているようであり、A3の系譜でA4の有耳タイプが成立すると、仮定しておく。未発表の台集屯例は、遅くとも戦国期のもので、これには鉌柄下端にまで鎬があり、遼西では長い間同じ流儀が続いているようである。これらの年代は、まず小黒石溝遺跡85AIM2例（1）は、共伴した胡をもつ鉌式戈は、殷後期の山西省旌介遺跡1・2号墓出土の2例に類似することから、殷後期から西周前期頃に位置づけることができる（小林 2010b）。本例に代表されるタイプの柳葉形銅矛は、殷末頃の山西省柳林高紅例（楊紹 1981）と類似し、さらにこの系譜は、ウラル・アルタイ地域などのロシア初期青銅器文化の銅矛に繋がる（小林 2010b）。南山根M101の2例（2・3）は、その位置づけが最も難しく、西周後期説・春秋初頭説・春秋前期説など諸説ある（靳 1983a、甲元 2008a など）。ここでは、製作年代は西周後半頃、そして副葬年代は春秋初頭頃までの幅のなかに位置づけておく。また、熱水湯例（4）については、春秋期の青銅器を伴っておらず、西周後半から末、南山根例（2・3）よりも先行するものと考えておく。河陽溝遺跡M7401（5）については、先に検討したように銅矛と共伴している青銅製の剣柄は、南洞溝遺跡出土の銅剣の剣柄（遼寧省博物館ほか 1977、靳 1983a）と類似する。最近の石川岳彦による南洞溝遺跡の最新の年代の検討では、前6世紀前半代から前5世紀代初め頃までと幅があり（石川岳 2008）、次の段階の凌源市三官甸遺跡（遼寧省博物館ほか 1985）の墓の年代が前5世紀後半頃（石川岳 2008）であることから考えて、本例も前500年をそれほど下らない時期のものと考える。

　B 遼東柳葉形銅矛系列は、年代的により古い遼西柳葉形銅矛系列の系譜にあると考える。資料が少なく今のところは、B1→B2への変化が想定できる程度である。B1の李家堡a例（6）の年代は、共伴した遼寧式銅剣1式から遅くとも西周後期にかかり（宮本 2004）、小都嶺鋳型例（7）は、大田槐亭洞遺跡の多鈕粗文鏡の段階に比定されている（宮里 2007）。筆者は、韓半島における多鈕粗文鏡の出現年代について、前6世紀代の鄭家窪子遺跡M6512例からはそれほど遠くない段階に成立したと考えており、前5世紀頃にあってもおかしくはない（小林 2008c）。五道嶺溝門のB2例（26・27）と共伴する銅剣は、石川岳彦が前3世紀頃とする本渓満族自治県上堡遺跡M1出土例に近く、この上堡遺跡M1の年代を前後する段階と考える（石川岳 2009b）。

　次に遼寧と韓半島の琵琶形銅矛系列の諸例の細かな位置づけは、身の全長に対する突起部から先端部にいたる部分の長さの比率（「前方部長比」）によって、およその順番が想定できる。

第 2 章　弥生青銅器の起源と遼寧青銅器文化

　筆者は、先述のように刺状突起の位置が切っ先に近い最古の遼寧式銅剣である双房 M6 例以降、次第にその位置が下降していくのを型式変化の基本的な方向性であると考えており（小林 2008b）、今回の銅矛にもその観点を導入する。これまでにもこうした観点から、宮本一夫は銅矛をおおよそ 3 型式、3 段階に区分した（宮本 2008b）。筆者も同様な観点により表 3 に示した前方部長比によりまず遼寧については、CL1-1 から CL1-7 へというように配列した。

　遼寧系列の CL1-3 の誠信村例 (9) は、共伴した銅鏃から遅くとも西周後期段階に比定でき（大貫編 2007）、またこれよりも型式学的に古相の CL1-1 の星星哨 a 例 (8) はそれよりも前に位置づける。CL1-5 の李家堡 b 例 (11) は、先の通り西周後期段階頃に位置づけられる。CL1-68 の八塊地例 (13) は、遼寧系列で最も新相段階と考えるが、銅剣との共伴例がなく年代推定が難しい。宮本一夫は、前 6 世紀頃に位置づけている（宮本 2008b）。これだけではこの系列の終末年代を推定できないが、年代の推定可能な炮手営子 M881 例（図 20-9）は、図 14 でみたように共伴した銅剣と多鈕鏡は鄭家窪子遺跡 M6512 例の少し前に位置づけることができ、前 6 世紀以前の春秋期頃におく[10]。図 26 ではこの系列の最後の段階を、前 6 世紀を前後する頃と考え、型式学的に最新式の CL1-6 八塊地例 (13) を暫定的にこの段階のものと仮定する。

　次に、韓半島の系列は、遼寧とは同様な見方から CK1-1→CK1-5 の順に配列する。このうち、CK1-1 表垈 H10 例 (18)・CK1-2 龍谷里 M5 例 (19)・CK1-3 南陽里 H16 例 (20) については、宮本一夫によれば、共伴する土器がコマ形土器 3 期に位置づけられていることから、遼寧の誠信村例 (9) と同時期としている（宮本 2008b）。前方部長比からみれば、最古例は表垈 H10 例 (18) であり、この後、誠信村例 (9) →龍谷里 M5 例 (19) →南陽里 H16 例 (20) という変遷を考え、龍谷里 M5 例 (19) を遼東の李家堡 b 例 (11) の前に位置づけることによって両地域の併行関係を想定する。次の CK1-4 硯谷里例 (22) については、宮里修によれば硯谷里遺跡で龍興里式銅剣が出土したという（宮里 2009）。この段階の遼寧式銅剣については、最近、平壌市新成洞遺跡で同じタイプの銅剣が出土した（国立中央博物館 2006）。この遺跡からは、文様構造からみて鄭家窪子遺跡 M6512 で出土した多鈕鏡の直後段階のものが伴出している（小林 2008c）。また一緒に出土した粘土帯土器は、大田槐亭洞遺跡例に比べて胴部最大径の位置がまだ上部にあり、胴部も球形をなす点で鄭家窪子遺跡例に近く古相を示す（石川ほか 2012）（図 115）。したがって、鄭家窪子遺跡 M6512 墓の年代を前 6 世紀頃とする限りにおいて、本例もこの時期を前後する時期におく。以上の点については、宮本一夫も同様な見解を示している（宮本 2008b）。次に、CK1-5 弥屯里例 (23) については、遼寧同様に銅剣との共伴関係が不明であるが、先に触れた宮本一夫による弥屯里例 (23) の樋の表現が伝平壌例・伝成川例・龍興里例の遼寧式銅剣の樋の表現が同時期のものという見解（宮本 2008b）を採用すれば、硯谷里例 (22) からはそれほど離れない位置にあると考える。

　こうした朝鮮琵琶形銅矛系列のもとに、朝鮮プレ細形銅矛系列が誕生する。先にも述べたように、鋬柄部の縮小化と、刺状突起的な刃部の形態から直刃へという変化からみれば、CK1-4 硯谷里式 (22) →CK1-5 弥屯里例 (23) →G1 丁峰里例 (24) →G2 イズベストフ例 (25)、とい

第4節 細形銅矛の起源

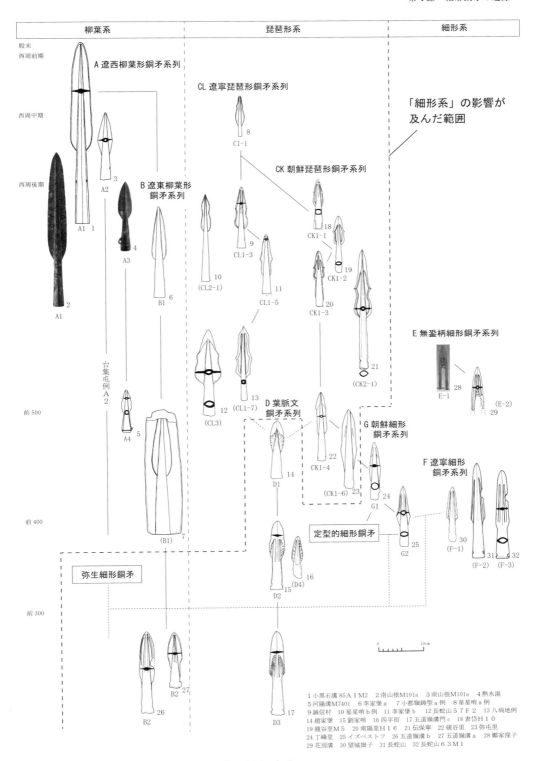

図26 初期銅矛諸系列の系譜・変遷・年代

第 2 章　弥生青銅器の起源と遼寧青銅器文化

う変化を想定することができる。年代について宮本一夫は、まず丁峰里例 (24) には細形銅剣
ＢⅡa 式が、イズベストフ例 (25) には細形銅剣ＢⅠa 式が伴い、韓半島青銅器文化第 2 段階に
相当し、前 5 世紀頃に細形銅剣と同じように大同江流域の韓半島中西部で成立したと考えた(宮
本 2008b)。筆者も硯谷里例の位置づけなどで再三述べたように、遼寧式銅剣から細形銅剣へ
の変化のいずれかの時期は、鄭家窪子遺跡 M6512 墓の年代にもよるが、ほぼ前 6 世紀から前
5 世紀頃の間にあると考えているので、宮本の年代とそれほど異なることはない。

　この系列で問題はイズベストフ例 (25) で、先に刃が屈曲点まで研がれて下部へ抜ける特徴
は、遼寧細形銅矛系列の影響を受けている可能性を指摘した。すなわち、細形銅矛の形成過程
において、前段階の琵琶形系列の影響に加えて遼寧地域の細形系列と接合している可能性があ
る。そこで、図では望城崗子例 (30) などの遼寧細形銅矛系列からの影響関係を考慮し、点線
で両者を繋いでいる。この遼寧細形銅矛系列の年代は、先に述べたように現状では、共伴遺物
からの年代推定ができないため、先の検討における燕との関係で考えた場合、遅くとも前 4 世
紀前半頃になる。ただし、この年代は遼東平原付近の領域支配が進行しはじめた年代であり、
モノのみが動く影響関係では前 6 世紀頃からあってもおかしくはなく、現状では具体的な年代
としては限定しない。

　次に葉脈文銅矛系列は、先に述べたように、D1 趙家堡例 (14) →D2 劉家哨例 (15) →D3 五
道嶺溝門例 (17) と変化すると考える。趙家堡例 (14) で伴出した銅剣は、筆者などがかつて
観察し年代を考察した建昌県於道溝孤山子 90M1 墓出土の遼寧式銅剣に近似し、その年代を前
5 世紀の前半から後半に位置づけた (小林ほか 2007)。したがって、本例もほぼ同時期に相当す
る可能性がある。劉家哨例 (15) の銅剣は、石川岳彦が前 4 世紀半ば頃に比定する大連市尹家
村遺跡 M12 の銅剣 (石川岳 2009b) に近いので、本例も前 4 世紀半ば頃のものと判断する。五
道嶺溝門例 (17) については、先ほどの見解通りである。

　四平街例 (16) は、銅剣などを伴出していないので時期比定が難しいが、イズベストフ例 (25)
との形態的類似性から、暫定的ではあるがこの近くにおくことにする。本系列で問題となるの
は、D1 趙家堡例 (14) の系譜である。ハの字に開く葉脈文の施された樋状の凹み先端部分の
形状は琵琶形銅矛的であり、宮本一夫が指摘する通り琵琶形銅矛 (遼寧式銅矛) の変化形態と
考えることができる (宮本 2008b)。ただし、祖型とされる吉長地区をはじめする遼寧琵琶形銅
矛系列のなかには類似するものはない。鋒の面積が拡張したものという点では長蛇山 57F2 例
(12) がやや近く、この種のタイプの銅矛が実は他にも存在しているという仮定に基づかない
限り、この推測は現状では難しい。むしろ、朝鮮琵琶形銅矛系列の硯谷里例 (22) と弥屯里例
(23) の細隆線による樋状ラインの表現の方が類似する。

　図 27 の系列の分布をみると、葉脈文系列の分布は、距離的には韓半島北部に実に近い。し
かも、鴨緑江側南部の北朝鮮側の状況はいまだ不明で、隆線表現を共通して有する点などから
みて、両地域には関係があろう。

　以上の系譜関係からみて、定型的な細形銅矛の形成は、韓半島では丁峰里例 (24) とイズベ

ストフ例（25）両者からの系譜が考えられ、この両者は大きくは在来変容した「琵琶形系」と遼東の「細形系」の両者により成立したと考えられる。宮里の丁峰里式（宮里 2009）や筆者のプレ朝鮮細形銅矛系列の形態に変異が大きいのも、こうした「琵琶形系」と「細形系」の影響関係の強弱が個々に作用したことによるのだろう。そして、このような複雑性が生じた背景には、定型的銅矛出現前段階の社会的変動が、燕の領域支配の進行という社会的緊張状態の増幅にあり、それにより継起したものであった可能性がある。

5．初期銅矛をめぐる諸問題

（1）分布の問題

　以上の初期銅矛諸系列の変遷・系譜・年代の検討を踏まえ、図 27 のように各系列の分布図を作成した。ここでは、この分布図から読み取れる問題について検討する。まず、遼寧柳葉形銅矛系列は、ほぼ遼西一帯に分布する。ただし、資料数が少なく、前 5 世紀頃でなくなるようであり、おそらくこれは、当地域における「燕化」（宮本 2006a）の進行が影響しているのであろう。この時期の前には、遼寧式銅剣の形態を保持しつつ、中原系の影響を受けて独特な遼寧式銅戈を生み出したのがこの遼西地域である。遼西地域における燕国系青銅器の流入は前 6 世紀後半頃からであり、それは燕国との関係をもちながらも、遼寧式銅剣や第 5 節で検討する遼寧式銅戈などを保有することからみて、在地的な独自性を強固に保持し続けていたことを示している（石川岳 2009b）。そして、前 4 世紀前半頃までには遼寧式銅剣などもなくなり、在地社会のアイデンティティはかなりのレベルで燕的なものに変容している。当地域では、この時期以降、中原系の銅戈などが増加する。つまり、燕化の過程で武装のあり方が最初に著しく変化したのが当地域であることを、銅戈と銅矛が示している。

　CL 遼寧琵琶形銅矛系列と CK 朝鮮琵琶形銅矛系列はともに初期の段階に、前者から後者が枝分かれした兄弟関係にある。そこで注目されるのが CL 遼寧琵琶形銅矛系列の分布圏の南部である遼東山地に全く分布が認められない点である。この分布の空白をどうみるかが問題であろう。この回答として考えられるのは、当初は広域な交流関係があり、遼東山地を東西に迂回した交流ルートがあった、というものである。古相を示す遼寧式銅剣の存在などは、そうした可能性を示すが、この問題は、やはり北朝鮮北部の分布の空白問題が解決されなければ前進しない。また、先に述べたように、琵琶形銅矛が琵琶形（遼寧式）銅剣の分布圏内すべてで存在していないことも問題であろう。これについては、琵琶形銅矛の存在する地域が、前段階より石矛や石槍をもつ文化圏であり、それが影響している可能性が考えられる。

　次に注目できるのは、太子河流域の F 遼寧細形銅矛系列が分布する範囲の外縁に、D 葉脈文銅矛系列が取り囲んでいるように分布していることである。先に、遼寧細形銅矛系列の形成に燕の影響を想定したが、まさに遼東で燕化が早く進行する遼東平原に続いて、さらにより東

側に貫入している。石川岳彦によれば、燕国は前4世紀代には遼東平原の東半部に進出しており、なかには前400年前後に遡る可能性がある燕系の副葬土器もある（石川岳 2009b）。そして、遼東山地では、前4世紀頃には燕系の鋳造鉄器が流入するような影響関係がみられるが、当地域では遼東平原以西とは異なり、燕国の支配または影響のもとで完全に燕国と一体化しないことが指摘されている。葉脈文系銅矛系列は、前4世紀代の本格的な燕の進出時期にも残存するので、この種の銅矛は、おそらく燕国の領域支配の外縁の山岳地帯に居住する諸集団の矛である可能性が高いと考える。それを示すように、矛に付加された葉脈文は、多鈕鏡にも施されており、こうした装飾体系の共通性を集団の象徴的アイテムとしていたことを示していよう。また、燕国の進出は、遼東平原周辺でみると、一部で発見されている吉林省梨樹県二龍古城遺跡といった山城などのように拠点的な進出にとどまっている（石川岳 2009b）。この点に関し、遼寧細形銅矛系列は、第2松花江流域で点的に出土しており、この特徴は、燕国とは異なる側面穿をもつなど、燕国の拠点的な進出によって、在地で変容した銅矛を生み出したものが、当地域の遼寧細形銅矛系列の一つの系譜となったと考えておこう。

（2）「琵琶形系」と「細形系」

先に筆者は、定型的な細形銅矛の形成に関し、遼東と韓半島では在来で変容した「琵琶形系」と遼東の「細形系」の2つのが作用していたと考えた。そして、プレ朝鮮細形銅矛系列の銅矛の形態に変異が大きいのも、こうした「琵琶形系」と遼東の「細形系」の影響関係の強弱が定型的な形状を作出するのではなく、個々に表出させるような、定型的銅矛出現前段階の社会的変動の反映によるものの可能性を考えた。

こうした各系列の分類とは異なる概念による「琵琶形」「細形」というまとまりの考え方は、今回の検討の範囲全体からみれば、遼西の「柳葉形」を加えて、3つの形態的特徴のグルーピングとして抽出できる。ただし、このグルーピングは、雰囲気的なまとまりであり、数値であらわせるようなものではない。

こうした見方は、非言説的で必ずしも特定の命題を表徴しない要素であり、「形態パターン」（松本直 2000）や「伝統」（松木 2005）、「象徴伝統」（小林 2010b）として説明される。この考えによれば、意図的で言説的な型式や様式に相当する概念である「系列」は「伝統」とほぼ等しく、さらに異なる系列間を自由に横断し、ローカリティやエスニシティに関わるアイデンティティの形成や再生産に重要な機能を果たした「雰囲気」や「気風」を表徴するようなレベルでの非意図的かつ非言説的に形成される可能性の高い相違を「象徴的伝統」と呼ぶことにする。「琵琶形系」と「細形系」の両者は、まさにこの「象徴的伝統」であり、前者はおそらく遼寧式銅剣を保有する集団のなかの地域集団のローカリティやエスニシティに関わるアイデンティティの形成や再生産に重要な役割をもっていた可能性がある。そして、一方、後者の「細形系」の「細形」とは、実はそのもの自体の形態の特徴を的確に表現した呼称ではなく、他と比較して「細形」であるという意味において機能している。たとえば、遼寧細形銅矛系列の身の形状

第4節 細形銅矛の起源

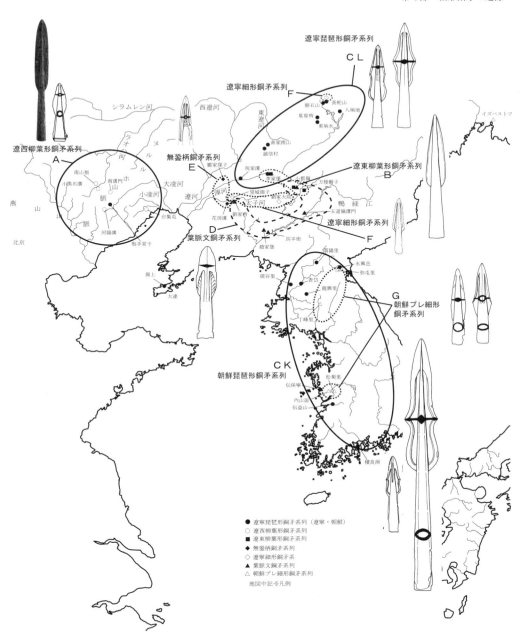

図27 初期銅矛諸系列の分布

第2章　弥生青銅器の起源と遼寧青銅器文化

も、むしろ「く」の字の直線形という方が良いかもしれない。このようにみれば、細かい形状には変異がある一方で、全体を細くさせるという別の象徴的伝統が影響し形成されたもので、おそらくは、さらに前段階の琵琶形銅矛系列の終わり頃（硯谷里例や弥屯里例）から、その影響を受けていた可能性がある。図26には、縦の点線で、「細形系」化する範囲を示している。

　このように、朝鮮プレ細形銅矛系列の成立に関わる象徴的伝統とは、燕国による東方への進出過程である「燕化」という象徴的な出来事にほかならない。韓半島の武器形青銅器である銅剣・銅矛・銅戈は、いずれも遼寧式銅剣文化圏の地で生成したものが起源であり、これが地形などの自然環境に適応した戦闘スタイルにより独特な武装スタイルを生み出し、形態の変容を生じた。しかし、「琵琶形系」の象徴的伝統は保持しつつ、東北アジア南部の燕化の波がいよいよ到達するに及び、武器形青銅器のいずれもが細形の象徴的伝統へと傾斜していった。これは、迫りくる燕国のより優れた武装、機能性を目撃し、あるいは知った韓半島の集団が自らの武装と機能性を適応させたことを示している。こうした動態は、決して韓半島だけの問題ではなく、葉脈文系銅矛を有する集団、そして日本列島の弥生文化も同じであろう。

6．弥生文化の初期銅矛との関係

　ここで、初期銅矛諸系列の変遷・系譜・年代の検討を踏まえ、最後に弥生文化の初期銅矛との関係にも焦点をあてることにしよう。

　ここで、筆者が注目するのは、弥生銅矛の特徴である鎏柄部（袋部）につく半環状の耳部と節帯の出自である。耳部については、これまで近藤喬一・岩永省三により銅矛分類の指標として重要な要素であるとされてきた（近藤喬 1969、岩永 1980）。近年、吉田広が日本と韓半島の銅矛の検討を行うなかで、耳部の出自に関わる重要な指摘を行った（吉田 2001・2008）。吉田によれば、韓半島では初期の銅矛では半環状の耳を袋部にもつ有耳系列の銅矛自体が少なく、有耳の銅矛は日本列島出土品よりむしろ大型のものが多く後出的で、逆に日本列島にはほとんど存在しない目釘孔（穿）系列の銅矛であるとする（吉田 2008）。こうした見解から、吉田は、列島出土の初期銅矛が列島内で鋳造された可能性を想定した。これまでの検討のように、細形銅矛の祖型候補の一つである遼東半島に分布する琵琶形銅矛系列には、半環状の耳を袋部にもつ伝統はない。また、半環状の耳を袋部にもつ伝統が日本列島で自生したとも考えられない。むしろ、遼東以外の遼寧地域の青銅器文化のなかに祖型の候補を探す必要があろう。そこで、候補となるのが大小凌河流域（B地域）の河陽溝例（図20-5）である。当地域は、南山根M101例（図20-3）以降、有耳の伝統が続いていた可能性があり、今のところ遼西起源の可能性が高い。しかし、遼西起源だとしても、はたしてこうした要素が韓半島を経由せずに流入することができたのであろうか。これについては、日本列島で初期銅矛が副葬されるのとほぼ同時期に鋳造鉄器が出現することが焦点となろう。野島永によれば、日本列島の初期の鋳造鉄器は、韓半島からではなく燕からまとまって搬入されたとみられている（野島 1992）[11]。こうした関係性のな

88

第4節 細形銅矛の起源

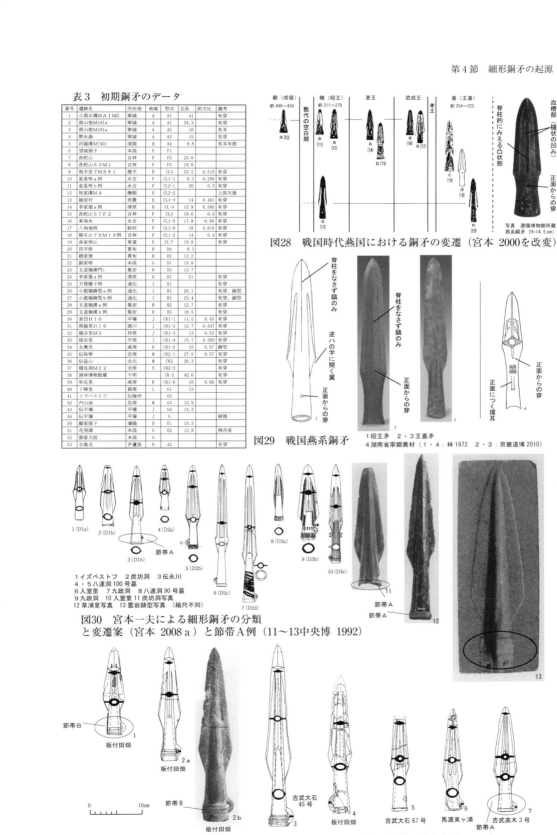

表3 初期銅矛のデータ

図28 戦国時代燕国における銅矛の変遷（宮本 2000を改変）

図29 戦国燕系銅矛

図30 宮本一夫による細形銅矛の分類と変遷案（宮本 2008a）と節帯A例（11～13中央博 1992）

図31 吉田広による弥生細形銅矛の分類（吉田 2001）と節帯（佐賀県博 1986）

かで、遼西地域の要素が流入した可能性もある。こうした点を補強するものとして、弥生時代中期前半の熊本市八ノ坪遺跡で遼寧系の鋳銅用の馬形羽口が出土しており、関連するものとして参考となろう。今後、遼西系譜の資料の増加が期待される。

次に問題となるのは、節帯である。節帯については、先に触れたように、宮本一夫が鋳型のはばき部分の仕掛けがはみだした部分から出現するものと推定した（宮本 2008b）。韓半島の銅矛鋳型のうち、霊岩例を観察すると、確かにはばき部分と思われる部分の仕掛けは宮本の指摘する可能性を示す（図30-13）。このように形成された節帯は、幅広で一貫して鋬柄部（袋部）下端に限られる（図30-3・12 など）。これまでに節帯についてはいくつかの分類案が提出されているが、筆者はこの種の節帯を節帯A類とする。これに対して日本列島の初期銅矛でみられる節帯は、半環状の耳と接続する多条の節帯で、特に耳部に紐をかけて柄に緊縛する状態を表現した装飾である（図31-1～3 など）。筆者は、これを節帯B類とする。つまり、節帯A類とB類は、全く異なるものである。こうした背景から、日本列島の初期銅矛には、2種類の節帯が共存していた。節帯B類は、吉田の指摘通りであれば日本独自の特徴であり、意図的に韓半島の銅矛との差異化を図る新しい独自の「伝統」の創成である。

以上、多岐にわたる問題について検討してきた。細形銅矛の起源は、遼東と韓半島の「琵琶形系」の象徴的伝統が、大きな社会変動を伴う「燕化」を背景とした象徴的伝統である「細形系」化を受けて変容し成立した。そして、定型的細形銅矛の成立は、こうした変動のなか韓半島と日本列島がそれぞれ独自性を表徴し創成したものであると結論づける。

註
（1）　本論は、平成21年度日本学術振興会科学研究費補助金基盤研究（B）海外学術研究「紀年銘中原青銅器による中国北方青銅器文化研究の再構築」（研究代表者　小林青樹）として実施した研究の成果による。調査に同行された春成秀爾、宮本一夫、宮里修、石川岳彦、村松洋介、金想民の諸先生・諸氏には多くの教示を受けた。感謝申し上げたい。
（2）　小林 2010b では、こうした遼西の銅矛について「遼西北方系銅矛系列」と呼称していた。名称については、本書のものを最新とする。
（3）　芦芦島博物館において実見。未報告資料。
（4）　崇実大学所蔵例については実見。
（5）　南陽里H16例と伝保寧例の観察は、国立中央博物館で行った。
（6）　この見解は、日本中国考古学会2010年度大会のポスターセッション当日配布資料におけるコメントで示された（小林青樹・春成秀爾・宮本一夫・石川岳彦・村松洋介 2010「遼東における青銅器・鉄器の調査と成果」日本中国考古学会2010年度大会のポスターセッション当日配布資料）。なお、鄭家窪子遺跡M6512墓出土銅剣に認められる突出する鎬のあり方についての見解は、この発表者全員によるものである。
（7）　ただし、こうした石矛の年代は不明である。韓国では粘土帯土器段階において、本例によく似た凹基式の磨製石鏃が大形化したような石槍が存在する。あるいは、こうした石槍は、遼東の無鋬柄細形銅矛としたものと関係をもつ可能性があるかもしれない。
（8）　未報告。本例とともに、茎が長い細形の銅剣が伴出している。

（9）　近藤喬一氏による朝鮮式細形銅矛の燕系起源説も、こうした正面穿と側面穿の考えからみれば、側面穿の朝鮮系銅矛の直接的な起源が燕にあるという説は、当初から問題をもっていた。

（10）　註（6）のポスターセッションにおける筆者の見解。

（11）　野島永の教示によれば、こうした燕系鋳造鉄斧はいずれも二条突帯をもち、韓半島系でもなく燕からの搬入を考えている。

（補註）　図表に関し、圓光大例（図 23-45）、松菊里例（図 23-46）、鳳陵里例（図 23-47）、國博新 993 例（図 23-48）は表には入っておらず、喀左南溝門例は分布図に位置のみ記した（図 19）。

第5節　銅戈の起源

1．銅戈の起源をめぐって

　中国中原の周辺地域では、中原に起源する要素が同じように伝播しつつ、各所で独自の特色ある文化を構築した。筆者は、そうした地域を中国外郭圏と呼ぶ（小林 2006b）。こうした外郭圏の共通性は、中原系の礼制や車馬などが伝播しないという特徴がある。中国の外郭圏では、西周時代から中原系の銅戈が伝播し、わずかながらも銅戈が存在していた。こうした初期の銅戈は、車馬具とともに出土することから「車戈」として用いていたことがわかる。その後、春秋段階になっても、車馬具とともに銅戈は出土し、戦国時代前半頃には大・小凌河流域を中心とする遼西地域にまで中原系の銅戈は拡散する。中原系の銅戈は、この遼西地域をさらに東に越えて出土することは稀で、遼西地域までが中原系の銅戈の分布圏といってよいであろう。以上のように、中国外郭圏であった東北アジアにおける銅戈は、中原系銅戈がわずかに伝播する周縁地域であり、本来は銅戈を主要な武器として保有する地域ではなかった。

　しかし、前6世紀頃、中原系銅戈をわずかしか保有していなかった遼西地域において、中原系の銅戈の使用法やデザインの影響を受けつつ、在来の遼寧式銅剣をモデルに新たな銅戈である「遼寧式銅戈」が創成された。そして、この銅戈は、日本と韓半島の銅戈の起源となった。この「遼寧式銅戈」は、その後の資料の増加によって、遼東にも存在することが判明し、地域的に遼河を境として遼西地域に分布するものを遼寧式銅戈遼西系列、遼東地域に分布するものを遼寧式銅戈遼東系列と分類することが可能である。こうした名称と分類がなされた経緯については、以下で研究史を回顧するなかで詳しく説明する。

　さて、遼寧式銅戈は、これまで東北アジアの考古学、とりわけ青銅器研究においてほとんど取り上げられることがなかったが、その形態は韓半島の細形銅戈やその系譜にある日本の銅戈の祖型であることは間違いない。これまでの日韓の青銅器研究においては、韓半島の細形銅戈と日本の銅戈の起源ついては、明らかとなっていないうえ、さらに、遼寧式銅戈のうち細形銅戈に形態的に近いものの年代は前5世紀頃にまで遡ることとなり、韓半島の細形銅戈の年代自体が遡る可能性が出てきた。このような事実から、遼寧式銅戈の研究によって、第1に韓半島の細形銅戈と日本の銅戈の起源の問題、第2に韓半島青銅器文化と弥生文化の年代問題、という2つの大きな問題が議論されるにいたった。

　本論は、以上のような問題を内包する「遼寧式銅戈」について、遼寧省における調査を踏まえた現段階における最新の研究状況と情報を整理し、そこから導かれるいくつかの点について検討するものである。

2．日韓の銅戈の起源をめぐる問題

　ここで細形銅戈の起源問題についての諸説について振り返っておきたい。なお、以下での研究史的回顧にあたり、2012年以前までの検討においては最初に命名した「遼西式銅戈」という名称を使用し、2012年以降は新たに「遼寧式銅戈」の名称を使って記述していることをあらかじめ断っておく。

　細形銅戈の起源は、遡れば中国にあるのは明らかであるが、これまでにこの起源問題を具体的な資料の提示によって検討することは容易ではなかった。そのため特に韓国における銅戈の起源についての研究はほとんど進展していない。むしろ、細形銅戈の起源問題は、後述するように岡内三眞をはじめとする日本人研究者により推進されてきた（岡内1973ほか）。韓国における数少ない論考のなかで、たとえば崔夢竜は、細形銅戈の起源を西周前期から中期にかけての銅戈に求めた（崔1971）。この見方は、細形銅戈の出現時期とはかけ離れており、起源とみるのは無理であろう。崔の検討は、実際の状況に適合しているかどうかは別として、具体的に細形銅戈と中国中原の銅戈との比較を行った点で評価できるわけであり、その後の韓国における銅戈についての言及は、中国からの影響を認めつつも、ほとんどが具体的な祖型について触れずに韓半島内部で出現したことから話がはじまる。たとえば、全榮來は、「韓国式銅戈」（細形銅戈）は全く独創的な型式が韓半島で出現して、独自的に変遷しながら日本に波及したとし、出現時期は前2世紀初めを前後して大同江流域ではじまったとみるほかないとした（全1991）。なお、全は、この論考のなかで、中国式銅戈と細形銅戈の差異について、次のような4つの点を指摘した。

　1　中国式銅戈は、援に鎬がある断面扁菱形または断面扁六角形の板状であるのに反して、韓国式銅戈は脊とその両側に「樋」（血溝）がある。

　2　胡が省略され剣鐔のように短く左右に突き出し、上・下両刃部もおよそ左右対称の身部を形成している。

　3　当時の中国式銅戈の「内」は後端に長く延びて三辺に刃を研ぎ立てて、それ自体が撃刺用利器としての機能をもっているが、韓国式銅戈では扁平で短小な茎部に代わっている。

　4　中国式銅戈では、穿も柄に沿って1列に3～4個の長方形穿孔を配している。韓国式銅戈では、脊の両側根部に左右対称に楕円形または円形の孔をうがっている。

　以上のように、典型的な戦国期の中原の中国式銅戈との比較を行うだけでは細形銅戈の起源については迫ることができない。

　こうしたなかにあって、岡内三眞は、すでに1973年という早い時期に、細形銅戈の祖型を戦国中期の燕国の銅戈に求めた（岡内1973）。燕国では、戦国中期に、援の脊の両側に「血槽」（「樋」）があり、内に刃がなく胡に小突起（「刺」）がつくことを指摘し、岡内は、細形銅戈の樋は、この燕の血槽と関連があると考えた。そして、内蒙古や遼寧地域で独自の銅戈を製作して

いたことから､韓半島出土の戈の祖型を戦国中期以後の燕の戈と内蒙古・遼寧の戈などに求め、おそらく韓半島北部の地で製作しはじめたと考えた。そして、彼の地の銅戈が韓半島にもたらされた頃、すでに遼寧などの金属器文化をもつ人々が、韓半島の銅戈に改造したものと考えている。

その後、宮本一夫は、こうした岡内の考えとほぼ同じ見方を示した（宮本 2004）。すなわち、宮本は、まず燕式銅戈の変遷を検討し、これを踏まえて、燕の長胡型の戈のうち、銅戈の銘文から燕の「脮」の時期以降にみられる樋をもつ特殊な銅戈を祖型とみなし、この種の戈の胡の部分を取り去ったものであるという見解を提示した。しかし、この変遷案については、問題もあった。すなわち、宮本が図示した燕の銅戈は、樋をもつ点で類似するが、上部の胡がなく韓半島の細形銅戈への型式学的変遷がスムーズに追えず、細形銅戈が成立するまでの間に祖型となる資料の存在が予想されたのである。

そして、宮本は、こうした燕式戈の検討から年代について次のように述べた。「樋を持つ燕式銅戈は、少なくとも前350年頃の成侯の段階にはなく、それよりも新しくかつ昭王より古い銘文でいう脮王の段階から出現している。最も古くても前4世紀後葉と言うことができる。燕が韓半島と接触した時期に出てくる戈がモデルになって出現したとすれば、第3段階の年代の定点は、前300年ぐらいと考えられる」（宮本 2004）。先に宮本が示した燕王の銅戈の変遷案が正しいとすれば、確かに宮本が指摘するような変遷と年代観が得られるのは明らかである。さらに宮本は、前300年頃には、現在で言う清川江あたりが燕との国境であり、燕昭王のときとした。この段階に韓半島北部は、燕と直接に接触する。軍事的な脅威を韓半島の人たちは感じるわけだが、その段階で燕が保有する武器としての戈や矛などを導入し、自家生産をはじめる。それは燕との抗争のために生産されたと考えるべきであろう、と細形銅戈の生み出された理由について自説を述べた（宮本 2004）。

その後、岡内三眞は、細形銅戈の起源と年代について最新の見解を提示した（岡内 2004a）。少し長くなるが、本論に関連して重要な検討であり、詳しくみておきたい。岡内は、まず燕下都辛荘頭30号墓から出土した細形銅戈に関して、かつて燕の金製品などから判断して、前250年以前に年代の1点を同定できるとした（岡内 2003）が、この銅戈の用途について、「木製の鞘や短い柄を伴う手撃戈の可能性が高い」と判断し、遼西や韓半島、日本で出土した他の銅戈とも比較検討を行い、地域的な差異を図示した（岡内 2004a）。そして、韓半島の細形銅戈の出現年代を少し遡らせる必要が生じるとし､「燕式銅戈からみて細形銅戈製作の上限年代は前320年の戦国後期にあり、燕下都辛荘頭30号墓の年代を勘案すれば、紀元前220年を上限とした筆者の従来の年代観よりも、およそ100年ほど遡ることになる」とした。岡内は、先に触れたように、かつて1973年の論考のなかで、すでに韓半島出土の戈の祖型を戦国中期以後の戦国燕の戈に求めた（岡内 1973）。2003年の論考で岡内が「燕式銅戈」とするのは、この「戦国中期以後の戦国燕の戈」に相当するものと考えられるが、ここで示された年代観である「戦国中期以後」とは、おそらく岡内の論考の前年の1972年に発刊された、林巳奈夫による『殷周青

銅武器の研究』に依拠したものであろう。そして、岡内の最新の青銅器の編年表では、銅戈の
最古段階は戦国後期以降に位置づけられているので、岡内のいうところの「燕式銅戈」とは、
戦国時代後期の範疇におさまる資料群ということになろう。しかし、これだけでは、どの型式
の「燕式銅戈」を祖型と考えているのかがわからない。文脈と図示された銅戈の地域的な差異
の図（岡内 2004a のなかの図2）から判断された結果であるとすれば、図中の遼西地域付近に提
示された後述する双胡戈である喀左県梁家営子例であろうかと最初は判断した。しかし、岡内
は明確に「燕式銅戈」としているので、遼西地域の銅戈である可能性は低く、また岡内自身が
かつて燕の援の脊の両側の「血槽」（「樋」）と、胡に小突起（「刺」）がつくことを指摘しそれが
細形銅戈と関連性があると考えたように、祖型は燕式銅戈に間違いなかろう。それでは、岡内
が祖型とする「燕式銅戈」とは何か。そのヒントは、「燕式銅戈からみて細形銅戈製作の上限
年代は前 320 年の戦国後期にあり」という記述にあった。ここからはさらなる推測によるが、
前 320 年は、史記に記載された燕王のうち、銅戈の銘文にある「職」に相当するとされる「胲
王」の没年ではないかと推測する。この「胲王」に比定される「職」銘が印刻された「燕式銅
戈」がまさに援の脊の両側の「血槽」（「樋」）と、胡に小突起（「刺」）がつく銅戈の最古段階に
ほかならない。もし、岡内がこのような見方をもっているとすれば、いくつかの点においてま
だクリアしなければならない点がある。すなわち、第1に、細形銅戈と燕式銅戈の型式変化を
説明する必要がある。両者に共通する「血槽」（「樋」）に注目するのであれば、どのようにそ
れが細形銅戈に受け継がれたのか。そして、燕の銅戈にみられる「血槽」（「樋」）が、はたし
て燕のみにみられるオリジナルな特徴であるのか。まだこの段階では、問題の解決のためには
関連資料があまりにも少なすぎた。

　以上のような、細形銅戈の起源に関わる年代の捉え方について、宮本一夫の検討についても
触れておこう。宮本は、先に述べたように燕式銅戈の変遷案（宮本 2004）から、細形銅戈のモ
デルとして相応しい段階を、「最も古くて前4世紀後半」としたが、「燕が韓半島と接触した時
期に出てくる戈がモデルになって出現したとすれば」と文献の記録から年代をあえて新しく見
積もり、細形銅戈の出現年代の定点を前 300 年ぐらいと考えた。これに関して、岡内の方は、
この上限年代より若干古いものの（岡内 2004b）、年代的には近いことを確認しておく。

　以上、岡内と宮本が指摘するように、戦国時代の燕には、確かに細形銅戈と同様な樋をもつ
銅戈が存在しており、祖型の候補の可能性はある。この遼西地域における動向から推測できる
のは、宮本が指摘した前 300 年頃の燕の韓半島への接触時期（宮本 2004）以前に細形銅戈が誕
生した可能性があることを示している。

3．遼西式銅戈の発見と遼寧式銅戈の設定へ

　以上のように検討が続いていたわけであるが、細形銅戈の起源問題は、中国の研究者側から
「異形銅戈」とされる新資料の提示がなされ新たな局面を迎えた。最初にこの種の銅戈につい

て触れたのは、郭大順である（郭 1995）。郭は、問題となる異形銅戈を「遼西地域出土の上下の胡が三角形に開く双胡戈」とし、葫芦島傘金溝例を紹介しつつ、この種の銅戈は日本の銅戈の起源に繋がるもの、すなわち明言はしていないが、細形銅戈の起源が遼西地域にあることを示した。しかし、この郭による資料の提示を受けて、細形銅戈の起源との関係を論じたものはなかった。その後、王成生は、喀左県梁家営子例のほかにも王振来による葫芦島傘金溝例の概要報告（王振 1996）などを整理し、遼寧省出土の銅戈を集成した（王成 2003）。郭が報告した傘金溝例と同型式のものとする建昌県孤山子例が、中原の桃氏剣や遼寧式銅剣と共伴した事実を明らかにして、戦国中期でも遅くない時期であると指摘し、さらに王は、喀左県梁家営子例は、燕下都辛荘頭 30 号墓出土の銅戈の起源、すなわち、細形銅戈の起源であるとした。王が指摘するように、こうした異形銅戈が細形銅戈と関係し、戦国中期でも遅くない時期であるとすると、これまでの日本列島や韓半島の銅戈の年代と著しい開きが生じたことになる。このように、問題となった異形銅戈は資料が断片的であったために最初の報告以降に日本ではあまり注目されてこなかったが、郭大順と王成生が指摘するように、韓半島と日本列島の銅戈と関係し、さらにその年代はこれまで考えてきた年代観と著しく齟齬をきたす点で非常に重要な検討課題となった。

　こうしたなか、中国における異形銅戈の研究に接したことが直接の契機となり、筆者は東アジアの銅戈の問題を検討するなかで細形銅戈の起源について、2005 年 10 月に日本中国考古学会関東部会例会において最初に述べる機会を得て（小林 2005）、この報告後、石川岳彦から遼西地域で出土している異形銅戈の重要性について教示を受けて小論などに簡単にまとめた（小林 2006a）。

　そして、筆者と石川は、問題となる異形銅戈を韓半島・日本列島の銅戈の祖型と考え、遼西の異形銅戈の特徴・型式学的検討・変遷案、さらに燕・遼西の青銅器文化編年と年代の再構築を行い、遼西の異形銅戈の年代観と、そこから派生する弥生年代論争への影響について報告した（小林・石川 2006a）。この段階の報告では、建昌県孤山子例の時期について、その下限年代に関して遼西における遼寧式銅剣の残存する時期の検討を行い、当地域の青銅器編年第 3 期、三官甸段階に併行し、前 5 世紀末・前 4 世紀初め〜前 4 世紀半ば頃の年代を与えた。ほぼ同じ頃、春成秀爾は歴博で行われた炭素 14 年代の研究報告シンポジウムのなかで、小林・石川の考えを受けて、同様な内容について触れ（春成 2006a）、小林・石川の考えが妥当であるということを再確認した。

　その後、小林・石川と春成は、それぞれ遼西の異形銅戈について同様な内容の小論をまとめている（小林・石川 2006b、春成秀爾 2006c）。ただし、この段階の議論は、遼西地域における細形銅戈の祖型と思われる異形銅戈の観察を行っておらず、また年代に関する情報も不足しており推測にとどまっていた。

　その後、遼西の異形銅戈は弥生年代を考えるうえで重要な資料であるという認識から、筆者は、春成秀爾、宮本一夫、石川岳彦とともに遼寧省において現地資料調査を実施することになっ

第 2 章　弥生青銅器の起源と遼寧青銅器文化

た。調査は、2006 年 8 月 12 日から 17 日までの期間、遼寧省で実施し、葫芦島博物館において念願の銅戈を実見する機会を得た。この調査の過程で、遼西の銅戈は一定量当地に存在していることが明らかになったので、現地において郭大順・王成生と議論した結果、これまで「異形銅戈」と呼ばれてきた遼西の銅戈を「遼西式銅戈」と呼称することにした[1]。その後、歴博で実施された国際シンポジウム「アジアの青銅器文化」において、郭大順、宮本一夫、小林青樹がそれぞれ遼西式銅戈について触れた（郭 2006、宮本 2006a、小林 2006b）。そして、遼寧省での調査の成果については、2006 年 12 月の日本中国考古学会山口大会において報告し（小林ほか 2006）その成果を中国考古学の誌上に報告した（小林ほか 2007）。

　この研究のなかで、遼西式銅戈と韓半島・日本列島の細形銅戈の関係については、研究史を踏まえつつ、研究の経緯などについて整理した（小林ほか 2007）。筆者は、そこで、遼西式銅戈の特徴をもとに、身が細く樋が先端近くに延びる A 型、身が太めで樋の先端が閉じる B1 型、身が太めで樋の先端が開く B2 型、以上の 3 種類に分類した（小林ほか 2007）。そして、遼西式銅戈から細形銅戈の B 型が生まれ、そしてほぼ同時期に A 型が生まれたと考えた。このうち、樋が先端から延びるタイプの出自は、細形銅剣の特徴と類似することから、細形銅戈は細形銅剣の製作者が関与して「異器種間交流」の結果として誕生したことを指摘した。そのうえで、細形銅戈の出現が、前 5 世紀から前 4 世紀頃にまで遡ってもおかしくはないと考えた。しかし、この段階での議論は、資料数が少なく、この種の銅戈だけをもって弥生時代の年代を考えるには問題があった。

　その後、後藤直は韓半島の細形銅戈の最新の資料集成を行い、分類と変遷案、そして年代について検討を行った（後藤 2007）。おそらく後藤の検討で焦点となるのは、細形銅戈の年代をどのようにみるかである。後藤が分類した古い型式である I ①類は、異形青銅器などがみられる第 3 期と楽浪郡設置以降とされる第 5 期に挟まれた期間で、第 4 期後半は鉄器を副葬する時期であることともあわせてかなりの長期間にわたることになる。また後藤は、中国河北省燕下都辛荘頭 30 号墓出土の細形銅戈を I ①類に分類し、前 3 世紀前半頃のものとしている。出現期の銅戈がはたして、それほどまでに型式を違わずに長期間存続するのか、非常に問題であろう。細形銅戈 I 式は、これまでの研究でも型式学的に明確に新旧関係をつかみにくいとされ、それゆえにかなり存続幅のあるものと考えられていた。また、後藤は細形銅戈の祖型について、まず燕の樋をもつ II 式銅戈からの影響を考え、さらに遼西式銅戈との関係についても触れた。筆者などの示した遼西式銅戈の資料群の年代は、今のところ前 6 世紀から前 5 世紀頃までに相当するので、後藤の年代観からは相当に乖離している。筆者は、さらに型式学的に退化した型式が存在するという予測をしていたが、後藤はこの予測を受け、年代観の開きが問題となったのであろうか、「遼西式銅戈はどこまで年代がおちるのか」、と疑問を投げかけた。

　また村松洋介は、韓半島の銅戈の分類と製作法を検討し、特に初期の鋳型資料の検討から、銅剣と銅戈の製作は同一の工人によって行われ、異器種間交流がみられることを示した（村松 2008）。

その後、中国と韓国においてもこの遼西式銅戈に関心が注がれることとなり、2009年に成璟瑭と孫県軍による論文（成ほか2009）と、趙鎮先による論文（趙2009）が韓国において発表された。

　成璟瑭と孫県軍による論文は、于道溝孤山子遺跡の報告（遼寧省文物考古研究所ほか2006）の概要を引用しつつ、新たに遼東で「短内式銅戈」（「遼西式銅戈」）が存在し、これが遼西地域の「短内式銅戈」（「遼西式銅戈」）を起源とし、細形銅戈が誕生することを論じたものである。また、年代については、辛荘頭30号墓の銅戈は戦国晩期とし、遼西の銅戈の年代は戦国早中期、寛甸の銅戈は遼西と韓半島の銅戈の過渡期の銅戈であるとした。趙鎮先の論考は、この論文を受けた同様な趣旨のものである。ここで、両者の詳細な論旨については言及しないが、不鮮明な写真をもとにした検討であり、またわれわれが先に提示した遼西式銅戈の年代観とは大きな隔たりがあった。なお、成璟瑭は、この論文を発表する直前には、われわれの「遼西式銅戈」という名称を批判する論文を発表している（成2009）。

　こうした論考を受けて、筆者を代表とする研究グループでは、2009年と2010年に遼東における遼西式銅戈の新資料の実物調査を実施した。2010年に現地でこの銅戈発見の経緯を確認したところ、1990年頃に寛甸県八河川鎮で発見され、2007年に収集された資料であることが判明した（図32-6）。これにより韓国での一連の報告は修正され、またその年代も限定できなくなった。現在、本資料は寛甸県博物館に保管されている。ここでは成璟瑭と孫県軍による論文に掲載された写真、そしてすでに明らかにされた事実もあるので、問題点のみ述べておきたい（小林ほか2011）。

　韓国の一連の報告では、この銅戈について、胡の開き、戈身に対する胡、内の幅の比率などが遼西式銅戈よりも小さく、日本・韓国で発見されている銅戈よりも大きいことから両地域で出土する銅戈の中間型式と位置づけ、遼西→遼東→韓半島・日本列島という一系統的な変化と伝播論を展開する（成ほか2009、趙2009）。しかし、われわれの実見の結果、まず提示された写真とは形態的に大きく異なり（報告の写真自体が歪んでいる）、むしろ内の付近に文様をもつ点からみて、韓半島の有文銅戈に類似度が高く、遼西式銅戈よりは後出し、別系列をなす可能性が高い。

　なお、その他、この調査時において、丹東市においても同種の異形銅戈（遼西式銅戈）が銅剣と伴出しているという情報を入手しており、年代的な位置づけを考えるうえで今後重要な資料となると考えた。こうした状況から、この段階において「遼西式銅戈」とは異なる、遼東独自の「遼東式銅戈」の存在も考慮すべきかもしれないと考えるようになった。遼東での資料の増加を考慮したわけである。ただし、遼東といっても、平原部ではなく山地については、燕系文物の流入、そして領域支配以後も、その周辺を取り巻くように遼東山地には遼寧式銅剣文化の末期的文化が残存し、個性的な文化圏を形成している。この調査で、筆者らが観察した異形銅戈（遼西式銅戈）が遼東に普遍的に存在するという保証は全くないので、この問題は、今後の類似資料の増加によって補うことを想定するにとどめた。

第2章 弥生青銅器の起源と遼寧青銅器文化

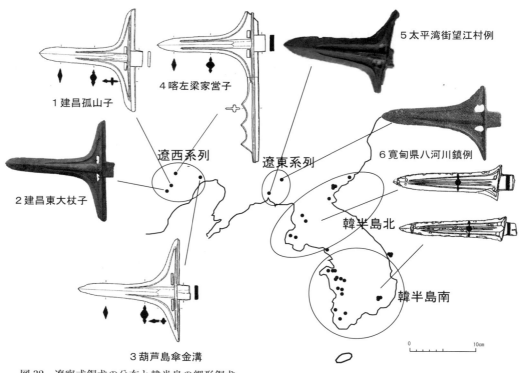

図32 遼寧式銅戈の分布と韓半島の細形銅戈

　このように遼東ではこれまで遼寧省寛甸県八河川鎮の遼西式銅戈が知られていたが、それ以外の発見例として2010年段階で情報を得ていた丹東市の資料について、丹東新聞2009年1月5日の記事によって発表されたことが宮本一夫によって見出された。それは遼寧省丹東市振安区太平湾街望江村の農民（王学基）自宅の裏山から、その祖父によって発見されたものである（図32-5）。ここでは銅戈とともに、銅剣と銅斧が発見されている。これらが一括遺物であるかは不明であるが、型式的には同時期のものである可能性がある。本資料の公表を受けて、筆者を代表とする研究グループでは、筆者と宮本一夫により中国考古学の誌上において本資料を含めた資料群の変遷案と提起される問題について論じた（小林ほか 2012）。このなかで宮本一夫は、太平湾街望江村で異形銅戈と共伴したとされる銅剣を遼寧式銅剣2b式と特定して前5〜前4世紀のものとしたうえで、問題の望江村出土の銅戈は、遼西式銅戈（孤山子例や傘金溝B例）（図32-1・3）より新しい形態であり、韓半島の細形銅戈に型式的には前出する段階のものとした。その変化は、特に上欄から下欄までの幅が、遼西式銅戈から次第に狭まっていき、細形銅戈へと変化すると仮定するならば、その中間段階に相当するとみて、さらに銅戈の大きさも遼西の遼西式銅戈よりも大きく韓半島の細形銅戈より小さい点も勘案して、望江村出土銅戈が遼西と韓半島の銅戈の中間系であると宮本は考えた。望江村出土銅戈の年代は、共伴する可能性のある遼寧式銅剣の年代から、前4世紀の可能性が高く、遼東にこの段階の遼西式銅戈が存在することは、このような銅戈が韓半島で細形銅戈に変化したものであることを意味している。

そして、細形銅戈は遼西式銅戈の変化組列のなかに生まれたものであり、直接の祖形が遼東の望江村出土銅戈にあったとした。そして、細形銅戈の成立年代について、前3世紀に遡る可能性（宮本 2011）がより高まったと締めくくった。一方、筆者も、これまでに年代の判明している資料からみて、東大杖子遺跡例（図32-2）は前6世紀頃、孤山子遺跡例は前5世紀頃、そして宮本が指摘したように太平湾街望江村例は前4世紀頃に相当すると考えられることになったことから変遷案を提示した。変遷案についての詳細については後述する。問題は、本資料の登場による韓半島における銅戈の出現年代である。筆者が注意したのは、遼西式銅戈の型式学的な特徴である。

遼西式銅戈には、補助闌と筆者が呼ぶ柄に本体を固定する突出する部分があり、この型式学的な特徴からみると、すでに突出がなく平坦をなし、わずかに突出が認められる傘金溝遺跡例よりも新しい（小林ほか 2011）。細形銅戈の初期型の補助闌は、断面三角形状をなし、凸状をなしていた形状の痕跡を残している。その後、細形銅戈の当該部分は、突出がなくなり平坦をなすので、型式学的にみた場合、八河川鎮例は細形銅戈が出現して以降のものである可能性が高いと考えた。また、八河川鎮例には、樋に斜格子文をもつ特徴があり、これは遼東山地に分布する葉脈文銅矛の斜線を充填した葉脈文と関連が強いとみれば、前4世紀半ばから葉脈文銅矛系列の終末年代である前3世紀頃までの間のいずれかである、と推定するのが妥当であると考えた。

そして、この報告のなかで筆者は、遼東地域において遼西式銅戈が2例発見されたことを受けて、「遼西式銅戈」の名称について再論し、「遼寧式銅戈」への名称の変更を行い、そのなかでの系列の分類を行うことを提案した。冒頭での遼西地域に分布するものを遼寧式銅戈遼西系列、遼東地域に分布するものを遼寧式銅戈遼東系列と分類した意図は、こうした経緯によるものである。なお、筆者の提示した遼寧式銅戈については、遼東における資料が発見される2009年段階までの筆者の見解に対して、先に取り上げた後藤直の批判（後藤 2007）と同様に、細形銅戈の起源と考えるにはまだヒアタスがあり問題があると岩永省三が指摘している（岩永 2011）。その後、遼東での資料が発見され、筆者の見解も修正する必要があり、遼寧式銅戈については、本論において、特にその年代についてはこれまでの見解とは若干異なる結果となった。このあたりの事情について、あらためて遼寧式銅戈の資料の細かい点を検討しながら説明することにしたい。

4．遼寧式銅戈の部分名称

以下での記述にあたって、銅戈の部分名称について図33-5に示した。遼寧式銅戈のなかには、援の末端の延長上部分が突出し、また脊柱に接続しつつ垂直に突出する「闌」をもつ特徴がある。こうした闌の名称については、援の末端の延長上に突出する部分は、柄に銅戈を挿入した場合、内だけでは強度がよくないために補助的に装着される部分であるので、ここでは「補

第2章　弥生青銅器の起源と遼寧青銅器文化

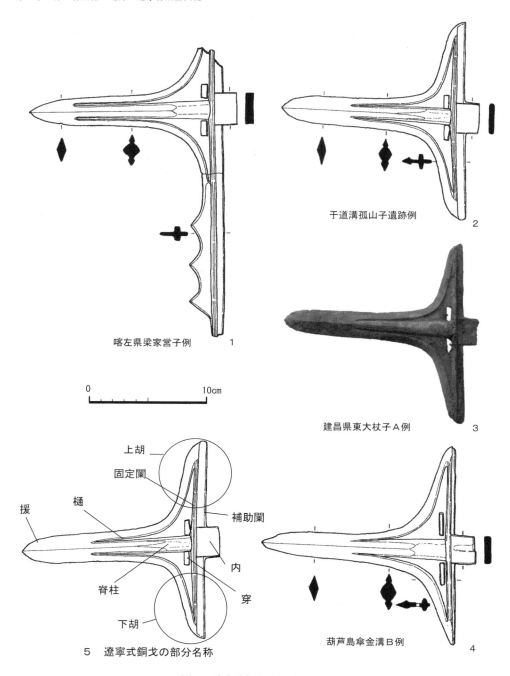

図33　遼寧式銅戈遼西系列の資料

助闌（部）」と呼称しておく。一方、援の末端に垂直にとりつく闌については、銅戈が打撃によって柄にくい込むのを防止して固定する機能を与えられたものであるので、「固定闌（部）」と呼称する。この両者によって形成された闌部分の断面は、全体で「T」の字を横にした形状をなす。

5．遼寧式銅戈の資料

　これまでに報告されている遼寧式銅戈は、遼寧式銅戈遼西系列では喀左県梁家営子例（図33-1）・建昌県東大杖子A例（図33-3）・于道溝孤山子遺跡例（図33-2）・葫芦島傘金溝A例（図33-4）の4点である。しかし、この他に未報告資料として、葫芦島傘金溝からもう1点（B例）、建昌県東大杖子遺跡から2点（B・C例）が出土しており、現在知られる資料は合計7点であり、このうち図化されているものは3点である（図33-1・2・4）。

　次に遼寧式銅戈遼東系列については、寛甸県八河川鎮例と丹東市振安区太平湾街望江村例の2例である（図37-1・2）。

　なお、同一遺跡から複数の資料が出土している場合、資料の観察順にアルファベットで区別する。2006年の数日間の調査で、当初の倍の数を超える資料の存在に接することができたことからすれば、今後資料の検出がさらに進むと予測される。以下、報告が可能な資料について概略を記す。なお、各遺跡の分布については図32に示した。

（1）遼寧式銅戈遼西系列

①喀左県梁家営子例（図33-1）

　本資料は、王成生の報告と遼寧省博物館での観察結果をもとに概要を示す（王成 2003）。梁家営子例は、上の胡は三角形の翼形に発達し、下の胡がより下部に伸張し波状の強い「刺」を3つもつ。下胡は、樋と刺との間に明瞭な境が形成され、上胡と同じような三角形状の樋の凹みを形成する。内は小型化し、短くなっている。樋は援の先端付近にまで長く通る。脊の断面は円形で厚みをもち、長方形の穿は中央に幅狭く寄っている。関と関の柄に接する側は、内を挟んで突出し、断面T字形をなす。

②于道溝孤山子遺跡例（図33-2）

　本資料は、先に述べたように、その後、王成生による遼寧省出土の青銅戈の集成において初めて紹介され、しかもそれが遼寧式銅剣、中原系の銅剣および戈、そして灰陶豆と共伴して出土したと述べられていた（王成 2003）。その後、2006年末になって遼寧省文物考古研究所などにより同遺跡の調査報告がなされた（遼寧省文物考古研究所ほか 2006）。ここでは、この報告と筆者などの観察所見（小林ほか 2007）を合わせて概要を整理する。

　問題の遼寧式銅戈が出土した于道溝孤山子遺跡は遼寧省西部の建昌県にあり、大凌河の西に

第2章　弥生青銅器の起源と遼寧青銅器文化

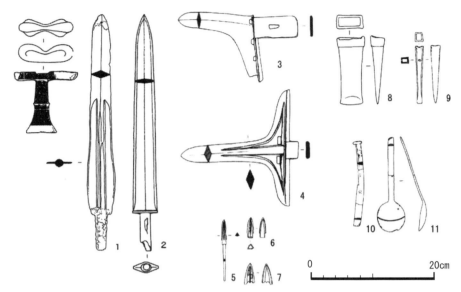

図34　孤山子90M1出土青銅器（1：遼寧式銅剣・剣柄・剣把頭　2：中原系銅剣　3：中原系銅戈　4：遼西式銅戈　5-7：銅鏃　8：銅斧　9：銅鑿　10：銅刀　11：銅匙）

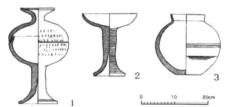

図35　孤山子90M1出土土器（1：蓋豆　2：無蓋豆　3：罐）

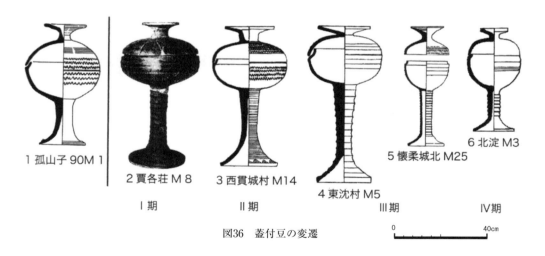

1 孤山子90M1　2 賈各荘M8　3 西貫城村M14　4 東沈村M5　5 懐柔城北M25　6 北淀M3

Ⅰ期　　　　Ⅱ期　　　　Ⅲ期　　　　Ⅳ期

図36　蓋付豆の変遷

第5節　銅戈の起源

広がる山間部に位置し、近年、燕国の青銅器や遼寧式銅剣など、大量の青銅器が出土した大規模な墓群として注目されている。東大杖子遺跡（中国国家文物局 2000）は于道溝孤山子遺跡の南南東およそ20kmのところにある。

　この遺跡は1990年および2004年に調査が行われ、これまでに合計12基の墓が発掘されている。これらの墓は一つの墓群を形成していたと考えられる。このうち1990年にこの地の住民により偶然発見されたのが90M1で、ここから遼寧式銅戈をはじめとする各種青銅器や土器などが出土した（図34〜36）。

　90M1は土壙墓であったと考えられ、ここからは青銅器14点、土器7点などが副葬品として出土した。そしてこの墓から出土した青銅器には遼寧式銅戈（図33-2・34-4：原報告図面の銅戈）のほか、剣柄と剣把頭付の遼寧式銅剣（図34-1）、中原系の直刃の剣（図34-2）、中原系の戈（図34-3）、斧（図34-8）、鑿（図34-9）、刀子（図34-10）、匕（図34-11）、これらがそれぞれ1点ずつあり、複数の銅鏃（図34-5〜7）もみつかっている。一方、土器は蓋部と杯部にそれぞれ鋸歯状の沈線文を施した泥質灰陶の蓋付豆（図35-1）[2]、脚部が長く杯部が比較的浅い無蓋の豆（図35-2）、胴部に数条の沈線文を施した泥質灰陶の罐（図35-3）が出土している。これらの副葬品のなかで、中原系の青銅剣と青銅戈、銅鏃、二種類の豆などの遺物は現在の河北省を中心とする燕国の領域内から出土する遺物と同様のものであると考えて間違いないであろう。

　本遺跡から出土した遼寧式銅戈は、梁家営子例の下胡刺が取り去られた形態をなし、上下の胡が翼状を呈する。その他の特徴は梁家営子例とさほど変わらない。ただし、本例は、関の内側への突出幅が広く、他の例のほとんどが幅の狭い点とは異なる特徴をもつ。全長17.1cm、幅17cm、援長14.8cm、胡長8.1cm、脊厚1cm、内長2cmを測る。

③建昌県東大杖子A例（図33-3）

　本例は、遼寧省建昌県東大杖子遺跡2000M14墓から出土した銅戈である。本例については、最近、遼寧省博物館で特別展示され、その際の展示図録に銅戈の写真が掲載された（遼寧省博物館ほか 2014）。本例の特徴は、上下の胡が翼状をなさ、細く鋭角的に突出し、傘金溝A例に類似している。関の内側への突出幅が広く、厚みがある。穿の形状は、細い長方形をなす。補助闌は幅が広い。固定闌も高くしっかりしており、上下の胡の先端側の固定闌は刃部の研ぎによって一緒に目減りしている。すなわち、刃部を補助闌の付近まで研いで刃部を形成している。全長17cm、援長15cm、脊厚2.6cmを測る。

　なお、本遺跡からは、他に2例が存在し、仮にこれを東大杖子B・C例としておく。本例の詳細については未公表であるが、郭大順によれば、東大杖子例はいずれも上下の胡は細く鋭角的に突出し、傘金溝A例に類似しているということである。

④葫芦島傘金溝A例

　傘金溝A例は、王振来によって報告されたものであり（王振 1996）、遼寧省博物館での観察

105

第2章　弥生青銅器の起源と遼寧青銅器文化

結果をもとに概要を述べる。援は比較的細身でＡ例に比べて穿の間隔が狭く、上下の胡が鋭角的に尖る。関の内側への突出幅は狭い。図・写真は未公表である。

⑤葫芦島傘金溝Ｂ例（図33-4）

　傘金溝Ｂ例は、下の胡の刺が取り去られ、上下の胡が翼を開くような形状となっており、脊の断面は菱形で細形銅剣に近づいている。本例の形態に類似するが、菱形に扁平化した脊と間隔の広まった穿、さらに関の外側の突出部分は形骸化するなど、孤山子遺跡例に後出するのは明らかであろう。

　以上のように、これらの銅戈の長さは、約17cmから18cmほどまでにおさまり、いずれも小型である。

（2）遼寧式銅戈遼東系列

　遼東地域で発見されている遼寧式銅戈は2点である。

①寛甸県八河川鎮例（図37-1）

　本銅戈は、1990年頃に寛甸県八河川鎮で発見され、2007年に収集された資料であることが判明した。「遼寧日報」によれば、八河川鎮例は、全長16cm、関長（幅）10.5cmである。全長については、これまで発見されている遼寧式銅戈とそれほど変わらないが、上下の胡の幅に相当する関の長さは明らかに縮小している。そして、この外側につく遼寧式銅戈の特徴である補助闌は消失している。援の鋒から脊柱にかけての形状や研ぎ分けは写真の通り遼寧式銅戈に類似する。穿の形状は遼寧式銅戈の方形からは崩れた不整楕円形状をなし、樋のなかには細線による斜格子文がつけられている。この銅戈について郭大順は、部分的に遼東の青銅短剣の特徴に類似する点もあるが、脊柱部の特徴や製作技術などからその淵源は遼寧式銅戈と同じであり、密接に関係するとともに日韓の銅戈の起源に関わるものであるいうコメントを遼寧日報に寄せている。確かに、郭が指摘するように、遼寧式銅戈と関係があるのは間違いない。しかも、遼東の葉脈文銅矛や韓半島の有文銅戈に類似度が高く、遼寧式銅戈よりは後出し、別系列をなす可能性が高い資料である。これにより韓国での一連の報告は修正され、またその年代も限定できなくなった。

　現在、本資料は寛甸県博物館に保管されている。先に述べた韓国の一連の報告（成ほか2009、趙2009）では、この銅戈について、胡の開き、戈身に対する胡、内の幅の比率などが遼寧式銅戈よりも小さく、日本・韓国で発見されている銅戈よりも大きいことから両地域で出土する銅戈の中間型式と位置づけ、遼西→遼東→韓半島・日本列島という一系統的な変化と伝播論を展開している。しかし、実見の結果、まず提示された写真とは形態的に大きく異なり（報告の写真自体が歪んでいる）、繰り返しになるが、むしろ内の付近に文様をもつ点からみて、遼東の葉脈文銅矛の文様や韓半島の有文銅戈の方に類似度が高く、遼寧式銅戈よりは後出し、別系列を

106

第5節　銅戈の起源

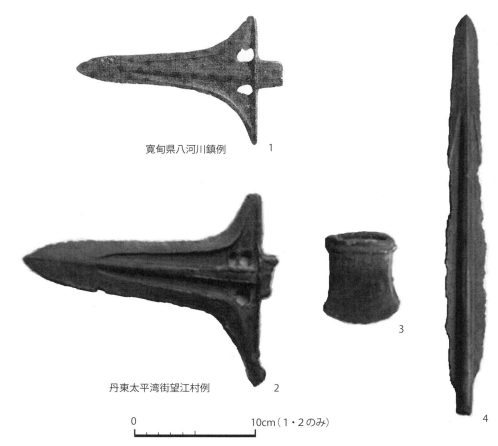

図37　遼寧式銅戈遼東系列と伴出青銅器

なす可能性が高い。図37-1のように歪みを修正すべきであろう。

②丹東市振安区太平湾街望江村例（図37-2）

　本資料は、丹東新聞2009年1月5日の記事に掲載され、宮本一夫によって最初に報告された（小林ほか2012）。それは遼寧省丹東市振安区太平湾街望江村の農民（王学基）自宅の裏山から、その祖父によって発見されたものである。ここでは銅戈とともに、銅剣と銅斧が発見された。これらが一括遺物であるかは不明であるが、型式的には同時期のものである可能性がある。
　銅戈は内の一部と上下の胡の先端、そして補助闌が欠損しているが、鋒長約20cm、上闌から下闌までの長さすなわち闌の長さが約10cmである（図37-2）。遼寧式銅戈遼西系列より、戈の長さは若干大きくなるとともに、闌の長さは小さくなっている。樋は遼寧式銅戈遼西系列と同じように分離している。胡の突出はやや弱く、翼状形態としては少し貧弱なものとなっている。闌の長さは、遼西のものより短くなっており、きわめて貧弱である。また穿の形状は円形をなしている。

107

第2章　弥生青銅器の起源と遼寧青銅器文化

銅剣は刃部が破損しており（図37-3）、詳しい型式認定が難しい。全長約40cm、最大幅3cmを測り、比較的大型である。宮本一夫によれば、全長が長い特徴は比較的新しい傾向を示し、脊の稜線が基部側まで伸びる特徴は遼寧式銅剣2b式以降の特徴を示すという。一方で、脊の研ぎ分けが残っているようにみえるところは比較的古い型式の特徴であり、遼寧式銅剣3式以降には降らず、総合的にみて、遼寧式銅剣2b式と特定できるとされる（宮本2012）。さらにこの遺跡からは、長さ約4cm、幅約3cmの扇形銅斧（図37-4）が出土している。銎部側に1条の節帯をもち、扇形に刃部が広がる銅斧である。

6．遼寧式銅戈の特徴

ここでは、以上のような遼寧式銅戈について、諸特徴を整理して形成要因などについて検討する。以下、援、脊柱、樋、胡、闌、内、穿、刃こぼれ、大きさ、の順に項目ごとに特徴を整理する。

（1）援

遼寧式銅戈の援は、細身で直線的である。鎬の位置を中軸として折り返せば、ほぼ左右対称の援をなす。援の刃部は、内・外の刃部に関係なくつけられており、断面形は菱形をなす。こうした特徴は、脊柱と樋をもつ特徴とあわせて、遼寧式銅剣と非常に類似する。

図38は、遼寧式銅剣と遼寧式銅戈の縮尺を同じにして図を重ねたものである。ここでは、古い遼寧式銅戈と同時代に存在した遼寧式銅剣2a式を合成した。両者を援の先端部分を基準に重ねてみると、ほぼ同じ幅であり、断面形態も同じような厚さをもつ菱形である。したがって、遼寧式銅戈の援の特徴は、遼寧式銅剣を改良して形成した可能性は高い。また援は、三角形状の上下の胡へとカーブを描きながら一体化している。したがって、援は上下の胡に向かって続くため、厳密には援と胡の境目は曖昧である。ただし、援から胡にかけてのカーブのほぼ中間の変換点付近（C・C'点）で研ぎ分けをしており（図39）、この位置までを援、すなわち主要な身として認識することも可能である。図38で試した遼寧式銅剣との合成図をみると、ほぼ両者の重なる援から、銅戈の上下の胡が接合する箇所（A・A'点）は、銅戈の脊柱にみられる研ぎ分けの位置と合致し、この点も、遼寧式銅戈と遼寧式銅剣の近似性の高さを表している。

援には、多数の微細な刃部の欠損、刃こぼれを観察できる。刃こぼれは、0.5mm程度以上であり、刃こぼれの分布には共通性のあることがわかる。すなわち、梁家営子例、孤山子例、傘金溝B例の3つの資料いずれについても、闌を垂直にしてみた場合、援が内湾、もしくは内接している側の下側の刃部（下刃）に集中している。3例のうち、梁家営子例は、刺をもつ胡部分を下にして着柄しているのは明らかであり、刃こぼれが集中する部分を援の下側と想定できる。この考えを他の例に適用すれば、刺をもたない孤山子例などの着柄状態は、図40のように復元できる。また、刃こぼれは、さらに細かくみれば、援の先の方、援から胡への変換

108

第5節　銅戈の起源

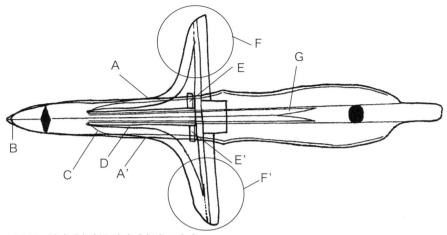

図38　遼寧式銅剣と遼寧式銅戈の合成

点、そして胡の先端手前付近、の
3ヶ所に集中する。戈は、刺す、
斬る、引っ掛ける、という機能を
もつので、刃こぼれは基本的に刃
の下側につくことになり、この分
布の偏在性と、刃部先端の欠損か
ら、「刺す」機能が最も重要であっ
た可能性がある。

（2）脊柱

遼寧式銅戈の特徴のうち、円形

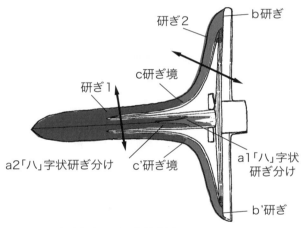

図39　遼寧式銅戈の研ぎ方模式図

断面の脊柱は援以上に遼寧式銅剣との関係の深さを示す。脊柱は、研ぎがあまり進行していない固定闌側でみると、断面は丸形をなす。この脊柱は、援の中央やや刃先付近から伸び、固定闌と接合する。型式学的に古相の梁家営子例段階では、脊柱は闌の高さよりも突出する。すなわち古相段階の脊柱は、断面がより太く実戦的であった。これが、次の孤山子例段階では、闌の高さとほぼ同じとなり、傘金溝A例段階では闌の高さよりもやや低くなる。

この脊柱には、遼寧式銅剣と同様に研ぎ分けと、それによって生じた鎬がみられる（図39）。研ぎ分けと鎬が生まれたのは、援の刃部の研ぎと関係がある。遼寧式銅剣では、刃部の研ぎの際に、援の先端から脊柱がない部分は砥石と刃部のみの接地による擦過となるが、脊柱がつく部位より下の場合、身の脊柱と刃をつける援の側縁が砥石に接する。研ぎの作業は、脊柱の中央を境に左右の援の側縁に刃部をつけつつ研ぎ進めることにより、脊柱に研ぎによる縦方向（軸線方向）の数ミリの幅の研ぎ面が入り、この研ぎ面の境目が鎬となる。そして、この作業は、

109

第2章 弥生青銅器の起源と遼寧青銅器文化

方向が均一な場合は常に同じように研ぎ面をなすが、一度、方向や角度を変えた場合、方向の異なる研ぎ面の存在によって「研ぎ分け」が生じる。遼寧式銅戈における研ぎ分けを詳細に観察すると、図39のようになる。研ぎの工程は、最終的に残った擦痕を指標にすれば、大きく3つに分割できる。第1の工程は、脊柱の鎬の「内」側末端の位置に対応する付近に、「内」側に向かって細い「ハ」の字状に研ぎ分けしている（図39–a1）。この部分の研ぎの方向は、脊柱に対して垂直方向であり、おそらく固定闌の両端と胡先端（図39–b・b'部分）を研ぎ減らすことによって生じたものであろう。このb・b'部分は、最終的に刃部を胡の末端部分につける都合上、前もって薄く仕上げる必要があり、おそらく援の主要な部分とともに最初に研いだものと考える。第2の工程は、援の部分（図39–研ぎ1）であり、脊柱に対して垂直方向の研ぎ方向であり、「ハ」の字状に研ぎ分けている（図39–a2）。第3の工程は、三角形状の上下の胡の刃部の研ぎ（図39–研ぎ2）であり、胡のカーブに対して垂直方向に研いでいる。

　以上の工程のうち、第2の工程で生じたような細い「ハ」の字状の研ぎ分け（a1・a2）は、遼寧式銅剣でみられる典型的な研ぎ分けと類似する（図38–G）。「研ぎ」の動作は、習慣的に身につく身体動作であり、この点で遼寧式銅剣との共通点があるということは、銅剣のイメージのもとに「研ぎ」を実践し、共通の「研ぎの技」を実践していたことを示している。

（3）樋

　遼寧式銅剣も脊柱の両側に樋をもつ（図38–C）。本来、樋は、銅剣の中央の脊柱に沿って援の先端から末端にまで通っていたものであり、これが新しい型式になると援の途中からつけるように退化していく。先にみたように、遼寧式銅剣2a式段階では、樋は援のより下がった位置からつけており、この点も銅戈と銅剣の関係は密である。なお、2b式以降には、さらに樋の位置が下がるので、より遼寧式銅戈の特徴と類似したあり方をもつようになる。

　ただし、樋の細かい特徴は遼寧式銅剣とは異なるあり方を示している。特に、援部分の樋の幅が狭い分、刃部が幅広い。銅剣の場合は、図38–C部分のように幅をもつが、銅戈の方は図38–D部分のように幅が狭く明らかに差がある。この違いの原因は、援の厚さにあると考える。銅剣の場合は、援の鋒の部分は厚みがあるが、脊柱の通る援部分の身の厚さは薄く、これに伴って刃部の幅が非常に狭くなっている。これに対して、銅戈の場合は、先端の鋒から援はほぼ同じ厚みであり、刃部も幅広くすることが可能となり、これに伴い樋は細めとなったのであろう。銅剣の場合に、脊柱の通る援部分の身の厚さが薄い理由は、本体の重量を軽減するためであると考えるが、銅戈の場合は、小型品ゆえに重量を考える必要性がなく、厚みを保ったままでの加工が可能となったのであろう。また、三角形状（翼状）の胡に沿った形で、樋をなす点も異なることを付け加えておく。

（4）三角形状（翼状）の胡

　遼寧式銅戈は、「異形戈」とも呼ばれるが、それは三角形状（翼状）の胡が上下に展開する

ことにあろう。形状から、胡ではなく、無胡形戈に分類すべきであるという意見もあろうが、長胡戈と変わらない長い闌をもつ点で、筆者は遼寧式銅戈の上下の翼状に開く部分を、「胡」とする。今のところ、この三角形状（翼状）の胡の形成要因についての説明はない。筆者は、機能的な面から次のように解釈する。仮に、遼寧式銅戈が生み出される過程を想像してみよう。まず、遼寧式銅剣のような戈を柄に装着するときに、銅剣の茎に相当する「内」のみでは打撃に耐え切れず、軸がぶれ、全体が回転してしまう可能性がある。そこで、こうした不具合が生じないように、補助闌と固定闌を取り付けたのではないか。この状態で、できるだけ強度を保持できるように闌を柄に差し込むためには、銅剣ほどの幅では脆弱であり、より闌を長くする必要がある。胡が大きく翼を開いた原因の一つはこの点にあろう。また、もう一つ重要な要因があった。それは、着柄する際に、柄と本体を緊縛する2つの穿は脊柱を挟み込むように配置している。すると、援から胡に移っていく胡の刃部のラインは、脊柱を挟んで位置する穿を避け、外側に大きく開くしかない。これによって樋も同時に大きく外側に開くことになった。この樋の外反化と、闌を長くして着柄時の強度を高める有効性とが有機的に結びつき、三角形状（翼状）の胡が誕生したのであろう。この結果、援だけではなく、上下の胡にも鋭い刃部をもつ新式の銅戈を生み出したのである。銅戈は、長兵の場合、竹などを織り込んだある程度の柔軟性をもつ柄の先端に装着して、振り回して相手に刺す・斬る・引っ掛ける、という攻撃を仕掛ける武器である。したがって、中国式銅戈では、柄の先端に小型の矛を装着し、さらに内を長くしてそこに刃をつけて、少しでも敵に手傷を与える工夫をしている。遼寧式銅戈の場合も、三角形状（翼状）の胡によって、戟のような機能を加味させるなどの工夫を念頭においている可能性も考えておきたい。

　また、三角形状（翼状）の胡で注目しておかなければならないのは、固定闌の両端と胡先端（図38-F・F'部分）を研ぎ減らすことによって刃部を末端にまでつけていることである（図39の研ぎ2部分）。こうした処理については、中国式銅戈で補助闌と固定闌をもつもののなかに、援の刃部の研ぎの続きに闌部分を刃部化しているものがある[3]。したがって、ここで問題とする研ぎ方の発想は、すでに中国式銅戈のなかに存在していた。しかし、遼寧式銅戈の場合、援の先端から胡の末端まで、すなわち、着柄して柄のなかに潜り込まない部分まですべてに刃をつけており、異なる様相を示している。少なくとも、こうした研ぎによる処理は、実見できたすべての資料にみられる特徴である。これは、明らかにこの部分が機能的に作用したことを示している。したがって、遼寧式銅剣が細形銅戈の祖型であるとすると、こうした特徴が古い型式に引き継がれている可能性を指摘しておこう。

（5）闌

　遼寧式銅戈の場合は、「内」が非常に小形であるため、装着に脆弱性がある。そこで内だけでは強度がよくないために「補助闌」を内に取り付け、さらに、銅戈が打撃によって柄にくい込むのを防止して固定するために「固定闌」をもつ。この両者によって形成した闌部分は、全

第 2 章　弥生青銅器の起源と遼寧青銅器文化

体で断面はTの字を横にした形状をなしている。中国式銅戈の場合にも、この両者はみられるが、遼寧式銅戈の闌は、高さ、幅、厚さ、いずれにおいても中国式銅戈を凌ぐ。特に、固定闌は、頑丈に作っている。

　遼寧式銅戈の闌は、「内」の側からみた場合、左右対称の細長い木の葉形を呈する（図40）。この木の葉形の形状は、まず中央に太い脊柱があり、この脊柱よりも幅広い固定闌となっている。さらに両端部分まで刃部をつけるために闌と胡を一緒に研ぎ、先細りすることによって形作っている。この木の葉形の形状の固定闌の裏面は平坦をなすので、着柄する場合には、柄に固定闌があたる部分を木の葉形に平坦に加工しなければならなかったであろう（図40-b'部分）。中国式銅戈の場合は、脊柱はないため、固定闌の形状は細長い長方形をなすので、形状において大きな違いを示している。こうした、固定闌の形状によって、本体が柄にくい込むのを防止している。

　遼寧式銅戈では、脊柱の退化傾向がみられても、固定闌の幅は狭く、低くはならず、木の葉形の形状を保つ（図40）。細形銅戈でも同様な傾向があり、銅戈を着柄し使用する際の、くい込み防止などでの強度を高める固定闌は、その後も退化することはなかったことを示している。これほどくい込みに対して注意をはらう点から、遼寧式銅戈が、刺す機能を重視した武器であることがわかる。

（6）内と穿

　中国式銅戈の場合、通常、内は長く、さらに内自体に柄と緊縛するための目釘孔である穿をもつが、遼寧式銅戈の場合、短い内のみで穿をもたず、同時代の中国式銅戈の内とは異なる。また、援の側の穿の数についても、中国式銅戈では援の上刃側に1ヶ所、長胡側に数ヶ所の穿、

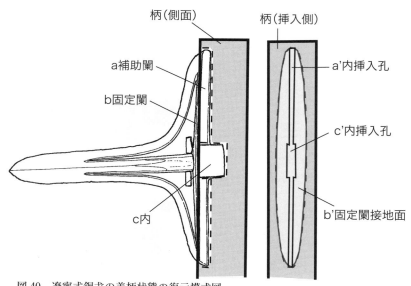

図40　遼寧式銅戈の着柄状態の復元模式図

さらに内にも1ヶ所の穿をもつのが普通であるが、遼寧式銅戈では、脊柱が固定闌と接続する位置のちょうど両脇から脊柱を挟むように、長方形の「穿」の2ヶ所のみである。中国式銅戈に比べて着柄の場合に脆弱であるのは間違いない。この違いはどうしてであろうか。

中国式銅戈では、長めの内に穿をもつが、この特徴は、「刺す」機能に加えて、銅戈が「斬る」、もしくは「引っ掛けて手前に引く」、という攻撃の動作を兼ねている。この動作のうち、「刺す」機能以外は、いずれも着柄時の銅戈が柄から離脱するように負荷がかかることになる。こうした負荷を軽減するために、内に穿をうち、柄に固定したのであろう。これに対して、遼寧式銅戈は「刺す」機能を重視しており、柄から離脱する危険性をそれほどまでに考慮する必要はなかったわけである。

7. 遼寧式銅戈の年代

さて、先に概要を示した遼寧式銅戈のうち、これまでのところ共伴遺物から年代を推定できるのは、于道溝孤山子遺跡90M1出土と東大杖子遺跡14号墓出土の遼寧式銅戈である。これらからは、先にみたように年代の位置づけが可能な燕系遺物が出土しており、燕系遺物からみた年代の問題について検討する。

まず、于道溝孤山子遺跡90M1出土である。この墓群の年代については、石川岳彦によって銅戈と共伴した中国式銅戈と土器から年代観が検討されている（小林ほか 2007）。

石川によれば、90M1から出土した中原系青銅戈（図34-3）に形態が類似する燕国内における出土例としては、河北省遷西大黒汀M1、三河双村M1出土の銅戈などを挙げることができる。宮本の燕国青銅器の編年（宮本 2000）では、これらの墓葬の年代を前5世紀としている。また、石川の銅戈と青銅器の編年（石川岳 2006）においても第Ⅱ期から第Ⅲ期初めに位置づけられるものであり、その実年代は前5世紀中頃を中心とする時期と考えられよう。

一方、陶製の蓋付豆（図36-1）は燕国の副葬土器における主要な一器種であり、宮本・石川もかつて燕国の副葬土器の編年を行うなかで、この器種について検討を行っている（宮本 2000、石川岳 2001）。これらの編年研究をもとに90M1出土の蓋付豆の年代を考えたい。まず、90M1出土の蓋付豆の形態・文様の特徴としては、蓋・杯部を合わせたときの側面観が楕円形に近いこと、また、蓋部と杯部の外表面に鋸歯状の沈線文を数条施していることを挙げることができる。このような特徴を有する90M1出土の蓋付豆は石川による燕の副葬土器の分類では蓋豆A類にあたる。

石川の編年観（石川岳 2001）によれば、蓋豆A類はその変遷過程において蓋および杯部を合わせたときの側面観が楕円形から円形へと変化する。また文様の面では主として副葬土器編年第Ⅱ期までは蓋部と杯部にそれぞれ鋸歯状の沈線文を数条施すのが大きな特徴である（図36-1）。以上のような燕国副葬土器の編年をもとにしたとき、90M1出土の蓋付豆は石川による副葬土器編年の第Ⅰ期または第Ⅱ期の蓋豆A類に該当し、その実年代は前5世紀後半以前と考

第 2 章　弥生青銅器の起源と遼寧青銅器文化

えられる[4]。

　以上のように、于道溝孤山子 90M1 に副葬された燕系の青銅器および土器の実年代を燕国の
当該遺物の編年観との比較から総合的に検討したとき、その実年代は前 5 世紀前半から半ば頃
にあたるといえる。そして、このことはこの墓から出土した遼寧式銅戈の年代がこの時期に該
当するものであり、遼西各地において出土する同様の遼寧式銅戈の遼西系列の実年代の一端が
おおよそ前 5 世紀の中頃前後に位置づけられることを示している。

　こうした于道溝孤山子 90M1 からは遼寧式銅剣が出土しているが、この銅剣については宮本
一夫が年代観について言及している（小林ほか 2007）。この銅剣は、すでに突起が消失し脊の
研ぎが茎近くまで施される宮本分類の遼寧式銅剣 2b 式に属するものである（図 34-1）。遼寧式
銅剣 2b 式は前 5〜前 4 世紀のものと考えられるものである（宮本 2008a）。脊の研ぎは突起に
あたる位置で研ぎ分けが施されており、遼寧式銅剣 2a 式の伝統を残している。また、茎近く
まで伸びる脊の研ぎは、剣身下端の刃部がやや湾曲して下膨れになる位置で、再び研ぎ分けを
行っている。このような研ぎは、韓半島でいえば細形銅剣 BⅡa 式と同じ研ぎの特徴をもつも
のであるとされる（宮本 2003）。韓半島青銅器文化第 2 段階の後半に位置づけられるもので、
細形銅剣でも比較的古い段階に位置づけた。このような研ぎの特性が遼東と韓半島を通じて同
じ伝統性や変化段階をもつと仮定するならば、孤山子 90M1 の遼寧式銅剣は、遼寧式銅剣 2b
式のなかでも比較的古い段階のものであると想定できる。

　次に、遼寧省建昌県東大杖子 14 号墓例についてである。この遼寧式銅戈については、東大
杖子 14 号墓で共伴する遼寧式銅剣の概要が報告されている（中国国家文物局 2000、遼寧省博物
館ほか 2006・2014）。宮本一夫によれば、この銅剣はかすかに突起を残し、脊の研ぎが突起位置
で研ぎ分けされ、突起の下方の刃部が下膨れになる位置で研ぎが短く終息するもので、遼寧式
銅剣 1b 式の伝統を引く遼寧式銅剣 2a 式である。遼寧式銅剣 2a 式は山東省棲霞県杏家荘 2 号
墓からも出土しており、この銅剣は京都大学総合博物館所蔵の伝撫順出土のものとほぼ同じも
のであるとされる（小林ほか 2007）。杏家荘 2 号墓は、銘文銅器をもつ山東省海陽市嘴子前墓
群との比較から、前 500 年頃の墓葬と宮本は指摘し（宮本 2006b）、この点から、宮本は遼寧式
銅剣 2a 式の年代の 1 点が前 500 年頃にあるとする（小林ほか 2007）。こうした宮本の指摘から
東大杖子 14 号墓の遼寧式銅剣は前 6 世紀頃のもので新しくとも前 5 世紀前半までに位置づけ
ることができ、伴出した遼寧式銅戈も同年代に位置づけできるであろう。なお、宮本は遼寧式
銅剣 2a 式より型式的に新しい遼寧式銅剣 2b 式でも、2b 式内で比較的古い孤山子 90M1 は前
5 世紀半ばから後半と考えておけば問題ないであろう、としている（小林ほか 2007）。孤山子
90M1 の遼寧式銅戈と東大杖子 14 号墓の遼寧式銅戈が同型式であることも、2 つの墓葬が年代
的に比較的近いものであり、上記した型式差をもつ遼寧式銅剣間の年代比定も宮本の指摘通り
妥当であると考える。

　また、遼寧式銅戈の共伴関係のない寛甸県八河川鎮例はどうであろうか。先に触れたように、
韓国の一連の報告では、この銅戈について、胡の聞き、戈身に対する胡、内の幅の比率などが

遼寧式銅戈よりも小さく、日本・韓国で発見されている銅戈よりも大きいことから両地域で出土する銅戈の中間型式と位置づけ、遼西→遼東→韓半島・日本列島という一系統的な変化と伝播論を展開した（成ほか2009、趙2009）。しかし、もともと当該時期の青銅器の年代観が大きく異なるうえに、八河川鎮例の年代が不明の段階ではこうした変化の論証は不十分である。まずは型式学的な検討によって、位置づけを見極める必要がある。

先にみた八河川鎮例の特徴のうち変化の方向性を考えるうえで、胡の退縮のほかに補助闌の消失に注目すべきである。筆者は、遼寧式銅戈の変化について、補助闌がしっかり凸状に突出したものから退化していき（図42-1・2→3）、細形銅戈の初期のタイプはこの補助闌と固定闌が一体化して三角形状に突出する形状となり、次第に三角形状の突出さえもなくなって平坦化して固定闌のみとなる過程を示した（小林2008a）。新しい段階の細形銅戈の該当部分をみれば、この変化が妥当であることが理解できるであろう。こうした変化の方向性からみれば、八河川鎮例は傘金溝遺跡例よりも新しいものであり、さらに細形銅戈が出現して以降のものである可能性さえある。

それでは、この銅戈の実年代はどうであろうか。遼寧式銅戈は先に東大杖子遺跡例にみるように前6世紀頃、遼寧式銅剣と燕系銅戈の折衷によって成立したと考えた（小林2008a）。このように考えた場合、遼東で遼西の影響のもとに遼東系の銅戈が出現するのは、早く見積もれば前6世紀代ということになる。しかし、型式学的に細形銅戈出現以降の特徴をもつ点からみて、さらに年代は下がるであろう。ここで注目されるのは、八河川鎮例の樋の斜格子文である。細形銅戈の樋の文様は、矢羽根状文と鋸歯文が主で、斜格子文の可能性のあるものはわずか1点で時期も後出し、おそらく別系統のものであろう。八河川鎮例の斜格子文は、おそらく遼東山地に分布する葉脈文銅矛系列（小林2011）（図20-20～23）の斜線を充填した葉脈文と関連が強い。この系列の銅矛は、前5世紀前半から前3世紀まで存続し、八河川鎮例がどの段階と併行するかは不明である。筆者は細形銅矛の出現年代を遅くとも前4世紀前半頃と考えており（小林2011）、細形銅戈の出現もこれにそれほど遅れないので、八河川鎮例の年代は前4世紀半ばから葉脈文銅矛系列の終末年代である前3世紀頃までの間のいずれかである、と推定するのが限界である。そして、八河川鎮例は、型式学的に補助闌が退化した特徴から後出する可能性が高いので、遼東山地では遼寧式銅剣と同様に、新しくは葉脈文銅矛系列のみられる前3世紀代にまで残存した可能性もある。こうした点から、八河川鎮例は、遼寧式銅戈と同一系譜にありつつも、すでに有文化し遼東独自の形成をみせているものと判断する。

その他、遼東の丹東市振安区太平湾街望江村例はどうであろうか。この銅戈は、一緒に出土した可能性の高い銅剣で年代を検討する必要がある。以下は、本銅戈についての宮本一夫の見解を引用しつつ検討する。銅剣は刃部が破損しており（図37-4）、詳しい型式認定が難しい。全長約40cm、最大幅3cmを測り、比較的大型である。全長が長い特徴は比較的新しい傾向を示している。また、脊の稜線が基部側まで伸びる特徴は遼寧式銅剣2b式以降の特徴を示す。しかし、一方で脊の研ぎ分けが残っているようにみえるところは比較的古い型式の特徴であり、

第2章　弥生青銅器の起源と遼寧青銅器文化

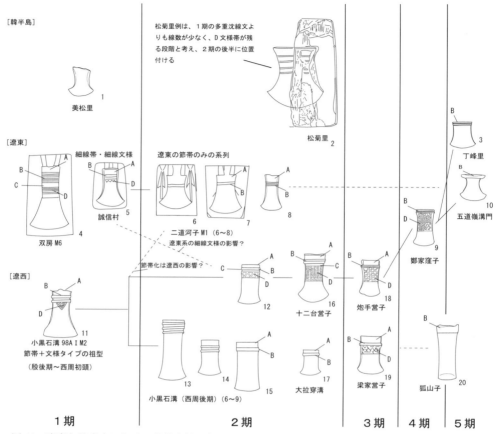

図41　遼寧と韓半島における銅斧文様の変遷

遼寧式銅剣3式以降には降らない。総合的にみて、遼寧式銅剣2b式と特定できると宮本は考えている。そして、こうした点からみて銅戈に共伴する可能性のある銅剣の年代は、宮本によれば遼寧式銅剣2b式であれば、前5～前4世紀のものであるとされる（小林ほか2012）。さらにこの遺跡からは、長さ約4cm、幅約3cmの扇形銅斧（図37-3）が出土していることも年代を考えるうえで重要である。宮本は、この銅斧について鍪部側に1条の突帯をもち、扇形に刃部が広がる銅斧であり、武末純一の銅斧分類におけるa1式に相当すると考えた（武末2011）。細形銅剣BⅡa式や細形銅矛DⅠa式（宮本2008b）が共伴した北朝鮮黄海北道新渓郡丁峰里の扇形銅斧に比較的近いものであるという。

こうした銅斧の編年については、筆者もかつてその変遷案を提示した（小林ほか2012）（図41）[5]。そこでは、まず遼寧の銅斧について、大きく太めの隆線を胴部にもち、他の胴部文様がない系列と、胴部文様と帯状の隆線文様をもつものの2種に分け、新しい型式になるにしたがい節帯とする帯状の隆線文様が、口部の方に位置が上昇し、最後は口部の縁と同所に位置するようになる変化の方向性を明らかにした。こうした分類と変化の方向性から望江村例の銅斧をみると、本例は無文で節帯とする帯状の隆線文様を1条もつタイプで、口部の上端付近にまで

116

近づいているが、やや下に離れて位置する。これに対して、同時期とされる丁峰里例の場合は、2条の帯状の隆線文様が口部に接しており、この特徴は遼東の鄭家窪子遺跡例（図41-9）にあり、これの胴部が無文化したものが丁峰里例であるので、本来系列が異なり直接的に比較はできない。現状では、銅斧からみた場合は、望江村例の系列では、その後、五道嶺溝門例（図41-10）のように帯状隆線が口部に接続するので、丁峰里例や五道嶺溝門例よりは古相を呈すると考えることができる。

　望江村出土の遼寧式銅戈（図37-2）は、孤山子例（図33-2）や傘金溝B例（図33-4）より上下の胡の開きが弱く新しい形態であり、韓半島の細形銅戈に型式的には前出する段階のものであることは明らかである。宮本一夫は、特に上闌から下闌までの幅が、遼寧式銅戈から次第に狭まっていき、細形銅戈へと変化すると仮定するならば、その中間段階に相当するとした（小林ほか 2012）。さらに銅戈の大きさも遼寧式銅戈遼西系列よりも大きいが、韓半島の細形銅戈より小さく、遼寧式銅戈から次第に大型化して細形銅戈へ変化すると想定するならば、望江村出土銅戈が遼西と韓半島の銅戈の中間系であることを示しているとした。宮本は、以上の型式学的な特徴と共伴する銅剣、そして銅斧の年代を勘案して、望江村出土銅戈の年代は、前4世紀の可能性が高いとした。この遼東の遼寧式銅戈の年代から、遼東にこの段階の遼寧式銅戈が存在することは、このような銅戈が韓半島で細形銅戈に変化したものであることを意味しているとし、細形銅戈は遼寧式銅戈の変化組列のなかに生まれたものであり、直接の祖形が遼東の望江村出土銅戈にあったとしたうえで、宮本は細形銅戈の成立年代について、前3世紀に遡る可能性（宮本 2011）がより高まったとした。こうした年代問題については、後で詳しく検討することにする。

8．資料の型式学的前後関係

　以上の資料の諸特徴と共伴遺物の年代的検討を受けて、遼寧式銅戈の変遷案を考えることにしたい。これまでに知られている資料のうち、脊の円形断面から菱形断面への変化、穿の間隔の幅狭から幅広への変化、関と関の柄に接する部分の断面T字形部分の形骸化などからみて、型式学的な各資料の前後関係は、遼寧式銅戈遼西系列では梁家営子例→孤山子遺跡例・傘金溝A例→傘金溝B例という変化を想定できる（図42）。これらの銅戈の形態は、上下の胡が強く張り出すものの、この張り出した胡を縮小すると細形銅戈そのものとなろう。細形銅戈の初期型は、現段階では太平湾街望江村例段階を祖型と考える。

　そして、遼寧式銅戈遼東系列の資料のなかで八河川鎮例はすべての特徴が退化・形骸化している。明らかに型式学的には後出する特徴をもつ。こうした変化は、以下のように整理できる。

　①身の部分については、樋の先端から切っ先までの長さが長いもの（梁家営子例・孤山子遺跡例）→やや短いもの（傘金溝例）→短いもの（太平湾街望江村例・八河川鎮例）と変化する。

　②翼状に開く上下の胡は、上下に大きく開くもの（孤山子遺跡例・傘金溝例）→やや短く開く

第2章 弥生青銅器の起源と遼寧青銅器文化

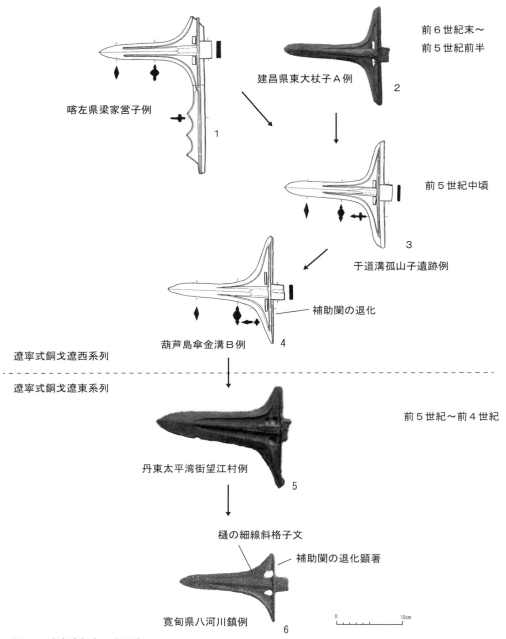

図42 遼寧式銅戈の変遷案

もの（太平湾街望江村例）→短く開くもの（八河川鎮例）、と変化する。

　③脊柱の断面は、円形に近く厚みのあるものから（梁家営子例・孤山子遺跡例）→断面が楕円形をなし薄くなったもの（太平湾街望江村例・八河川鎮例）へという変化がみられる。

　④補助闌の部分が幅をもち断面長方形を保ち突出するもの（梁家営子例・孤山子遺跡例）→補助闌の突出が短くなったもの（傘金溝例・太平湾街望江村例）→補助闌の突出が痕跡的、ないしないもの（八河川鎮例）へと変化する。

　⑤穿の形状は、長方形のもの（梁家営子例・孤山子遺跡例・傘金溝例）→円形ないし不整円形をなすもの（太平湾街望江村例・八河川鎮例）へと変化する。

　これら遼寧式銅戈の変化の諸点は、先に触れた各銅戈の年代観とも整合性をもっており、現状の資料から判断する限り、遼西のものが古く、相対的に遼東のものが新しい型式であるのは明らかであろう。以上の変化のほかに、全体の大きさについてみると、遼西のものが20cmに満たないのに対し、遼東の太平湾街望江村例は20cmに達している点からやや大形化している点を指摘できる。これらの見方は、先ほどの宮本の見解と変わらないものである。

　かつて、筆者は、遼寧式銅戈から細形銅戈の変化の過程を論じた際、上下に開く胡の開き具合と補助闌の突出の度合い、そして全長の飛躍的な大形化に注目し、上記②と④と同様な変化の方向性を指摘した（小林ほか2007、小林2008a）。細形銅戈の初期型では、25cm以上の大形化を達成し、上下の胡は大きく開かない形状をなす。この大形化について筆者は、用いられ方の差が反映していると考えた。その理由は次の通りである。すなわち、遼寧式銅戈は、当初、中国式銅戈と同様に長兵として用いられることが多かったと考えられ、一方、細形銅戈については、同型式が出土する日本列島の銅戈の柄の出土例からみて、明らかに短いバット程度の長さの短兵用である。おそらく、こうした短兵に用いることは、遼寧地域ではじまり短兵に用いられていたと考える。また、短い柄に着装するにあたり、小型の身では威力がなく大形化したのであろう。また短兵であると斬るというよりも打撃に近い殺傷用となったはずであろうから、刺すという動作を有効にするために細形化したのであろう。そうなると胡が上下に大きく開いている意味はなく、また開いていると使いにくくなる。このような改良が進むなか、韓半島で大形化と細形化がより進行して細形銅戈が成立したと考えるわけである。

9．遼寧式銅戈から細形銅戈へ

（1）細形銅戈の特徴

　①援と樋：図43-2・3は、1の遼寧式銅戈の全長に縮尺を合わせ、遼寧式銅戈と細形銅戈、さらに古相の細形銅剣を並べたものである[6]。基本的な点から確認すれば、形態的には、遼寧式銅戈（1）と細形銅戈（2・3）はともに遼寧式銅戈の胡が大きく開く点などを捨象すれば、内の長さ、闌の位置、援の長さと幅は、ほぼ一致する。両者の形態的なバランスは近似的である。

119

第2章 弥生青銅器の起源と遼寧青銅器文化

したがって、細形銅戈は、形態のイメージについては遼寧式銅戈を踏襲しているようにみえる。次に、銅戈と細形銅剣の「異器種間交流」が韓半島においても実践されていたと仮定して、銅戈と細形銅剣の比較を行う。まず細形銅剣を大まかにみると、古相の銅剣は、細身 (5) とやや身の幅のあるもの (4) の2種が存在する。そして、樋についても(1)やや先端からやや下がった位置からつくものと (4)、(2)上からつくもの (5) の2者がある。系譜的には、前者の方が古く、後者の方が新しいであろう。銅戈で先に2分類したものと、それぞれほぼ対応しよう。ただし、銅剣と同一縮尺でみた場合 (4と2b、5と3b)、援の幅などは全く同一にはみえない。しかし、これは、細形銅戈の場合、後述するように機能面から、遼寧式銅戈よりも約1.5倍の大きさにすることになったためであり、遼寧式銅戈と縮尺を同じにした2と3を、細形銅剣2つ (4と5) にそれぞれ重ねるとほぼ援の幅などが合致する。つまり、韓半島で銅戈が生まれる当初のモデルは遼寧式銅戈であり、まずこの形態的なイメージが導入された。そして、銅剣と異器種間交流で製作されることから、これに細形銅剣の特徴も加味された。しかし、機能性からより大きくする必要性が生じ、サイズのみを大きくした。以上のような、援と樋の特徴から、(1)やや太身の援をもつタイプ (2) + (a) 樋はやや先端からやや下がった位置からつく→(2)細身の援をもつタイプ (3) + (b) 樋は上からつくもの、という変化の方向性を指摘しておく。

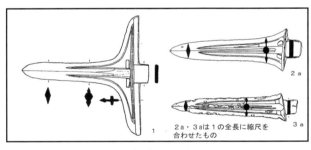
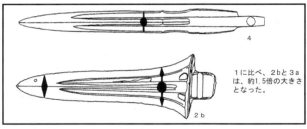
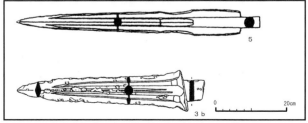

図43　遼寧式銅戈・細形銅剣・細形銅戈の比較

②胡：遼寧式銅戈は、三角形状（翼状）に上下に開く胡が特徴であり、細形銅戈でも胡が大きく開くものがより遼寧式銅戈的である。したがって、(1)やや太身の援をもつタイプは、遼寧式銅戈により近いことになろう。一方、(2)細身の援をもつタイプは、細形銅剣の細身のタイプとの「異器種間交流」で形成されたタイプであり、胡はあまり開かないものとなったと考える。したがって、三角形状（翼状）に上下に開く胡→開かないものという変化の方向性を示しておく。

③樋：樋は、胡の外反にそって、樋も外側に開くものが遼寧式銅戈に近似性をもつと考えることがで

きる。図43では、(1)やや太身の援をもつタイプ (2a) は、やはり樋の末端部分は外反する三角形状をなし、一方、(2)細身の援をもつタイプでは樋の末端部分は直線的な四角形状をなす。すでに、遼寧式銅戈におけるあり方から逸脱した様相を示すので、より後出的要素であるといえる。したがって、外反する三角形状→直線的な四角形状、という変化の方向性を示しておく。

④胡と闌の末端部分の処理：この部分の処理の仕方は、図44のようである。一つ目は、末端部分にまで刃部をなすもの (A) であり、さらに最末端まできちんと研いで刃部をなし、固定闌を突き抜けるように研がれているもの (A1) と固定闌の部分を完全には突き抜けないもの (A2) に分けられる。ただし、この差は非常に微妙な差である。このうち、A2は、脊柱の末端まで研ぎつつ刃部をつけていく点が異なる。ただし研ぎ分けは「ハ」の字にならず、研ぎは同一方向のみで行われ、闌の外側先端部を丁寧に刃部となす。この他に、固定闌部分は刃部をなさず、手前で刃部がとまるもの (B) は、脊柱の研ぎも脊柱手前で止まり、「ハ」の字状をなさない。Cの固定闌は大きく外側に突出し、刃部はこの手前でとまるものであり、闌部分にまで及ぶ研ぎが完全に手抜きされている。以上の3種のうち、末端部分にまで刃部をなすもの(A) は遼寧式銅戈に近く、より古相を示す。そして、次第に固定闌と刃部が分離し (B)、さらに固定闌のみが発達することによって (C)、遼寧式銅戈でみられた様相が失われていくという、変化の方向性を想定できる。以上のあり方から、(A) → (B) → (C)、という変化の方向性を示しておく。

⑤固定闌の形状：細形銅戈の固定闌の部分を観察すると、木の葉形の固定闌はみられるが、内の両側の補助闌はない。その代わりに、細形銅戈では、闌全体の形状は、断面でみると「内」側に三角形状に突出するような形状となる (図45-2上段)。これは、遼寧式銅戈で補助闌と固定闌が明確に分離していたものが、より補助闌が退化して細形銅戈では両者が一体化したことを示している。細形銅戈では、補助闌はすでになく、痕跡的ではあるが、木の葉形の固定闌の中央縦方向に、内をまたいでバリ状に突出することがある (図45-2-e)。この部分は、鋳型の合わせ目とも合致しており、この部位は柄のなかに挿入されることから細形銅戈では縦のバリは残される場合が多い。細形銅戈では、闌は「内」側に三角形状に突出する部分を形成しているので、柄に装着する場合は、内のほかに、三角形状に突出する部分まで柄に挿入していたであろう。

細形銅戈における闌部分は、より新しい型式の銅戈では「内」側に三角形状に突出しなくなり (図45-3上段)、平坦な固定闌部のみのような形状に退化する (図45-3-b)。これは、銅戈がより儀器的様相をもっていく変化の方向性を示しており、この観点は日本の銅戈にも適用できる見方であろう。こうした闌部分の変化については、固定闌と補助闌による断面「T」字状 (a) →補助闌が退化し断面三角形状に突出 (b) →全体が平坦化し固定闌としてのみに退化 (c)、という変化の方向性を示しておく。このうち、最初の段階は遼寧式銅戈で、以降は細形銅戈で

第2章　弥生青銅器の起源と遼寧青銅器文化

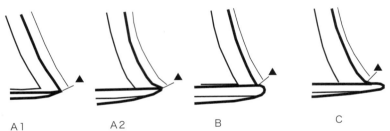

図44　胡・闌先端部分の形態の変遷と研ぎ方
　A1は遼西式銅戈と同様に末端部分まで研ぎ、朝鮮式銅戈では、次第に闌には刃部をつけないようになる。▲は研ぎの及ぶ箇所を示す

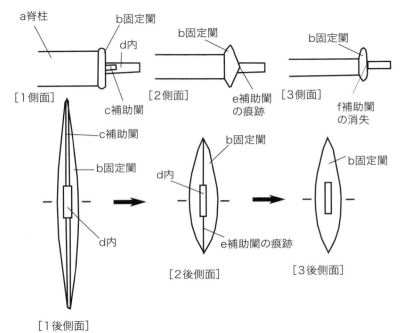

図45　闌部の形態変遷（模式図）　1：遼西銅戈　2・3：細形銅戈

ある。

　⑥穿の形状：遼寧式銅戈の穿の形状は、やや細長い長方形である。細形銅戈では、方形と円形の穿があり、遼寧式銅戈に比べて形状は正方形に近く、より脊柱に寄る。これは、胡の開きが弱まり、細身化したことと関係しよう。いずれにしても、穿の形態はより方形的なものが古相を呈すると考えることができる。したがって、方形の穿→円形の穿という変化の方向性を示しておく。

第5節　銅戈の起源

（2）細形銅戈の変遷

　上記の各要素を基準に、細形銅戈の分類を行うことにする。分類にあたっては、過去に行った分類（小林ほか2007、小林2008a）については見直すこととし、新たに細形銅戈に絞り検討を行うことにする（図46）。

　細形銅戈は、1のような遼寧式銅戈遼東系列（太平湾街望江村例）が変化して形成されたと仮定し、援・胡・樋の特徴から、細形銅戈は大まかに2種類に分類する。まず、胡が翼のように上下に広がり、この胡の広がる輪郭形状に沿って樋も外側に開き、闌の末端部分を研ぎ抜いているタイプを細形銅戈A系列とする。この系列は、やや太身の援をもち、樋の広がりが大きいものをA1とし、細身の援をもつものをA1'とする。

　細形銅戈B系列は、胡が翼のように広がらず、樋は直線的におさまるタイプを細形銅戈B系列とする。この系列は、胡が翼のようにやや上下に広がり闌の末端部分を研ぎ抜いているものをB1、研ぎ抜かず闌が胡よりも外側に突出するものをB2とする。また、細身の援をもつものをB1'、細身の援で闌を研ぎ抜かず闌が胡よりも外側に突出するものをB3とする。

　こうした系列の分類にあたり、援が太いものと細いものの違いは、先に述べたように細形銅剣との異器種間交流によって細形化が強まったことによるものと考えられる。村松洋介は細形銅戈の鋳型である霊岩例において、その裏面に細形銅剣の鋳型があり、両者は同一工房の工人により製作されたもので、筆者が指摘した異器種間交流を示すものとした（村松2008）。細身のタイプの形成は、こうした異器種間交流による細形化が大きく作用していると考えるが、一方で、たとえばA1'やB1'については、A1とB1の援から胡にかけての部分を研ぐことによって目減りした可能性もあるので注意が必要である。

　いずれにしても、今回、AとBの2つの系列に分ける指標の一つである樋の形態において、細形銅戈B系列の直線的におさまる形態は、遼寧式銅戈遼東系列の特徴から逸脱した独自のものであり、胡の形態に規制されずむしろ細形銅剣に近いものとなっている。したがって、細形銅剣との異器種間交流は、細形化のみならず、樋の形態をも影響を受けていることになる。

　以上の2系列の変遷は、図46のように整理できる。すなわち、遼寧式銅戈遼東系列に近い、A系列の胡と樋の大きく開くA1を最も古く位置付けることができ、その細身のA1'が続く。B系列は、おそらくA1から派生したもので、B1からB3へ変遷し同時期に細身のB1'とB2'を位置付けることができる。

　また、細形銅剣の初現型とされる（後藤2007ほか）河北省燕下都辛荘頭30号墓出土の細形銅戈（図47）であるが、図44でみたように、遼寧式銅戈で見られる闌の末端部分を研ぎ抜く特徴を継承したA1に比べると、闌が研ぎ抜かれていないことから見てA1よりは新しいものとみることができる。もっとも、筆者は当該資料を実見していないのでわからないが、仮に本例が一切研ぎをしていない段階のA1であるとすれば別の話となる。しかし、公表された写真と実測図を見る限り以上のような後出的要素が見受けられるという指摘にとどめておきたい。

123

第 2 章　弥生青銅器の起源と遼寧青銅器文化

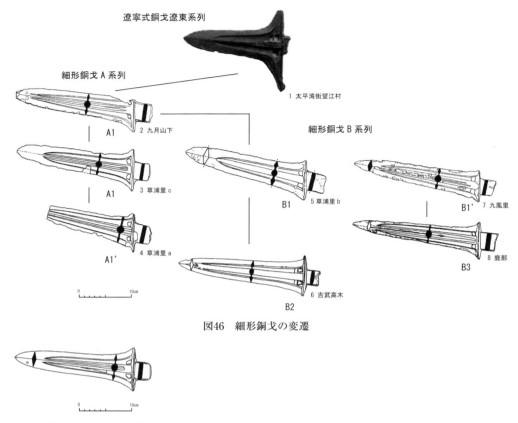

図46　細形銅戈の変遷

図47　燕下都辛荘頭30号墓出土細形銅戈

（3）遼寧式銅戈と細形銅戈の実年代

　韓半島における青銅器編年において、銅戈が出現するのは、異形青銅器群を有する段階の後である。まず問題となるのは、銅戈がまだ出現していない異形青銅器群をもつ段階の実年代であろう。韓半島おける異形青銅器がみられる段階の例としては、東西里遺跡段階が問題となろう。最近、岡内三眞は、まず韓半島の細形銅剣の出現時期について、遼東の鄭家窪子6521墓の銅剣が出現した前5世紀初めには製作されていたとし、東西里遺跡から出土した馬の頭部に装着するラッパ形の異形青銅器について、鄭家窪子遺跡の類似品との併行関係から、この段階を前5世紀以降とした（岡内 2006）。なお、岡内は、図では東西里遺跡段階を前5世紀前半においている。宮本一夫は、鄭家窪子遺跡の段階を前6世紀頃とし、さらに韓半島の銅剣の出現年代について、遼西と遼東における遼寧式銅剣1式から2式への転換期が前500年前後（前6世紀終わり頃）にあり、韓半島の細形銅剣の出現時期と一致するとした（宮本 2008b）。また、筆者は、遼西地域の多鈕鏡の典型的文様である「連続Z字文系列」から、韓半島の多鈕粗文鏡の典型的文様である「星形文系列」の初現型（伝成川例）への移行時期を、「連続Z字文」が

第5節　銅戈の起源

あまり崩れていない鄭家窪子 6521 墓出土の多鈕鏡の段階に近い時期と考え、伝成川例と文様構造があまり変わらない東西里遺跡出土の「星形文系列」鏡が前 5 世紀段階にあってもおかしくはないと考えた（小林 2008c・第 5 章図 128）。

　したがって、細形銅剣出現期から、東西里遺跡段階までの年代は、鄭家窪子 6521 墓の年代から時間差なく併行関係を想定すれば、前 6 世紀から前 5 世紀頃までの間に相当することになろう。ただし、この年代はこの段階の上限年代の想定であり、異形青銅器を有する段階の年代がすべてこの年代におさまるわけではない。むしろ、この年代の下限は、銅戈の出現年代を押さえることができれば設定できることになろう。細形銅戈の祖型である遼寧式銅戈については、東大杖子遺跡例から、すでに前 6 世紀にはみられる。そして、鄭家窪子遺跡が所在する遼東地域では、確実に年代のわかる遼寧式銅戈は、太平湾街望江村例である。宮本一夫は、この銅戈と共伴した銅剣を遼寧式銅剣 2b 式であるとして、前 5 から前 4 世紀のものと考えた（小林ほか 2012）。先にみたように、于道溝孤山子 90M1 からは遼寧式銅剣が出土しており、この銅剣は宮本一夫分類の遼寧式銅剣 2b 式に属するもので前 5〜前 4 世紀に位置づけられている（宮本 2008b）。そして、遼寧式銅剣 2a 式の伝統を残しており古相を呈する。また、宮本は脊の研ぎ分けが韓半島の細形銅剣 BⅡa 式と同じ研ぎの特徴をもち、韓半島青銅器文化第 2 段階の後半に位置づけ、孤山子 90M1 の遼寧式銅剣は遼寧式銅剣 2b 式のなかでも比較的古い段階のものであると想定した（小林ほか 2012）。また、望江村例と共伴した銅剣も同様に遼寧式銅剣 2b 式に属し、やや古相を呈しており、銅剣でみる限りにおいて于道溝孤山子 90M1 と望江村例は同一型式におさまることになる。なお、望江村例と共伴している銅斧は、先に述べたように筆者の銅斧の文様系統と編年によれば（図 41）、袋部上端にまで節帯が達しておらず、五道嶺溝門例の銅斧（図 41-16）のように袋部上端にまで節帯が達している例よりも型式学的に古い特徴をもつ（小林ほか 2012）。このような関係からみる限りにおいて、于道溝孤山子 90M1 のみならず望江村例も上限年代は前 5 世紀代におさまる可能性があり、その段階は韓半島の細形銅剣出現以降となる。

　以上のような現状での遼寧式銅戈遼東系列の型式学的な特徴と年代観からみて、韓半島において細形銅戈が出現した時期は、前 5 世紀から前 4 世紀の間を含め、これ以降ということになり、年代を絞りこむことは難しい。ただし、望江村例は長さが 20cm と大型化が進行し、さらに上下の胡が退縮している点からみて、それほどこの段階から離れた時期に細形銅戈が出現したとは考えにくいので、前 4 世紀頃からそれほど年代がくだらない段階に細形銅戈が出現している可能性がある。いずれにしても、遼東で類例が出はじめたことからみて、今後、さらに年代を絞りこめる可能性を残しているので、確かな年代については明言を避けたい。また遼東系列においては、八河川鎮例のようにまだ 1 例しかないものの、型式学的に細形銅戈が出現して以降の新しい型式が存在している可能性が高いことを留意しておく必要がある。

　その他、遼西地域の西方の燕の銅戈のあり方から、遼寧式銅戈の下限年代をある程度検討する手がかりを得ることができる。すなわち、遼寧式銅戈と燕式銅戈の間に関係があるとみた場

第2章　弥生青銅器の起源と遼寧青銅器文化

合の年代的な手がかりである。

　その手がかりとは、前320年頃に埋葬された燕の易王の銘をもつ「燕のⅡa式銅戈」（宮本2000）であり、樋をもつ特徴から遼寧式銅戈との関係が想定できる。この点について、筆者は、遼寧式銅戈の樋の特徴を遼西地域から受容し、燕のⅡa式銅戈が成立したと考えた（小林2008a）。燕の国家形成と領域拡大過程において遼西地域の銅戈の要素を取り入れ、燕の象徴的な王名をもつ銅戈のデザインに影響を与えたと考えたわけである。しかし、この燕のⅡ式銅戈の樋のあり方は、遼寧式銅戈と比べ、脊柱は薄く相当に形骸化しており、前5世紀後半頃の遼寧式銅戈からみれば、相当に変形している。

　それでは、いつの段階に遼寧式銅戈の影響が燕にまで及び、樋をもつ銅戈が成立したのはいつであろうか。最近、石川岳彦は、易王の前に位置づけられていた燕王載（成侯：史記六国年表では前449年～前434年在位）銘の銅戈の年代を、従来より100年ほど古い前5世紀中頃から後半頃に修正した（石川岳2006）。この結果、燕の成侯から易王までの間には、『史記』六国年表によれば、100年で4人の王（侯）が在位していたことになり、成侯段階に燕では遼寧式銅戈的要素の受容は現在の資料からは認められないので、成侯から易王までの間に遼寧式銅戈の影響を受け樋の受容が生じた可能性がある。今のところ、最も時期的に遡る樋をもつ燕のⅡ式銅戈は、宮本一夫が指摘する、前4世紀末の時期の易王よりもやや古い段階に遡る「内」に虎形装飾をもつ銅戈がある（宮本2000）。これら銅戈の虎形装飾は、虎の尾は円弧を描くように曲がるのが特徴で、これは石川岳彦による土器の文様の変遷でいえば前5世紀後半から前4世紀前半頃までの特徴である（石川岳2001）（図48）。前4世紀中頃以降は、虎の尾は曲がらずに伸びるようになり、これは昭王以降の燕のⅡ式銅戈の特徴と合致する。このような点を踏まえるならば、遼寧式銅戈の影響によって燕のⅡ式銅戈が成立し、その影響が及んだ時期は、年代を

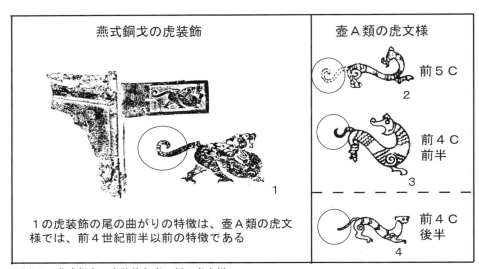

図48　燕式銅戈の虎装飾と壺A類の虎文様
　　　［1：三代19-34、3　2：西貫城村13号墓　3：東沈村15号墓　4：東斗城村29号墓］

絞り込まず大まかにみると、成侯の段階（前434年死去）以降、易王（前332年即位）段階まで
の約100年間のなかにあると考える。そして、虎形装飾などからみて、正確な位置づけはでき
ないが、易王以前、前4世紀前半頃にはすでに遼寧式銅戈の影響を受け、樋をもつ銅戈が燕で
出現していた可能性を指摘しておく。

　また、遼西地域で遼寧式銅剣がみられるのは、前4世紀前半頃までである。遼寧式銅剣2式と
遼寧式銅戈は、製作において「異器種間交流」の関係にあるわけであり、その遼寧式銅剣2式
が前4世紀前半には姿を消すということは、遼寧式銅戈の遼西地域における終末年代も前4世
紀前半といってよいだろう。したがって、細形銅戈の祖型が遼寧式銅戈遼西系列であるならば、
現状の資料で判断する限り、遅くとも前4世紀前半までには遼寧式銅戈を祖型として細形銅
戈が成立していたことになる。前4世紀前半頃のこうした変化は、遼西における燕の影響が相
当に大きく、社会的な変動が生じたことを示している。以上の燕での様相と遼寧式銅戈の終末
年代をもとに考えれば、資料数が少ないが、孤山子例のように、より頑丈な脊柱をもつ遼寧式
銅戈がみられた時期は、前6世紀末前後から遅くとも前4世紀前半頃までとみるのが、現段階
で設定しうる目安であろう。それでは、遼西系列から遼東系列を経て細形銅戈が出現したとす
ればどうであろうか。遼東の太平湾望街江村例については、本例の下限が前4世紀代におさま
る可能性が高く、細形銅戈の成立が前4世紀代頃である可能性が高まった。しかし、繰り返し
になるが、この年代はあくまでも遼東における現在知られている少ない資料での年代観であり、
まだ多分に不確定要素のある年代である点に留意すべきであろう。

　弥生時代の前期と中期の境目の年代を考えるとき、該期に韓半島の銅戈の出現からあまり時
間差なく日本列島の銅戈が成立したとこれまで考えられており、韓半島での銅戈の出現時期は
重大である（小林ほか2007）。ただし、日本列島のものは、後出する可能性もあり、時期は中
期初頭にあたるので、日本列島での出現時期は若干遅れる可能性もあろう。こうしたなか、今
のところ、歴博によるAMS炭素14年代測定結果によれば、日本列島での銅戈の出現時期で
ある中期初頭の年代は、前350〜前380年頃であり、これにより北部九州における青銅器副葬
の開始時期は前4世紀前半頃と考えられている（藤尾2006）。今回、筆者が想定した遼寧式銅
戈の存続年代は、前6世紀末前後から前4世紀代までであり、細形銅戈の出現時期は前4世紀
代をくだらないであろうという程度の年代である。したがって、これ以上の絞り込みは難しい。
しかし、可能性としては、前4世紀前半に日本列島に銅戈が存在していてもおかしくはない。

10. 展望

　ここまでの検討をもとに、いくつかの課題について見通しを述べておきたい。まず歴史的な
観点でみた場合、燕国において成侯段階に樋をもつような遼寧式銅戈系の要素の影響がないと
いうことは、遼寧式銅戈の存在によって春秋末期から戦国前半期には、燕国の影響を受けつつ
も、遼西地域には独自の政体があったことを示していると考える。そして、成侯以降の段階、

第 2 章　弥生青銅器の起源と遼寧青銅器文化

おそらく前 4 世紀前半頃に遼寧式銅戈の要素が燕式銅戈に取り入れられ、さらに王銘が付され、儀器化するまでになった（宮本 2000）。これと同時に、前 4 世紀前半頃に遼寧式銅戈は遼寧式銅剣 2 式とともにみられなくなり、遼西地域は本格的に「燕化」（宮本 2006a）する。この時期以降に、遼西地域に本格的に燕国の影響が及びはじめたことを示していると考える。これまでに遼寧式銅戈が出土した東大杖子遺跡や孤山子遺跡では、燕系の青銅器が出土しており、特に東大杖子遺跡では青銅葬器が多数出土している（国家文物局 2000）。したがって、燕化はすでに前 6 世紀末前後には沿岸に近い遼西地域に及んでいた。先述のように、遼寧式銅戈の特徴について、筆者は、遼寧式銅剣をベースに中国式銅剣の要素を融合させ、独自の銅戈を創出したと考えた。さらに遼寧式銅戈は、遼寧式銅剣との異器種間交流を通じて製作され、両者は密接な関係にあり、当初は、遼寧式銅剣をある種のアイデンティティとする地域集団によって、遼寧式銅戈が保有されていた。そこで問題となるのは、遼東における遼寧式銅戈遼東系列の出現年代である。遼西地域において銅戈を含めて青銅器の副葬がなくなる時期は、前 4 世紀前半頃である。遼西地域で遼寧式銅戈がなくなってしまってからでは遼東系列が不連続で出現するはずはないので、遼西系列から遼東系列への継続的変遷を考えるのであれば、遼東では前 4 世紀前半以前にはすでに遼寧式銅戈が出現していたはずである。遼寧式銅戈は、燕国との関係のなかで成立した武器であるとすれば、前 4 世紀前半以前に遼東で存在することは非常に興味深い。この現象は、遼寧式銅剣文化圏においてはすでに前 4 世紀以前に燕化の影響が及んでいた可能性を示すのであろう。

　ところで、遼西地域の集団は、それまで存在しなかった銅戈を保有するにあたって、なぜ、中国式銅戈をそのまま模倣しなかったのであろうか。この問題は、銅戈の機能的な問題だけでは理解できない、象徴的な背景があったと考える。おそらくは、遼寧式銅剣は遼西地域の集団にとってある種のアイデンティティを表象するものであり、銅戈も銅剣のデザインをベースとする必要があった。そして、中国式銅戈との差異化を図るために、あえて効果的で機能的な特徴を捨象してまで、自分たちのアイデンティティの表象である遼寧式銅剣的な要素をもってきたのであろう。あるいは、遼寧式銅剣の棘状突起にみられるような外側に刃部を突出するということがある種のアイデンティティの表象であり、これが遼寧式銅戈でも発揮され、上下に三角形状に翼のように広がる形態の胡を生み出した可能性もある。

　こうした遼西地域で、遼寧式銅剣と遼寧式銅戈がなくなるほどの燕化とは、相当にインパクトの大きいものであったであろう。こうした動向の延長上に遼東、さらに韓半島に反動として影響が及んだ結果、遼寧式銅戈が東方に伝播する契機になったのではないか。遼東や韓半島は、早くから遼寧式銅剣を有する地域であり、遼寧式銅戈を製作することはそれほど難しいことではない。

　それでは、なぜ韓半島では銅戈の出現が遅れるのであろうか。それは、銅戈の使用形態にあると考える。銅戈は、本来、車馬や騎馬での戦いに用いる武器である。しかも、この段階の銅戈は、小形であり、長兵用として使用された。遼寧式銅戈も中国式銅戈と同じ大きさであり、

長兵用の可能性が高い。遼西地域では、王成生の中国式銅戈の集成によれば、遅くとも春秋後半段階には銅戈があり、わずかに車馬が用いられるようになった可能性がある（王成 2003）。遼寧式銅戈の出現は、まさにこうした中国式銅戈の増加と無関係ではないであろう。

　これに対し、遼西の東には、遼河と広大な湿地があり、さらに遼東は山がちで車馬などは容易に伝播しなかったのであろう。山間部を通じて、騎馬の風習が伝播するにしても鄭家窪子遺跡付近までが限界であり、山がちで平野部が狭く川も多い韓半島では、車馬による戦いは無理であり、ほとんど歩兵戦で、さらに森林の存在から接近戦が主であったであろう（小林 2006b）。銅剣が先に伝播した理由も、こうした理由によると考える。こうしたなか、接近戦とはいえ、少しでも長い柄をもち振り回すことができるような威力のある武器は、銅剣と矛のみの戦闘方法からすれば脅威であり、銅戈を受け入れたのであろう。遼西が燕の強い影響を受け、遅くとも前4世紀前半頃、その余波がさらに東方にまで及び、かなりの緊張状態が遼東から韓半島北部に及んだのではないか。この情勢のなかで、韓半島で銅戈が出現し、戦闘方法の再編が生じたものと考える。

　そして、韓半島で銅戈が形成されるときには、歩兵戦で使用するために、戈の柄は短いものが必要となった。実際、日本では出土した戈の柄はすべて野球のバット程度の短いもの（約60cm程度）である。そして、短い柄に装着する戈が小さいと威力に欠けるため、韓半島では戈を大形化した。実際に、平均で1.5倍近く大きくなっている。遼寧式銅戈から細形銅戈への大きさにおける飛躍は、このように説明できよう。さらに、大形化とともに、遼寧式銅戈のように胡が三角形状に大きく開いていると、短い柄では上下に幅をとり邪魔である。そこで、胡を縮小した。また、韓半島の銅剣には、細身のものがあり、遼西でみられたような「異器種間交流」の結果、細形化を志向してより細くなったのであろう。

　以上、ここまで遼寧式銅戈に導かれつつ、そこから派生する問題、特に細形銅戈の出現について検討を行ってきた。現段階での遼寧式銅戈の資料は、きわめて少ないことは事実であるが、少ないながらも、形の意味や変化の過程に関し、重要な点が指摘できたと考える。

註
（1）　「遼西式銅戈」の名称については、最初の遼寧省における調査メンバーと、郭大順と王生成との検討によって設定した。
（2）　于道溝孤山子遺跡90M1から出土した蓋付豆に関連し、報告では遺物断面図において蓋頂部が開いているような表現になっている。しかし筆者らが実物を観察した結果によれば蓋頂部は閉じており、一般的な燕国における蓋豆A類の蓋部と同様である。今回は、あえて報告の図をそのまま引用掲載した。なお、図36-1の于道溝孤山子遺跡90M1出土蓋付豆の図は、小林の実測図である。
（3）　ここでの観察結果は、國學院大學栃木学園参考館が所蔵する、戦国時代の中国式銅戈の観察による。
（4）　かつて石川は、燕国の副葬土器第II期の実年代を「紀元前5世紀中葉から紀元前5世紀後半の時期」とした（石川岳 2001）。しかしその後の石川の研究により、第II期に続く第III期の実年代を与える根拠の一つとしていた「燕成侯」の在位年代に関連して、その実年代を含む燕国青銅器編年の大幅な見

第2章　弥生青銅器の起源と遼寧青銅器文化

　直しが必要であることが判明した。そのため現在では第Ⅲ期の上限年代を石川は前5世紀代にまで遡ると考えている（「燕成侯」の在位年代の問題については石川岳 2006 を参照のこと）。なお、この問題を含め前6世紀以降の燕国青銅器と副葬土器の新たな編年観については稿を改めて詳述したい。

（5）　図41に示したように、遼寧青銅器文化の銅斧は5期に分けられ、文様のみを有するタイプと、節帯と呼ぶ隆帯状のものをもつタイプがあり、後者には文様が付加されるものと、付加されないものがある。まず、節帯をもたない文様帯のみのものは、遼東の双房遺跡段階（4）からはじまり、誠信村遺跡例（5）など以降、十二台営子遺跡（16）併行段階以前に多く、文様帯は袋部に達せず、胴部のやや上方にとどまる。

　　一方、文様と節帯をもつ銅斧は、当初は、節帯の条数が複数で、この下部に文様帯をもち、この節帯とともに銅斧の体部やや上部付近に位置する。このとき、十二台営子遺跡段階までは、袋部上端から「A空白帯」＋「B節帯」＋「C空白帯」＋「D文様帯（鋸歯文、斜格子文や幾何学文など）」というようにレイアウトされる（十二台営子型）。しかし、次の炮手営子遺跡段階になると、「C空白帯」がなくなり（炮手営子型・18）、次の鄭家窪子遺跡段階では「A空白帯」がなくなって、全体の節帯と文様帯が合体して袋部上端側に移動する（鄭家窪子型・9）。この鄭家窪子遺跡段階以降、「D文様帯」は消失し、袋部上端側に「B節帯」のみを有する無文の銅斧が遼西と遼東では一般的となる。鄭家窪子遺跡6512号墓の年代は、前6世紀におさまるという見解（小林ほか 2011）からみれば、鄭家窪子型の年代も同時期であり、この時期を境に銅斧は無文化傾向を強める、三官甸遺跡や狐山子遺跡（20）などの前5世紀代では無文化が徹底していると考える。

　　以上の変遷過程と年代的前後関係からみて、全体の形状の変遷にもある程度新しい見方を提示できる。すなわち、出現当初は、遼西と遼東ともに刃部が大きく撥型に開き、遼東ではその後も刃部の反りが増し、撥型の形状を維持する。この特徴は、さらに東方の韓半島でも同様である。一方、遼西ではヌルルホ山以北の地域は撥型に大きくは反り返らず、左右に撥ねる程度であるが、大小凌河地域ではヌルルホ山以北のものと撥型に開く遼東に典型的なものとが混在する。しかし、最終的には撥型から鋳造鉄器のような直線的な形状となる。このように、文様をもとに変遷を見直した場合、形状の系列と変遷、地域間の関係がほぼ整合的に説明がつく。

　　こうした銅斧の変遷過程と関わり、最近、韓国の松菊里遺跡出土の銅斧の鋳型（2）が問題となっている（武末 2011）。上記の変遷過程でみた場合、松菊里遺跡出土の銅斧鋳型の斧は、まず型式学的にみても鄭家窪子型ではなく、むしろ遼東系の「D文様帯のみをもつもの」に近く、また文様帯が袋部に達していない点と合わせて、2期の段階（遅くとも春秋前半段階）にあってもおかしくない。韓半島では、美松里遺跡段階（1）から「扇形」の銅斧の伝統が古くからあり、これに遼東的な文様帯を合わせもつ銅斧が形成されたのであろう。

（6）　形態を比較する場合、遼寧式銅戈と細形銅戈では大きさに相当の違いがあるので、形態の特徴を比較しやすくするため、縮尺を揃えて比較を行う。大小も重要な要素であるが、形の変化を検討するときに縮尺が不統一であると検討しにくいが、この方法によってプロポーションなどの比較が容易となる。春成秀爾は、この方法によって、遼寧式銅剣の型式変化を的確に説明した（春成 2006c）。使用者、製作者に共有された実体化される前の原型としてのイメージは、どのような縮尺になっても全体のバランスは維持されるはずであるので、この春成の方法は有効であると考え、本書でも適用する。大小の問題は、この分析の後に行うべきであろう。

第6節　動物意匠の起源

1．弥生文化の動物意匠の起源をめぐって

　日本列島の弥生文化の祭祀においては、特に銅鐸や土器の絵画資料を中心に鹿・鳥が好んで描かれている。弥生人の身のまわりには、多数の動物が存在しているにもかかわらず、鹿・鳥という限られた動物を祭祀の対象としていたのである。こうした、鹿と鳥を祭祀的に崇拝する信仰体系は、形を変えつつも古墳時代、そして、それ以降の古代日本の祭祀に影響を及ぼしている。弥生文化を構成する新来の要素の多くは大陸に起源するので、鹿と鳥の信仰も縄文文化に系譜をたどれない以上、当然ながら大陸に源流を求めることになろう。

　本論で問題とする、鹿と鳥のような動物意匠の出現は、今のところ弥生時代前期以降であり、さらに細かく年代を絞れば、前期でも後半以降であるといってよいであろう。たとえば、鹿の線刻絵画は、前期後半の北部九州で出現しはじめ、鳥形木製品は中国地方と近畿地方を中心に同じく前期後半頃からみられるようになる。さらに、祭祀遺物という観点でみれば、卜骨も山陰で前期後半の例が最古であることからみて、弥生文化の動物に関わる祭祀体系は、弥生時代前期後半から末頃に北部九州を中心に西日本に出現したと考えられる。むしろ、この段階までは、縄文系の祭祀具がいまだに使用され続けていた地域が大半である。したがって、大陸との関係を考える場合には、弥生時代前期末から中期初頭頃の日本列島と同時期の韓半島青銅器文化、そして、韓半島青銅器文化に大きな影響を与えた遼寧地域の青銅器文化にまで検討対象を広げなければならない。そして、遼寧地域は、春秋戦国期の燕国の領域支配を受けているので、その影響は大であり、さらに遼寧地域を含む中国北方地域は、中央ユーラシアの草原文化と密接な関係にある。

　このような東アジアの情勢のなかで、日本列島の動物意匠は形成されたわけであり、まずは、中国北方地域での動物意匠から検討していかなければならないのである。そこで、本論は、日本列島の弥生文化で重要な動物であった、鹿と鳥の祭祀的な崇拝の起源を中国北方地域に求め、この問題について若干の検討を行うことにしたい[1]。なお、本論で対象とする資料は、大部分が青銅製品であり、弥生文化のように土器の絵画や木製祭祀具は取り上げていない。ここで取り上げる動物意匠の資料は、内容的にも北方青銅器文化と重なっており、第2章に含めて検討することにした。

　なお、本論を進めるにあたり、國學院大學栃木学園参考館が所蔵する北方青銅器文化における青銅製の動物意匠の資料について、詳細な実測と観察する機会を得た。本論では、これらの資料の観察結果を理解の一助としつつ、中国北方文化における動物意匠と弥生文化の関係について検討を行う。

第2章 弥生青銅器の起源と遼寧青銅器文化

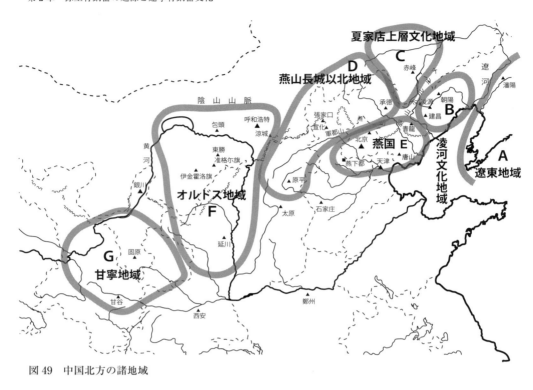

図49 中国北方の諸地域

2．中国北方地域の動物意匠

（1）中国北方地域の概要

　まず本論に関わる中国北方地域の地理上の区分について、筆者の基準を示しておく。本書で検討する中国北方地域は、図49のように大別区分する。さらに細かい区分も可能であるが、本書の分析レベルは、そこまでの細かい分類には対応していない。東からみていくと、遼寧省においては、遼河を境に遼西と遼東に区分され、遼東地域をA地域としてまず設定する。遼西は、研究者によって寧城や赤峰一帯の内蒙古自治区東南部と大小凌河流域を一体として区分する場合があるが、筆者はヌルルホ山脈で南北を分けるべきであると考える。したがって、ヌルルホ山脈以南をB凌河文化地域とし、以北をC夏家店上層文化地域として両者を分ける。
　次に燕山山脈および長城地帯の、いわゆる山戎の範囲を、長城地帯を含めてD燕山長城以北地域とする。このD地域の南側の長城以南がE燕国の中心的な領域であり、燕国の領域は前6世紀頃から遼西地域に拡大し、最終的に前4世紀代に遼東とさらに北朝鮮の清川江流域にまで達する（石川岳・小林 2012）。すなわち、図49のA・B地域は順次燕国の領域に含まれて編入されていくわけである。

132

次は、黄河以北の内蒙古自治区陰山山脈以南の地域と、黄河以南の鄂爾多斯地区、そして陝西省北部を含む地域であり、この範囲を F オルドス地域とする。いわゆるオルドス青銅器文化の中心地域である。

最後は、寧夏中南部から甘粛東部にわたる範囲を G 甘寧地域とする。

（2）中国北方青銅器文化における動物意匠の研究

中国北方の青銅器文化は、殷代併行期から南シベリア地域のカラスク文化との密接な交渉などを経て、独自の青銅器文化を形成した。その後、前 9 世紀から前 7 世紀頃に、ユーラシアの草原地帯の非常に広域な範囲で、騎馬の風習をもち牧畜を行った草原遊牧民文化が形成され、大きな転換を迎える。草原遊牧民文化は、騎馬を使用することから移動距離が大幅に拡大し、当然のことながら交易活動を中心とする交流の範囲も大幅に拡大することになったであろう。その結果、ユーラシア東部では、第 2 章第 1 節で述べたようにかなり広い範囲で類似した青銅器文化が形成されるにいたった。今回問題とする動物意匠では、中国北方地域から西方の黒海沿岸のスキタイ文化、ミヌシンスク地域のタガール文化などで鹿・鳥・羊など、広域な範囲で同様に強い類似性を認めることができる。こうした文化体系は、西周期から春秋戦国時代、そして秦漢時代にいたり、後漢頃までみられる。

こうした中国北方青銅器文化に関する研究は、高濱秀が整理したように 19 世紀から行われており、特に西方と中国北方の文化的な関係への関心が高かった（高濱 2005）。20 世紀前半に入り、ロシアを中心とする研究者によりこの種の遺跡の調査が進み、またアンダーソンをはじめとする欧米の研究者が中国における調査を開始することにより、徐々に様相が明らかとなっていった。アンダーソンが、スキタイ文化と類似した中国北方の青銅器文化の一つの中心を「綏遠青銅器」または「オルドス青銅器」と名づけたのはまさにこの頃であり（Andersson 1932 ほか）、水野精一と江上波夫がまとめた『内蒙古・長城地帯』における青銅器研究もこの頃出版された（水野・江上 1932）。本論で問題となる動物意匠に関しても、すでに水野・江上によって型式分類と考察が行われている。

このように、中国北方の動物意匠については、青銅器時代から鉄器時代にかけてのユーラシアの草原地帯に広がる文化的現象、特に欧米での議論が中心であるが、スキトーシベリアの動物意匠の年代について、前 9 世紀から前 3 世紀頃の問題として議論が盛んである。ユーラシアの草原地帯に広がる動物意匠は相互に類似しており、この類似性の形成や、中国北方の長城地帯の動物紋とスキトーシベリアの関係性について、中国とスキトーシベリアのどちらが源流であるのかが問題となっている。また、重要な蒐集資料の研究報告がバンカーや高濱秀らによって精力的になされている（Bunker ほか 1997、高濱 2005 ほか）。そして、その後、中国北方地域での発掘調査の増加と詳細な報告が続き、欧米や日本の研究者を中心に青銅製装飾品個々の型式分類と年代の検討が進んだ（小田木 1993 ほか）。2009 年に東勝の鄂爾多斯青銅器博物館で行われた国際学術検討会でも多数の動物意匠に関する論考が中国国内外の研究者により報告され

133

ている（鄂爾多斯青銅器国際学術研討会論文集編集組編 2009）。

　近年の中国国内における中国北方地域の動物意匠についての研究は盛んであり、たとえば、喬梁は、中国北方の動物紋飾牌について、中国本土内での発展的継起を説き（喬 2002）、杜正勝は、中国北方草原動物紋飾の起源問題について、獣頭刀剣の故郷を陝晋高原とし、動物紋飾の特徴を西方に求めた（杜 1993）。烏恩は、中国北方の長城地帯とユーラシアの草原地帯の動物紋の比較を行い、たとえば夏家店上層文化の動物紋はスキタイ以前もしくは早期スキタイ文化の影響にあるという見解を示している（烏 1984・2002 ほか）。本論で検討を行う動物意匠の問題は、当地域の動物意匠の起源を検討するのではなく、当地域内部の地域色と相互関係、そして韓半島と日本列島への動物意匠の伝播を検討することにある。こうした視点での検討は、たとえば楊建華が、春秋戦国期の北方青銅器文化を検討するなかで、燕山地域と夏家店上層文化、そして遼寧地域という三者の関係性を論じた研究（楊 2004）や、青海地域の動物意匠と中国北方諸地域の類似資料との関係を論じた論考（柳 2009）、あるいは、燕山山脈一帯の山戎文化の動物意匠を検討するなかで周辺地域との関係を論じた王継紅の検討など（王継 2009）、中国北方ないしその周辺文化との関係を論じる研究が盛んとなっている。こうした中国北方の動物意匠をめぐって問題となるのは、実際に遺跡から出土した資料は少なく、ほとんどの資料が出土地不明であり、当然のことながら年代も不明なものが多いことであろう。

　また、日韓の研究者にとっては、新しい年代に基づく検討でなければ、間違った見解となってしまうことになり、ここ数年の状況は全く新しい研究が進行していると言ってもよいであろう。こうしたなか、動物意匠に関しては、春成秀爾の研究が注目される（春成 2007）。春成は、新しい年代観のもと、遼寧青銅器文化における防牌形銅飾りの系譜と年代を検討するなかで、防牌形に表現されたマムシの意匠を毒で敵を制す意味をもつと解釈し、さらに鳥形銅飾りなどに表現されたイヌワシが天の象徴であり蛇と対になるものとした。そして、この両者が韓半島に伝播すると、猛禽類のイヌワシは小禽類に変化し、蛇の形も不明確になるとした。動物意匠についての意味などの解釈には異論があっても、年代順に資料を並べ、型式学的に変遷過程を説明する点は説得力があり、この種の研究を進めるうえで重要な視点であろう。

　このような状況にあって、今回、あえて本論を展開するのは、中国北方地域において、ある程度の年代幅のなかで動物意匠の種類の傾向性を把握し、韓半島と日本列島の弥生文化の動物意匠のあり方と比較してみたいからである。以下、國學院大學栃木短期学園参考館が所蔵する中国北方地域の青銅器資料という具体的な資料の観察をもとに、中国北方の各地域の様相を検討して弥生文化との比較に備えることにしたい。

3．國學院大學栃木学園参考館所蔵の中国北方青銅器

　國學院大學栃木学園参考館が所蔵する中国北方青銅器の資料は、11 点である。鹿形青銅製品が 1 点（図50-1）、獣形青銅製品が 2 点（図50-2、図51-3）、小型の獣形飾金具が 2 点（図51-4・5）、

鳥形帯鉤が４点（図52-6、図53-7～9）、獣形帯鉤が１点（図54-10）、虎形帯鉤（図55-11）１点である。これらの資料は、購入品であり、出土地および年代については不明である。

①鹿形青銅製品（図50-1）

　本資料は、立体的な中空の動物像であり、高さ（耳から脚下）6.6cm、横幅（胴部）1.48cm、身の厚さ（脚部）は1.6～4mmを測り、鹿を表現したものと考える。首部あたりの断面で、杏仁形をなす。鋳型は２枚合わせの土製である。

　この種の立体像の場合は、鹿の目の表現が特徴として挙げられるが、本資料の目の表現は、わずかに凹む部分を確認できる程度である。また、伏せた鹿の立体像では、顔を上に向けるものと胴部と平行、ないしやや下に向けるものがあるが、本例は後者のタイプに相当する。また、口部を開口するものとないものがあるが本例は前者である。

　頭頂部には、低い円状の突出があり、この両脇に２つの小さな耳をもち、右側の耳は外側に折れ曲がっている。この耳の中央部は、わずかに凹む。本来は、左側の耳のように、上方に伸びていたと考える。耳の厚さは1mm。耳の間の頭頂部には、低い円状の突出部がある。この位置には、顔面部上から続く２つに分かれた土製鋳型の合わせ目である笵線の痕跡（a）が接続しており、おそらく耳部をＵの字のように鋳造するため、2枚の鋳型に接続して雄形のキャップ状粘土の内型をはめ込んだものと考える。こうした痕跡ついては、バンカーが報告したサッカラー・コレクションに類品がある（Bunkerほか 1997：資料No. 210.1／V3131：P250）。なお、バンカーは、このような耳部について、後から別鋳で接続したとするが、上記のような観察結果から、同時に作られたと考える。

　笵線の痕跡は、随所に残り、背中の部分（b）は痕跡をなくすように細工がなされているが、喉元から前足の付け根付近については、バリ状に残存している（c）。脚部は、一部破損しており、膝部が屈曲していることから、伏せている姿勢であると考えられる。胴部の外側は、丁寧に磨かれており、内側には所々に土製鋳型に由来する付着物が認められる。首の部分には、土製鋳型の内型が詰まっており、付け根付近（e）から顔の中央付近（d）にわたる。尾は、笵線の位置に短く斜めに伸びる。なお、尻部については、２枚の土製鋳型が上手く接合していなかったせいであろうか、後脚の付け根部で左右にずれが生じている。

　本資料について、バンカーは車馬具の一つ、馬を横に連ねる横木のくびき飾りに用いられたと考えており、さらに埋葬儀礼に用いられたとも考えているようである（Bunkerほか 1997）。また、この種の銅製品は、前３世紀には消滅するが、背景に車馬から馬利用への転換を想定している。

②獣形青銅製品（図50-2、図51-3）

　本資料は、2点ともに同型品である。最大高4.5cm、最大長6.8cm、身の厚さ2mmを測る。動物形のＺ字形の飾金具であり、おそらく馬具の一部であろう。脚部はなく、身は中空であ

第 2 章　弥生青銅器の起源と遼寧青銅器文化

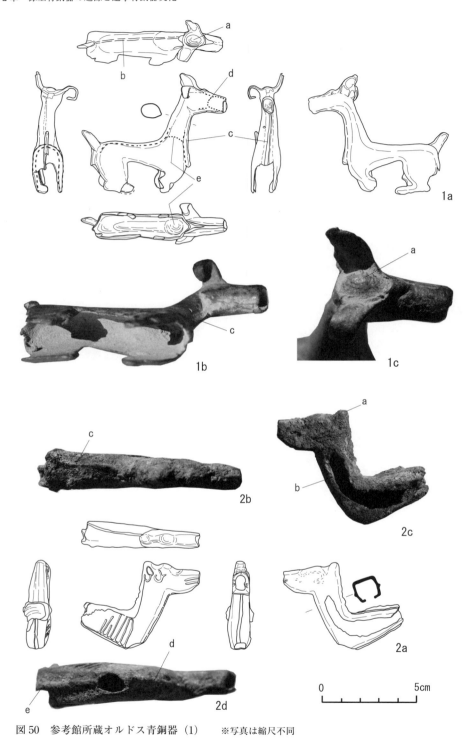

図 50　参考館所蔵オルドス青銅器（1）　※写真は縮尺不同

第6節　動物意匠の起源

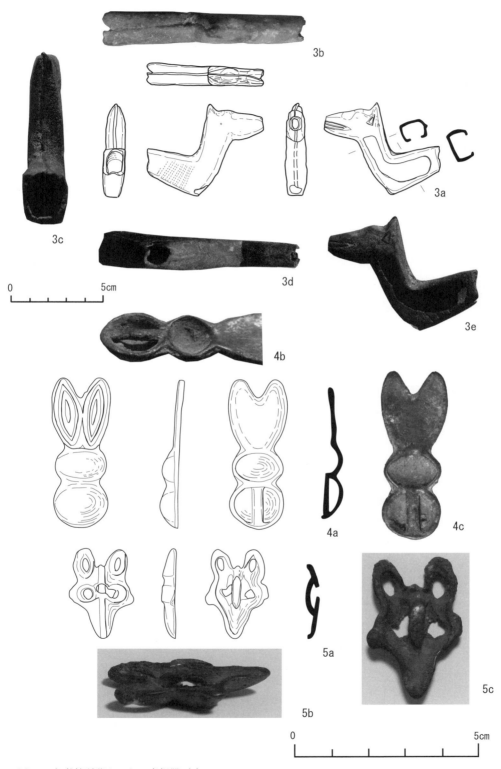

図51　参考館所蔵オルドス青銅器（2）　※写真は縮尺不同

第2章　弥生青銅器の起源と遼寧青銅器文化

る。身の断面は、方形をなす。

　片面の胴部（2c）にL字状の開口部があり、口部と尻部側に円形の孔がある。口部の孔は、2・3いずれも錆が原因であるかもしれないが、完全には開口していない。土製鋳型による鋳造品で、2枚合わせの鋳型である。胴部側面には、笵線が残る。

　耳は短く三角形の隆線表現で側頭部やや上に位置する。この部分が耳であるとすると、後頭部側が三角形状に上部に突出する部分は、耳ではないことになり、おそらく鬣（たてがみ）を表現しているのであろう。そうなると、馬を表現していると考えるが、決定的ではない。胴部の縦縞は、胴部の首側にあり、本品が馬を表現しているとすれば、これは馬具を表現したものであろうか。なお、本資料の類例は不明である。

③獣形飾金具（図51-4）

　本資料は、円形ないし楕円形が2つ連なり、これにウサギの耳のようなものが接続する飾り金具である。円形部分の裏面に棒状の鈕が取りつく（4b）。ベルトの飾り（Bunker ほか 1997）や垂飾（高濱 2005）と考えられているもので、鈕の位置から考えると、耳部を下にして用いた可能性が高いが、図上ではあえて耳を上にしている。

　全長4.16cm、最大幅1.58cm、厚さ（楕円形部分）5.3mmを測る。耳部は、内面に楕円形の隆線区画と縦の隆線により装飾を施している。土製鋳型による鋳造品である。外面は丁寧に磨かれており、耳部はわずかに凹み状を呈する。

　側面に笵線は認められないので、本資料は2枚合わせの土製鋳型での製作ではない可能性がある。あるいは失蠟法によるのであろうか。

④獣形飾金具（図51-5）

　本資料は、キツネの顔のような形状の飾り金具である。全体の形状は、逆三角形をなし、頬部が左右に張り出す形状である。全長2.5cm、幅1.66cm、厚さ5.3mmを測る。耳部は、やや全体が隆帯状で、縦長の楕円形をなし、中央に楕円形の孔があく。顔面中央縦に帯状の隆帯が垂下する。目は、円形を呈し、円形の孔があき、この両目の上にも円形の孔があく。内面は、全体の形状にそう形で凹む。内面中央、表面の両目をまたぐ位置に相当する部分に、アーチ状の鈕がつく。

　内面は外面に比べ、表面が平滑ではなく粗めであり、ゆがみがある。側面に笵線は認められず、2枚合わせの土製鋳型での製作ではないようである。バンカーは、この種の飾りの製作にあたって失蠟法による鋳造を想定する（Bunker ほか 1997）。

⑤鳥形帯鉤（図52-6・図53-7〜9）

　本資料群は、いずれも鳥形の帯鉤である。帯鉤であるので、本来であれば鉤部を右側において実測図を作成しなければ原則に反するが、本書では動物意匠としての特徴を重視する観点か

138

第 6 節　動物意匠の起源

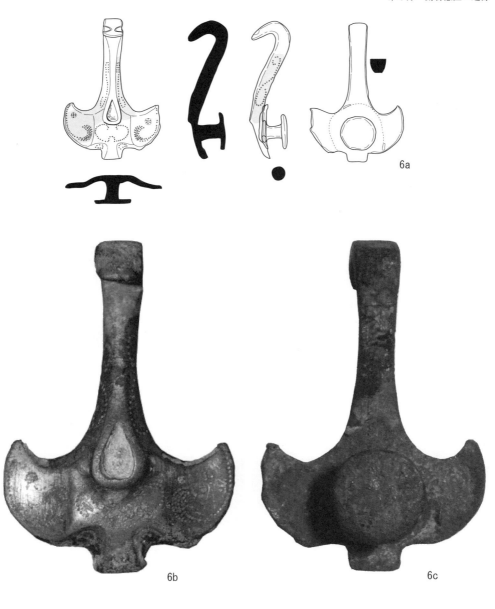

図 52　参考館所蔵オルドス青銅器 (3)　　※写真は縮尺不同

139

第2章 弥生青銅器の起源と遼寧青銅器文化

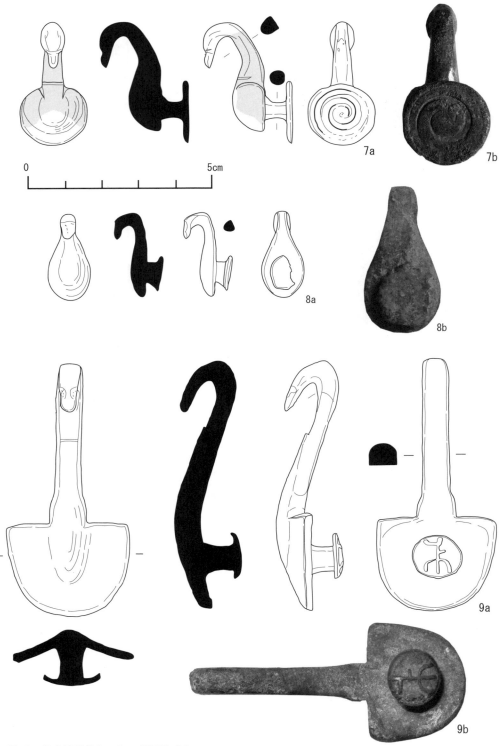

図53 参考館所蔵オルドス青銅器（4） ※写真は縮尺不同

140

第6節　動物意匠の起源

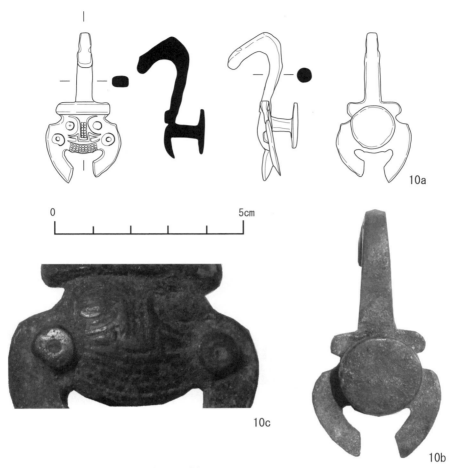

図54　参考館所蔵オルドス青銅器（5）　※写真は縮尺不同

ら、鳥の頭部に該当する鈎部を上にしている。

　6は、外面に鍍金を施した帯鈎であり、鴨などの水鳥が翼を広げた状態の形状をなす。高さ（鈎部先端から身の下端まで）4.06cm、最大幅（翼の両先端部間）2.62cm、厚さ（身）2.8mm（最厚部）・1mm（最薄部）、厚さ（鈎部）4.6mmを測る。鈎の曲がった先端部分近くに、細かい線刻による半円状の目の表現をもつ。この先端部分は丸くおさめている。鳥の首に相当する鈎の身の部分は、細長く断面台形に近い半円形であり、表面には平坦な面を胸にかけてもち、胸の部分で隅丸の三角形状の凹みを形成している。おそらく、この凹みにはトルコ石がはめ込まれていたのであろう。鈎部の裏面は平坦で、平滑化されている。

　胴部と翼部の変換点には稜があり、ゆるやかに外反している。この裏面には、円形の皮に止めるボタンがあり、直径1.13cm、このボタンの軸は断面円形で幅3.9mmを測る。なお、このボタンのある胴部の裏面は、ボタン部分の鋳造時の痕跡である湯ばりが胴部側の面に環状に途切れつつ、わずかに一部残存する。

141

第 2 章　弥生青銅器の起源と遼寧青銅器文化

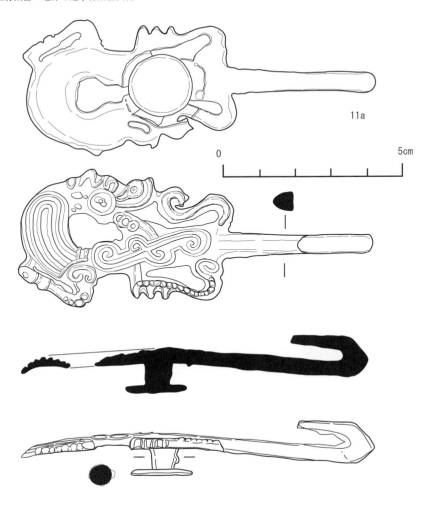

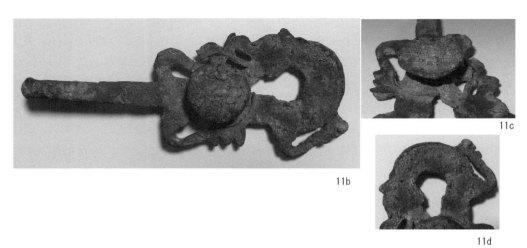

図 55　参考館所蔵オルドス青銅器 (6)　※写真は縮尺不同

鉤部の付け根（首部）と身（胴部・翼部）には、文様を有する。いずれも、径0.1mmの円形状の点刻を刻印している。付け根（首部）は、斜めをなす両側面に「S」字状の点刻列文を、身（胴部）には数字の「3」を横にしたような点刻列文を施し、さらに胴部の先端部（尾）への変換点付近にも半円形の点刻列文を施している。翼部については、小型の円形枠内に点刻列文を充填し、さらにひらがなの「し」を斜めにしたように展開する点刻列文を、翼の左右対称に施している。

　鍍金の残存する範囲は（図のトーン部分）、首部から胴部の一部であり、裏面には鍍金がなされていないようである。

　7は、鍍銀された鴨などの水鳥の形状をなす鳥形帯鉤である。胴部までの表現で水面に浮かんでいる状態を表現している可能性がある。高さ（鉤部先端から身の下端まで）3.27cm、最大幅（身の幅）1.7cm、厚さ（身）9.2mm、厚さ（鉤部中央）5.5mmを測る。鉤の曲がった先端部分近くに、やや凹む半円状の目の表現をもち、くちばしに相当するこの先端部分は、細くすぼませて丸くおさめている。鳥の首に相当する鉤の身の部分は、細長く断面台形に近い半円形であり、胴部に近づくにつれて太くなる。胴部と首部の境目に細い線刻がある。胴部は、正面形は円に近く、首の根元に両脇から浅い切れ込みを後部に入れることによって、たためた翼の状態を表現している。

　胴部の裏側には、径1.76cmの円形のボタンをもち、この表面には時計まわりに巻く、イモガイを彷彿とさせるような渦巻き状の陰刻文様を有する。ボタンの軸は、断面円形をなし、径6mmである。

　胴部表面に文様を有しないが、鍍銀の範囲（図のトーン部分）は、首から胴部上半に及ぶ。鉤部と胴部の表面は平滑化されている。

　8は、小形の鳥形帯鉤である。7と同様に鴨などの水鳥が水に浮いた状態の形状をなし、表現が省略化され、胴部の形状は、丸みをもつのみとなっている。高さ（鉤部先端から身の下端まで）2.32cm、最大幅（身）1.17cm、厚さ（身）0.57mm、厚さ（鉤部中央）3mmを測る。鉤の先端部分は丸くおさめており、右側を一部欠損する。鳥の首に相当する鉤の身の部分は半円形である。裏面には、一部を欠損した皮に止める円形のボタンがあり、直径9mmを測る。このボタンの軸は断面円形で幅6cmを測る。

　9は、大形の鳥形帯鉤である。6と同様に鴨などの水鳥が翼を広げた状態の形状をなし、翼の表現が省略化され、胴部の形状は、スコップのようになる。高さ（鉤部先端から身の下端まで）7.06cm、最大幅（翼の両先端部間）3.24cm、厚さ（身）4mm、厚さ（鉤部）7.7mm〜1.06cmを測る。鉤の曲がった先端部分近くに、細かい線刻による半円状の目の表現をもつ。この先端部分は丸くおさめている。鳥の首に相当する鉤の身の部分は、細長く断面台形に近い半円形であり、表面には平坦な面を胸にかけてもち、胸の部分でわずかに山状の膨らみをもつ。鉤部の裏面は平坦で、平滑化されている。

　この裏面には、円形の皮に止めるボタンがあり、直径1.32mm、このボタンの軸は断面円形

第2章　弥生青銅器の起源と遼寧青銅器文化

で幅 6.8cm を測る。ボタンの表面には、金文のような記号が付されている（9b）。

⑥獣形帯鉤（図 54-10）

　10 は、身部に獣面を表現した帯鉤である。全長 3.86cm、最大幅 1.92cm、厚さ 1.3mm、鉤
部 3.8～5.6mm を測る。鉤部の曲がった先端部分には、両側面上部にわずかな凹みを有し、
通常の鳥形帯鉤と同じ特徴をもつ。この先端部分は、丸みをもつ。鉤部の断面は、ほぼ長方形
を呈する。鉤部は、先端から曲がり、身部にかけて細身となる。身部との境目には、横方向の
段状の突帯があり、鉤部と合わせて逆「T」字状をなす。身部は、「C」の字を下向きにした形
状を呈し、2 つのひれが下がって脚のような形状となる。このひれ状のものは、左側のものが
やや外側に折れ曲がっている。このひれ状の表現は、側面図でみると、鳥形の翼のように斜め
に傾斜しており、帯鉤のベースは鳥形であることがわかる。

　身部の獣面表現は、陽刻表現、すなわち鋳型に彫り込んだ文様であり、隆線と方形の粒が列
状に連なる文様で構成されている。目は、円形の低い突出部に細かい点刻をつけて表現してお
り、左右の頬部にはやや突出の強い中央が凹む円形の突部をもつ。身の裏面には、円形のボタ
ンがあり、直径 1.2cm、軸の厚さは 3.8mm を測る。

⑦虎形帯鉤（図 55-11）

　11 は、虎形の帯鉤であり、顔を後ろ側に振り返り、口を大きくあけている表現である。全
長 9.8cm、最大幅 3.9cm、厚さ 4.7mm、鉤部 5.8～7.6mm を測る。図では、内外面と側面・
断面の図を展開せずに上下に分けて表示している。

　鉤部は、先端を短く曲げており、ほぼ水平に身部に達する。鉤部の断面は丸みをもって三角
形状であり、上部にはわずかに平坦面をなす部分がある。虎の表現は、体の縞模様を細かい隆
線で陽刻文様で表現し、特に前脚から首にかけての位置で渦巻き状隆線文様が多重に連なる。
脚や顔面部などに粒状の表現があり、このような表現をもって、本資料を麒麟を表現したとす
る考えもあるかもしれないが、その場合、角の表現が不明瞭であり本書では虎の表現であると
判断する。体部の中央から尻部にかけての表現は、鉤の手状の文様を上下左右に表現し「S」
の字状の尻尾につなげている。裏面には、大形のボタンがあり、このボタンの下部である身の
裏面部分には、ボタンを取り囲むように、ボタンを鋳造する際の痕跡が残る(11c)。ボタンは、
直径 1.76cm、軸の厚さは 5.7mm を測る。

　以上、わずかな資料であるが、鹿・鳥・虎・馬（の可能性のある）の動物意匠が認められた。

4．中国北方諸地域の動物意匠

　先に区分した中国北方諸地域における動物意匠の、各地域の様相について概略をまとめつつ、
参考館所蔵の中国北方青銅器文化資料の観察結果を踏まえて検討することにする。

第6節　動物意匠の起源

（1）オルドス地域

オルドス地域では、動物意匠が多数みられる。当地域出土とされる動物意匠関係の青銅器は、中国国内外に多数あり、その多くが出土地不明である。実際の遺跡の様相では、内蒙古自治区烏蘭察布盟毛慶溝遺跡が良好であり、特に帯を飾った飾板や帯金具が遺体の衣服と帯に装着された状態で出土した（田・郭 2004）。図51-4・5もそうした帯飾りに類するものである。

図51-4の飾り金具については、筆者は耳のような部分を上にして円形が2つ連なる部分を下にして図にしたが、これは獣頭の形状との関連を想定してのことである。ただし、内面の鈕の位置が、最下部の円形部分の裏面にあるので垂飾りとしては都合が悪い。帯皮に綴じるのであれば問題はないがいかがであろうか。この種の金具については、獣頭が起源であるという水野や江上の検討（水野・江上 1932）以来、郭素新も同様な見解を示しているが（郭素 1993）、バンカーや高濱はこの考えを否定している（Bunker ほか 1997、高濱 2005）。しかし、起源の問題はさておいて、この種の金具が出現して以降、この金具に類似する明らかに獣の頭部の表現をもつものが存在する点は無視できないであろう。

獣の頭部の表現をもつ資料の類例を挙げれば、内蒙古文物考古研究所が所蔵する獣頭形飾り、獣頭単珠飾、隻耳続珠飾など類例は多い（内蒙古文物考古研究所ほか 2005)[2]。これらの資料は、春秋期を中心とする時期のものと考えられている。これほどまでに獣頭を表現したものがあるということは、関係が全くないとはいえないであろう。少なくとも、この種の飾金具が出現して以降、獣頭と意味のうえで相同関係にあった可能性があり、筆者はこうした理由から本例を獣頭形飾りに類するものと考えるのである。それでは、一体、この獣頭形とは何であろうか。先に紹介した鹿形青銅器（図50-1）でみたように、耳部が長めに伸び上がる特徴は鹿を模した可能性がある。この種の獣頭形がすべて鹿を表現しているとはいえないが、鹿をその候補の第一として挙げておきたい。

その他、毛慶溝遺跡では帯鉤も出土しており、虎や豹などの猛獣の意匠をもつのが特徴である（曹ほか 2009）。当地域の帯鉤については、帯鉤で鳥形のものが多くみられるのが特徴であり、さらに羊類や馬・ロバ類を表現したものが目立つ。図50-1のような立体的な鹿形青銅器も戦国時代を中心に発見されている。こうした動物意匠が表現されるのは、帯飾りや帯鉤、そして身につける垂飾のほか、銅剣の柄など武器の飾り文様、車馬具の飾りが中心であろう。

当地域において、動物意匠の種類がどのような比率であるのかは、先に述べたように出土品以外の資料が大部分であるので集計が難しい。そこで、ある程度の目安を得るために、動物意匠が比較的多数掲載されている鄂爾多斯青銅器博物館の図録（鄂爾多斯青銅器博物館編 2006）で点数をカウントしてみたい。なお、この図録は、内蒙古自治区のオルドス地域中心の資料であるが、寧夏や中国北西部出土資料も含まれている点に問題が残されていることをあらかじめ述べておく。こうした問題を認識しつつ比率をみてみると、虎を中心とした猛獣類（56%）、鹿類（44%）、鳥類（37%）、羊類（37%）野豚（11%）である（5% 以下を除く）。オルドス地域では、

145

基本的に虎類、鹿類、鳥類、羊類が主要な動物意匠の構成要素であることがわかる。

（2）甘寧地域

　次にオルドス地域に近い甘寧地域ではどうであろうか。当地域では、固原県の干家庄遺跡や馬庄遺跡など、調査事例が増加し、動物意匠の実態が遺跡レベルでつかめる。図50-1のような中空の立体像である鹿形青銅製品は当地域の遺跡の大部分から発見されている。したがって、本資料の中心的な出土地は、甘寧地区の南西部の固原を中心とする地域であるが、甘粛省の南東部でも類例がある。三宅俊彦や楊建華による固原地区の整理からみると、戦国時代の前半（前5世紀から前4世紀頃）に属するようである（三宅 1999、楊 2004）。図50-1の資料も、おそらく戦国時代の固原などの甘寧地区のものである可能性が高い。

　当地域の動物意匠の構成比率は、オルドス地域と類似し、基本的に虎類、鹿類、鳥類、羊類が主要な動物意匠の構成要素である。バンカーによるサッカラーの資料カタログや楊建華の研究を参考にすれば（Bunkerほか 1997、楊 2004）、量的には虎を中心とする猛獣類を表現した動物意匠が多く認められ、この点もオルドス地域と同様な傾向である。

（3）燕山長城以北地域

　次に長城地帯を含む燕山地域については、王継紅により軍都山遺跡の最新の報告において時期別の集計がなされている（王継 2009）。この地域では、王の分析によれば春秋中晩期から春秋晩期頃の資料が圧倒的に多い。この段階の動物意匠の構成は、総数764例のうち、多い順で挙げれば、鳥類（370点）、馬類（165点）、鹿類（120点）、虎（40点）、野猪（13点）、蛇（12点）、蛙（9点）、羊類（4点）である（その他少数例は除く）。なお、この集計をした前後の時期もほぼ同じような比率である。このうち、鳥類が圧倒的に多い理由は、図52・53で紹介したような鳥形帯鉤類の出土点数が多く、またこの種の帯鉤などで鳥の頭のみを鉤部に表現しているもの、あるいは、銅剣や刀子などの柄の飾りに鳥形が他の動物とともに表現されているものが、多数に及ぶからである。いずれにしても、鳥が多く表現されている点には変わりないのは事実である。表現されている鳥の多くは水鳥が多いが、その他に猛禽類などもあり、種を特定するのは難しい。

　なお、燕山山脈では、その他にも獣頭形の帯鉤類も多く出土しており、図54は当地域出土の可能性があるが、オルドス地域にも類例があり、特定はできない。

（4）夏家店上層文化地域

　次に、ヌルルホ山脈以北の夏家店上層文化地域では、曹建恩による集成と検討が行われている（曹 2006）。夏家店上層文化の動物意匠は、龍頭山遺跡例などの西周初頭例を除けば、ほとんどが西周後期に属する。全体では、前11世紀から前8世紀初頭にわたり、中心は、前9世紀から前8世紀初頭ということになる。こうした時間幅を勘案して、曹の集成にしたがって当

地域の動物意匠を出現率の高い順に挙げれば、虎・豹のような猛獣類と馬類が多く、続いて鳥類、鹿類、羊類となる。その他少数であるが、犬、猪、牛、蛇、蛙の各類がある。

当地域の特徴は、燕山地域と構成が似ていることであり、オルドス地域などの西方と比較して、蛙や蛇が多く認められることであろう。このうち、蛇の意匠については、剣の柄・鍔と鞘に蛇の目鼻を表現し、また鞘に鱗状の透かしを入れる資料がみられる（小林 2009a ほか）。剣にいたっては、刃部を蛇行させるように研ぎ分けが行われており、剣に関わる意匠は蛇が圧倒的である。オルドス系の有柄銅剣の柄の飾りや文様にも蛇が多様されているのは、剣が敵を倒すということと、蛇は毒で敵を倒すという意味が相同関係を形成し、蛇が剣の象徴的な意味を担うことになったからであろう。剣鞘の三角形透かし文様は、その後、三角文系連続Z字文となり、剣鞘や多鈕鏡に施され、ヌルルホ山以南に伝播し、その後、遼東を経て韓半島、そして日本列島へ伝播した（小林 2009a ほか）。なお、蛙については後述する。また、鳥類については、猛禽類であるイヌワシと考えられる意匠があり、容器から武器にまで幅広く施されている。この意匠は、中国北方地域に広く認められ、さらに青海省でも類似資料がある（柳 2009）。イヌワシの意匠は剣鞘にもみられるので剣が辟邪の象徴であるとすると、その意味は天の象徴（春成 2007）というよりも、辟邪として機能していた可能性が高い。

当地域の動物意匠が表現されている器物は、容器、武器類、工具類、車馬具、装飾（垂飾、飾板など）である。西周期の装飾は、鹿と羊、そして虎、鳥の意匠が銅剣や刀子に多用され、これと非常に類似したものが南シベリアのカラスク文化からタガール文化において認められる（高濱 2005 ほか）。また、同種のものは、黒海沿岸地域にまで拡散しており、中央ユーラシアの草原地帯には広域な交流を通じて、類似した動物意匠の共通性が形成されたわけである。先述の研究史にもあったように、ここで欧亜のどちら側の動物意匠が最古で起源地であるかという議論は難しい問題であるが、中国北方の殷後期から終わり頃の動物意匠の存在からみて、中国北方の方が古い可能性が高まっている。いずれにしても、鹿・羊・虎・鳥という意匠の出現が、殷後期から西周前半にあり、それらが夏家店上層文化地域だけでなく、オルドス地域や甘寧地域、そして燕山山脈という中国北方各地域に広がっているという点は重要である。

（5）遼寧地域

まず遼西の大小凌河流域の凌河文化地域では、西周後期から春秋初頭頃の十二台営子遺跡において蛇、鹿、馬の意匠が認められ（朱貴 1960）、春秋末期の南洞溝遺跡では海鰩魚（エイ）形の馬面用と考えられる飾りがみられる（遼寧省博物館ほか 1977）。戦国前半の三官甸遺跡では中空の蛙形飾金具が大小多数と、蛙の後ろ足に蛇が噛みついた飾金具、そして中空の虎形銅飾がみられる（遼寧省博物館ほか 1985）。

こうした大小凌河流域の様相をもちつつも異なる様相の遺跡もあり、それは燕山山脈側の遼西に位置する五道河子遺跡であり、ここからは馬形銅飾が4点、豚形金製飾1点、海鰩魚（エイ）形銅飾1点、羊形帯鉤1点、羊形銅飾1点などが出土している（遼寧省文物考古研究所 1989）。

147

第 2 章　弥生青銅器の起源と遼寧青銅器文化

この構成は、大小凌河流域の構成と燕山地域の構成が混合した様相を示しており、遺跡の立地にあったあり方で、大小凌河流域が夏家店上層文化地域のほかに燕山山脈側の影響を受けていることが想定できる。

　以上のほか、大小凌河流域では、夏家店上層文化地域と類似する動物意匠をもつものがわずかに散見するが、それらはあくまで他地域からのわずかな搬入品であり、当地域の特徴は夏家店上層文化地域と燕山山脈地域と同様に馬・鹿・虎・鳥・蛇・蛙が存在し、このうち大小凌河流域では蛙の意匠が発達し、さらに海鷂魚（エイ）形が新たに加わることである。

　遼寧地域の器物の多くは、夏家店上層文化地域と類似する一方、動物意匠は非常に少なく、構成を知るのは難しい。一方、当地域は装飾の幾何学文化が著しく、早くから具象的な装飾から変化しており、この様相は動物意匠が減少する点と一致しているようである。おそらく、当地域は、草原文化で培われた牧畜的文化要素よりも、河川流域での農耕が主体の生業が背景としてあることから、牧畜遊牧民的な西方の器物をそのままの形では在地に適応させず、むしろ、独自の幾何学的な装飾体系に変化させた可能性があろう。

　次に遼東地域については、動物意匠はきわめて少ない。鉄嶺博物館には、動物飾りつき銅製品の滑石製鋳型が展示されているが、何の動物を表現したのかは不明である（秋山編 1995）。そのほかに瀋陽市鄭家窪子遺跡で馬具に用いられた蝦（エビ）形の銅製飾が出土しており（瀋陽故宮博物院ほか 1975）、本渓市の劉家哨遺跡で、多鈕鏡に水鳥と蛇が表現されたものがある程度である（梁 1992）[3]。むしろ興味深いのは、鄭家窪子遺跡で青銅器ではないが蛙形土製品が出土していることである（京畿道博物館 2010）。蛙の意匠は、ここまでみてきたように燕山地域や夏家店上層文化地域で少数ではあるが散見されはじめ、大小凌河流域で増加する。いわば蛙は、遼寧式銅剣文化の象徴的な動物意匠の一つといってよいかもしれない。

（6）燕国地域

　最後に燕国の動物意匠についても簡単に触れておく。燕国における金属製品のなかで、動物意匠は虎が圧倒的に多い。また燕国の土器には胴部に動物文様が描かれることが多いが、それらの画題は、虎・鹿・魚である。これらの文様は、おそらく林巳奈夫が検討を行った戦国時代の銅容器に描かれた画像紋（林 1972）と関係があろう。林が検討を行った段階には、画像紋をもつ北方の資料は知られていなかった。しかし、その後、北京市通県中趙甫遺跡で前 5 世紀頃の燕国のものが発見され（程 1985）、中山国であるが河北省平山三汲古城遺跡においても出土している（河北省文物研究所 1987）。燕国の土器に、虎・鹿・魚の絵画が描かれるようになるのは前 5 世紀頃からであるので[4]、画像紋の画題を抽出して生まれた可能性はありそうである。なお、こうした画像紋には、鹿を弓矢で射かける絵画も含まれており、それは夏家店上層文化地域の寧城県南山根遺跡出土の骨板に描かれた絵画資料とも共通点をもつ（林澐 1991）。これは画像紋のうち狩猟に関わる部分については、北方系起源の可能性を示している。

　いずれにしても、燕国では、虎と鹿が重要な動物意匠であり、画像紋にはさらに車馬、そし

148

て絵画群の上部に鳥が描かれ、また下部に蛇が描かれており、これらを合わせると虎、鹿、馬、鳥、蛇という構成となろう。この組合せは、地理的に近い燕山山脈の長城以北地域や夏家店上層文化地域の様相に近い。こうした構成の近似度は、決して偶然ではなく、西周初期から中国北方地域との交流があり、さらに前6世紀頃からは東方への領域支配の拡大により、北方地域の祭祀や習俗の影響を受けた可能性もあろう。燕国の様相を中原系であるとみなして特別視するのではなく、これまでみてきた中国北方の諸地域と同列に比較することが必要なのである。

　以上、中国北方諸地域の動物意匠についてみてきた。ここまでの諸地域の様相は次のように整理できる。

①オルドス地域は、虎類・鹿類・鳥類・羊類主体の構成。

②甘寧地域は、虎類・鹿類・鳥類・羊類主体の構成。

③燕山山脈地域は、鳥類・馬類・鹿類・虎類が多く、野猪・蛇・蛙・羊が少数ある。

④夏家店上層文化地域は、虎類・豹類・馬類・鳥類・鹿類・羊類が主体で、その他少数の犬類・猪類・牛類・蛇類・蛙類がある。

⑤凌河文化地域は、馬類・鹿類・虎類・鳥類・蛇類・羊類・蛙類が存在し、海鰻魚（エイ）が新たに加わる。

⑥燕国は、虎類・鹿類・馬類・鳥類・蛇類という構成。

5．中国北方青銅器文化と弥生文化の動物意匠

　以上の中国北方青銅器文化における動物意匠の検討を受けて、弥生文化の動物意匠、そして韓半島青銅器文化の動物意匠についてみておこう。

（1）弥生絵画における動物意匠の出現頻度

　弥生時代の絵画に描かれた動物については、春成秀爾と橋本裕行が集計している（春成1991、橋本1996）。まず銅鐸については、春成による統計によれば、鹿135頭（32.9%）、魚40匹（10.3%）、鳥27羽（6.9%）、猪23頭（5.9%）、猪と鹿は同一銅鐸のなかに多数描かれており、銅鐸数でみた場合は、鹿（63.4%）、鳥（43.9%）と鹿が圧倒的である。また、橋本裕行による土器の集計では、鹿105頭、鳥20羽、龍16匹であり、最近も鹿の絵画が関東地方でも検出されるほどに鹿が銅鐸と絵画で圧倒するのが弥生絵画の動物意匠のあり方である。一方、木製祭祀具のなかの動物意匠は、圧倒的に鳥であり、絵画と木製祭祀具を合わせて考えれば、鹿と鳥がやはり弥生文化の動物意匠の双璧であるといえる。これら弥生絵画の出現は、北部九州では弥生時代前期末から中期初頭の段階であり、この段階は韓半島系青銅器や燕国系鉄器がほぼ同時に流入する時期である。後述するように、こうした流入は燕国の東方への拡大と連動したものであろう。

第2章 弥生青銅器の起源と遼寧青銅器文化

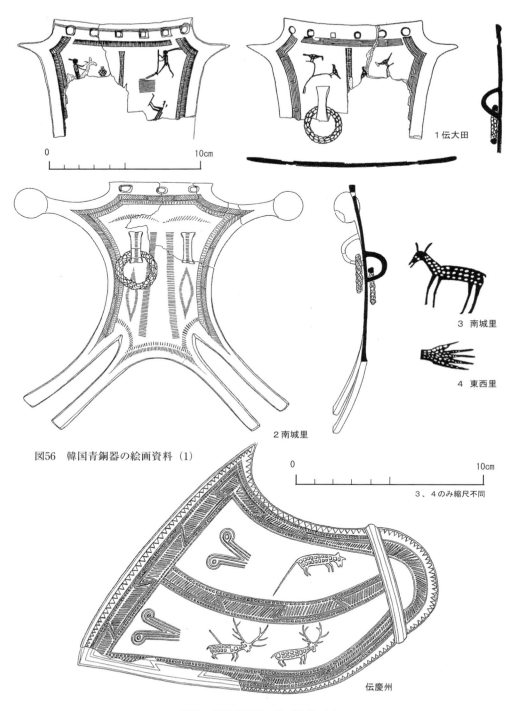

図56 韓国青銅器の絵画資料（1）

図57 韓国青銅器の絵画資料（2）

150

第6節　動物意匠の起源

（2）韓半島の動物意匠

　以上の弥生文化の様相と中国北方の様相とを比較する前に、間を繋ぐ韓半島の様相についてもみておこう。今のところ、弥生時代の前期頃に併行する韓半島の無文土器時代における韓半島の動物意匠はきわめて少ない。以下で、わずかな資料ではあるが取り上げて検討してみよう。

　韓半島で動物意匠が明確にわかる資料は、青銅器では3例ある。第1例は、忠清南道牙山郡南城里遺跡出土青銅器である。本資料は、いわゆる韓半島の異形青銅器の一種であり、遊環付双鈕脛当て形飾り板と呼ばれる（韓炳ほか 1977）。この青銅器に鹿の子文様をもつ角のない鹿が1頭描かれている（図56-3）。時期は、遅くとも前5世紀頃であると考える。なお、東西里遺跡からは同型式の飾り板に、鹿の子文様をもつ手の絵画が描かれている（図57-4：李健 1992b）。

　第2例は、慶尚南道慶州市付近出土旧小倉コレクションであり、本資料は、肩甲形飾り板に鹿の絵画がある（岡内 1983）（図57）。鹿は2頭表現されており、いずれも鹿の子文様をもち立派な角を生やしている。このうち1頭の後の鹿の背中には、矢が刺さっている。この飾板には、他に長い尻尾を有する四足獣の表現がある。春成秀爾は、この動物をネコ科の獣、おそらく豹とする（春成 1991）。時期は、南城里遺跡例と同じであろう。

　第3例は、伝大田出土の遊環付の異形青銅器である（李健 1992b）（図56-1）。この青銅器の両面には絵画があり、一面には壺に手を掲げる人物と畑を鋤で耕す人物、そしてもう一面には木にとまる鳥の絵画がある。

　以上の韓半島における絵画資料に関し、春成秀爾は南城里遺跡と伝慶州出土の鹿の絵画をもつ青銅器は、日本の弥生時代の銅鐸や土器の絵画の鹿を連想させるとし、また韓半島では卜占に鹿を選び、鹿角製の刻骨の存在は、鹿を神聖視する観念が存在したことを示すと考えた（春成 1991）。その他、青銅器時代の初期に支石墓や岸壁に岩画が存在し、そこには動物も描かれている（小林 2006a）。しかし、そこで描かれている絵画の時期は不明なものが多く、ここでは岩画は検討からはずすことにしたい。このように韓半島の絵画資料はきわめて少ないが、動物意匠の種類は、鹿、鳥、豹（猛獣）という三者となる。

　したがって、韓半島を経由して弥生文化に大陸系の動物意匠が伝播したとすれば、弥生文化には鹿と鳥のみが伝播し、豹は欠落したことになる。これは、単純に考えて、日本列島に豹のような肉食の猛獣が存在しないからであろう。

（3）中国北方青銅器文化との比較

　ここで、話を韓半島とさらに西方の中国北方との関係に戻そう。先に検討を試みた中国北方諸地域に共通する基本構成は、鹿、鳥、虎（豹）、羊である。中国北方諸地域では、これに馬、蛇、蛙、海鶖魚が組み合いながら地域色を形成している。一方の韓半島における動物意匠の構成は、鹿、鳥、豹（猛獣）という三者であり、中国北方諸地域に共通する基本構成のうち、羊が欠落し、地理的に近い遼寧青銅器文化の範囲にみられる馬、蛇、蛙、海鶖魚も欠落している。

151

第2章　弥生青銅器の起源と遼寧青銅器文化

図58　戦国時代の画像紋狩猟紋（王溝墓）

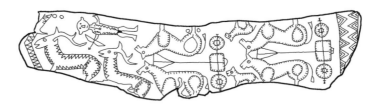

図59　南山根遺跡出土骨板絵画

韓半島で羊が欠落するのは、牧畜農耕が行われなかったことが最大の要因であろう。また、遼寧地域の馬、蛇、蛙、海鷸魚も、数的にはきわめて少ないので、韓半島でみられないのも当然であろう。

また見方を変えて、動物意匠が表現されている器物の面からみてみると、中国北方地域では容器、武器類、工具類、車馬具、装飾（垂飾、飾板など）であり、このうち韓半島に伝播するのは武器と工具であるが、韓半島に近い遼西や遼東ではすでにこの種の器物に動物意匠が表現されることがほとんどないことが影響しているであろう。同じように、動物意匠をもつ装飾（垂飾、飾板など）は、衣服文化の違いや腰帯に装飾をつけるかどうかの有無とも大きく関係しているであろうし、中国北方地域内でも東方地域でこの種の動物意匠が少ないのもそうした理由によるかもしれない。

いずれにしても、中国北方の動物意匠の構成は、いわゆる遼寧青銅器文化の範囲内で要素の欠落と数的な減少傾向が顕著となり、その影響が韓半島に及んで、最も数的に多い鹿・鳥・虎か豹の猛獣という構成が残り、その後、弥生文化では虎か豹の猛獣も欠落することになったと整理できる。

（4）燕系文化の影響

こうした中国北方の動物意匠を考えるうえで、前6世紀頃から遼寧地域への領域拡大をはじめ、前4世紀代には韓半島北部にまでその領域を拡大した、燕の影響についても検討しておこう。

最近、佐賀県鶴崎遺跡の銅剣が前5～前6世紀頃の燕山山脈地域のものと判明し（石川岳

2006)、さらに吉野ヶ里遺跡の青銅器工房出土の銅柄をもつ刀子が燕系で、熊本市八ノ坪遺跡出土の羽口が遼寧系である可能性が指摘されるようになった（石川岳・小林 2012）。また燕系の鋳造鉄斧の破片が、西日本各地で発見される事実（野島 1992）とも重なって、春秋戦国時代の燕国と日本列島の弥生文化の関係が注目される。すなわち、前6世紀以降の政治情勢からみれば、青銅器が日本列島に伝播する前4世紀代まで、遼西から韓半島に燕系文化の影響が暫時及んでいたわけであり、さらに、青銅器文化の流入する前期末頃に、ここまで検討を行ってきた動物意匠とそれに関係する絵画が弥生文化に出現する。したがって、本書で問題とする動物意匠の面でも燕国や遼寧といった地域の影響を受けた可能性も考える必要性が出てきたわけである。ここで筆者が問題とするのは、先にも燕国の様相を検討するなかで述べたように、燕国にも存在した画像紋に描かれる内容である。

　戦国時代の画像紋について林巳奈夫は、西周時代の礼書や金文に記載されているような、殷の祈年祭の伝統を継承して顕著に上帝の祭祀を豊京で行うもので、天の祐と永命を願う祭儀が戦国時代にも行われており、それが表現されたものが画像紋であるとした（林 1972）。燕国は、殷の祭祀儀礼を掌る召氏一族の系譜にあり、西周期を経て殷系祭祀の伝統を継承した可能性は高い（甲元 2008a）。また、画像紋の多くは華南でも発見されているが、そこに描かれている絵画のうち、車馬と鹿、虎が登場する場面はきわめて北方的色彩が強い。特に鹿の表現は、これまでみてきた中国北方地域の鹿の表現を彷彿とさせる。こうした北方系の絵画の影響を考えるうえで、夏家店上層文化地域の寧城県南山根遺跡出土の骨板に描かれた絵画資料は重要である（林澐 1991）（図59）。本資料は、2頭立ての車馬が2台描かれ、その前に2つの角をもつ鹿がいる。その脇で弓を引き矢で鹿を射ろうとしている頭髪のない、当地域の人面表現によく似た人物が立っている。鹿と人物の体には、鋸歯文がつけられ、さらにこの骨板の両端にも鋸歯文を有する。こうした鹿を弓矢で射るような光景の絵画は、西方の中央ユーラシア地域にも散見されるものであり、それが西周後期頃の夏家店上層文化地域には存在したわけである。画像紋の光景と南山根遺跡の絵画の類似性ははたして偶然であろうか。

　現在のところ両者を繋ぐ資料はないが、先に述べたように画像紋の資料は燕国の領域でも発見されはじめており、推測の域を出ないが、両者に何らかの関係があってもおかしくはない。また画像紋をめぐっては、「矢負いの鹿」も描かれており（図58）、弥生絵画の「矢負いの鹿」の画像との関連性が問題となろう。「矢負いの鹿」については、先にみたように、慶州市付近出土旧小倉コレクションの肩甲形飾り板に類例がある（岡内 1983）（図57）。遼寧地域で現在までのところ類例を探せない以上、可能性として「矢負いの鹿」絵画の起源の一つに、燕国の青銅容器の画像紋、そしてそれに影響を与えた可能性の高い夏家店上層文化地域も候補にすべきであろう。さらに夏家店上層文化地域の青銅器文化には、ユーラシア東部の広い地域の影響もみられるので、さらに北方遊牧民系の文化の影響を考える必要があるだろう。

6. 展望

　以上、中国北方青銅器文化の動物意匠の検討から弥生文化の動物意匠について考えてきた。本論では、動物意匠を考えるにあたり、細かい種の同定などは行わず、たとえば鹿類などと大雑把に分類して検討を試みてきた。これは、冒頭でも述べたように、一度、大掴みで全体像を把握して、弥生文化との比較を行いたかったわけであり、この点に関する不備は今後の検討で補いたい。ただし、本論の議論で一つ欠けているのは、中国北方地域の青銅器にみられる動物意匠の意味であろう。最後にこの問題についての構想を述べて終わりとしたい。

　中国北方青銅器文化の動物意匠の基本構成は、すべての地域の共通項と数的な順位でいえば、虎（豹などを含む猛獣）、鹿、羊、鳥の4種類である。このうち、羊は草原牧畜民にとって重要な動物であり、副葬もされる。弥生文化で稲作を重視することと同じことであろう。そうなるとそれでは他の3つの虎（豹などを含む猛獣）、鹿、鳥はどのような意味をもっていたのか。まず虎は、帯鉤などに表現されるが、銅剣の柄や柄に表現されることが多く、おそらくは剣で敵を倒すという意味と鋭い牙で敵を倒し獣のなかの強者であるという虎の意味が相同関係となり、武器類に表現されたのであろう。いわば、権力や辟邪としての意味であろうし、そうであれば帯鉤飾りとして身にまとうことは護身の象徴であろう。車馬具に虎が用いられるのも、同様に辟邪として機能したことを示している。こうした機能が、やがて国家の形成過程で権力の象徴の一つとなったと考える。しかし、残念ながらこの辟邪の象徴としての虎は弥生文化には伝播せず、代わりに蛇の意匠が図像化して鋸歯文となり伝播して辟邪の中心的な文様となった（小林 2009a ほか）。

　鳥は、水鳥などが表現されることが多いが、これは地の果てに行っては、必ず帰ってくる季節的に移動する鳥の習性に、あの世とこの世を行き来する死者の霊の再生観を重ね合わせた祖先崇拝の象徴としたと考える。弥生文化の鳥も、穀霊としての鳥であり、また稲作のカミであり（大林 1964）、同じような意味を想定できるので、その信仰の起源地の候補として中国北方文化の影響も考慮すべきであろう。

　一方、鳥のうちでもイヌワシや鷹などの猛禽類は、虎と同様、力強く獲物を得る光景に力や辟邪としての意味を重ね合わせた可能性が高く、それゆえに猛禽類を剣の鞘など武器類にも表現するのであろう。この観念は弥生文化には伝播しなかった。

　鹿の場合には、立派な角は敵を倒す武器でもあり、その風貌自体が辟邪のような意味として機能した可能性がある。モンゴルから中央ユーラシアにかけてみられる積石墳墓にはしばしば鹿石という列柱が墳墓付近に伴う場合があるが、これは墓に悪霊が迷いこまないように追い払う辟邪として機能した可能性を考えるべきである。このように考えることができれば、たとえばパジリク古墳から出土した凍結遺体の鹿（怪獣化した）の入れ墨も同様に辟邪の意味として身体につけられていた可能性もある。

ただし、鹿の場合には別の意味も考えることができる。すなわち、中国北方青銅器の動物意匠のなかで、量的に多い鹿は、いわば牧畜の地に生息する自然の代表である。移動性の高い牧畜は、広範囲の移動を繰り返して自然の草原を有効に利用する。当地域のさまざまな鹿の生態を把握したわけではないので断定できないが、立派な角をもつ鹿に限れば、その角が生えては落角するサイクルを繰り返すように、再生の象徴を見出し崇拝した可能性がまず考えられるわけである（春成 1991）。そうした鹿の象徴性が、豊かな牧草地の確保を祈願する草原民の象徴的存在となった可能性もあろう。このように考えれば、鹿には辟邪と再生という全く異なる二面性があったことになるが、これは弥生絵画においてもみられたことである。弥生絵画の鹿は、崇拝対象として描かれる一方、矢で射られる存在でもあるが、これは鹿が土地の精霊であるとともに、土地の精霊であるからこそ、天変地異といった不安定要素の象徴でもあり、善と悪の両面を併せもつ存在であったからである（小林 2006d）。

　以上のように、中国北方地域の青銅器にみられた動物意匠は、草原地帯の生態環境に適応したさまざまな動物のなかから、虎、鹿、羊、鳥を選んで象徴とし、崇拝の対象とした。こうした動物の種類は、広域な中国北方地域内部においても東方に行くにしたがい、要素の欠落をみながら、各地域で独特な種類を加えつつ展開していた。弥生文化はそうした展開のなかで、最も象徴性の高い鹿と鳥が伝播したとみることができる。また、先に考えたこれらの動物の象徴的な意味は、草原地帯に適合した状況において再生や辟邪として象徴化されていたが、この意味は東方に伝播する過程で各地域の環境や生業に適合しつつも不変であり、弥生文化では稲作農耕に適合した形で受容されたと考えることができる。

　なお、これまでの研究では、ここまで検討してきたような大陸系の文化要素は、南方の要素を重視し、またいずれも韓半島を経由して日本列島に流入したと考えることが普通であった。しかし、近年のさまざまな新発見からは、そうした定説の見直しが必要となっている。鳥取県青谷上寺地遺跡から出土した木製箱形琴の側板には、巻角を表現した北方草原地帯に生息する羊の線刻絵画が描かれており、この存在からすでに弥生文化に北方遊牧民系の青銅器文化の集団が流入していたか、あるいはかなり正確にその情報が流入していたことがわかる（足立 2004）。また、佐賀県唐津市鶴崎遺跡からは、河北省北部から内蒙古の一部に広がる長城地帯の青銅短剣が出土しており（小林 2012b）、さらに近年、滋賀県高島市上御殿遺跡でオルドス系短剣の石製鋳型が出土した（中村健 2014）。本例の祖型は、典型的なオルドス地域の青銅短剣で、有柄銅剣と呼ばれているものがその候補である。本例の出土によって、先にみた鶴崎遺跡例と合わせて、いわゆる内蒙古・長城地帯の北方遊牧民系の青銅器文化の影響が日本列島に及んでいたことがより鮮明になった。こうした事例からみて、弥生文化には北方遊牧民系の文化が相当に流入していたことが判明したのであり、さらに第4章で詳しく検討するように弥生時代前期末から中期中葉にかけて戦国時代の燕国の文化も相当に弥生文化に流入している可能性が高まっている。このような状況からみて、弥生文化における動物意匠の系譜の多くは、北方系・燕国系が中心となって弥生時代前半期に流入したものが主体を占めたといえるであろう。そして、

第2章　弥生青銅器の起源と遼寧青銅器文化

青谷上寺地遺跡の羊の絵画例の存在から、本来は北方遊牧の地にあった動物意匠も流入してい
たが、それが表に出たのは青谷上寺地遺跡例のように稀であった。おそらくこうした状況となっ
た理由は、弥生文化では日本列島に生息しない動物は採用されず鹿と鳥が採用され、その結果、
日本列島に存在しない動物意匠の表現が限られていたことにあるのであろう。

註
（1）　本論は、平成23年度日本学術振興会科学研究費補助金基盤研究（B）海外学術研究「紀年銘中原青
　　　銅器による中国北方青銅器文化研究の再構築」（研究代表者　小林青樹）として、内蒙古自治区の東
　　　勝の鄂爾多斯青銅器博物館と呼和浩特の内蒙古文物考古研究所と内蒙古博物館で実施した研究成果の
　　　一部である。調査に同行された春成秀爾、宮本一夫、石川岳彦の諸先生・諸氏には多くの教示を受け
　　　た。感謝申し上げたい。また、資料の見学にあたり内蒙古博物院長の塔拉先生、内蒙古文物考古研究
　　　所の曹建恩先生、鄂爾多斯青銅器博物館の楊澤蒙先生に感謝申し上げる。
（2）　ここで挙げた獣の頭部の表現をもつ資料は、内蒙古文物考古研究所が所蔵し、本研究所のカタログ
　　　に掲載されている（内蒙古文物考古研究所ほか 2005）。以下、出典の掲載番号を記しておく。獣頭形
　　　飾り（105）、獣頭単珠飾（205）、隻耳続珠飾（219）。
（3）　この鏡の動物意匠の表現方法と図案がほぼ同じものが、江上波夫により報告されている（江上
　　　1936）。オルドス地域のものとされており、両者の関係は興味深い。
（4）　燕国の土器の絵画の出現時期については、石川岳彦氏の教示による。

第 3 章　中国外郭圏と弥生文化

第1節　中国外郭圏の問題

1．中国外郭圏おける比較研究の意義

　弥生文化の起源と遼寧青銅器文化の問題のなかで、銅剣・銅矛・銅戈の起源について第2章で検討したが、青銅武器のうちで中原系の強い影響を受けているのは銅戈である。特に日本列島における銅戈に目を向けると、その特異なあり方が浮き彫りになる。そこで注目されるのは、銅戈の祭祀性である。弥生文化において祭祀の状況をある程度示す可能性をもつ弥生土器や銅鐸の絵画において、武器を描いているのはほぼ戈に限られる点は問題である（小林 2006a ほか）。描かれた戈の絵画は、「戈と盾をもつ人」を描いたものが多いが、戈のみを描いたものも存在する。このような戈の特異な様相は、戈自体に重要な意味が隠されているからにほかならないと考える。

　こうした戈の特異なあり方は、絵画においてみられる現象だけではない。青銅武器のうち最も東方に分布するのは銅戈であり、長野県と群馬県西部に集中する。そして、この銅戈を石に写した磨製石戈も長野県から群馬県西部に集中する。さらに、石戈は変形して、東南関東から東北南部にかけて弥生時代中期後半から後期の時期に分布する有角石器が成立する。以上のような絵画、銅戈、石戈などの動向は、武器のなかで戈の象徴的意味が強いことを示していて、祭祀において重要な役割をもつからこそ日本列島において広く拡散したと考える。

　それでは、こうした銅戈・戈の強い祭祀性は日本列島だけの現象なのであろうか。銅戈がその祭祀性とともに中原から日本列島に伝播したように、日本列島以外の中原の周辺地域ではどうであったのかが問題となる。戈は、中国中原で誕生し、その後周辺地域に伝播するわけであり、日本列島にのみ戈の象徴的な意味が熟成したとは思われない。こうした疑問を抱いた筆者は、2003年から5年間、東南アジア青銅器文化の研究に触れる機会を得て、特にベトナム南部の青銅器文化において多数の銅戈の埋納例を知った。そして、東南アジアでは銅戈のみがタイなどの周辺地域に拡散し、遠くはインドネシアにまで分布圏が広がっている事実が判明した。こうした銅戈に秘められた弥生文化と東南アジアにおける共通した強い祭祀性をどのように考えればよいか。この疑問を解決するために考案したのが「中国外郭圏」という考え方である。

　第2章では、弥生青銅器の起源を考えるため、起源地である遼寧青銅器文化、そして北方青銅器文化からの一つの流れのなかで議論してきた。しかし、これだけでは先に述べたような銅戈の強い祭祀性とそれが東南アジアでも共通するという問題の回答を得ることはできない。弥生文化の起源を考えるため、銅戈を題材として「中国外郭圏」という別の角度からの起源論を展開したい。

2．中国外郭圏と2つの大きな動き

「中国外郭圏」という考え方は、筆者がかつて中国中原を中心とし、この周辺の日本を含めた地域を考えるために設定したものである（小林 2006b）。中国外郭圏は、常に中原からの文化伝播を受ける影響下にある周縁地域で、その特性を考えようとしたものである。しかし、中原を中核として、周辺地域に中原の文化体系が伝播するような見方は、かつては文化的な意義づけの点でも中原中心主義といわれるものとも近い考え方であり、現在では批判されうる意見であるかもしれない。

こうした中原中心主義的な考え方が支配的であったなか、童恩正による「辺地半月形文化伝播帯説」と呼ばれる枠組みが提唱された（童 1987）。童の考え方は、雲南西部、川西高原一帯、さらには長城地帯から遼寧などの東北地域までを含む中原を取り囲む広大な範囲を、先史時代の文化的連動地帯とした壮大な考え方である。これに対し、宮本一夫は、中原を囲むように現れる文化共通地帯は、実は、北方青銅器文化の2つの支脈を表しており、1つは遼西・遼東から韓半島に向かう遼寧青銅器文化であり、もう1つは中国西北部から中国西南部への文化接触地帯を介しての青銅器文化の広がりであるという仮説を提示した。こうした仮説を実証するため、宮本は、遼寧青銅器文化と同様に、中国西北部と中国西南部を繋ぐ川西高原、すなわち東チベット高原の青銅器文化を検討している（宮本・高編 2013）。

第2章の筆者の検討は、宮本一夫が指摘した北方青銅器文化の遼西・遼東から韓半島、そして日本列島へ向かう遼寧青銅器文化の支脈をたどったことになる。この支脈とは別のベクトルの波は、宮本の指摘通り、中国西北部・中国西南部へ、そして東南アジアへと向かっており、宮本による東チベット地域での調査と研究によってそうした痕跡が見出されている（宮本・高編 2013）。しかし、本論で検討を行う銅戈については、いわゆる早期銅戈とされる殷代以前やその前後については北方青銅器文化の影響を見出すことができるが、西周時代以降については、中国中原の強い影響を受けている。そして、

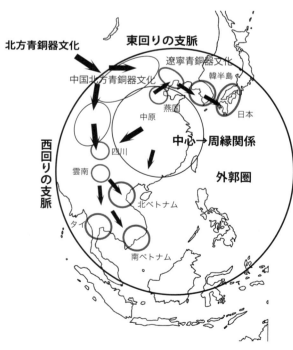

図60　中国外郭圏の銅戈

こうした動きは、宮本が指摘した西回りの支脈や童恩正が指摘した文化伝播のあり方とも重なる部分があるが、文化的には中心／周縁関係が基本となって、中心の核的世界から周辺地域へ同心円状に文化要素が拡散していくような関係性もあったと考える。つまり、宮本の考え方を参照しつつ、こうした周辺地域へ同心円状に文化要素が拡散していく中心／周縁関係の考え方を加味することで、より実態に即した中国外郭圏の構図を構築することができる（図60）。すなわち、中原との関係では、中原の中心の核的世界から周辺地域へ同心円状に文化要素が拡散していくような関係がまずあり、そうした状況の一方で、周辺部では、北方青銅器文化を起点とする東回りと西回りの支脈が展開するということになろう。そして、驚くべきことに西回りの支脈はさらにインドネシアにまで広がっているのである。なお、こうした2つの大きな動きは、決して一方向に流れていたわけではない。この関係性の網の目のなかで、各地域は複雑に関係性をもっていたはずである。このようにして提示する図式は、全体としてみれば、東アジア青銅器文化の形成過程を示すものでもある。

　本節では、こうした観点から銅戈・戈の動向を検討し、弥生文化における銅戈・戈を相対化する。以上の検討を行ううえで、特に筆者が注目するのは、多数の銅戈が存在するベトナム南部のドンナイ青銅器文化である。ベトナム南部地域は、古代中国外郭圏の南縁に接する地域であり、同じ中国外郭圏の北縁に位置する日本列島とは対照的な位置関係にある。日本列島が大陸からやや離れているのに対して、ベトナム南部が大陸と陸続きであるという相違もあるが、古代中国中原の周辺文化という意味では、同列に比較検討することも重要であろう。日本列島とベトナム南部の間には、互いに全く脈絡的な繋がりのない地域であるが、以下での分析検討の結果が示すように、戈をめぐって非常に興味深い類似現象が看取できる。

　以下では、最初に、弥生文化との比較を念頭におくために、銅戈を保有するベトナム南部の青銅器文化について概観し、続けて検討の範囲をベトナム北部から、ラオスやタイにまで広げ、この一帯での銅戈の様相ついて検討することにしたい。そのうえで、同じく中国外郭圏である四川地域と雲南地域も合わせて、遼寧青銅器文化の影響で銅戈をもつこととなった日本を含めた東北アジア南部地域との比較を行うことにする。これにより、弥生文化を東アジア青銅器文化のなかで位置づけることが可能となろう。

第2節　ベトナム南部青銅器文化の特色

1．ベトナム南部青銅器文化をめぐって

　ベトナムにおける青銅器文化については、これまで特にドンダウ文化やドンソン文化といった質・量ともに豊富な北部地域の様相が注目されてきた。しかし、近年南部地域での青銅器文化に関する資料の増加により、メコン河口域における青銅器文化であるいわゆるドンナイ文化の実態が明らかになりつつある[1]。ベトナム南部は、北部に比べて湿地が多く文化レベルもドンソン青銅器文化の華やかさに対して見劣りしているようにみえる。しかし、水田稲作を基盤とした社会であるとすれば広大な耕作地をもつわけであり、後世のオケオ遺跡に代表される初期国家の存在を考慮すれば、南部地域における青銅器文化段階の検討は、当地域における初期国家の成立過程の究明に繋がる重要な課題である。

　これまでに知られる青銅器関係の資料は決して多いものではないが、ベトナム南部地域出土の青銅器の資料集成については、グエン・ザン・ハイが東南部地域について整理しており（Nguyen 2001）、また西村昌也も当該時期の年代の問題と資料について検討を行っている（西村 2005）。筆者の当地域の青銅器関係資料の集成と調査結果に基づく観察結果など[2]に導かれつつ、中国外郭圏と弥生文化の関係を考えるためにその概要を整理することにしたい。

2．青銅器鋳造関係遺物および青銅器の概要

　先にも触れた通り、ベトナム南部の青銅器に関して、グエン・ザン・ハイは総括的な論究を行った（Nguyen 2001）。グエン・ザン・ハイの検討は、厳密には東南部地域であり、その範囲はメコンデルタを中心に、その北限はほぼドンナイ河の流路が北上し、東北方面に右折する付近一帯までに設定されている（図61）。いわゆるドンナイ青銅器文化は、ドンナイ・デルタの北側の河川流域沿岸に集中する遺跡分布を背景として設定されており、このデルタは深いマングローブを通して流れる多数の水域をもつ低湿地帯である。したがって、海域へのアクセスは容易であり交換ネットワークは常に可能である。これらドンナイ文化の諸遺跡の多くは低地に立地するため、居住遺構は掘立柱建物であり、平地式ではなくほとんどは高床式に復元される。実際、ドンナイ川流域の遺跡では、掘立柱が立ったまま出土している例が多いようである。

　このような地域にあって、青銅器を出土した遺跡はグエン・ザン・ハイの集成によれば表4のように約36遺跡である（Nguyen 2001）。筆者はこの表中のうち、ロンザオ、ゾクチュア、ブンバックといった重要遺跡について、観察と実測調査を行うことができた。以下に、簡単ではあるがそれらの所見から当地域の青銅器文化について述べることにする。

163

第3章　中国外郭圏と弥生文化

図61　ベトナム南部における青銅器時代の遺跡

3．鋳型について

　ベトナム南部青銅器文化の遺跡では、多数の砂岩ないし土製の鋳型が出土する。一遺跡で、相当の出土量を誇るようであり、特定の遺跡で集中的に生産していたといってよいであろう。
　実見した鋳型は砂岩製がほとんどである。ピンク色を呈する茶褐色系のもので、なかには、粘板岩系も存在するが、本書で提示する資料のほとんどはこの砂岩によるものである。実見資料のなかには、幾度も被熱を受けた鋳型が存在するので、複数回の使用に耐えうるように砂岩が選択されていたのであろう。

（1）鋳型の種類（図62）

鋳型の種類は、工具類が大部分を占める。組成については、袋状の分銅形斧（図62-1）を主体とし、矛（図62-8右）、先端が方形を呈する鎌（図62-6左など）、先端に鍬状のものがつく棘をもつ製品例（図62-8左など）、槍（図62-7）、ヘアピン状のもの（図62-5など）、大小の銅鈴（図62-4など）、戟状銅製品（図62-6右）などがある。これらのうち、ナイフ状の鎌には、断面がT字を呈する鎌などが若干含まれると思われ、棘をもつ製品例は、漁撈具のかえりをもつヤスにもみえるが、武器の可能性もある。また、数少ないが、プーマイ遺跡からは、双頭渦文状や動物の装飾をもつ鉞（図62-2・3）が出土している。

（2）鋳型の形態

これら鋳型について観察すると、いくつかの点を指摘できる。まず、形態であるが、断面が四角形のものとかまぼこ形の大きく2種類がある。断面がかまぼこ形の鋳型は、斧の単品を製作するものが多く、断面四角形の鋳型の場合は、両面に異なる製品の型を彫り込んで使用している場合が多い。つまり、本来、断面かまぼこ形の鋳型は、2つの鋳型を合わせて1つの湯口に銅を流し込むほかないのであるが、断面四角形のものは、鋳型を2つ以上合わせ、複数の湯口に銅を流し込むことが可能な構造をなしている。両面に型が彫り込まれている例は、斧と斧（4例）、斧と鎌（2例）、斧と槍？（1例）、斧と斧・棘（1例）、斧と鉞（1例）、斧と環状製品（1例）、棘と矛（1例）、鎌と戟（1例）、以上である。両面に斧の場合が最も多く、片面に斧、裏面に鎌などの工具や装飾品という組合せがみられるようである。つまり、基本的に鋳型は斧の生産を基本としており、これに組み合わせる形で行われていると考えることができる。

（3）鋳型の目印・凹み

鋳型同士を合わせるとき、2面がずれないようにあたりとしての目印をつけている。刻みによってつけているようである。側面にみられる凹みも、この候補であるが、2面が合わさる部分ではなく、側面の中央につけられており、合わせ目の目印としては不自然な位置にある。おそらく、これは湯口側を示す目印か、もしくは鋳型を固定する際に機能するものかもしれない。あるいは、熱せられた鋳型を動かす際に何らかの工具をこの凹みに引っかけてもちやすくしている可能性もある。

（4）その他の鋳造関係遺物

南部地域では、鋳型のほかに鋳造関係遺物が出土しているようである。実物を観察していないが、グエン・ザン・ハイの集成表によればハンゴン7B、ゴーミー、ビンバー、ブンバック、以上の4遺跡から出土しており、坩堝やとりべと思われる。

第3章　中国外郭圏と弥生文化

表4　ベトナム南部の青銅器・鋳造関連遺物一覧（「Nguyen Giang Hai 2001」から引用改変）

	遺跡	鋳型・鋳造道具	青銅製品ほか	年代（BP）
1	Hang Gon	鋳型5（斧・ヘアピン）・鋳型未成品1		3950±250BP
2	Suoi Chon	鋳型8（斧・馬鈴・耳飾・戈）	斧3・斧破片1	
3	Dau Giay	鋳型破片3（斧・針）		
4	Hang Gon 9		銅桶1	2300±150BP・2190±150BP・2100±150BP
5	Phu Hoa		腕輪14・馬鈴2	2590±150BP・2590±240BP
6	Hang Gon 7B	鋳造関係容器破片（坩堝？）	小刀1	2590±50BP・2570±50BP・2720±50BP・2220±50BP
7	Long Giao		銅戈21、銅戈破片12、斧3、穿山甲形1	
8	Thoi Giao		銅破片数点	
9	Hang Gon 3	鋳型？		
10	Loc Tan		銅鼓（ヘーガーⅠ式）	
11	Doc Chua	各種鋳型76	斧16・矛9・槍6・戈刃部3・戈破片6・鎌7・動物像1・角形1・環状破片2・馬鈴3・銅小破片	2990±105BP・3145±130BP
12	Vo Dong	鋳型1（斧）	斧1	
13	Nam suoi Ret	鋳型未成品2		
14	Cu Lao Rua	鋳型1		2230±100BP
15	Go Me	鋳造関係容器（とりべ？）2		
16	Cu Lao Pho		斧3	
17	Don Cay Mai		斧1	
18	Ben Do		斧数点	
19	An Hung		斧3	
20	Cu My		斧1	
21	Bien Hoa		斧1	
22	Binh Ba	鋳型破片21・鋳造関係容器（坩堝？）3	矛1	3180±50BP
23	Long Buu	鋳型1（斧）		
24	Trang Quan	鋳型5（斧4・矛1）		
25	Go Cao Su	鋳型1（斧）		
26	Go Cat(Go Queo)	鋳型1（矛、土製？）	斧1・矛1・戈1	
27	Cai Van	鋳型3（斧・釣針・ナイフ）・焼けた鋳型？1・鋳型破片10	矛1・斧1・銅容器破片1	
28	Vung Tau		銅鼓（ヘーガーⅠ式）	
29	Bung Bac	鋳型38・鋳型破片多数・鋳造関係容器（坩堝？）	斧1・槍1・木ノ葉形1・環状2・馬鈴2・銅塊片20・	
30	Go Dua		斧1	
31	Ben Cat		斧1	
32	Phu Chanh		銅鼓3（ヘーガーⅠ式ほか）・鏡	2100±40BP
33	Binh Phu		銅鼓（ヘーガーⅠ式）	
34	Vung Tau		銅鼓（ヘーガーⅠ式）	
35	Phc My	鋳型数種		
36	Phu My	鋳型数個（動物像付斧1・斧1）・鋳型破片数点	不明	2500BP

166

第2節　ベトナム南部青銅器文化の特色

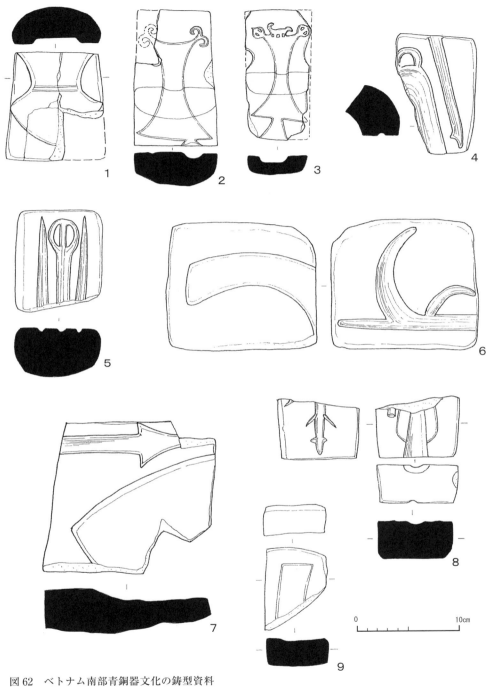

図62　ベトナム南部青銅器文化の鋳型資料
　　　1・4・5・12：DOC CHUA　　2・3：PHU MY　　6：SUOI CHON　　7：BUNG TOM

第3章　中国外郭圏と弥生文化

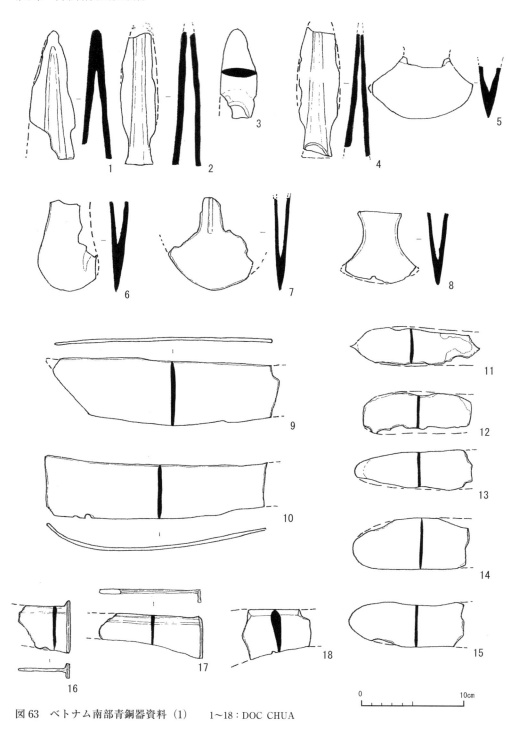

図63　ベトナム南部青銅器資料（1）　　1～18：DOC CHUA

第 2 節　ベトナム南部青銅器文化の特色

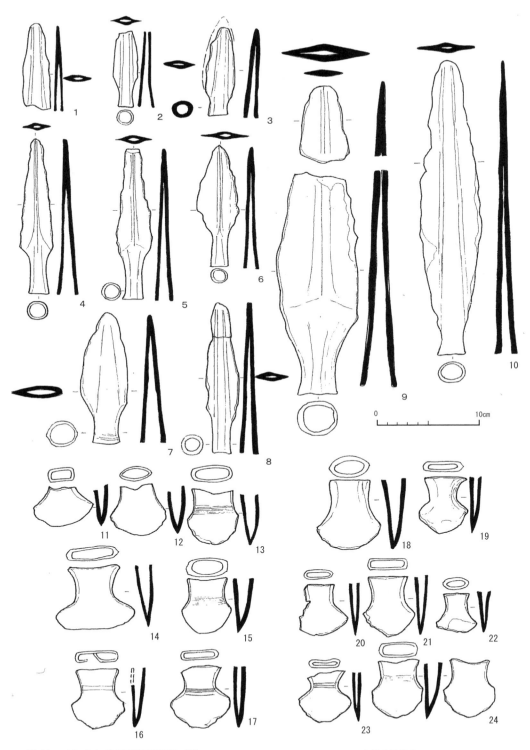

図 64　ベトナム南部青銅器資料（2）　　1〜19：DOC CHUA　　20〜24：南部地域出土

第3章　中国外郭圏と弥生文化

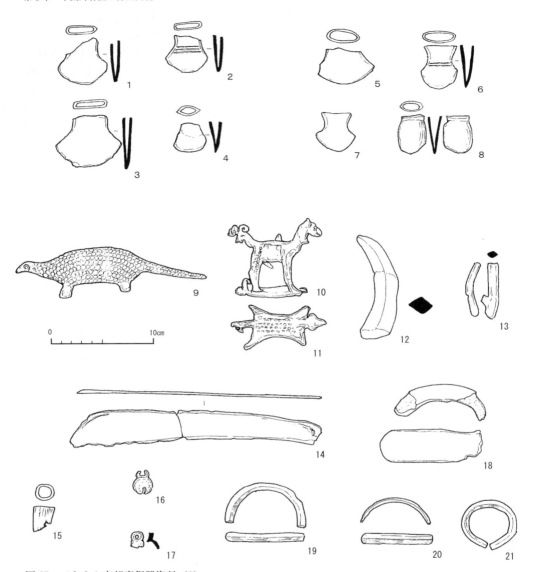

図65　ベトナム南部青銅器資料（3）
1〜5：SUOI CHON　　6・7・10〜15：DOC CHUA　　8：BET CAT　　9：LON GIAO　　16〜21：BUNG BAC

第2節　ベトナム南部青銅器文化の特色

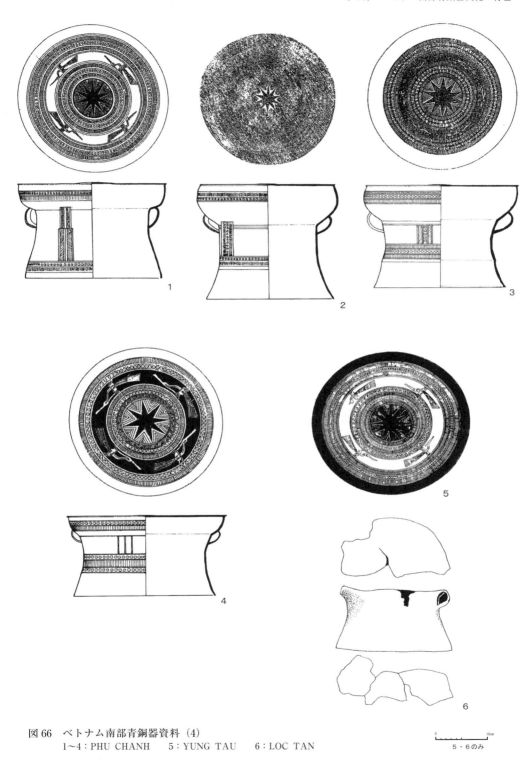

図66　ベトナム南部青銅器資料（4）
　　　1～4：PHU CHANH　　5：YUNG TAU　　6：LOC TAN

第3章 中国外郭圏と弥生文化

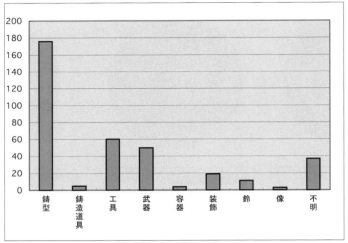

図67　ベトナム南部青銅器資料の種類別数量

4．青銅器の種類

　南部における青銅器の種類は、銅戈のほか、図63から図66に示したように、袋状の分銅形斧、矛、戟状銅製品、鉞、鎌、鏃状で棘をもつヤス状製品、槍、ヘアピン状製品、銅鈴、馬鈴、釣り針、動物形銅製品、管状銅器、腕輪、銅鼓がある。銅戈の詳細については、後で詳述するので、ここでは説明を省略する。

（1）斧

　斧は分銅形で袋状を呈するものがほとんどで、1点古相を呈する楕円形のものがある（図63-8）。分銅形のタイプでは、多くは無文であるが、くびれ部に数条の沈線をもつものがあり、鋳型例では双頭渦文をもつものが2例ある。これらのタイプは、メコン河流域の諸地域で散見されるタイプである。

（2）矛

　矛は小型と大型の2種があり、小型のものが多数を占める。木の葉形のシンプルなもので、脊が丸みをもつものが多数であるが、断面が菱形状を呈するものも少数存在する（図64-4・5・9など）。

（3）戟状銅製品

　製品の出土例は、刃のみのものが1点あるが、全体のわかるものは鋳型のみである（図62-6）。その他、鏃状の槍先もみられる。

172

（4）鉞

斧のなかにも鉞として使用したものがあると思われるが、明確に鉞と認定できるものは、図62-2・3のみである。雲南とベトナム北部では動物や人物の装飾がついた鉞がみられるが、南部での例はこのプーマイ遺跡例のみである。

（5）鎌

鎌は大きく4種類ある。鋳型でも確認できるが、基本的に薄身で先端が方形をなすもの（図63-10など）、先端が丸みをもつもの（図63-15など）、刃がやや厚みをもつもの（図63-18）、末端がL字形、またはT字形をなすもの（図63-16・17）である。薄身で先端が方形・丸みをもつタイプが多い。

（6）棘をもつヤス状銅製品

南部では、ヤスのような槍先以下に棘をもつ特殊な銅製品がある。鋳型での出土によれば（図62-8）棘は数本つけられており、漁撈具として使用されたと考えるものである。

（7）銅鈴・馬鈴

鈴に類するものは、鋳型では中型の環状の鈕をもつ銅鈴の例があり、その他は製品で小型の環状鈕をもつ鈴が2点出土している（図65-16・17）。馬鈴とされるものは、ゾクチュア遺跡から出土している。図示していないが、環状の留め具に複数の鈴がつくタイプである。

（8）動物形銅製品

南部では、ロンザオ遺跡のアルマジロ形銅製品が著名であり（図65-9）、その他ゾクチュア遺跡からムササビ形銅製品が出土している（図65-11）。

（9）腕輪

腕輪は、幅広のタイプと棒状のものからなり、完形のものの例では環状に折り曲げて腕輪としている（図65-19〜21）。

（10）その他

そのほか、南部からは銅鼓がフーチャイン遺跡などから7点（図66-1〜6）、フーチャイン遺跡からは銅鏡（漢鏡）が1面出土している（新田ほか2005）。そのほか、先端が環状をなすヘアピン状銅製品、管状銅器の破片が1点出土している。

173

第 3 章　中国外郭圏と弥生文化

5．青銅器の器種組成

　組成については、グエン・ザン・ハイの集成表をもとに、器種組成について検討する。グエン・ザン・ハイは、組成を検討するうえで、青銅製品を工具と武器、容器、装飾品、楽器（銅鈴などの音が出るもの）、動物などの像、不明確品の 6 つに分類している（Nguyen 2001）。このうち、グエン・ザン・ハイは、表の作成において工具と武器を一緒にまとめてカウントしており、筆者はこれを 2 つに分離して組成について述べる。図 67 に組成のグラフを作成した。

　地域全体の合計値について量的にみた場合、不明確なものを除けば、工具類と武器類が多く存在し、装飾品と楽器がそれに続く。ただし、この合計値は地域全体の平均的な様相を示してはいない。すなわち、武器類についてはロンザオ遺跡で 21 点、ゾクチュア遺跡で 24 点が出土しており、この 2 遺跡だけで大半の出土量を誇るのでむしろこの 2 遺跡が特殊と考える必要があろう。以上の特殊な 2 遺跡を差し引けば、圧倒的に工具類主体の組成をもつ特徴が明らかとなる。工具類といっても、斧がその大部分を占めるが、こうした南部地域における工具類主体の組成についてはかつてから指摘されていたことである。

6．青銅製品生産遺跡の問題

　次に、青銅製品のあり方と鋳造関係遺物（鋳型・坩堝など）との関係についてみてみよう。グエン・ザン・ハイの集計によれば、東南部地域出土の鋳型は総数で 176 点である。出土点数の多い遺跡は、ゾクチュア遺跡で 76 点、ブン・バック遺跡で 38 点であり、ゾクチュア遺跡の多さは北部の遺跡例を含めても突出している。この 2 遺跡以外では、1〜2 点出土の遺跡、4〜5 点出土の遺跡からなる。したがって、こうした数量を生産規模の差と素直にみれば、小規模に生産を行う集落と比較的量産できる集落の 2 つのタイプ、すなわち小規模生産集落と大規模生産集落が存在していたことは明らかである。しかも、前者の規模は北部の同類の遺跡と大差はないようである。ただし、生産される器種は南部においてはあくまでも工具類が主体であり、北部のように大形製品や実用的な武器の生産を示す資料は今のところない。大規模生産集落であるゾクチュア遺跡とブンバック遺跡からは、そのほかに多数の石製腕輪の製作工程を示す遺物が多数出土しており、青銅だけではなくさまざまな手工業製品一般の生産拠点であったことがわかる。ドンナイ青銅器文化段階、おそらく北部のドンダウ文化からドンソン文化前半頃に併行すると考えられる段階に、南部地域でも手工業製品の多量生産を開始し、周辺集落に流通させる地域社会が形成されていたことを示している。

174

7．青銅器の祭祀

　南部では、武器は矛が主体で、おそらく鉞としての斧が武器として使用されていた可能性がある。ヘーガーⅠ式銅鼓の絵画でも、鉞と矛をもつ戦士が多数描かれており、ゾクチュア遺跡で製作された多数の斧は、工具ではなく武器の可能性もある。

　青銅器の祭祀で、触れておかなければならないのは、ミニチュアの存在であり、斧、矛などさまざまな器種に及ぶ。北部のドンソン文化でも同様にミニチュアが多数みられ、南北で共通性がみられる。その他、ロンザオ遺跡などで埋納状態で多数の銅戈が出土しており、この種の銅戈は、南部で他にも類例がある。これらの埋納された銅戈の資料をみると、いずれも全体的に大型化が顕著で、身（援）が太く、さらに薄いことが特徴で、刃部もあまく、実用品ではなく非実用品化している。こうした事例は、相対的に中小型品が主流である北部ベトナムとは大きな相違と考えてよいであろう。この状態は、同じように遼寧青銅器文化の影響を受けながらも、実用品が主流の韓半島と非実用品が多い日本列島の相違と非常に類似する興味深い現象である。こうした銅戈の問題については次節において詳述する。

8．メコン河を通じた東南アジア諸地域との関係

　ベトナム南部地域の青銅器については、以前からメコン川の上流から下流一帯での文化内容の類似性が指摘されている。特に新田栄治は、ヘーガーⅠ式銅鼓は、メコン河の上流から下流にかけて、河と交通の要衝から出土することから交易路の存在と、メコン河を通じた文化的な共通性を指摘した（新田 2004）。また、南部で多く出土する銅戈は、形態面と装飾面の両方からもタイやラオスと類似しており、メコン河の上流から下流にかけてのヘーガーⅠ式銅鼓の分布と共通性をもっている。ベトナム南部に隣接するカンボジアでの様相がサムロンセン貝塚の資料でしか推測できないが、サムロンセン貝塚の斧の形態や装飾は、バンチェン遺跡周辺地域やベトナム南部地域と非常に類似している。ドンナイ青銅器文化の生成は、メコン河の上流から下流にかけての広域なネットワークを通じた、あまり時間差のない交流によっており、銅鼓・銅戈・銅斧の動向はその交流の実態を示している。

　以上、ここまでベトナム南部青銅器文化の特色について述べてきたが、ここまで触れてこなかったその最大の特色と考える銅戈について、次節で詳しく検討してみたい。

註
（1）　ここでの研究成果は、ブイ・チー・ホアン氏の協力を得て、新田栄治氏を研究代表者とする文部科学省科学研究費補助金研究によって、当地域の遺物を中心とした調査を行ったことによる。貴重な研究の機会を与えていただいた研究代表者の新田栄治先生に感謝申し上げる。また、同行された平野（徳

第3章　中国外郭圏と弥生文化

澤）裕子氏と下道愛子氏の協力がなければ、これほどの資料を整理することはできなかった。俵寛司氏、平野（徳澤）裕子氏には鋳造関係資料のベトナム語表記について御教示していただいた。そして、現地ではブイ・チー・ホアン氏に大変お世話になり、感謝に堪えない。そして何よりも、ベトナム南部各地でお世話になった関係者の皆様に心から感謝申し上げたい。

（2）　実測調査は、ベトナム南部の調査に参加したメンバーである新田栄治・小林青樹・平野（徳澤）裕子・下道愛子が写真撮影などの記録作業とあわせて分担して行ったもので、最終的に小林が調整し、トレースして作成した。また、小林が各所の博物館で実測メモしたものも合わせて報告している。資料は、ゾクチュア遺跡とブンバック遺跡出土資料からなり、その他、プーマイ遺跡の図も作成した。また、集成図中には、グエン・ザン・ハイ氏の集成図をもとに、筆者が資料を観察したときにグエン・ザン・ハイ氏の原図を改変したものがある。上記以外の図は、グエン・ザン・ハイ氏の集成図（Nguyen 2001）と、西村昌也氏の集成図（西村 2005）を参考に適宜原図にあたって作成した。なお、原報告の図に、観察結果を踏まえて修正を施しているものがある。

第3節　東南アジアの銅戈と弥生銅戈

1．東南アジアにおける銅戈の研究

　筆者は、2003年末から2004年にかけて、ベトナム南部のロンザオ遺跡で多数の銅戈資料を
実見し、観察と実測をする機会を得た。その後、ハノイのフィノー博物館で中国系の銅戈を観
察し、2005年にはタイのバンコク国立博物館において数点のタイ出土銅戈を実見し観察した。
そのほかにタイ出土の銅戈は、東京国立博物館に4点収蔵されており、東南アジアには広域に
銅戈が分布する事実を知り、東南アジアにおける青銅器を中心とした金属器の生産と流通を検
討するうえで銅鼓に次ぐ重要な素材であることを認識した。

　東南アジアに分布する銅戈は、長胡有翼型とも呼ばれ、柄に接する援と内の中間部分に「翼」
という突起が両面についているのが特徴である。こうした東南アジアの銅戈に関しては、すで
に戦前に山本達郎によりタイにおいて存在することが報告されており（山本 1939）、1950年代
には梅原末治により注目され、梅原はこの種の銅戈を殷の影響により生成されたものとした（梅
原 1950）。その後、松井千鶴子は、ベトナム北部出土の銅戈を集成し、型式分類と変遷案を提
示し、そしてその上限年代を雲南との併行関係から前2世紀中晩期、すなわち前漢中期頃とし
た（松井 1982）。この段階には、ベトナム北部のみに資料が限られており、また雲南の青銅器
文化編年も構築の途上であり、年代観については不明な点が多かった。その後、ベトナム南部
でも、この種の銅戈の存在が知られるようになり、研究は新しい展開をみせる。

　南部を含めての議論は、今村啓爾（今村 2001）と新田栄治（新田 2001a）によって取り上げら
れた。今村は四川省から雲南を経て、ベトナムそしてタイへといたる長胡有翼戈の大型化と装
飾化の進行、そして日本との比較の重要性を指摘し、新田栄治はロンザオ遺跡の銅戈について、
漢代併行の実用的なものから非実用的な型式への6段階の変遷を読み取り、徐々に祭器化が進
行することを明らかにした（新田 2004）。前節で検討したように、その後、ベトナム南部、ド
ンナイ河周辺の青銅器文化の内容が明らかとなり、ロンザオ遺跡のような銅戈を多数出土する
遺跡や、南部独特の銅戈の資料も増えていることが明らかとなり、本論のような研究を可能と
した。本論では、ベトナムを中心とする東南アジアにおける銅戈の資料を集成し、分類と変遷
案の提示、そして隣接する雲南、そして四川の青銅器文化の銅戈と比較し、年代的な位置づけ
を検討する。そして、銅戈の生産と流通、さらに東南アジアにおける銅戈の特質としての使用
法、祭祀などについて検討し、先に述べたように、中国外郭圏の問題として弥生銅戈との比較
を行い、最後に見通しを述べることにしたい。

177

第3章　中国外郭圏と弥生文化

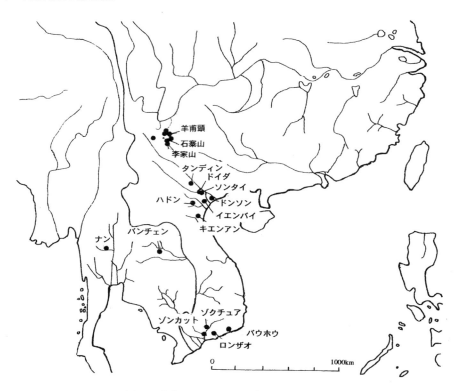

図68　東南アジアにおける銅戈の出土遺跡

表5　東南アジアにおける銅戈の出土遺跡

番号	出土地	地域	番号	出土地	地域
1・4	伝アンナン	(ベトナム北部)	24	キエンアン	(ベトナム北部)
2	伝ソンタイ	(ベトナム北部)	25	ドンソン	(ベトナム北部)
3〜6	不明	(ベトナム北部)	26	ソンタイ	(ベトナム北部)
7・31	ドイダ	(ベトナム北部)	27	伝トンキン	(ベトナム北部)
8	不明	(タイ北部？)	28	タンディン	(ベトナム北部)
9	ナン	(タイ北部)	29	伝ハドン	(ベトナム北部)
10	不明	(ラオス？)	30	イエンバイ	(ベトナム北部)
11	北部出土	(タイ北部)	32・34・35	バウホウ	(ベトナム南部)
12	ウドン	(タイ北部)	18・33	ゾクチュア	(ベトナム南部)
13〜23	ロンザオ	(ベトナム南部)			

※表中の番号と図版番号は同一

178

2. 資料の概要

　東南アジアにおける銅戈の出土遺跡は、表5のように整理することができ、その分布は図68のようになる。表中の文献番号は、それぞれの資料の出典の番号を示している。資料の集成は、図69から図74に掲載した。このうち、ロンザオ遺跡資料については、すべてを実測することができなかったので、実測できなかった資料については、新田栄治の拓本資料を使用した（図75）。なお、ロンザオ遺跡の実測図中で使用している拓本も新田によって採拓されたものである。したがって、今回の調査分で足らない部分は、新田の調査時の拓本資料で補う必要があり、筆者の作成した集成図中のものと、新田の拓本による変遷案と重複する資料については、新田の図に本書での図番号を併記し、対応できるようにしている。その他、図については、集成図と図76の分類と変遷案の図中の番号、そして表5の番号、すべてを統一して表記している。

3. 東南アジアにおける銅戈の分類

　東南アジアにおける銅戈の分類は、かつて松井千鶴子によりなされたことを先に述べた。当時は北部のみの資料の検討であり、今回の集成資料をみる限り、北部と南部では地域差が大きいとともに共通した点も多い。ここで、これまでに集成した資料をもとに、現状での分類と変遷案を以下に整理する。ただし、すでにいくつかの銅戈について観察しているものの、報告がかなわないものが数点あり、これについては所見のみ記述する場合があることを先に記しておく。

　東南アジアの銅戈は、外来系である中国式銅戈を除き、大きく5類に分類できる（図76）。

　外来系銅戈：外来系銅戈は、川村佳男による四川の銅戈編年（川村 2001）（図80）で西周から春秋段階と併行する無胡型戈が1点、⑴、雲南の戦国後期段階の無胡型戈が1点、⑵、その他、戦国時代の長胡戈が4点、これらはいずれも北部から出土している（3〜6）。このように、北部地域では、雲南に隣接し、なお、広東省などの中国南部に隣接する地域であるので、搬入品があってもおかしくはない。

　ⅠA1類：東南アジア銅戈の第Ⅰ類は、援が外反し、やや大型化した長胡有翼戈である（7〜10）。刃は断面が厚く菱形的で、脊が明確に稜を形成し実用的な面をもつものである。ドイダー例⑺とラオス出土例⑽では、援の先端からしばらくの間に刃が研ぎ分けられており、タイのナン出土例⑼でもわずかに同様な特徴がみられる。この研ぎ分けの特徴は、この類で顕著である。また、装飾はあまりなされず、ナン例⑼は内（Ⅰ）・翼上（Ⅱ）・援（Ⅲ）・下胡（Ⅳ）に文様帯を形成しており、中国式銅戈が無文のものが多く、東南アジアの銅戈が装飾が顕著であるという点から、無文→装飾化という変化を想定するならばナン例⑼は他よりも

第3章　中国外郭圏と弥生文化

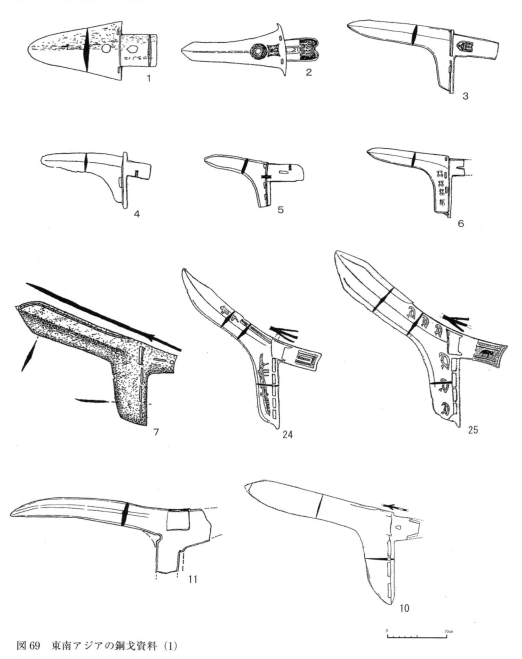

図69　東南アジアの銅戈資料（1）

第3節　東南アジアの銅戈と弥生銅戈

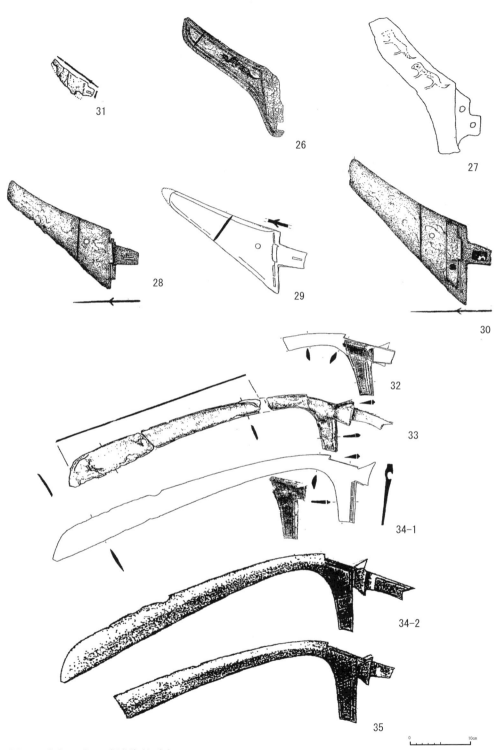

図70　東南アジアの銅戈資料（2）

第3章 中国外郭圏と弥生文化

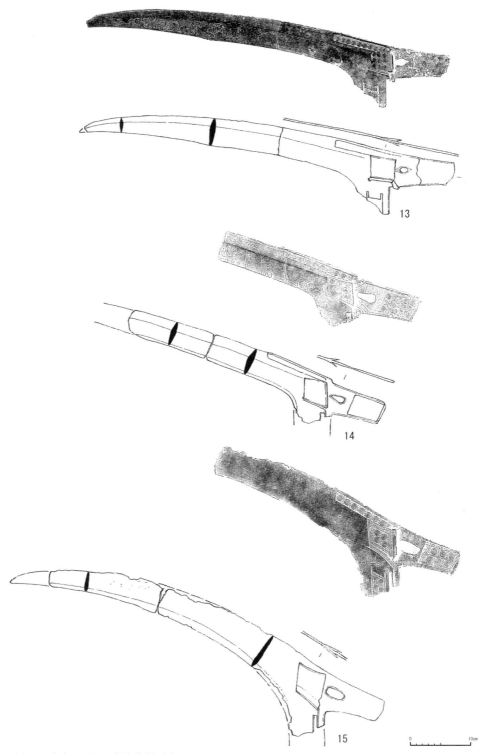

図71 東南アジアの銅戈資料 (3)

第3節　東南アジアの銅戈と弥生銅戈

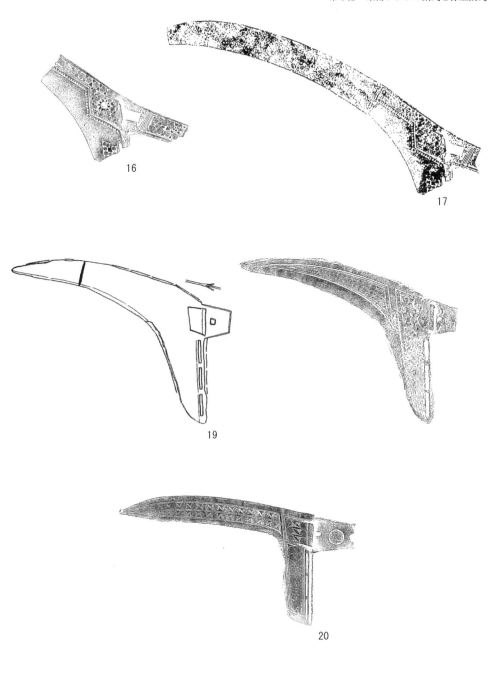

図72　東南アジアの銅戈資料（4）

第3章　中国外郭圏と弥生文化

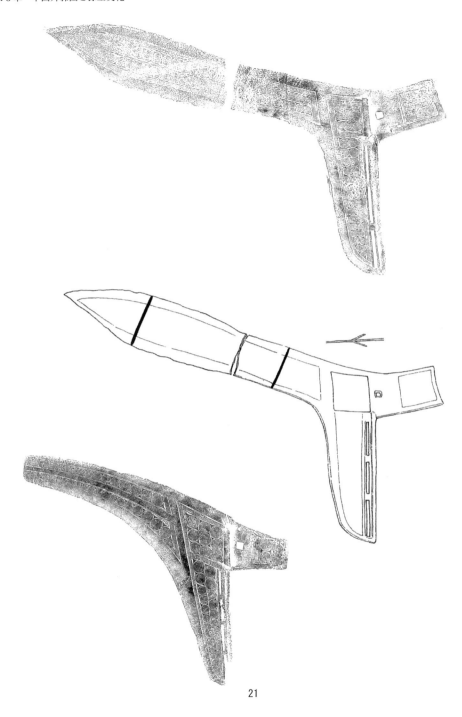

図73　東南アジアの銅戈資料（5）

第3節　東南アジアの銅戈と弥生銅戈

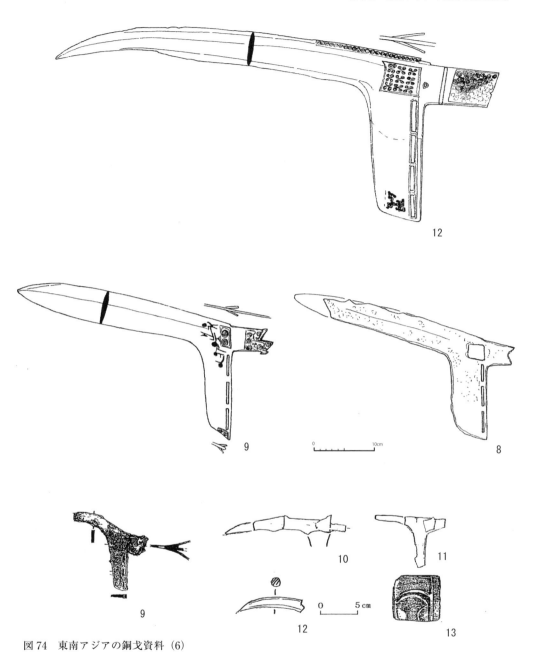

図74　東南アジアの銅戈資料（6）

第3章 中国外郭圏と弥生文化

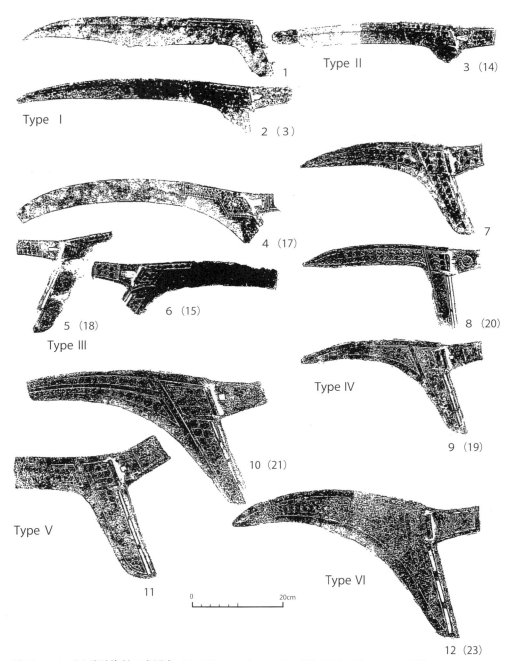

図75 ロンザオ遺跡資料の変遷案（新田編年）　（カッコ内の番号は本書の図71〜73の番号）

新しい段階に位置づけられる。そして、この類には、8と9の銅戈の内の先端にV字形の切り込み（a）がみられ、また、援と内の接続箇所に段（c）を形成する特徴をもつ。さらに翼は、下胡の外側のラインをはみ出さない点も注意すべき特徴である。以上のような特徴をもつものをⅠA1類とする。この類については、すでに述べたように、ナン例のように装飾が認められ、やや大型化が進行していることから、ドイダー例とラオス例をⅠA1a類とし、一方、ナン例を別にⅠA1b類として細分できることを指摘しておく。

　この類は、ベトナム・タイ・ラオスに広域分布しており、ほぼ同期期に時間差がなく同じ特徴をもつ銅戈が拡散していることを示している。

　ⅠA2類：この類は、A1類に比べ、大型化が顕著である。装飾はナン例でみた組合せを踏襲し、新たに援の付け根から翼の上付近、刃にそって展開するV文様帯が加わる。cの段をもつものが多く、最大の特徴は刃の内側先端部分が抉れた状態を呈する点である。タイのウドン出土例（12）とベトナムのロンザオ例（13）に共通してみられ、前段階同様に継続的に広域に細かい特徴が類似する点がみられることは重要である。

　ⅠB類：この類は、A2類に比べて援がやや外反度を高め、さらに内湾したものである（15～17）。その他の特徴はA類と同様である。

　ⅠC1類：この類は、装飾化が進行し、刃の薄身化、刃をつけなくなり、さらに内の孔で目釘孔として機能した穿がやや小型化したものである（20）。装飾は、Ⅲ文様帯が援の中央部よりも刃先側にまで拡張し、Ⅳ文様帯も末端から翼まで胡全体を通した文様帯となる。

　ⅠC2類：この類は、C2類の文様帯がさらに拡張し、ほぼⅡ・Ⅲ・Ⅳ文様帯が接近するなど、全体に装飾が施されたようになる（22）。刃は研がれず、さらなる刃の薄身化、内の穿はわずかな孔があけられるにとどまる。

　ⅠD1類：この類は、援と下胡の境が明確ではなく、ゆるやかにカーブを描くように繋がってしまった類である（19）。その他の特徴はⅠC1類と共通する。

　ⅠD2類：D1類の装飾化がより進行し、Ⅱ・Ⅲ・Ⅳ文様帯が合体してⅠC2類と同様な状況を呈する（21）。刃の薄身化も進行し、内の穿はわずかな孔があけられるにとどまる。

　ⅠD3類：装飾化と刃の薄身化がかなり進行し、文様が身のかなりの部分を占める。刃部は研がれない（23）。

　Ⅱ類：この類は、松井分類のⅠ式に相当する（松井 1982）（24・25）。援の外反が強く、刃の先端が反り上がるようにみえる。刃の外側を研ぎ分ける特徴は、ⅠA1類と共通する。タイのナン例（9）のようにⅠ・Ⅳ・V文様帯が形成されており、わずかに内の先端が凹む（b）。cの段はない。なお、24は翼が胡の外側ラインを大きくはみ出し、25ははみ出さない点に注意しておきたい。

　Ⅲ類：この類は、松井のⅡ式に相当する（松井 1982）（26・27）。援の外反が強く、援と下胡の境の不明瞭化、そして内の縮小化、援の先端部付近にまで文様が施されており、ⅠD1類に類似している。

187

第3章 中国外郭圏と弥生文化

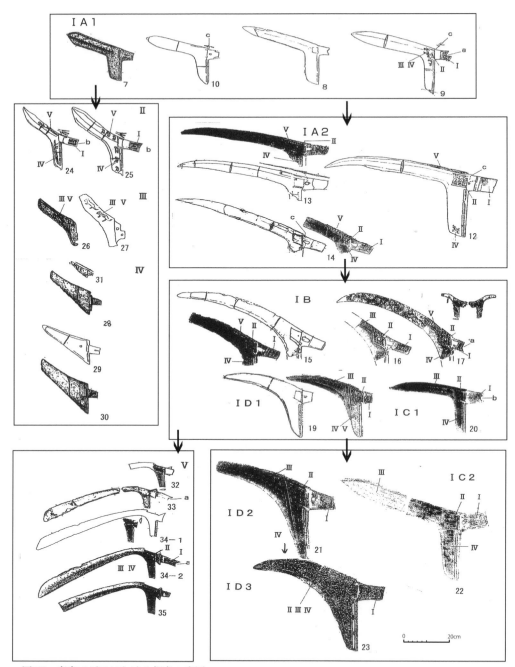

図76 東南アジアにおける銅戈の変遷

Ⅳ類：この類は、下胡がない無胡型戈である（28〜31）。内は短く、援は直線的に外反する。援の中央と翼の間に孔をもつ。翼付近に文様をもつものがある。

Ⅴ類：この類は、大型化とともに、援が強く内湾化し、刃は援の外側に意識して研がれる（32〜35）。cの段は大きく、翼は胡の外側ラインを大きくはみ出す。内のＶ字の切れ込みは、ⅠB類の17に類似する。形態的に戟に類似した銅戈である。

4．東南アジアにおける銅戈の変遷

各類の関係性から東南アジアにおける銅戈の変遷を図76のように考える。変遷の骨格は、最も型式学的な前後関係を推定できるⅠ類を基準にまず検討する。装飾のないⅠA類は、大きさも中国式銅戈と典型的ベトナム大型戈の中間であり最古のタイプと考えてよい。ドイダー例（7）（図83-1）は、ドンソン以前のゴーム段階とされ、年代的にも古い（Ha. V. T. 1994）。このようにⅠA1類を古く位置づけ、その他のⅠA2類以下の銅戈に関し、大型化・装飾化の進行によって変遷するとすれば、分類でも述べたように、ⅠA1→ⅠA2→ⅠB→ⅠC1→ⅠC2のような変遷案を想定できる。

次に、以上のⅠ類の変遷と他の類との関係について検討する。まずⅡ類は装飾がなされている点からⅠA1類のナン例に近く、ⅠA2類までの間に併行すると考える。次にⅢ類であるが、援と下胡の間の境界の不明瞭な点とⅢ文様帯は援の先端近くにまで達する点からⅠD1類以降に併行しよう。

ところで、Ⅳ類について、松井はⅡ類→Ⅲ類→Ⅳ類という変遷により生まれた型式と考えている（松井 1982）。ただし、援に孔をもつ点はこの変遷では説明できない。この点を考えるうえでドイダー例（図76-31・83-2）は、重要な資料であろう。ゴーム期の例であり、戦国併行ないしそれ以前の資料である（Ha. V. T. 1994）。この段階からすでに薄身で援に孔をもっていることがわかる。刃の外側の研ぎ分けもあり、古い様相を示している。四川では早くから孔をもつ無胡型戈は多くあり、雲南でも春秋以前の例が数例ある（図82）。北部ベトナムで早くからこうした影響を受けていた可能性は高く、実際、紅河の上流で戦国でも早い段階のこの種の銅戈が出土しているので（雲南省博物館文物工作隊ほか 1989）（図84）、本類は古くから存在するものとした方がよく、ドイダー例はⅠA1類以降に併行させて考えておいた方がよかろう[1]。そして、その他のⅣ類戈は、やや装飾が施されている特徴から、ⅠB類にまでは併行する可能性を考えておく。

Ⅴ類は、援の内側への湾曲化を重視すれば、ⅠB類からの変遷を考えた方が理解しやすく、内の先端へのＶ字切り込みの共通性は関係性の深さを示している。Ⅰ類では、刃はC・D類以降、形骸化して刃をつけなくなり援の薄身化を招く。したがって、Ⅴ類はⅠB類に併行するもので、決して新しいものではない可能性がある。

189

第3章 中国外郭圏と弥生文化

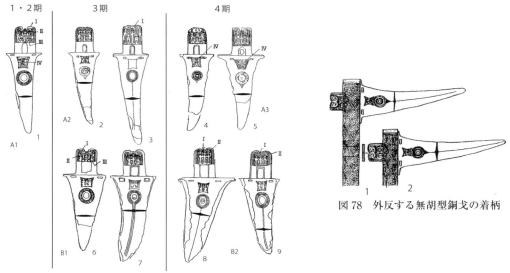

図77 有文無胡型銅戈の変遷

図78 外反する無胡型銅戈の着柄

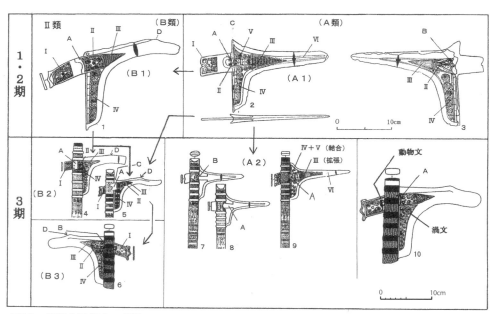

図79 長胡有翼銅戈の変遷

5．年代と系譜の問題

（1）年代推定上の問題

　以上のように、東南アジア出土の銅戈について分類と変遷案を整理した。この変遷案は、あくまでもベトナムとタイを中心とした東南アジア内部での型式学的な傾向から推定したものであって、年代的位置づけの根拠はない。各類の年代的位置づけを検討するためには、やはり以前から行われているように四川・雲南との比較が重要である。これまでは、石寨山遺跡や李家山遺跡の墓壙出土青銅器の編年が注目されていたが、両遺跡は残念ながら戦国後期の様相が断片的で、また資料の提示も限定的であったため、たとえば古い資料とやや新しい資料を分離することが容易でなく、相対的に新しい年代観が採用されてきた。また別の問題として、四川からベトナムまでを編年的に繋げようとするとき、ベトナムに行くにしたがい年代を下げて考える感覚は捨てた方がよい。現在の日本における青銅器の年代問題の論争でも明白となったが、地域間での傾斜編年は非常に危険である。地域的に離れているからといって傾斜編年を適用するのは根拠として問題である。また、最も問題と思われるのは、特に中国において、古い青銅器の一群に新しい年代を示す五銖銭などが伴っているとされる場合、後世の混入をいっさい考えず、明らかに新しい五銖銭を過大評価し、この年代に共伴する青銅器の年代を著しく新しくすることがあるので注意が必要である。

　こうしたなか、雲南では、近年、昆明羊甫頭遺跡より戦国後半期から前漢前半段階までの良好な資料が出土し戈の変遷と使用法、そして保有形態の検討がより可能となった（雲南省文物考古研究所ほか 2005）。実際に、昆明羊甫頭遺跡における墓壙群の分期は、併行関係を検討するうえで重要であることがわかる。従来、李家山遺跡などで断片的に古相を呈する一群が認識され、万家覇遺跡などでさらに古相を呈するものが指摘されていた。幸いにして羊甫頭遺跡では、少なくとも戦国後期以降の連続性が捉えられ、戦国後期以前の資料をある程度明確にすることが可能である。以下、無胡型と長胡型戈について、四川と雲南の様相をみながら先に分類した東南アジアの銅戈の年代的位置づけを行う。

（2）外来系無胡型戈の年代

　まず、無胡型の関係性を雲南・四川・ベトナムで比較する。羊甫頭遺跡における内に人形装飾と双頭渦文をもつ無胡型を詳細にみると、型式学的に新古関係を明瞭に理解することができる（図77）。形態的には、援は細身から太身に変化し、内の装飾も先端の双頭渦文（Ⅰ）自体がレリーフ風にW字状に切れ込むのが古く（図77-1）、徐々に切れ込まなくなり最終的に線刻の装飾となってしまう（図77-5）。この内の装飾も人物は最初後に3人、前に2人であったのが、3人並列になり形状も変化する。変遷はきわめてわかりやすい。この種の無胡型は、四川省で

第3章　中国外郭圏と弥生文化

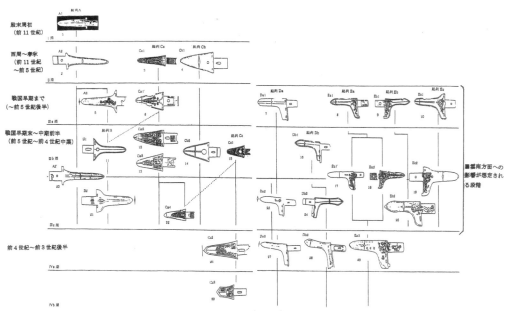

図80　四川盆地における銅戈の編年

は簡陽市戦国墓出土例（図81-3）が知られ、羊甫頭遺跡の1期から2期は明らかに戦国中期から後期に併行関係をもっている。ベトナム北部、ソンタイ遺跡出土例（図69-2）は、内の装飾をみる限り、簡陽市戦国墓出土例とほぼ同時期であるのは明らかである。したがって、わずか1点によるが、戦国中後期段階におけるベトナム・四川・雲南の交流関係が想定できる。

また、これ以前の四川系の細身の無胡型戈が雲南の楚雄万家覇遺跡（図82-2・3）や曲靖街八塔台遺跡（図82-4・5）で出土しており、春秋から戦国早期段階に併行し、図69-1の伝アンナン出土例もこの時期にほぼ相当する。このように、この段階での3地域の交渉は密であり、ほぼ前5世紀頃に相当し、プレ・ヘーガーⅠ式銅鼓の拡散時期とも重なる。以上の無胡型戈の状況は、ベトナムにおける銅戈の時期を考える場合に、春秋から戦国早期、すなわち前5世紀頃までを範疇に考えなければならないことを示している。

（3）長胡型戈

かつて、松井千鶴子は、ベトナムと雲南の長胡有翼戈について、次のように整理した（松井1982）。すなわち、①雲南の長胡戈とベトナムのⅠ式戈（本書のⅡ類）は、中原の戈が例外なくもっている内上上方の長方形孔（穿）をともに欠いている。②中原系の戈は、内の後端が直線的であるか、または外側へ丸みを帯びるが、ベトナムの戈や雲南の戈は、それとは逆に内に凹む傾向をもつ。③中原系の長胡戈はいずれも明確な闌を有するのであるが、雲南およびベトナムの戈にはこれがみられない。以上である。現在の研究状況からすれば、これら諸点のすべては四川地域の銅戈にみられる特徴である（川村2001）。すなわち、四川は、中原系に加え、雲

南とベトナムにまで繋がる長胡有翼戈をも保有する地域であり、雲南と四川はこのなかで長胡有翼戈を選択的に受容した。したがって、四川と雲南の比較をすることでベトナムの長胡有翼戈の年代について検討することが可能となる。

まずは雲南の様相をもとに検討する。雲南における長胡型の戈は、上胡が上方に三角形に突出するもの（A類）と、突出しないもの（B類）に大きく2分類でき、援は直援と曲援の2種があり、前者はほぼA類に限られる。多くは有文で、援の一部と翼、胡、内に渦巻文などが施されている。四川においても、この雲南と同様にA・B類からなる。

この四川の銅戈のうち、川村佳男の編年によれば、長胡有翼戈は前5世紀に成立し前4世紀までにはみられなくなる（川村 2001）（図80）。戦国早期（川村編年のⅢa期）にⅡとⅣ文様帯で形成された装飾は、戦国早期末から中期前半まで（川村編年のⅢb期）に援にまで装飾化が進行し、これ以降、Ⅲ文様帯が接合して図81-5のような簡陽市戦国墓出土例（徐 1999）のようになる。いずれにしても、四川におけるA類が雲南に影響を与えたのは戦国早期から前4世紀までであり、およそ前漢段階には下らない。この装飾の特徴は、雲南でみれば羊甫頭遺跡のA類銅戈1期例ですでに獲得されており、さらに細身で古相を呈する李家山遺跡M13号墓例（図81-10）でも同様であり、四川と雲南はほぼ同じように変化している。したがって、雲南におけるA類銅戈の出現時期は、戦国早期から中期前半（前5世紀から前4世紀中葉）の間に位置づけることができる。そして、Ⅲ類文様帯の接合時期を重視すれば、この期間の後半（川村編年のⅢc期に相当）、すなわち前4世紀中頃と考えることができる。

このように装飾が施された銅戈の位置づけを考えれば、A類銅戈であまり装飾がない例については、羊甫頭遺跡の1期例よりも古い段階、すなわち川村編年のⅢa期からⅢb期前半頃、実年代で遅くとも前5世紀頃に位置づけることが可能であろう。以上のような四川と雲南の年代的関係から、東南アジアの装飾をもたない長胡型有翼戈のⅠA1類は、前5世紀頃に成立した可能性が高いと考える。ⅠA1類のドイダー例がドンソン段階以前のゴームン段階の資料であることは、この年代観が正しいことを示している。プレ・ヘーガーⅠ式銅鼓の成立が前5世紀頃と考えられていることからすると（新田 1998ほか）、銅戈も銅鼓同様に東南アジアに伝播した可能性があろう。

次にその後の展開についてであるが、雲南では戦国中期から長胡有翼銅戈の装飾化が顕著となり、さらに曲援化もはじまっている（図79-1〜3）。ベトナム銅戈でも援の内湾化が認められるので、雲南から東南アジア一帯にほぼ同期的な変化が起きている。こうした特徴の共通性からみれば、ⅠA2類からⅠB類への変遷の過程は戦国中期から後期に相当すると考えてよいであろう。したがって、この変遷の過程は、ほぼ前4世紀から前3世紀後半までの期間におさまると考える。この前3世紀頃は、ヘーガーⅠ式銅鼓が東南アジアに拡散する時期でもある。銅戈のなかには、銅鼓と関係する文様をもつものが存在する（図72-16）。この銅戈の翼にある文様は、銅鼓の鼓面の中心にある星形の文様であり、やはり銅鼓との関係性を考える必要があろう。

第3章　中国外郭圏と弥生文化

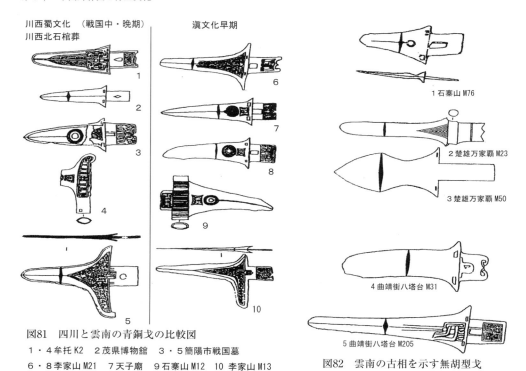

図81　四川と雲南の青銅戈の比較図
1・4牟托K2　2茂県博物館　3・5簡陽市戦国墓
6・8李家山M21　7天子廟　9石寨山M12　10 李家山M13

1 石寨山M76
2 楚雄万家覇M23
3 楚雄万家覇M50
4 曲靖街八塔台M31
5 曲靖街八塔台M205

図82　雲南の古相を示す無胡型戈

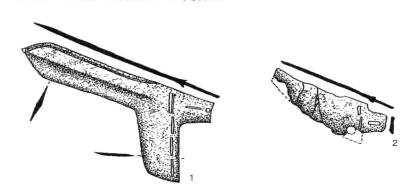

図83　ドイダー遺跡出土の青銅戈

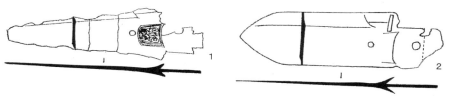

図84　雲南のベトナムⅣ類戈の祖型

194

第3節　東南アジアの銅戈と弥生銅戈

　次に雲南では、前漢前半段階である3期にⅢ文様帯が拡張する（図79-9など）。この傾向は同様な傾向がみられる東南アジアのⅠB類からⅠC1類・ⅠD1類への変化に相当しよう。また、前段階にみられた曲援は、羊甫頭第3期にさらに顕著となる（図79-5）。したがって、東南アジアのⅠB類からⅠC1類・ⅠD1類への変化は戦国後期から前漢前半までの期間に相当する。羊甫頭第3期を前半と後半に分けるならば、ⅠB類は前半である戦国後期頃に、そしてⅠC1類・ⅠD1類は後半の前漢前半に相当させて考えておきたい。

　長胡戈は、その後、次第に刃が短く、援と下胡の境も不明瞭になっていき（図79-6）、儀器化が進行する前漢中期から後半へと変化する。この変化は、装飾化と刃の内湾傾向が強まるⅠB類から、援と下胡の境が不明瞭となるⅠD類やⅢ文様帯が拡張するⅠC類への変化と同期的である。このように雲南の変化の方向性と東南アジア銅戈の変遷はきわめて同時的である。雲南では、長胡有翼型銅戈は前漢のうちにほぼ消滅するので、以上の変遷案からすれば東南アジアの銅戈の下限についてもほぼ同じと考えてよいであろう。

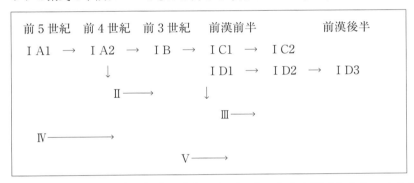

　ここまでの年代推定を簡単にまとめれば、上のような図式となる。すなわち、①ⅠA1類は、前5世紀頃に成立、②ⅠA類からⅠB類への変遷の過程は、ほぼ前4世紀から前3世紀後半までの期間、③ⅠB類は戦国後期頃、ⅠC1類・ⅠD1類は前漢前半、④銅戈存続の下限は、前漢後半段階、である。

　これまでの検討のように、四川・雲南・東南アジアの3地域間の銅戈の要素と組合せ、さらに銅戈の形態の変化（曲援・内湾）など、同じような変化をたどることが明らかとなった。こうした年代観の見方は、単に編年問題だけにとどまらず、四川から東南アジア一帯にいたる広域な地域内での交流の問題に関わってくるであろう。

6．ベトナムにおける戈の祭器化

　それでは、ベトナムでは銅戈をどのように使用したのであろうか。新田栄治がすでに指摘しているように、ベトナムをはじめとする各地の銅戈は、形態的にほとんどが全長の長大化、ないしは援の広形化をまねき、さらに一方でミニチュア化も生じて超小型品も登場する。そして、ロンザオ遺跡では約20本の銅戈が一括埋納されているように、埋納行為も存在した（新田

第3章　中国外郭圏と弥生文化

図85　銅鼓に描かれた戦士と銅鉞例

2001b）。

　中原地域における戈は、小型であり、ハノイ歴史博物館所蔵の中国式銅戈も援から内まで含めても20cm前後を測るにすぎない。一方、祭器化した銅戈はⅠ類の最も長大なもので約60cmにまで達し、表面に装飾が満たされるとともに刃の研ぎがみられないものまで存在する。実用品と目される資料でもやや大形であり、仮に実用品であるならば長い柄に装着し長兵として使用した可能性を考えなければならないが、当初から祭器として機能していた可能性が高い。このように、ベトナムの銅戈は基本的に祭器化し、非実用品化が著しいことがわかる。

　以上のような、ベトナムにおける戈の使用を考えるうえで、銅鼓などの絵画資料の検討は重要であろう。銅鼓絵画に登場する類似した絵画（図85-1）において、戦士が手にもつ武器は靴形銅斧（図85-2）が中心である。戈の可能性のあるものはきわめて少なく、わずかに図87-1の先頭の人物がもつもの程度である。したがって、ベトナムにおいて戈は実用面ではマイナーな存在であるといってもよいであろう。東南アジアにおいては、最初に出現する在地産のⅠA1類から、中原系に比べて大型であり柄に装着するのはおそらく祭祀的な場面であると考える。祭器であるにもかかわらず装着していたと考える理由は、ロンザオ遺跡の銅戈のように内に孔をもつからである。

　ところで、ベトナム南部では、青銅武器の種類は矛が中心である。こうした状況のなか、なぜ、銅戈が選ばれたのか。この問題については、後で議論したい。

　その他、戈の祭器としての性格を示すものとして、戈のミニチュアがある。戈のミニチュア化を示す資料は、ベトナム南部で確認した（図74-9～11）。すでにベトナムでは、ドンソン文化期に属する銅矛のミニチュアの存在が知られているが、こうしたミニチュア化は戈でも生じている。図74の3点は、いずれもゾクチュア遺跡出土例である。大きさは、現状では約15cmから20cm以内であり、それほど小型品ではないものもある。青銅器のミニチュア製作は北部でも盛んに行われているので、祭器としてのミニチュア製作は南部に限ったことではなく、南北で共通している。また、タイでも同様な習俗が認められるので、ミニチュア製作もメコン河を通じて共通した習俗であるとも理解できる。

7. 東南アジアにおける銅戈の拡散と広域交流問題

　本書で検討を行った銅戈はその出現期である資料を通覧すると、明らかに形態などが類似する。これについては、さらに四川から雲南との比較において述べたように、要素とその組合せ、さらに形態変化がほぼ共通している。そして東南アジアにおける銅戈の出現時期を前5世紀頃と考えた。この前5世紀頃は、プレ・ヘーガーⅠ式（早期）銅鼓の成立時期に相当し（新田 1998ほか）、銅戈も銅鼓同様に東南アジアに伝播したことを示している。すなわち、銅鼓と銅戈の拡散は、同じ背景のもとに生じた可能性が高く、拡散のスピードもほとんど時間差なく起きていた可能性がある。『漢書』地理志によれば、雲南は多数の小政治集団に分かれ、滇国などの下に王が統括する多数の部族が存在したことが記されている。新田栄治によれば、さらにこうした状況はベトナム北部、そしてタイ東北部でも同様であるとする（新田 1998）。今のところ、ベトナム南部では最初期の銅戈と早期銅鼓は発見されておらず、どの程度の社会状況にあったのかはわからないが、先にベトナム南部における青銅器文化の検討を行ったところ、すでに大規模生産を行う遺跡が出現しており、社会の階層化は進行している。今後、資料の増加により南部地域の位置づけが明確となろう。

　次の段階、ベトナムでは北部と南部の銅戈の特徴は明らかに違い、北部と南部で地域差が大きくなる。一方、ベトナム南部のロンザオ遺跡の銅戈の特徴と、タイの東北部、バンチェン遺跡周辺のものと考えられる銅戈は非常によく似ている。たとえばⅠA2類における 12 と 13 の共通性は、大きさ、形態（援の特徴など）、文様など、すべて共通する（図76）。この状況は、ベトナム南部地域の政治集団はメコン河を通じた関係性のなかに含まれたことを示すが、これはかなり前からのメコン河を通じた関係性の延長上にあるともいえる。新田栄治は、ヘーガーⅠ式銅鼓はメコン河の上流から下流にかけて、河と交通の要衝から出土することから交易路の存在と、メコン河を通じた文化的な共通性を指摘した（新田 2004）。また、南部で多く出土する銅戈は、形態面と装飾面の両方からもタイやラオスと類似しており、メコン河の上流から下流にかけてのヘーガーⅠ式銅鼓の分布と共通性をもっている。先の検討のように、ⅠA2類の時期は前4世紀頃に位置づけることができ、ヘーガーⅠ式銅鼓の拡散時期とされる前3世紀よりも古い段階に相当する。ベトナム南部の地域集団は、タイ北部地域の政治集団やカンボジア地域の政治集団とメコン河を通じて交流関係を深め、ロンザオ遺跡のように多量の銅戈を埋納できうるような地域社会の成熟度を高めさせた。ロンザオ遺跡では、新田栄治が指摘したように数型式にわたって銅戈を保有しており、この期間は本論の年代観によれば約 200 年に及ぶ。前漢段階にベトナム北部から中部は、一時期前漢に支配される状況に陥るが、南部地域はメコン河を通じた交流関係を背景として成熟度を高めた。むしろユーラシアの東西地域の海を通じた交流の結節点として漢文化と関係をもち、初期国家の形成に有利な状況となったと考える。

　このように、東南アジア一帯では、各地域の主要な青銅器文化を繋ぐ広域なネットワークが

第3章　中国外郭圏と弥生文化

早くから形成され、それはメコン河を通じた交流と、文化的な共通性を背景としていた。この
ネットワークの関係性は、各地域が連鎖するような複雑なポリゴンを形成し、このネットワー
クのなかで各地域集団は独自性を保持しつつ、社会の成熟度を高めていったのであろう。

　銅戈の検討から、以上のような大きな問題に取り組むきっかけを得ることができた。しかし、
冒頭で述べたように、なぜ銅戈がこれほど拡散したか、という問題については大いなる疑問が
生じた。こうした問題は、先に述べたように実は東南アジアだけの問題ではなく、日本を含め
た中国外郭圏に共通してみられる現象である。東南アジアにおける銅戈の基礎的な問題を整理
した今、東南アジアを中国外郭圏の1つの地域として位置づけ、同様な状況にある弥生銅戈と
比較する試みを次に検討する。

8．中国外郭圏の銅戈

　第2章での銅戈の起源、そして本節での議論で明らかなように、春秋戦国時代頃、極東から
東南アジアといった広域な中国の外郭圏の各地では、銅戈の実用的・祭祀的機能の共通性がみ
られた。なぜ、広域にこのような共通性がみられたのか。以下では、中国外郭圏における銅戈
の実用的・祭祀的機能を比較し、地域を越えた共通性とその背景・意味について考察する。

（1）遼西・韓半島・日本列島 （図86左列）

　中国中原北方の燕地域と接する遼西地域は、北方を山稜に、東方を遼河に阻まれた地域であ
る。当地域は、殷周期から中原の影響を受けており、かなり早い段階から銅戈が存在する。し
かし、春秋期頃にはすでに独自の銅戈が存在していた。戦国期には中国式の典型的な銅戈とは
形態が異なり、上下の胡が三角形に大きく開き、関の断面形がT字型を呈する特徴をもつ遼
寧式銅戈が存在する（図86-1）。長さは、約17cmから20cm以内で、中国式銅戈と変わらない。
ほとんど副葬されて出土する。

　韓半島の銅戈は、この遼寧式銅戈が祖型となって前4世紀頃に成立した（図86-2）。形態的
には、遼寧式銅戈の大きく開いた上下の胡を縮小し誕生した。注目すべきはその大きさで、約
20cmから20cm後半にまで大形化した。初期型以降、樋に文様をつけ広形化と大形化が進行
する。大半は副葬されるが、埋納例も存在する。

　日本列島に銅戈が伝わったのは、弥生時代前期の終わり頃のことであり、細形銅戈が成立し
てからほどなくもたらされた。当初は細く厚身で実用的なものを主体とし、その後、太く薄い
祭器へと変化する（図86-3〜5）。細形銅戈同様に樋に文様を施すものもあり、内にも鹿などの
絵画を描いたものがある。銅戈の柄は、60cm程度の短兵である（図87-1・2）。また銅戈を木
で模した祭器（図88-5・6）が各地で作られ、戈のみ、または戈と盾をもつ人が土器や銅鐸の絵
画に描かれた（図88-1〜4）。

198

（2）西南中国（四川・雲南）（図86-6〜9）

　四川地域では、殷周期から中原の影響を受けており、早い段階から銅戈が存在する（図86-6）。四川地域での銅戈の組成は、まず戦国期まで無胡戈と長胡戈からなる。長胡戈については、戦国早期以降に援の根元あたりに柄を差し込む翼をもつ長胡有翼戈が発達する。銅戈の援・胡・内には文様をもつものがあり、典型的な中国式銅戈に比べるとわずかに大形化が進行している。

　雲南地域の銅戈は、四川地域の銅戈の影響により戦国早期から中期前半頃（前5世紀から前4世紀中葉）に成立した。したがって銅戈の種類も四川地域と同様に無胡戈と長胡有翼戈からなり、形態・文様帯などのあり方はほぼ同じ変遷過程をたどる（小林 2006a）。長胡有翼戈のなかには、援が弧を描く曲援の戈があり、無胡戈は援が外反するものが多い（図86-7）。ほとんどが墓に副葬され、大量に副葬する墓も多く、当地域の銅戈は儀器であった可能性もあろう。副葬する場合は、柄に着装したものとそうではないものがある。柄の長さはすべて1m以下であり、60cmから70cmにピークをもつ短兵である（図87-3〜5）。

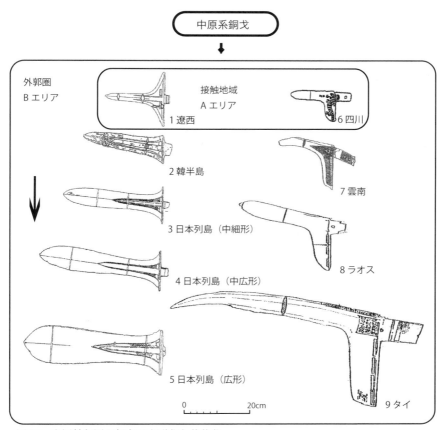

図86　中国外郭圏の銅戈の大形化と装飾化

第3章　中国外郭圏と弥生文化

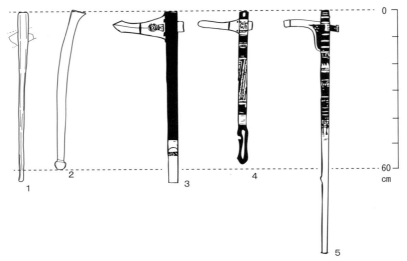

図87　銅戈の柄の長さの比較
1　鬼虎川　2　下之郷　3〜5　羊甫頭（雲南）

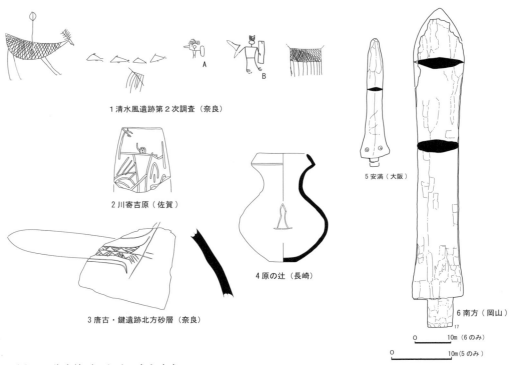

図88　弥生絵画における戈と木戈

200

（３）東南アジア（ベトナム・タイ・ラオス）

　東南アジアにおける銅戈は、先に述べたように、今のところ、ベトナム・タイ・ラオスといったメコン河流域で発見されている（小林 2006b）。東南アジアの銅戈の初期型は、四川に起源する長胡有翼戈が主体となる。出現時期は前５世紀頃であり、当初の型式は無文のものである（図86-8）。このタイプの銅戈は、ベトナム・タイ・ラオスの各地でみられ、広域に同時的に出現した可能性がある。この長胡有翼戈は、成立当初から大形化が進行しており、直後の型式では有文化も進行する。この段階以降のベトナムとタイの銅戈は、雲南地域での曲援化傾向と呼応するように援の内湾化が進み、極度に大形化する（図86-9）。大きいもので、約60cmから70cmに及ぶ大形品もあり、実用品とは考えにくい。しかし、内には目釘穴をもっており、柄に装着した痕跡もあり、儀器として使用された可能性が高い。この種の銅戈は、その後極度に援の内湾化を強め、援の右側でナデ斬る機能を強化するものと、援が大きく幅広化し援全体にまで文様帯が拡張し、刃を明確につけないより祭器化したものの大きく２種に分類できる。前者については、さらに大形化して変形したものが、紀元後のインドネシアにおいて出土している。その他、ベトナムでは銅戈のミニチュアが存在する。

９．各地域における銅戈の要素の比較

（１）実用的機能の比較

　表６は、外郭圏の銅戈の要素を比較したものである。一般的に青銅器の大形化は実用品から非実用品への変化を意味すると考えられているが、祭器になる前に青銅器の大形化は生じていた。表６でも明らかなように、大形化しているのはいずれも車馬があまりみられず、柄は短兵の地域である。雲南では、無胡戈と長胡戈のいずれも短柄を使用しており（1m 以下・60〜70cm にピーク）、これは日本とほとんど同じ長さである（図87）。中国中原における出土例の平均は、短兵の柄は130cm 前後、長戈の場合310cm 前後であるので、雲南の無胡型の柄の長さの値は、中原地域における典型的な例よりも日本列島に近い。こうした柄の長さの共通性は、戦闘での使用法の共通性を示すわけであり、より敵に近づく接近戦に使用された可能性が非常に強い。接近戦では、敵に対し、突き刺す・斬るなどに対応できる方がより実戦的であるので、斬る動作を円滑にするよう援を上方に向ける装着法を採用したのであろう。こうした柄の短さと、それに対応した無胡戈を使用する共通性には、生態環境の差が影響を及ぼしていた。

　遼西地域から東の一帯では、山稜が中心の遼東、そして平野部が少なく丘陵と河川で分断された韓半島は、車馬戦にはあまり適さない地である。草原地帯で車馬用に発展した長胡戈は車馬に適さない地域では、騎馬の少なさとも相まって、接近戦に適した短柄用の戈を生み出したのであろう。日本列島も韓半島と同様な生態環境に近く、歩兵戦が主体で、より接近戦に適し

第3章　中国外郭圏と弥生文化

表6　外郭圏の銅戈要素比較

地域	遼西	朝鮮	日本	四川	雲南	東南アジア
大形化		○	○		△	○
装飾化		○	○	△	△	○
副葬	○	○	○	○	○	
埋納		○	○			○
柄	長	短	短	長・短	短主体	短
車馬具	△			△	△	

た武器が必要で、韓半島で接近戦用に改良された無胡戈をスムーズに導入したのであろう。東南アジアの初現型の銅戈も、約30cmほどと大形化しており、同様な現象がみられる。このように、類似した生態環境の場合に、兵器の形態や使用法も同じように変化するという現象が外郭圏では共通して生じている。中原側に位置し、接触地域である遼西と四川では、量的には少ないものの車馬具がみつかっており、特により中原に近い遼西地域の武装体制はおそらく中原的であり、そのために銅戈は小形（15～18cm）で長兵に装着するものが主体であったのであろう。生態環境が車馬戦に向かない韓半島のような外郭圏では、歩兵の接近戦主体の武装体制に変更する必要性が生じて短兵用の銅戈が誕生した。その際、短兵に小形の戈を装着したのでは威力がないため、大形化（25cm以上）させたと考える。中国外郭圏の中身は、中原との関係において、接触地域と、この地域を介して間接的に関係をもつ地域に分けられるのであり、この両者の差異が銅戈の変容に繋がっている。

（2）祭祀的機能の比較

　実用段階での銅戈の大形化の説明ができても、さらなる大形化は別次元の問題であり、戈の象徴的機能を探る必要があろう。古代中国中原の青銅の礼器には、「戈と盾をもつ人」「戈」の記号が刻まれ、聖なる容器として崇められた。これらの金文は、部族のシンボルマークである族記号の1つとして彝器に刻まれ、宗廟に供えられ、祖先などを祀る祭祀や儀礼に用いられていたとされる（小林 2006b）。また、部族の祖先祭祀において、武威の象徴である戈を銘文として施すことにより、辟邪の象徴としても機能していた。日本の弥生時代の土器と銅鐸に描かれた「戈と盾をもつ人」（図88-1・2）・「戈」（図88-3・4）は、洪水や干ばつといった自然の脅威や戦争などから祭殿に宿った稲霊や祖霊を守護する役割が与えられていた可能性があり、その意味の起源は辟邪の意味をこめていた殷周代に遡るものであろう。また、銅戈の埋納行為は、韓半島・日本列島・ベトナムでみられる現象であり、銅戈に辟邪の意味がこめられていたとすれば、やはり洪水や干ばつといった自然の脅威や戦争などを回避する願いをこめた祭祀行為であったと考える[2]。

　銅戈の大形化と装飾化が進行した地域は、いずれも四川・遼西といった中原に接した地域を経由して間接的にその影響が及んだ韓半島・日本列島、雲南・東南アジアである。これらの地域では、いずれも車馬文化の影響があまり及ばない地域であり、それにもかかわらず銅戈の象徴的意味は外郭圏に伝播した。韓半島・日本列島と東南アジアでは、祭器化を示す青銅器の大形化と装飾の発達、そして埋納と共通点が多い。また、ベトナムの銅鼓の絵画では、銅戈では

なく短兵の靴形鉞が描かれ（図85-2）、銅戈が実用品ではなく祭器であったことを示している。一方、日本では、銅戈のみが絵画に描かれ、さらに銅戈のみが関東にまで拡散し、中部関東で石戈が隆盛し、その影響は東に及んで有角石器という特異な祭祀具を誕生させた。東南アジアでは、日本よりもかなり早くから武器が伝播し、銅戈の流入以前に鉞を中心とする武装文化があったために、銅戈主体の新しい武装体制に移行せず、銅戈の象徴性の高さゆえに特別な扱いがなされたのであろう。その他、銅戈と関連する事象として、鳥装の戦士、そして戦士の舞（武舞）は中国外郭圏各地で共通性がある。鳥装の戦士像は中原でもみられたようであり、戈のみならず戦士が身につけるものを含めた武装が一体となって外郭圏に伝播したと考えることができる。これが本章の冒頭で示した図60の実態である。

　以上のような、遼西から遼東へ、そして日本列島へと繋がっていく銅戈・戈の支脈は、燕国と遼寧青銅器文化の接合のなかで形成されたものが起源となった。したがって、弥生銅戈には燕国を通じた中原系の伝統的な様相（たとえば祭祀の体系など）も付随して流入したと考えた方がよいであろう。春秋戦国期の中国外郭圏の問題は、戦争の拡大とそれに付随する文化的インパクトにより、周辺地域間の相互交渉が活発化し、急激に広域な交渉網が成立したことが背景としてあると考える。そして、そうした文化変動の原因となったものは、遼寧式銅戈の形成に際して関わった燕国の領域の東方への拡大であった。第4章では、この燕国の東方への領域の拡大とそれに伴って東方に拡散した初期鉄器（鋳造鉄器）を素材に検討してみたい。

註
（1）　東南アジア初期青銅器文化の銅戈については、近年、川西高原石棺墓文化において、商代後期併行の銅戈のいわゆる早期銅戈が宮本一夫により調査研究された（宮本・高 2013）。また、川西高原石棺墓文化の先にあるベトナム北部新石器文化末期のフングエン文化段階のルンホア遺跡からは、商代後期併行の銅戈を模した石戈が出土している。本例は、川西高原地帯の青銅器文化形成期とほぼ同時期に、南部周辺には別の支脈が到達していたことを示すものである。さらに複数の遺跡からは、前12世紀頃の中原の玉器である玉牙璋も出土している。この段階以降、ベトナム北部では初期の青銅器文化が形成されていくことになる。したがって、宮本が提唱する北方青銅器文化の支脈と南方を経由した中原系の支脈がベトナム北部で邂逅し、それによってベトナム北部の初期青銅器文化が形成された可能が高まったことになる。このように考えることができるとすれば、中原系の文化は段階的に周辺地域に影響を与えており、本書で検討した中国外郭圏の問題は、宮本が指摘する北方青銅器文化の流れと中原青銅器文化の流れの両者を考えておかなければならない。
（2）　銅戈のこうした辟邪としての機能は、すでに殷代以降、副葬される銅戈の多くの刃部が意図的に曲げられている現象などにみられる。また、青銅器の埋納に関しては、銅鐸の埋納について、三品彰英は、ある世界と別の世界との境界として認識されていた場に銅鐸を埋めることで、危険な境界を鎮め邪悪なものの侵入を防ぐ意味があるとした（三品 1973）。この考え方は、弥生時代だけでなくアジア各地の青銅器祭祀を考えるうえで重要である。

第4章　弥生鉄器の起源と燕国

第1節　春秋戦国期の燕国と弥生文化

1．燕国と弥生文化をめぐって

　春秋戦国時代、現在の北京のあたりに中原北部の覇者の一つである燕国が前11世紀頃から前220年まであった。今、この燕国と弥生文化の関係に大きな注目が集まりつつある。日本列島の北部九州を中心に、西日本各地の弥生時代の遺跡から、この燕国からもたらされたと考えられる金属器が多数発見されているのである。これらの遺物のなかには、韓半島では全く出土していないものもあり、燕国から直接もたらされた可能性がある。つまり、弥生時代に燕国と日本列島の間に何らかの交渉関係が存在していたのである。この事実は、弥生時代の歴史を大きく変えるであろう。

　弥生文化の青銅器や鉄器の起源と系譜に大きく関わる、燕国と弥生文化を繋ぐ最新の資料と研究成果について、以下に簡単ではあるが、後述する議論に備えてアウトラインを示したい。

2．北方の覇者燕国

　燕国の中心があった北京は、現在、中国の中心で人口も膨大な首都であるが、地理的にみれば中国の北方地域に位置する。この中国の北方地域は、中原の政治勢力が遠く及ばない夷狄の地であり、はるか昔、殷の時代の頃から北方諸民族と中原は常に敵対関係にあった。その一方、北方といっても、遼寧省や韓半島といった海に面する平野部には、広大な土地が広がっているので、この広大な地域に版図を広げることができれば、強大な国を作り上げることができる。燕国は、この北方地域に殷が滅んだ後に、周王朝に封じられた殷の祭祀を掌っていた召氏一族が開いた国とされ、実際に西周時代になると、今の北京周辺に多数の中原系青銅器をもつ墓が出現する（甲元 2008a）。その後、燕国の様相がよくわからない時期があるが、春秋時代になると、『史記』に断片的に燕国のことが記載されるようになり、戦国時代になると、周辺国との攻防を経て、燕国は北方地域、さらには周辺地域に大きな影響を与えるほどに強大な国となっていく。

　そして戦国時代の燕国の強大さは、有名な楽毅が活躍した前3世紀後半頃の昭王の時代に絶頂に達する。楽毅は日本では有名な人物で、それは光明皇后の写本である楽毅論（王羲之が楽毅について著された小論を楷書で書いたものを、さらに光明皇后が写したもの。正倉院蔵）として知られている。楽毅は、昭王の時代、知略をもって山東半島付近にあった斉の国に侵攻するなど、領土拡大に大きな功績をあげた人物である。もっぱらこの時代の燕国については、楽毅に注目が集まるが、考古学や文献史学では将軍であった秦開の方が有名である。なぜ、この秦開が注

207

第4章　弥生鉄器の起源と燕国

目されてきたのかといえば、『史記』などに記載されている彼の活躍ぶりとその年代が韓半島と日本列島に大きな影響を与えてきたからである。これまでの通説では、燕将秦開は、昭王（在位前312年〜前279年）の頃、東胡を攻伐し、二千里に及ぶ範囲の土地を奪い、後に燕の直接支配のきっかけとなったとされてきた。また、燕将秦開の侵攻は韓半島にも及んでいるという文献記録もある。そして、その年代は、『史記』の記事をもとに、領土拡大を盛んに進めた昭王の時代であるとされ、いつしか燕将秦開の侵攻の実年代は、ほぼ前300年頃の前4世紀であるという説が形成された。このように燕将秦開の存在と活躍が遼東と韓半島の重要な歴史的事件として認知され、それはやがて韓国、そして日本の考古学、東洋史、古代史の各分野で定説となった。考古学に限ってこの定説を挙げると、燕将秦開の侵攻が韓半島の青銅器文化の開始に影響を及ぼし、さらには日本列島の弥生文化の開始のきっかけになったと考えられてきた。

　以上のような考え方は、今や中国や韓国の考古学研究者にとって動かしがたい通説となり、日本では、1960年代以降の弥生文化の開始年代の定点となってきた。しかし、2003年に、弥生年代観の見直し作業がはじまって以降、弥生開始期の年代が前300年ではないことが議論されるなか、それまで日本列島各地の弥生時代前期末から中期初頭の遺跡で発見されていた燕国系の鋳造鉄器の存在が再評価され、これらの日本への渡来が、燕将秦開の東方への侵攻の推定年代である前300年と関係し、弥生時代前期末から中期初頭の年代が前300年頃であるという年代観を主張する研究者が登場するにいたった。最近、中国各地では、新しい博物館の建設ラッシュを迎えているが、遼寧省でも新博物館が増加し、それらの青銅器時代の展示の入り口付近には、必ずといってよいほど燕将秦開を取り上げることが多くなった。2012年の2月に内蒙古自治区の赤峰市博物館を訪問したとき、東胡を退け、長城を築いた人物として燕将秦開の像が展示されていた。また、同じく遼寧省の遼陽博物館では、燕将秦開の立像も展示されるなど、彼の活躍は中国北方の人々に印象づけられている。

　しかし、実は、この秦開をめぐっては、以下でみていくように、これまでの学説に大きな盲点があり、国内外の研究者は間違った解釈をもとに話を進めていたことがわかった。この事実は、この問題に関係する考古学、古代史、東洋史、すべての定説を書き換えるものになる可能性をもっている。そして、この話とは別に燕国が実は弥生文化と深い関係にあったことがわかってきた。そこから、理解されるのは、これまでの東北アジア史を大きく見直すことに繋がり、同時に弥生文化の起源に燕国が深く関わっていた事実である。

3．燕将秦開の問題

　燕将秦開の活躍ぶりについては、以下の諸文献に記されている。以下、原文である漢文は引用せず現代語約のみ引用する。
①『史記』匈奴列傳第五十[1]から以下のような記載がある。

・燕に秦開という賢将がいた。胡（東胡か？）で人質となっていたが、胡は彼を非常に信用
　した。彼は燕に帰還すると、襲撃して東胡を敗走させ、東胡から千余里の土地を奪った。
・荊軻と秦王の暗殺に同行した秦舞陽は秦開の孫である。
・燕もまた造陽（今の河北省北部か）より襄平（今の遼陽市か）にいたる長城を築き、上谷、
　漁陽、右北平、遼西、遼東郡を置いて、胡の侵入を拒む。
② 『三国志』魏書・烏丸鮮卑東夷傳第三十[2]中の、『魏略』からの引用で、以下のような記載
　がある。
・燕は将軍秦開を派遣して朝鮮の西方を攻め、二千余里の地を取り、満番汗を国境とした。
　朝鮮はついに弱体化した。

　以上の記述のうち、東胡とは匈奴の東側にあった国で、今の遼寧省付近に比定されている。
遼寧省は、大河である遼河を境に東西に遼西と遼東に分けられており、この地域の集団は、遼
寧式銅剣という中原の銅剣とは形状の異なる武器（第2章第2節参照）をもつのが特徴で、この
銅剣の特徴はさらに韓半島にも及んでいた。銅剣の分布と国や民族の範囲を同一視するのは
少々危険であるが、全く無関係ではないであろう。こうした遼寧式銅剣は、車馬をもつ地域の
武器ではなく、もっぱら馬と白兵戦を主とする戦闘方法を採用する地域の武器で、文化的には
北方の遊牧を生業としていた草原民の影響を強く受けつつ、牧畜も取り入れてはいたが、平野
部で農耕を、台地部で畑作を生業としていた集団であると考えられる。したがって、いわゆる
匈奴とは区別すべきである。遼寧省は、山間部を除き、平野部は大小凌河、そして大河である
遼河により肥沃な土地が多く、農耕に適した土地が広がっている。秦開が燕王の命により、こ
うした土地に侵攻したのは当然のことであろう。

　さて、先にこれまでの学説では、秦開が昭王の頃、そして東胡への侵攻の時期を前300年頃
と考えてきたことについて触れたが、秦開に関する文献の記述からみて、秦開がいつの時代の
人物かを特定する年代はいっさい記載されていない。どうして秦開が昭王の頃の人物で、東胡
への侵攻が前300年頃のことであるとみなされるようになったのであろうか。

　この理由は、大きく2つあり、このあたりの事情について、最近、燕国の考古学研究を進め
る石川岳彦が詳しく解説している（石川岳2011）。まず、現状のようにみなされることになっ
た第1の理由は、秦開が登場する記載の前段に、有名な「胡服騎射」（趙の武霊王が、当時の敵
対関係にある匈奴の機動力のある騎馬戦法と乗馬に適するズボンのような服装が、それまでの趙の伝統的
な戦車戦法と服装に勝ると考え、周囲の反対をおさえて導入したことを記したくだり）の記載があるこ
とによる。この胡服騎射の記載の時期が趙の武霊王、前307年頃であることから、これに続く
秦開の記述はほぼ同じ昭王の頃であると考えられてきた。また、2つ目の理由は、最後に触れ
られている秦開の孫である秦舞陽が秦王（後の始皇帝）の暗殺に関与したという記述があるこ
とである。暗殺未遂事件は、前220年頃であるので、これまでの説ではここから二世代分を遡っ
て前300年頃に秦開が東胡を討ったと計算したわけである。しかし、残念ながら、この計算を
するうえで、定点となるのは秦王の暗殺に関与したという時期（前220年頃）のみで、秦開の

209

第 4 章　弥生鉄器の起源と燕国

孫の秦舞陽の年齢やその父、また秦開の年齢については全くわからない。このあたりの計算を具体的に示した研究者はいないが、前 300 年頃に祖父である秦開が全盛期であったとするには、まず孫の秦舞陽を前 220 年頃に約 30 歳と設定し、秦舞陽の誕生年（前 250 年頃）に父親が約 30 歳、さらにその父親の誕生年（前 280 年頃）に祖父の秦開が約 40 歳とすれば、20 代で秦開が前 300 年頃に働き盛りの年齢となるということであろう。しかし、この計算は、父親と秦開が高齢で子供をもうけたとすれば秦開の主たる活動時期はさらに大きく遡ることになる。仮に、この計算のなかで秦舞陽の誕生が父親約 50 歳、さらにこの父親の誕生が秦開 40〜50 代の話とすれば、東胡への侵攻は前 4 世紀中頃のこととなる。また、逆に若い年齢に引き下げてみれば、前 300 年よりも大幅に新しくもなりうる。以上のように、燕将秦開の活動時期に関するこれまでの定説となっている年代推定は、断片的な文献の記述から導かれた危ういものであることが明らかになり、あらためて考古学的な事実と参照しつつ、再検討する必要がある。

4．考古学からみた燕国の東方進出

このように燕国に関する文献の記録は非常に少なく、秦開の記事も含め不明な点が多いのが実状である。これに対して、遼寧省など、燕国の領域支配が東方に及んだ地域における最近の考古学的な成果には目を見張るものがある。

まず遼寧省の西側の遼西地域では、前 6 世紀から前 5 世紀頃の建昌県東大杖子遺跡で燕の本拠地のような墓葬で立派な青銅器や土器を副葬した墓が発見されている（中国国家文物局 2000）。筆者は、幾度か遼寧省に赴くなかで、実際に東大杖子遺跡の青銅葬器と土器や武器などの伴出遺物を実見したことがあるが、精巧かつ細密な文様をもつ青銅器や土器は明らかに燕国のものである。その一方、遼寧式銅剣などの在地の青銅器も伴っており、東大杖子遺跡は燕国の影響を強く受けた在地の勢力の墓であろうと考えるようになった。そして、最も注目したのは、日韓の青銅武器である銅戈の起源となる「遼寧式銅戈」が含まれていることであった。この銅戈の問題については、先に第 2 章第 5 節において述べた通りであるが、燕国の問題に大きく関係するので再度ここでも触れておこう。

第 2 章第 5 節の図 32 は、東大杖子遺跡の銅戈と同型式の遼寧式銅戈の分布である。その起源となるものが燕の影響を強く受けた東大杖子遺跡で出土した。東大杖子遺跡の遼寧式銅戈をよくみると、本体の形は遼寧式銅剣であり、これを燕国などの中原の銅戈と折衷させ変形して創出したものであった。すなわち、燕系と在地系の要素が融合して生まれた武器である。

以上のように、東大杖子遺跡では土器や青銅器などで燕系と在地系の要素が融合していたのであるが、こうしたあり方は燕国の領域支配の一つのあり方を示している。宮本一夫は、このような燕国の東方への拡大のあり方を「燕化」と呼んでいる（宮本 2006a）。遼西地域では、この東大杖子遺跡でみられたような「燕化」は、その年代からすれば前 6 世紀からすでに起きていたことになる。こうした「燕化」の痕跡は、東大杖子遺跡以外でも散見される現象である。

210

第1節　春秋戦国期の燕国と弥生文化

図89　燕国の長城（内蒙古自治区赤峰）

　以上の東大杖子遺跡のような「燕化」は、おそらく遼西地域の在地勢力を燕の勢力に取り込みつつも、在地の伝統を壊さない程度の関係であったことを示している。その後、次第に燕系の要素が浸透していき、「燕化」の程度はいっそう進行した。この進行は、遼西地域で前4世紀前半に青銅器が消滅したときに遼寧式銅剣が消えてしまうことに現れている。遼寧式銅剣は、在地の集団の象徴的なアイテムであり、それが消失するというのは大きな変化が起きていたことを意味する。もし遼寧式銅剣が先ほど述べたように、東胡のような集団の象徴的なアイテムであったとすれば、遼西地域は遅くとも前4世紀前半に集団のアイデンティティを完全に消失するような段階、おそらくそれまで段階的に進行していた燕の領域支配に決定的な画期が訪れたことを意味している。2012年2月の遼寧省での調査では、遼寧省文物考古研究所において先に触れた東大杖子遺跡の最近の調査について新しい情報を得たが、燕国の土器を多量に副葬した大形の墓が発見されたということである（遼寧省博物館ほか 2014）。しかし、この墓には青銅器がほとんど伴っていないという。これは、まさにこれまでに知られる前4世紀前半頃の様相を示しており、燕国の支配が相当に進んでいることを示すと考えられる。
　また、この頃に生じた大きな変化は他にもある。それは、燕国の鉄器の拡大がほぼ同時に進行していることであろう（石川岳・小林 2012）。燕国は中原諸国のなかでも、一早く鋳造鉄器の生産を開始していた国の一つである。この燕国の鋳造鉄器がみられるようになるのが、前5世紀頃からで、遅くとも前4世紀前半には遼西地域と遼東地域の一部には拡散し、前4世紀後半には遼東地域のかなりの範囲にまで広がる（石川岳・小林 2011）。こうした燕国の鋳造鉄器の拡散は、先ほど述べたように、燕国の領域の東方への拡大と連動した現象であろう（第4章第2節で詳述）。
　ところで、『史記』匈奴列伝に記載された燕の「長城」も、こうした現象に連動して形成さ

211

れたと思われ、燕国の東方進出を物語る遺跡である。今も内蒙古自治区や遼寧省各地に、燕国の長城の痕跡が残る（図89）。一般的に万里の長城の典型としてよく引用される北京の八達嶺のような長城の趣は現在一切なく、尾根沿いに石を積み上げた状態が延々と続いており、おそらくこの石積みに版築などを施した上部構造があったものと推測される。こうした長城が内蒙古自治区から遼寧省各地に築城されたことは、同じく燕国によって築城された土城とともに燕の東方への領域拡大を具体的に示すものである。

　以上、ここまで、燕国の領域の東方への拡大を示す考古学的証拠についてみてきたが、東大杖子遺跡にみるように、領域支配の拡大のはじまりは、前6世紀頃であり、前4世紀前半頃に本格的な支配がはじまる。この考古学的なあり方は、先に触れた燕将秦開による東胡討伐の年代観よりも古く、しかも、燕の領域支配は200年近い長い期間を経て達成されたことを意味する。こうした新しい見解は、当然のことながら日韓の考古学に影響を与えることになるであろう。燕将秦開の記事が、はたして領域支配の本格化する前4世紀のどのあたりにくるのか、前半と後半のいずれの時期であったのか。文献の内容と考古学資料の成果は、あまり整合しない。今の段階では、前4世紀代のいずれかの時期としておく方が賢明であろう。

5．燕国および北方青銅器文化と弥生文化の関係

　燕国の東方への進出について、以上のような見解を提示したが、この見解を踏まえて、これまで日本列島からみつかっている燕国に関わる遺物について再検討してみたい。

　まず、最初に問題となるのは佐賀県鶴崎遺跡から出土した円筒式剣首の青銅短剣である（石川岳 2009b）（図90-3）。最近、石川岳彦は、佐賀県鶴崎遺跡から出土した円筒式剣首の青銅短剣について、前5・6世紀の燕山地域のものであるとし、燕系鉄器が前4世紀頃に日本列島で出現する前史として重要であるとした（石川岳 2009b）。この鶴崎遺跡出土の銅剣の祖型と考えられるものについて筆者は、2007年に北京市博物館に展示されていた長城地帯の同種の銅剣を実見し、さらに2012年2月に遼寧省の五道河子遺跡の銅剣を朝陽博物館で実見した（図90-2）。円形の剣柄末端部の形状から、平坦で薄い柄の特徴、そして剣の身の脊柱状の形状など、いずれも同じものといえる。こうした特徴からみても、鶴崎の銅剣は、確かに燕山で集中的に出土し、中原の影響を受けて当地域で作られた独自の銅剣であるのは明らかである。この銅剣がどのような経緯で日本列島にもたらされたのかはわからないが、鶴崎の銅剣はほぼ完全な形で搬入されており、燕山地域から直接的にもたらされた可能性を考えてもよいであろう。

　こうした燕山周辺の集団は、いわゆる山戎と呼ばれる集団の地域とされ、燕国地域とは区別される。文化的には、寧夏からオルドス地域や長城以北の地域にかけての北方草原系文化を巧みに在地文化に取り入れた地域で、こうした地域の文物が北部九州にもたらされていることになる。この銅剣が、どのような経緯で北部九州にもたらされたのかについてはまだ不明な点が多いが、燕国の東方支配の本格化と関係し、さらに燕山地域と北部九州地域の間の交渉関係を

第1節　春秋戦国期の燕国と弥生文化

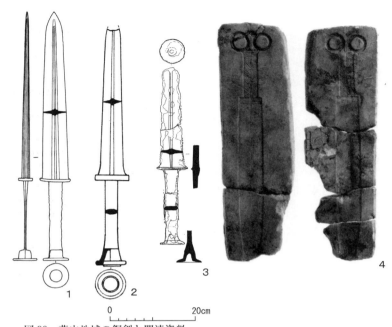

図90　燕山地域の銅剣と関連資料
（1：北京市軍都山 YYM199、2：遼寧省凌源五道河子8号墓）3佐賀県鶴崎遺跡出土の銅剣　4滋賀県上御殿遺跡出土銅剣鋳型

示している可能性さえある。この鶴崎の銅剣と大きく関わるものが最近、滋賀県高島市上御殿遺跡で出土した（中村 2014）（図90-4）。この遺跡から出土したのは、驚くべきことにオルドス系短剣の石製鋳型であった。2枚合わせの鋳型であるが、2つの銅剣形は一致せず使用された痕跡もみられないという特殊な資料である。また、本例は弥生時代のものであるが、出土状態が不明確で時期が不確定である。本例の祖型は、典型的なオルドス地域の青銅短剣で、有柄銅剣と呼ばれているものがその候補となろう（この種の銅剣については、本書第2章第2節参照）。剣首は2つの輪がメガネ状をなす双環頭をなし、柄と身の境に左右に出っ張る格という鍔状の部分を有する。上御殿例は、この格が左右に出っ張らないのが特徴で柄には綾杉文をもつ。この綾杉文については、弥生文化にみられるものがつけられたという意見もあるようであるが、オルドス地域にも似たような文様は存在する。オルドス式有柄青銅短剣の双環頭部は、西周末から春秋時代の蛇の意匠が起源で、柄の綾杉文の部分も蛇の意匠が多くなされる部分である。上御殿例は、格がないなど日本的な改良がなされているが、戦国時代後期の特徴をもつオルドス地域の北方草原文化の影響を受けているとみてよいだろう。本例の出土によって、先にみた鶴崎遺跡例と合わせて、いわゆる内蒙古・長城地帯の北方遊牧民系の青銅器文化の影響が日本列島に及んでいたことがより鮮明になった。

　なお、北方遊牧民系の要素はこれだけではない。鳥取県青谷町青谷上寺地遺跡からは、木製琴が出土しており、その側板の表面に羊の線刻絵画（図91）が描かれていた（鳥取県教育財団

213

第 4 章　弥生鉄器の起源と燕国

2002)。これらの資料の存在から、弥生文化と北方遊牧民系文化の接点がより現実的になったといえるであろう。

　さて、こうした内蒙古・長城地帯の社会と弥生文化の交流を示す資料が出土した背景には一体何があるのであろうか。鶴崎の銅剣でいえば、この銅剣の時期は前 6 世紀から前 5 世紀頃のものであり、日本列島に伝来した中国大陸系の遺物としては最古のものとなった。この時期は、内蒙古・長城地帯の南に位置する燕国は東方への拡大を開始する時期であり、この動向と無関係ではないであろう。後述するように、前 4 世紀頃にはすでに日本列島に燕系遺物が多数もたらされていることからみて、燕国は領域拡大を進める以前から特に海に面する遼寧地域を介して、韓半島、そして日本列島とを結ぶ交流のネットワークを開拓し、そのネットワークを政治的に掌握するのが領域拡大という形になって進行したと考える。こうしたネットワークが存在したからこそ、内蒙古・長城地帯の集団が日本列島にアクセスできたのではないかと推測する。

　そして、実際に燕国の領域拡大が進行する過程で、ついに日本列島にまで燕国の人間が流入をはじめるのである。

　そうしたことを示す燕系の遺物が日本列島では多数発見されている。弥生時代中期前半の吉野ヶ里遺跡では、青銅器工房跡から燕系の銅柄をもつ書刀である鉄製刀子が出土し（図 92）、熊本市八ノ坪遺跡からは青銅器の鋳造に用いた遼西や遼東にみられる馬形の土製羽口が出土している（石川岳 2011）。吉野ヶ里遺跡出土の鉄製刀子は、中期前半の青銅器製作工房跡の土壙から出土しており（村上 1992）、柄の部分が青銅製で、刀子の身の末端を尖らし、この青銅製の柄に挿入して接着している。この刀子は書刀で燕国の階層的に上位の墓から出土する。また、有明海沿岸地域では、韓半島にもみられない耳をもち節帯と呼ばれる帯を巻きつけたような表現をもつ特徴的な銅矛などが生産されている。こうした耳と節帯の両方をもつ地域は、韓半島ではなく遼西地域に限定される（小林 2011）。ただし、銅矛の基本形態は韓半島のものであるので、韓半島系の集団も関与しているが、そこに燕国系ないし、遼西や遼東地域の人間の関与が強く考えられるのである。このように考えることによって、有明海沿岸の初期の銅矛が、遼寧地域の影響を受けているとすれば、吉野ヶ里遺跡の刀子や八ノ坪遺跡の土製羽口などは、遼寧が「燕化」していく過程で日本列島にもたらされた可能性が高くなる。

　さらに燕系の鋳造鉄器の破片は、北部九州をはじめとする西日本各地で発見されている（野島 1992 など）（図 94）。現在までに、燕国系の鉄器を出土した遺跡は、西日本を中心に約 40 遺跡にのぼり、最も東は埼玉県にまで達している。また、その出土量は予想以上に多く、小さい破片を熱して脱炭処理して硬質化し、鋭利な工具として木器製作などで使用したようである。佐賀県吉野ヶ里遺跡では、弥生時代を通じて多数の鉄器が出土している（佐賀県教育委員会 2015）が、時期ごとに鉄器の出土点数を比較してみると、後期に鉄器の出土点数が多いのは通常のあり方であるが、中期前半段階の鉄器の出土点数は、中期末段階の点数を上回っている（図 95）。また、石川県小松市八日市地方遺跡からは、燕国系の鋳造鉄斧を実際にはめて使用した木製の

214

第1節 春秋戦国期の燕国と弥生文化

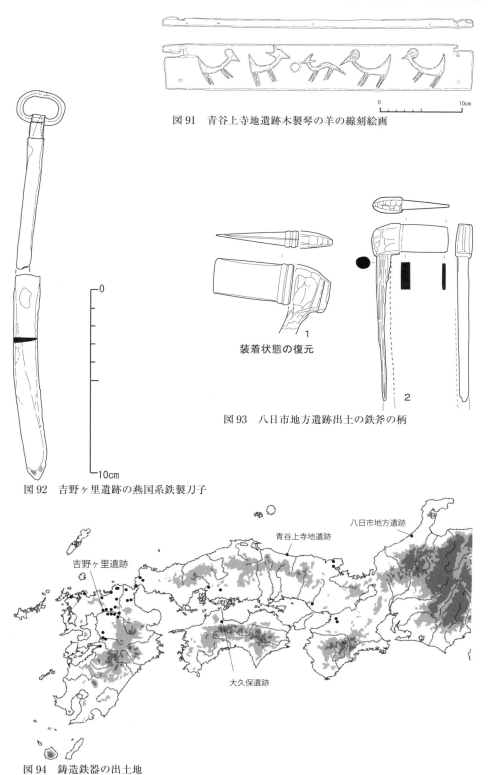

図91 青谷上寺地遺跡木製琴の羊の線刻絵画

図92 吉野ヶ里遺跡の燕国系鉄製刀子

図93 八日市地方遺跡出土の鉄斧の柄

図94 鋳造鉄器の出土地

215

第 4 章　弥生鉄器の起源と燕国

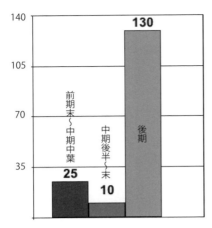

図 95　吉野ヶ里遺跡における鉄器出土量の推移

斧の柄が出土しており（図93の右）、完全品としても実用的に使用されたことが明らかとなった（小松市埋蔵文化財センター 2014）。こうした状況からみて、石器を使用していた段階の弥生文化にあって、それまでになかった金属器という利器の登場が、当時の弥生社会に与えた影響は大きいものであったであろう。これまでの研究では、最初に鉄器によって社会が大きく変化する画期は、中期末の段階に設定されており（都出1989）、燕国の鉄器研究によって、そうした鉄器と社会進化をめぐる問題の見直しが必要となってきた。

　鉄器には、鋳造と鍛造があるが、鋳造は先に触れたように東北アジアでは燕国が中心的に生産していた。したがって、この頃の鋳造鉄器は基本的に燕国産ということになる。この鋳造鉄器については、韓半島でも生産が行われていたようであるが、燕系のものと比べると、韓半島では二条の突帯をつけず分厚い作りで明確に区別できる。日本列島のものは、ほとんどが、燕国産の特徴である二条の帯をつけており、燕国から搬入された可能性が高い。このように、弥生時代の前期末から中期中葉、実年代で前4世紀中頃から前3世紀頃における弥生文化と燕国の関係を示すものをみる限り、韓半島を仲介して日本に入ってきたものもあったと思われるが、鋳造鉄器をみる限り、直接的な関係を想定できる。

6．沖縄における燕国の影響

　こうした日本列島でみられる燕系遺物は、ほとんど北部九州を中心とする西日本からの出土品であるが、驚くべきことに、燕国で鋳造された明刀銭が沖縄で2点出土している（高宮 1991）図97はそのうちの1点である。これまで本土では、明刀銭の出土例がなく、沖縄から出土しているのである。また、沖縄では、これまでに粘土中に滑石を混ぜた土器が発見されており、これらは燕国に関わる土器である可能性が高いのである（小林ほか 2013）。

　この種の土器は、1985年に宜野湾市真志喜荒地原第1遺跡の発掘調査で最初に出土し、1989年に「脂感のある滑石様の鉱物（未同定）を雑に混和した口縁内弯の著しい土器」として報告された（宜野湾市教育委員会編 1989：以下、この種の土器を「滑石混入口縁内弯土器」と呼称し記述する）。1999年に、下地安広が浦添市嘉門貝塚B区出土の「滑石混入口縁内弯土器」を「楽浪系土器」として報告した（下地 1999）。その後、白井克也は、この「滑石混入口縁内弯土器」について、南部九州の弥生前期中葉から中期前半にかけての弥生土器と共伴することから楽浪建郡以前に遡り、西北朝鮮の古朝鮮土器と考えた（白井 2001）。こうしたなか、2001年に読谷村の大久保原遺跡と中川原遺跡から出土した「滑石混入口縁内弯土器」の報告が仲宗根求らによっ

216

第1節　春秋戦国期の燕国と弥生文化

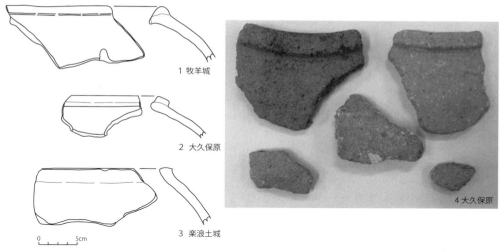

図96　滑石含有口縁内弯土器の変遷

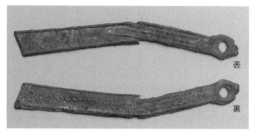

図97　沖縄出土の明刀銭

てなされ（仲宗根ほか 2001）、これにより沖縄での「滑石混入口縁内弯土器」の出土例は、現在までに4遺跡で13片出土するにいたった。そして、最近、「滑石混入口縁内弯土器」が遼東半島などの滑石を混和する土器の系譜にあることが指摘されるようになり（鄭 2008、長友 2010、小林 2012b、中村 2012）、前漢早期から中期頃のものとする意見も出されている（中村 2012）。このような経緯から、「楽浪系土器」という名称ではなく、当面は「滑石混入口縁内弯土器」と呼ぶべきであると考えるにいたった（小林ほか 2013、宮本 2014）。

　これまでに出土している資料は、大久保原遺跡、中川原貝塚、嘉門貝塚、荒地原遺跡などがあり、図96-2の大久保原遺跡例のように器形は、内湾する口縁部の端に粘土帯を貼りつけた土器であり、口径は約20cmほどである。この粘土帯貼りつけ口縁の断面は、隅が丸みをなす方形ないし台形で、蒲鉾形をなすものもある。口縁部から胴部上半の破片ばかりであり、底部は未確認である。特徴的なのは、胎土に2mmから5mm大の滑石を多量含有することである。色調は、外面は灰褐色、内面は暗灰褐色のものが多い。手にとったときの感触は、若干、蝋石のような脂感を感じるほど、滑石を混和しているものもある。

　実見の結果、こうした沖縄の「滑石混入口縁内弯土器」の観察結果とよく似た土器は、東京

217

第4章　弥生鉄器の起源と燕国

大学が所蔵する牧羊城遺跡にみられることが判明した（図96-1）。注目される類似点は、粘土帯を口縁端の上側に貼りつけナデによって平滑化する特徴で、今のところこの特徴の土器は、牧羊城遺跡でしか確認できていない。楽浪土城遺跡の口縁部内弯土器（図96-3）は、口縁部を折り返すか、端部下側を肥厚させるものしかなく、差異が大きく、同一系譜にあるとすれば時期が下がるものと推定する。形態的に限れば、遼東系の可能性が指摘できるであろう（宮本2014）。

　時期については、新里貴之によれば同一遺跡で出土する弥生系土器が、南九州の高橋II式から入来I式土器が中心であり、前期後半ないし末から中期前半頃までのいずれかの段階に伴う土器である（小林ほか2013）。沖縄の在地土器では阿波連浦下層式から浜屋原式が混在し、やや時期幅をもつ。なお、実年代については、弥生系土器の共伴関係からは、上限はだいたい前4世紀から前3世紀頃であり、下限は楽浪建郡以前の前2世紀頃と考える。一方、類似した牧羊城遺跡の滑石を混和する口縁内弯土器も年代を絞るのが難しく、現段階では幅をもたせて考えるのが妥当であろう。ただし、沖縄の「滑石混入口縁内弯土器」の祖型が遼東の在地土器とすれば、遼東における燕式釜の製作技法（型作り）を取り入れた滑石混入土器の製作開始は戦国時代には遡らないので（宮本2012）、現状では前3世紀頃から前2世紀頃までのものと考えることもできる。一方、系譜についても牧羊城遺跡のみの事例で遼東と確定するには心許ない。宮本一夫は、この種の土器に滑石を混入する製作技術は燕系に由来し、遼東で在地化した後、その系譜は衛氏朝鮮にまで引き継がれると考えた（宮本2014）。先の観察所見でも述べたが、滑石の混入量の多さと、若干の脂感は楽浪土城の土器に近いともいえ、宮本の指摘のように楽浪建郡以前の衛氏朝鮮系の可能性も高まっている。

　こうした「滑石混入口縁内弯土器」の出土地は、いずれもリーフが発達し南海産大型貝採集に適した沖縄西部の沿岸部に集中し、貝交易と関連する可能性も浮上する（新里2009）。出土遺跡が複数であり、一定期間の交流があった可能性さえ考えられる。また、こうした滑石混入土器とともにもたらされた可能性があるものとして、中川原遺跡の鉄器群があり、燕系の明刀銭も関係する可能性がある。なお、沖縄の明刀銭については、石川岳彦によって、基本的にはすべて戦国後期段階の最も新しい段階のもの、実年代では前3世紀のものと判明した（小林ほか2013）。また、石川によれば、こうした貨幣が戦国期の燕国以降に使用されたとしても、それは前漢初頭の段階あるいはその直後までで、明刀銭の分布は清川江以北（北朝鮮国境付近）に限られ、その分布からすれば、戦国期の燕国の影響が及んだ範囲に流通は限られる可能性があるという。したがって、遼東系と考えた「滑石混入口縁内弯土器」は、前3世紀代の燕国末期から前漢初頭までの交流を示す資料である可能性が高まった。

7．倭は燕に属す

　以上のように、春秋戦国時代の燕国と弥生文化の関係についてみてきた。これほどまでに燕

国の資料が日本列島で散見される以上、燕国と弥生文化の関係の存在は動かしがたい事実である。これまで、このような倭と燕の関係を論じたものが全くなかったかといえば、そうでもなく、すでに駒井和愛は1970年代に重要な指摘をしている（駒井 1972）。

　駒井は、『山海経』巻十二、海内北経に記載された倭に関する次のような記載に注目した。

　　　・蓋国は鉅燕の南、倭の北に在り。倭は燕に属す。

　以上の文は、「蓋国は、巨大な燕国の南、倭の北にある。倭は燕国に属する」というような記述となっている。蓋国は、この文の地理的な表現からみて韓半島のどこかを指すとされ、倭が燕国の強い影響下にあることが推測される。

　駒井は、このような『山海経』における「倭は燕に属す」という記述について、『山海経』自体、錯簡が多いことや、後世の記述や伝説、空想の記述が多く信用できない、という見方があったが、北朝鮮の龍淵洞遺跡から多量の燕の鋳造鉄器や明刀銭（燕国で流通していた貨幣）が出土している考古学的なあり方から韓半島への燕の影響の強さを勘案して、「わが国も戦国の燕人によって、その存在が世界に報告されるに至ったのであるといえないこともなかろう」と、『山海経』の記述の意義について述べている。

　『山海経』については、駒井が指摘するように史料の信憑性などに疑問が提示されているが、木村誠が整理しているように、その原形はすでに漢代初期までには形づくられていたとされる（木村 1998）。また、木村は、『山海経』の倭の記事について、『漢書』地理誌に記載された「楽浪海中に倭人有り。分かれて百余国を為し、歳時を以て来たり献見すと云う」という倭人記事に先行する内容であり、倭の初見は『山海経』であるとしている。『漢書』地理志をはじめ、古代の中国の文献の多くで、倭の説明をする段は燕の地域のこととして記述されているが、『漢書』地理志に記載されている倭の情報も、前漢以前の燕を経由して入っていた倭に関する情報を集約した結果ともいえるであろう。

　こうした見方が正しいとすれば、木村が指摘する通り、倭の記述の大陸側の初見は、『山海経』ということになり、先にみたような考古学の見解と合わせて、燕と倭の間に密接な関係があったことが文献と考古学的なあり方からも裏づけられたことになる。こうした倭と燕国の関係は、鶴崎の銅剣の存在からみれば、燕の領域支配が遼西や遼東に及ぶ以前の春秋期頃からすでにあった可能性さえ考えるべきである。

　また、この燕国の影響力は、沖縄諸島にまで及んでいた。燕国の東方への領域支配の拡大は、実際には韓半島の北部にまで達していたが、その影響は日本列島と沖縄諸島まで及んでいたわけである。

8．展望

　すでに、本論で述べたように、燕国の鉄器が弥生時代の前期末から中期の初め頃に多数日本列島で出土している事実から、弥生時代前期末から中期の初め頃の年代は、燕の鋳造鉄器が東

第4章 弥生鉄器の起源と燕国

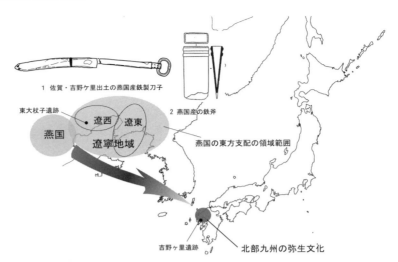

図 98　燕国の領域支配の東方拡大と弥生文化

方に拡散をはじめる前4世紀前半から燕国自体が滅亡する前3世紀の末頃の間に絞り込める。筆者の調査と最近の研究の成果からは、さらに前4世紀代におさまると考えるにいたっているが、さらに絞り込むべく調査を継続しているところである。

また、これまで弥生文化は、前漢の楽浪郡設置以降に大陸との交渉関係をもつ、という枠組みのなかで議論をしてきたが、弥生文化と燕国の関係は、図98のように戦国時代において交流がはじまり、鉄器をはじめとする燕国の文物が弥生時代の日本列島に流入していたのである。そして、鶴崎で出土した長城地帯の銅剣からみれば、すでに弥生文化は、春秋期に大陸との交流をはじめていたことが理解されるのである。第2章において弥生青銅器の起源を検討してきたが、その多くが前4世紀頃に、日本列島へ流入するわけであり、燕国の東方への拡大という社会変動と関係があったであろう。次節では、燕国の鋳造鉄器が、この燕国の東方への拡大とともに東方諸地域へ拡散していく過程を詳しく検討し、さらに、そうした燕国の影響が実際にどのような部分で表出しているのか、みていくことにしたい。

なお、本論でみてきたように燕国の全盛期、そして燕国の滅亡の後は、始皇帝の秦との関係、そして武帝以前の前漢、という古代中国王朝と弥生文化の関係も当然ながら視野に入ってくるであろう。これらの時期の問題は、いずれも全く議論されていない未知の領域で、今後、弥生文化の歴史が大きく変わることは確かである[3]。

註
（1）　小川環樹・今鷹真・福島吉彦 1975『史記列伝』岩波文庫、第三巻、岩波書店。本文献の訳をもとに、部分的に意訳し改変使用した。
（2）　石原道博編訳 1985『新訂　魏志倭人伝・後漢書倭伝・宋書倭国伝・隋書倭国伝―中国史日本伝 (1)』岩波文庫、岩波書店。本文献の訳をもとに、部分的に意訳し改変使用した。

第1節　春秋戦国期の燕国と弥生文化

（3）　その後2017年3月における山東半島での調査において、戦国時代の斉国の鋳造鉄器資料などを多
　　数実見した。これまで燕国系としてきた二条突帯をもつ鉄斧も斉国にはあり、今後、日本での出土例
　　を再検討すべき段階となった。また、沖縄出土の滑石含有口縁内弯土器も斉国に多数存在しており、
　　今後斉国との関係について考えていく必要があるだろう。

第2節　春秋戦国期の燕国系初期鉄器と東方への拡散

1．燕国系初期鉄器をめぐって

　本節では、春秋戦国期の燕の鋳造鉄器を中心とした初期鉄器文化が、燕の支配が及んだ領域である遼寧（遼西・遼東）から清川江以北一帯（宮本 2017 ほか）に拡大していく様相を整理し、さらにこの範囲を越えて初期鉄器が拡散した清川江以南の韓半島、そして日本列島での様相を考察する。近年の資料の増加により、中国北方から韓半島、日本列島といった中原の北方周辺地帯では、燕国で鋳造生産された钁（鉄斧）を代表とする鉄器が拡散し、各地で鉄器の導入が進んだことがわかりつつある。ここで問題とする各地域の鉄器の年代と特徴などの様相をつかむことによって、東アジアの広域な範囲にわたって一つの指標を構築することができるであろう。本論では、こうした燕国を中心に東北アジア地域に最初に拡散した鉄器を初期鉄器と呼ぶことにする。さて、本論で問題とする燕国の初期鉄器については、韓半島や日本列島の初期鉄器と関連して古くから注目されてきた。これに関する学説史の流れについては第1章の第3節において詳しく述べたので、ここでは省略するが、本論のような検討が可能となったのは、燕下都遺跡の報告の再検討が進み、同時に新しい弥生時代の年代をめぐる議論が進むなかで燕国の鉄器研究が注目されたからである。

　1996 年に報告された『燕下都』（河北省文物研究所 1996）は、春秋戦国期における燕国の初期鉄器文化の様相を捉えることができる重要な報告で、特に韓半島や日本列島の鉄器文化の研究に大きな影響を与え、その後、この報告をもとに東アジア規模での研究が相次いだ（白 2005・2009、村上 2008 など）。しかし、報告では明確な実年代が記されておらず、その時期比定の根拠もはっきりしないため、燕下都における鉄器出現と普及の様相を具体的に捉えることはなかった。また、2003 年以降の弥生時代の新しい年代観をめぐる研究のなかで、日本の弥生時代の鉄器に注目が集まり、その出現時期の見直し作業が進んだ[1]。日本における見直し作業については、第1章の第3節で詳述した通りである。現在では燕国以外に東北アジアでは図 99 のように鋳造鉄器を出土する遺跡が知られるようになった。

　そして、確実な証拠に基づく鉄器の出現時期に関わる資料は、前期末から中期初頭の山口県豊浦町山ノ神遺跡の鉄器、愛媛県小松町大久保遺跡の鉄器、鳥取県鳥取市青谷上寺地遺跡などの例に絞られた。こうしたなか、燕下都における鉄器の出現と普及の様相と実年代を押さえて、燕国産の鋳造鉄器が東方へ拡散していく年代と過程を明らかにし、日本列島の初期鉄器の再検討を行うべく、石川岳彦と筆者は共同でこの問題について検討を行った（石川岳・小林 2012）[2]。この議論で明らかにしたのは、日本で展開している年代問題だけではなく、燕国の領域支配の東方への拡大とともに燕国産の鋳造鉄器が東方へ拡散していく歴史的背景と、この影響を受け

第4章　弥生鉄器の起源と燕国

図99　初期鉄器関連遺跡の分布

て韓半島と日本列島で生じた社会変化、そして、鋳造鉄器の流入をめぐる燕国との交流の問題であった。これまでの研究では、日本列島が大陸の政治的世界と接触をもつのは、前漢の楽浪郡設置以降というのが通説であるが、あらためて燕国や遼寧地域、韓半島北部との関係についてもその可能性を考えたわけである。そして、検討の結果、燕国における初期鉄器の実年代と段階ごとの初期鉄器の器種の存在を明確にし、前4世紀代には燕国の領域支配の拡大が及んだ遼寧から清川江付近までには到達し、日本列島の弥生文化にもその影響が及んでいた、という見通しを得た。この結果は、他の日本人研究者の見解と同じである（大貫 1998、後藤 2015、宮本 2017）。この段階で特に注目したのは、これまで、韓半島や日本列島の初期鉄器のなかに燕国の鋳造鉄器が含まれているものの、それらが燕国産・遼寧産・韓半島産のいずれであるのか

224

について、産地の特定が難しかったわけであるが、ある程度の絞り込みを示すことができたことである。それは、燕国の初期鉄器生産が東方に拡散し、鉄器のみが広がるだけではなく、各地域で独自の鉄器を生産している点も明らかにしたことを意味していた。

2．燕下都遺跡出土鉄製品の年代と変遷

1996年に報告書が刊行された燕国の大規模な都城遺跡である燕下都遺跡（河北省文物研究所1996）については、これまで多くの出土鉄器が報告されている。春秋戦国時代は中原諸国において鉄器が出現、普及する時期に相当しており、その具体的な様相を考察することは、燕国に近く、その鉄器文化の影響を大きく受けた遼寧地域における鉄器文化の出現と展開を考えるうえで欠くことはできない。ここでは、石川岳彦による春秋戦国時代の燕国の青銅器、土器の編年と年代、そして鉄器に関する所見（石川岳 2001・2008・2017、石川岳・小林 2012）を引用しながら、燕下都遺跡の鉄器の出現年代と各種鉄器普及の様相を整理することにしたい。

燕下都遺跡は内部に多くの宮殿・工房・住居・墓などの遺跡を含んでいる。そのなかでも層位学的検討が可能な遺跡としては、東沈村6号居住遺跡や郎井村10号工房遺跡が挙げられる。

東沈村6号居住遺跡では、東沈村6号墓が発見されており、また、これらの遺跡からは比較的長期間にわたって鉄器の出土が認められ、特に燕下都の鉄器の出現年代とその様相を考察するうえで重要である（図100）。

東沈村5号墓は、石川の副葬土器編年では、第Ⅲ期前半、前4世紀初め頃と考えられ、報告をもとに出土状況を検討している。東沈村5号墓は、東沈村居住遺跡の第3層を掘り込んで造られており、第3層からは、鉄製刀子が出土している。この第3層からは、他に石川の副葬土器編年第Ⅱ期の鼎C類の耳部や尊などの土器が出土しており、実年代は確実に前5世紀に遡るとされる。さらに、遺構の切りあいや層位関係は、記載からは確認できないものの、報告書には、図100の鉄製刀子よりやや古い時期の鉄器として、轄（車軸頭）、钁（鉄斧）、鉄鋌銅鏃が挙げられている。以上から石川は、燕下都遺跡では非利器としての鉄器の使用が、前5世紀にははじまっていると考えた（石川岳・小林 2012）。

次に、燕下都遺跡内で、その後の鉄器普及の様相を知ることができる遺跡としては、郎井村10号工房遺跡がある（図101・102）。この郎井村10号工房遺跡は、石川が土器や青銅器編年の基準とした遺跡で、燕下都内の東城南半部にある。この遺跡の年代に関して石川は、出土遺物の検討を行い、この年代の名称をそれぞれ古いものから「郎井村10号工房遺跡1期」、「郎井村10号工房遺跡2期」、「郎井村10号工房遺跡3期」とした（石川岳 2001）。そして各時期の実年代は、自身の青銅器や土器の編年をもとにして1期が前5世紀後半を中心に前4世紀前半頃まで、2期が前4世紀半ばから後半初め頃、3期が前3世紀を中心とする時期と推定した（表7）（石川岳・小林 2012）。各期の様相について、石川の検討を整理すると以下のようになる。

①郎井村10号工房遺跡1期（前5世紀後半を中心に前4世紀前半頃まで）：鉄器は鈎類が3点で

第 4 章　弥生鉄器の起源と燕国

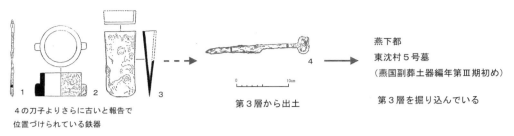

図 100　燕下都東沈村 6 号居住遺跡の鉄器出土状況
1：鉄鋌銅鎌、2：車軸頭、3：斧、4：刀子

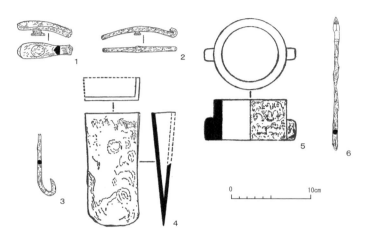

図 101　燕下都遺跡出土の鉄器新出器種（1）（前 5 世紀から前 4 世紀前半）
1-2：帯鉤、3：鉤、4：斧、5：車軸頭、6：鉄鋌銅鎌（1-3：燕下都郎井村10 号工房遺跡、4-6：東沈村 6 号居住遺跡出土）

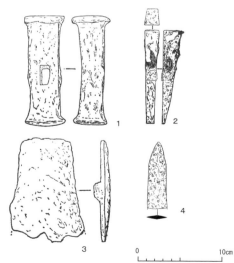

図 102　燕下都遺跡出土の鉄器新出器種（2）（前 4 世紀半ばから前 4 世紀後半初め）
1：ハンマー、2：鑿、3：板状鋤、4：剣（燕下都郎井村 10 号工房遺跡出土）

226

表7 鋳造鉄器実年代対応表（石川岳 2017）

年代	副葬土器編年	青銅器編年	燕下都郎井村 10 号工房遺跡
B.C.500	第Ⅰ期	第Ⅰ期	
	第Ⅱ期	第Ⅱ期	
B.C.400		第Ⅲ期	郎井村 10 号工房遺跡 1 期
	第Ⅲ期		郎井村 10 号工房遺跡 2 期
B.C.300	第Ⅳ期		
	第Ⅴ期		郎井村 10 号工房遺跡 3 期
B.C.200			

（図101-1～3）、器種も限られており、出土点数も少ない。石川によれば、この時期の遺物は多くは前5世紀のものである可能性が高いとし、これらの鉄器は燕下都遺跡における使用初期の鉄器の様相を示しているとした。

②郎井村10号工房遺跡2期（前4世紀半ばから前4世紀後半初め頃）：鉄器は、器種、出土点数ともに大幅に増加する。農具は鑵（鉄斧）、板状鋤（図102-3）、鎌が出土し、工具では錘（ハンマー）（図102-1）、鑿（図102-2）、環首の刀子などが出土している。このほかに街などの馬具や帯鈎も出土している。さらに、この時期には、鉄剣の破片（図102-4）が3点あり、この段階に武器が出現している。また、他に鉄器と関連するものとして環首刀、鑿、鑵（鉄斧）、琵琶形と棒状の帯鈎の土製の双合笵の鋳型が出土している。この段階には、1期にあった帯鈎のほか、鑵（鉄斧）や鋤、鎌といった農具や、工具、武具などが新たにみられ、その種類、数ともに前の時期に比べて大幅に増加している。

③郎井村10号工房遺跡第3期（前3世紀を中心）：鉄器が200点含まれており、鉄器の普及段階である。農具としては鑵（鉄斧）が多数出土しており、小型の鑵（鉄斧）の他に二条突帯をもつものも含まれる。工具には、ほかに鎌（図103-2）、三歯の鍬（図103-3）、六角形の鍬（図103-4）、板状鋤（図103-5）、人字鋤（図103-6）、袋部を有する鋤（図103-7）があり、鑿や刀子のほか、錐が存在している。このほか、連環式の街といった馬具がみられる。武具は鉄鋌銅鏃や剣、矛、鐏（石突）（図103-9）のほかに、新たに甲冑の小札も出土している。その他に生活用具としては鉄製の釜（図103-1）や帯鈎などが出土している。本段階と同時期の遺跡としては、武陽台村21号宮殿遺跡で鉄器、馬具が出土し（図103-8・11）、燕下都44号墓（河北省文物管理処 1975）も同じくこの時期と推測される。石川によれば、燕下都44号墓の年代は、共伴した多数の銭貨には戦国時代最晩期のものが含まれておらず、前3世紀半ば以前の墓と推定されるという。なお、燕下都44号墓からは鉄鉋が出土している。

本段階の鉄器は、農具、工具、武器、そして生活具それぞれにおいて2期のものに比べて種類が増えるとともに、鉄器の点数も4倍近くに達し、この時期に鉄器は相当に普及したことがわかる。

第4章 弥生鉄器の起源と燕国

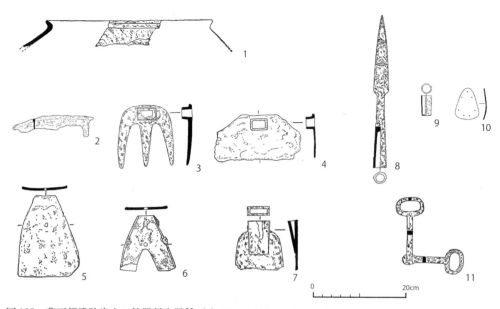

図103 燕下都遺跡出土の鉄器新出器種（3）（前4世紀末から前3世紀）
1：釜、2：鎌、3・4：各種鍬、5-7：各種鋤、8：矛、9：石突、10：甲冑小札、11：銜（1-7・9・11：燕下都郎井村10号工房遺跡、8・10：武陽台21号工房遺跡出土）

表8 燕下都遺跡における各種鉄器の出現年代

実年代	日用品	工具・農具	武器	車馬具
前6世紀後半 前5世紀 前4世紀前半	帯鉤、鉤	鉄斧 刀子	鉄鋌銅鏃	車軸頭
前4世紀後半 前3世紀	鉄製容器	ハンマー、鑿、板状鋤 鉈、各種鋤、鍬	剣（矛の可能性あり） 石突、矛、甲冑	銜

　以上の検討から、石川は、燕下都遺跡での鉄器の出現と普及の年代を表8のようにまとめた。ここまでの要点は、以下の3点のようにまとめることができる。
　①前5世紀には、帯鉤のような鉄器が出現し、遅くともこの時期の後半には工具や農具ではいち早く鉄钁（鉄斧）が出現しており、鉄製の車軸頭もみられる。また、鉄鋌銅鏃では長い茎部に鉄が利用される。この時期には鉄はほとんどが非利器として利用され、武器への利用はまだない。ただし、すでに利器として鉄钁（鉄斧）が存在している。さらに前400年頃には鉄製の刀子が使用されている。
　②前4世紀半ばから後半初め頃には、工具や農具として、錘（ハンマー）・鑿・板状鋤があり、武器としては鉄剣がみられる。利器としての武器への鉄利用が認められる。
　③前4世紀後半終わり頃以降には、各種日用品、工具、農具、武器、車馬具への鉄利用がさらに増加する。

228

以上の検討において、石川は、燕国における鉄器文化は遅くとも前5世紀には非利器としての日用品の鉄器化からはじまり、次第に利器へと鉄利用が進む様相がみられ、そのなかでも利器としての钁（鉄斧）の出現が最も早く、武器への鉄利用が比較的遅れる状況は興味深いとしている（石川岳・小林 2012）。以上、ここまで石川の検討に導かれながら、燕下都における鉄器生産の様相についてみてきた。以下では、この燕下都での様相と年代観をもとに、燕国の東方展開が進行した内蒙古から遼寧、そして韓半島における様相についてみていくことにしたい。

3．遼西・遼東における初期鉄器の様相

前6世紀後半以後、燕国の遼寧地域への進出が顕著になり、いわゆる「燕化」が進行する（宮本 2000 など）。石川岳彦は、燕国の墓や、出土する燕国関連の遺物をもとにして、前400年頃には、遼西と遼東の遼東半島を除く平野部には燕国の領域支配が及んでいたと考え、東北アジア南部への鉄器文化流入の歴史的背景として重要な事象であるとする。また、石川は、前4世紀後半には遼東半島の先端部にまで燕国の領域支配が及んだと考え、先述の燕下都遺跡でみた燕国における鉄器出現と普及の年代を考慮して、鉄器文化がこの時期にはこれらの地域に広がっていたと考えた。さらに遼東山地でも本渓上堡1号墓（魏ほか 1998）における在地的な青銅短剣と鉄器との共伴にみられるような在地文化への鉄器文化の流入が、この時期にまで遡る可能性が高いとする（石川岳 2011、石川岳・小林 2012）。ここでも、石川の検討を参照しつつ、遼寧地域におけるこの時期の鉄器を出土した代表的な遺跡とその出土鉄器を概観する。

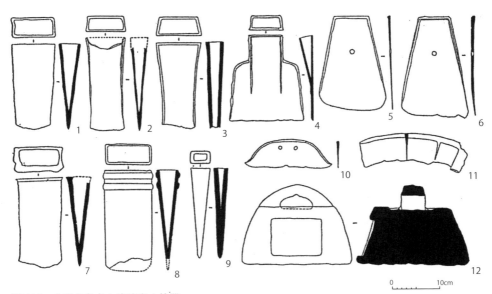

図104　内蒙古老虎山遺跡出土鉄器
1-3、7・8：鉄斧、4：鋤、5・6：板状鋤、9：鑿、10：石包丁形鉄器、11：鎌、12：秦代の鉄権（縮尺不同）

229

第 4 章　弥生鉄器の起源と燕国

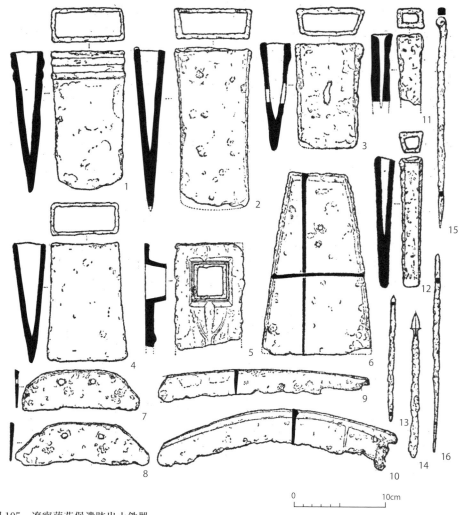

図 105　遼寧蓮花堡遺跡出土鉄器
　　　　1-4：鉄斧、5：鍬、6：板状鋤、7・8：石包丁形鉄器、9・10：鎌、11・12：鑿、13・14：鉄鋌銅鏃、15：錐、16：針？

　老虎山遺跡（敖漢旗文化館 1976）は遼西の内蒙古自治区敖漢旗にあり、戦国時代末から前漢時代初期の城塞とされる遺跡である。鉄器は钁（鉄斧）が 14 点出土し（図 104-1～3・7・8）、このうち 1 点は二条の突帯のめぐるタイプである（図 104-8）。鎌は、刃部が弧状のもの（図 104-10）が 5 点、半月形の石包丁形鉄器（図 104-11）が 1 点で、板状鋤（図 104-4～6）、鑿（図 104-9）が出土している。武器は鉄鋌銅鏃の鉄製茎部が 600 点余り出土している。その他、秦代の鉄権が 1 点（図 104-12）出土している。
　蓮花堡遺跡（王増 1964）は遼寧省撫順市にある。鉄器は、農具としてはまず钁（鉄斧）があり、二条の突帯のめぐる钁（鉄斧）（図 105-1）、若干刃先の広がるもの（図 105-2・4）、平面形が

230

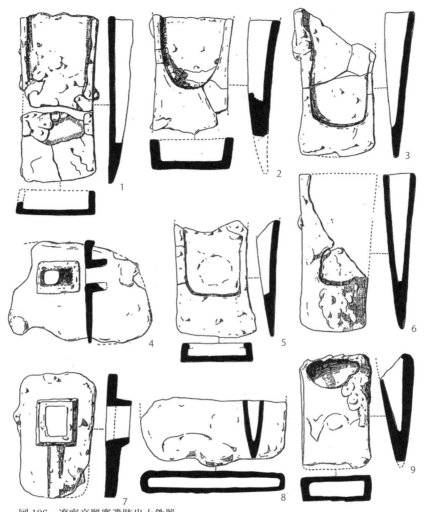

図106 遼寧高麗寨遺跡出土鉄器
1-3・5・6・9：鉄斧、4・7：鍬、8：鋤（縮尺不同）

長方形で中央に穿孔のあるもの（図105-3）があり、その他、鍬（図105-5）、台形で中央に穿孔のある板状鋤（図105-6）、弧状の刃部をもつ鎌（図105-9・10）、石包丁形鉄器（図105-7・8）などである。工具は鑿（図105-11・12）、鍛造の錐（図105-15）がみられる。武具としては鉄鋌銅鏃（図105-13・14）が出土している。また鍛造の釣針が1点出土している。

高麗寨遺跡（濱田 1929）は遼東半島の先端部に位置する。鉄器は钁（鉄斧）（図106-1～3・5・6・9）、鎌、鑿、槍、有孔鉄板である。

このほか、遼東では鴨緑江に近い寛甸満族自治県の黎明遺跡（許 1980）からも燕国の明刀銭とともに石包丁形鉄器などの鉄器が出土している。

このように、東北アジア南部で出土する初期鉄器は、器種構成において、農具では钁（鉄斧）、

231

鎌、板状鋤、工具は刀子や鑿、武器は鉄鋌銅鏃など、その多くは燕下都など燕国の中心地でみられる鉄器の器種構成と共通している。そのために、これまでこの地域の初期鉄器は「燕系鉄器」と称されてきた。

一方で、遼寧の初期鉄器には、燕国の中心部ではみられない器種が存在している。このような独自の器種は長方形の板状の鉄鍬や石包丁形鉄器といった農具である（図104-10など）。特に、石包丁形鉄器は、鉄器流入以前からこの地域で使用されてきた石包丁が鉄器化したものである。このように農具において地域性をもつ鉄器が存在しているということについて石川は、遼寧において、在地的生業形態に則した鉄器生産が、鉄器文化のこの地域への流入とさほど時をおかずに始まったことを示していると考えている（石川岳ほか 2012）。

4．清川江以北および豆満江流域の韓半島における初期鉄器の様相

燕の領域支配の範囲は、韓半島の清川江流域以北に及び（後藤 2015、宮本 2017ほか）、この範囲まで類似の初期鉄器は広がっており、韓半島東北部の豆満江流域の遺跡においても似た鉄器を出土する遺跡が存在する。まず韓半島西北部では、渭原龍淵洞遺跡と細竹里遺跡がある（石川岳・小林 2012）。

渭原龍淵洞遺跡（藤田・梅原 1947）は慈江洞渭原郡にあり、多数の鉄器とともに明刀銭が発見された。鉄器は、钁（鉄斧）（図107-6・7）、板状鋤（図107-5）、鍬（図107-4）、鎌（図107-3）、石包丁形収穫具（図107-2）、鉇（図107-8）、鉄鋌銅鏃（図107-9）、矛（図107-11・12）などが出土している。

細竹里遺跡（金政 1964、金永 1964）は、清川江の右岸、平安北道寧辺郡にある。計3期の文化層が確認され、第3層から叩きによる縄文を施した灰陶のほか、明刀銭などと一緒に鉄器が多数出土した。鉄器は、戈（図108-1）、刀子（図108-2・3）、钁（鉄斧）（図108-4〜6）、鍬（図108-7）である。钁（鉄斧）は二条の突帯をもつ。

次に韓半島東北部の豆満江流域では、会寧五洞遺跡と茂山虎谷遺跡がある。

会寧五洞遺跡は咸鏡北道会寧郊外にある集落遺跡で、最も新しい時期の住居址（第6号住居址）から、鋳造品とされる钁（鉄斧）が破片を含めて2点発見された（朝鮮民主主義人民共和国科学院考古学及民俗学研究所 1960）。

茂山虎谷遺跡（黄基 1975）は咸鏡北道茂山の郊外、豆満江の河岸段丘面上にある。この遺跡の文化層は6時期に分けられ、第5期、第6期の文化層から鉄器が出土した。第5期の文化層からは鉄器が10点出土し、うち1点は钁（鉄斧）の破片であるとされる。第6期の文化層からは22点の鉄器が出土し、双合笵による钁（鉄斧）（図109-1〜5）、石包丁形鉄器（図109-8）、弧状の刃をもつ鎌（図109-9〜11）、釣り針（図109-13）などが出土した。なお、この遺跡について石川岳彦は、最初期である第5期と第6期の間には、鉄器の器種、数量ともに大きな差異があり、第6期には、遺跡を残した人々の生業に即した鉄器も出現しているなど、豆満江流域に

第 2 節　春秋戦国期の燕国系初期鉄器と東方への拡散

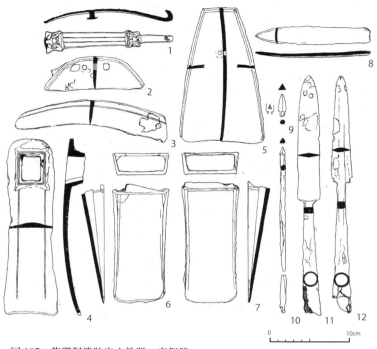

図 107　龍淵洞遺跡出土鉄器・青銅器
1：青銅帯鉤、2：石包丁形鉄器、3：鎌、4：鍬、5：板状鋤、6・7：鉄斧、8：鉇、9・10：鉄鋌銅鏃、11・12：矛

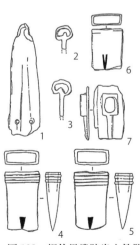

図 108　細竹里遺跡出土鉄器
1：戈、2・3：刀子、4-6：鉄斧、7：鍬（縮尺不同）

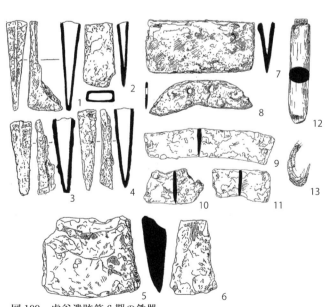

図 109　虎谷遺跡第 6 期の鉄器
1-6：鉄斧、7：鉄鋤、8：石包丁形鉄器、9-11：鎌、12：棒状鉄器、13：釣針（縮尺不同）

233

第 4 章　弥生鉄器の起源と燕国

おける鉄器普及の様相を示すものであるとする（石川岳・小林 2012）。

　このように韓半島北部では、比較的まとまって初期鉄器が発見されており、西北部の鉄器の器種構成は、農具は钁（鉄斧）、鎌、長方形の鍬、石包丁形鉄器など、工具は刀子や鉇、武器は鉄鋌銅鏃、矛、戈である。その他、韓半島西北部の特徴として、鉇や鉄製の戈がある。

　これらの初期鉄器の流入時期について石川は、まず龍淵洞遺跡での明刀銭の共伴や、鉄器の器種が燕下都では遅くとも前 3 世紀にはすべて出揃っていることから、戦国時代であるとしている。また、寧辺細竹里遺跡の出土遺物の報告では、鉄器や叩きによる縄目をもつ土器の前段階の高脚の高杯が、遼東半島の尹家村下層 2 期にみられる高杯と類似しており、前 4 世紀半ばから後半初め頃（郎井村 10 号工房遺跡 2 期併行）と推定した（石川岳 2011）。以上から、石川は細竹里遺跡の鉄器の上限年代が、前 4 世紀終わり頃まで遡る可能性があると考えた（石川岳・小林 2012）。一方、韓半島東北部の豆満江流域における鉄器の流入時期について石川は、虎谷遺跡の報告で、虎谷遺跡 5 期を前 7 世紀から前 5 世紀にしており、この年代は、周辺地域での鉄器の年代を考えると、古すぎるきらいがあり再検討を要するとしている（石川岳・小林 2012）。

5．清川江以南の韓半島における初期鉄器の問題

　ここまで論じてきたように、燕の領域支配の範囲は、清川江流域以北に及び、この範囲までの地域における初期鉄器の保有のあり方は、ほぼ共通したものであった（後藤 2015、宮本 2017 ほか）。次に、まず、こうした燕の領域支配の及ばなかった清川江流域以南の韓半島についてみていくことにしたい。

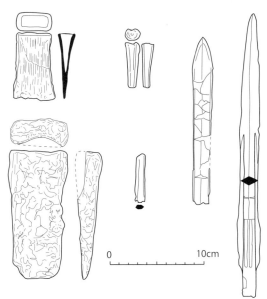

図 110　松山里遺跡の鋳造鉄器

　韓半島出土の初期鉄器の例については、主なものを図 110～112 に挙げた。大部分は、韓半島南部の資料であるが、韓半島西北部の清川江以南の松山里遺跡でもみられる。ここでは、多鈕細文鏡などの韓半島の在地の青銅器とともに鉄器が副葬品として発見されているが、鉄器は清川江以北のものに類似している（図 110）。

　取り上げた遺跡は、一部三角形粘土帯土器群を含むものの、円形粘土帯土器群を伴い、これに並行する時期の資料に限った。韓国における燕系鉄器、あるいは初期鉄器については、李健茂（李健 1990 など）をはじめとして検討がなされてお

第 2 節　春秋戦国期の燕国系初期鉄器と東方への拡散

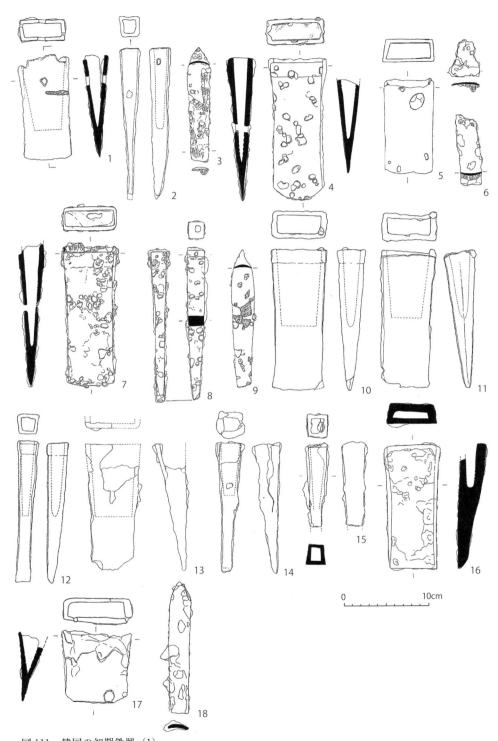

図 111　韓国の初期鉄器 (1)
1・2 南陽里 1 号　3 南陽里 2 号　4～6 南陽里 3 号　7～9 南陽里 4 号　10～12 合松里　13～14 素素里
15・16 院北里タ 1 号　17・18 信洞里 2 号

235

第4章　弥生鉄器の起源と燕国

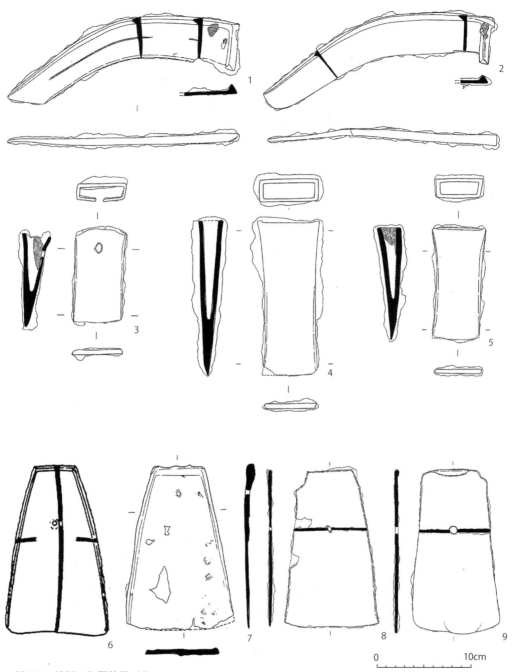

図112　韓国の初期鉄器 (2)
　　　1 葛洞2号　2 葛洞3号　3 葛洞3号　4 葛洞4号　5 葛洞4号　6 龍淵洞　7 茶戸里61号　8・9 隍城洞

り、その後、燕系鉄器の資料の増加とも相まって数多くの検討が行われており、日本では武末純一（武末 2006）、村上恭通（村上 2008）などによって検討がなされている。こうした議論のなかで、村上恭通は、燕や日本列島と同種の鋳造鉄器との比較を念頭に、具体的に製作技術の観点から韓国における鉄器の起源について論じており注目される（村上 2008）。村上は、韓国の初期鋳造鉄器を考えるにあたり、先にみた北朝鮮の龍淵洞遺跡出土の燕国産鉄器の特徴を整理して比較検討を行った。村上による龍淵洞遺跡出土の燕国産鉄器の理解は次の通りである。重要な見解であるので、やや長いが引用する。

龍淵洞遺跡出土の钁（鉄斧）と呼ばれる耕具の刃先である片刃の斧形鉄器は、表面の特徴から脱炭を経ているとする。この龍淵洞遺跡出土の钁（鉄斧）は、長大に加え、横断面形が梯形の片刃で、鋳型は一方のみに陰刻があり、一方は陰刻のない板状の「単合笵」であるとする（図 113-1・2）。

これに対して、韓国の鋳造鉄器について、村上は以下のように整理した。まず形状に関しては、韓半島の青銅器群に伴う钁（鉄斧）は、片刃という原則を共有しつつ、断面形は梯形あるいは長方形で、なかには袋部端部に段をもつ例（合松里・南陽里）があるなど龍淵洞例とは異なっているとする。また、韓国では、全長に対する袋部の深さが半分程度しかない例が多く、刃も刃角が小さく薄い例も燕系の钁（鉄斧）とは異なった特徴を呈しているとした。次に鋳型については、韓半島の青銅器群に伴う斧形鉄器の鋳型は、双方に陰刻をもつ「双合笵」であるとする。このような特徴については、長大かつ薄形で、しばしば横断面が梯形を呈する鉄製品の鋳造に双合笵を使用するという一見、不合理な方法は、燕国に起源をもちながらも、そのものではないことを物語っているとした。なお、韓半島の钁（鉄斧）は 2 点 1 組で副葬される場合が多く、これを村上は燕国の風習の影響とみている。

こうした諸特徴を勘案して村上は、韓半島のこの種の钁（鉄斧）の成立について、双合笵製の鋳型で鋳造される刃角の浅い両刃の青銅斧の技術伝統を反映しているとみられ、韓半島西北部のいずれかでの生産を推測した（村上 2008）。なお、このような考え方は、すでに李健茂によって指摘されており、李は積石木棺墓の鋳造鉄斧（钁）が韓半島の青銅器技術を適用したと考えた（李健 1990）。ただし、李は、二段袋式鉄矛が、韓半島南部でみられる袋部上部が二段となる銅矛を模したものであると考え、鉄斧が韓半島南部で製作されたと推測している（李健 1990）。二段袋式鉄矛の出現自体が後出要素であるので、現在の研究状況からみれば初期鉄器の出現とは関係がない。

また、韓半島の青銅器時代の場合、脱炭施設が存在しないことからは、鋳造鉄器を使用する文化と生産技術を受容しながらも、鋳造後に機能を高めるための脱炭技術は当初受け入れなかった可能性が高いとする。この点、日本列島の初期の鋳造鉄器が脱炭処理を経た製品の再加工品であることと大きく異なるのは村上が指摘する通りである。

以上のような点を踏まえて、韓国における初期鉄器の問題のうち、まず钁（鉄斧）について村上の考え方をもとに考えてみることにする。なお、中国では、钁はやや大形品の斧を指し、

237

第4章　弥生鉄器の起源と燕国

小形品と呼び分けられている。また、钁は土掘り用の斧であるという考え方が通説であり、斧という表現にも問題はあるが、本論では先の石川の検討のように、この種の鋳造鉄器を「斧」として一括して記述することにする。まず、村上が指摘する通り、韓国で出土した钁（鉄斧）は双合笵製であろう。また、南陽里遺跡例（池 1990）や素素里遺跡（李健 1991）の钁（鉄斧）の観察では、袋部の厚さは長方形の四辺でそれぞれみた場合に不均一で厚みをもつ[3]。この点は、先に石川が整理したように燕系の钁（鉄斧）のように薄く厚さが四辺で均一であるのとは大きく異なる。韓国の钁（鉄斧）の身全体が厚く、燕国産の钁（鉄斧）の身の方が相対的に薄い、という特徴も明らかである。また、村上が指摘するように、韓国の钁の場合は、明らかに全長に対する袋部の深さが浅いという特徴をもつが、燕国の钁（鉄斧）の場合は、刃先近くにまで袋部の先端が達する。こうした特徴からみる限り、韓国の初期鉄器群は、村上が指摘したように韓国独自の特徴をもっていると理解できる。

6．燕国における钁（鉄斧）の鉄製鋳型

　次に钁（鉄斧）の鋳型の特徴について検討する。燕国および遼西地域での観察例はわずかである。先に引用したように、村上は北朝鮮の龍淵洞遺跡例を燕国産とし、その鋳型の特徴が単合笵であり、韓半島青銅器群に伴う钁（鉄斧）の双合笵製鋳型とは系譜が異なる点を指摘した。確かに、龍淵洞遺跡例の钁（鉄斧）は、韓半島青銅器群に伴う钁（鉄斧）ではない。しかし、龍淵洞遺跡例の単合笵例をもって、燕国産、あるいは燕系の遼西や遼東の鋳型がすべて単合笵であるとは限らない。たとえば、いわゆる二条突帯をもつ钁（鉄斧）は、突帯が全周するわけであり、この点のみをみても二条突帯のものは双合笵製によるものである。

　こうした問題を解決するには、燕国における鋳造鉄器用の鋳型の実態を検討するほかない。そうしたなか、2017 年 3 月に筆者を中心とする研究メンバーで河北省博物院に収蔵されている钁（斧）の鋳型を観察する機会を得た。この年に河北省博物院において、燕国の展示が完成したことにより、さまざまな燕国の鋳造鉄器資料を見学することが可能となった。

　観察できた資料は、興隆副将（大付将）溝遺跡出土钁（斧）の鋳型で、87 点出土しており、鎌などを除けば钁（斧）の鋳型がある。ここでは、二条突帯と無突帯の钁（斧）の鋳型について構造の観察結果を述べる（小林ほか 2017）。河北省博物院収蔵の興隆副将（大付将）溝遺跡出土の钁（斧）の鉄笵は 2 種類ある。1 つは無突帯のものであり、もう 1 つは二条突帯のものである。この 2 種類の钁については、かねてより、中村大介（中村大 2012）らによって無突帯のものは単合笵、二条突帯のものは双合笵で鋳造されたとの指摘がなされてきたが、これらの鋳型はそのことを明確に示すものである。

①無突帯钁（斧）の鋳型（図 114-鉄製鋳型 1）
　本鋳型は、外型 1 つのみと中子からなるいわゆる単合笵である。外型が 1 つだけなので、中

238

第2節　春秋戦国期の燕国系初期鉄器と東方への拡散

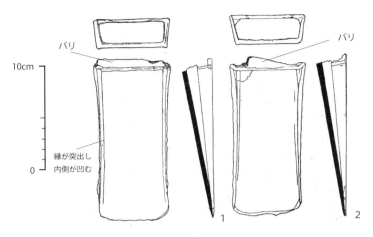

図113　龍淵洞遺跡出土斧形鉄器の特徴

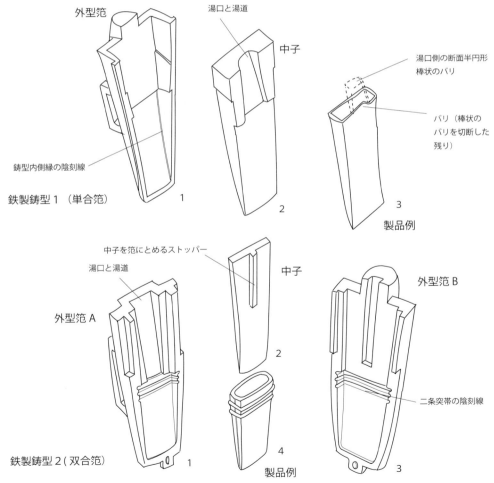

図114　副将（大付将）溝出土鉄製鋳型2種の特徴

239

第4章　弥生鉄器の起源と燕国

子を固定するために、中子を斜めにスライドさせながら設置するよう鋳型に細工をしている。これにより中子はずれることなく固定される。外型の側縁には、わずかに彫り込みがある。中子は、外型側とは反対側に湯が流れ込むように湯口が設定されており、湯道は斜めに傾斜する。鋳造された製品では、この湯口から湯道の部分がバリとなり、切断しなければならず、きれいに切断しなければ、この部分にバリが残ることになる。龍淵洞遺跡例では、その痕跡であるバリ（図113）が残っておりこの鉄笵で鋳造したことがわかる。

②二条突帯钁（斧）の鋳型（図114-鉄製鋳型2）
　本鋳型は、2つの外型と中子からなるいわゆる双合笵である。斜めに傾斜したやや長い湯口と湯道をもち、中子は、湯道をもたない外型にはめ込み設置する。突帯は断面が丸みを帯びた半円形をなす。中子は刃先近くまで挿入されており、鋳造後の製品では刃先付近まで空洞となり、全体に軽量化が図られている。製品でもこうした空洞は刃先まで達しているものが遼寧などでも観察されるので、側縁の笵線はこの種の鉄製鋳型で生じたものであることがわかる。また、袋部の口のどこにバリが残るかで、外型のどちら側にあたるかがわかる。

③無突帯钁（斧）の鉄笵の側縁の彫り込みについて
　また、注意すべきは無突帯の鋳型では钁表面の両側縁に細い溝状の彫り込み（鋳上がった製品では突線となる：図114-1部分）がみられることが、石川岳彦の観察により明らかになった。これは側縁端が突出しその内側がやや凹むようになるもので、製品である無突帯の燕下都遺跡出土の钁や、渭原龍淵洞出土の钁の両側縁にも確認され（図113）、かつて村上はこの部分を陰刻と表現し（村上 2008）、二条突帯の钁の鋳型ではみられず、このような形態の钁の大きな特徴であると言える。なお、韓国で出土する単合笵で鋳造される無突帯の断面梯形の鉄斧にも同様に両側縁の突線があり、龍淵洞遺跡の钁からの型式変化が考えられてきたが（村上 1998）、その源流が燕国にあることをこの鉄笵は明確に示唆すると考える。

　以上から、刃先まで空洞が達する钁（斧）や身の一面の袋口部にバリの痕跡があるもの、身の一面端に突線があるものは、鉄笵を使用して鋳造している可能性が高い。図113の北朝鮮出土の龍淵洞遺跡出土例にもこうしたバリの痕跡や突線があり、村上が推測したようにその可能性が高く（村上 2008）、燕国に関係する工房からもたらされたのであろう。ここまでみてきた遼西や遼東各地の二条突帯钁（斧）と無突帯钁（斧）の混在は、こうした燕国系の同一工房の製品が流通していたとみるべきであろう。

　なお、燕国では、土製鋳型と鉄笵の両方が存在する段階から鉄笵のみの段階への変化が想定されることを付け加えておく。

　なお、先にみたように、撫順市の蓮花堡遺跡では、二条突帯をもつ钁（鉄斧）と龍淵洞遺跡のような単合笵製钁（鉄斧）と同種のものが伴っており、さらに、遼東地域の未公表の資料群

240

のなかには、多数の双合笵製の钁（鉄斧）が存在するようで、同時に単合笵製の钁（鉄斧）も存在する[4]。すなわち、少なくとも遼東地域においては、双合笵製と単合笵製が共存するのは明らかであり、先に石川が示した遼西の諸例のなかにも両者が共存している（たとえば老虎山遺跡例など）。また、かつて筆者は日本列島の初期の鋳造鉄器の再加工品の原品が二条突帯をもつ钁（鉄斧）に限られることについて、双合笵製と単合笵製の生産地や技術系統の差異と考えたが（石川[岳]・小林 2012）、今回の観察結果によって同一工房の鋳型の差にすぎないことが明確となった[5]。

7. 韓半島における初期鉄器の器種組成

次に、钁（鉄斧）以外の鉄器についても触れておく。韓国の初期鉄器における鉄器の器種は、钁（鉄斧）のほかに鑿、鉇、鎌、板状鋤がある（図111・112）。

韓国出土の初期の鑿は、基本的に片刃をなすが、実際には片刃か両刃か判断がつかないものもあり、この2種からなる。燕下都では明確な片刃の鑿があり、先にみた遼西の老虎山遺跡では片刃か両刃か判断がつかない鑿がある。遼東では蓮花堡遺跡で2種がある。また韓国出土の鑿の特徴に、身の上部、または中央やや上に目釘穴上の孔をもつものがある（図111-2・14）。この特徴は、燕や遼寧の鑿にはみられないものである。断面は、袋部で長方形、身の中央で台形をなす。

鉇は、形状は先端を尖らし、上部の幅がやや広めで下部に向かってやや細くなる。断面は、下端までゆるく弧を描くように曲がり刃をなす。

鎌は、2点が知られる（図112-1・2）。ともに、先にみた燕国の鎌と同じものである。身の背側は上方に突出し（突部）、断面は逆L字形をなす。この突部は、身の下端で直角に曲がり、さらにこの突部は身の幅をはみ出す。これは、柄に挿入した場合に、身が抜けないようにするためのストッパーとなるのであろう。この身下端の突部のはみ出しに接続するように、刃側の下端は抉れ状をなして刃をなさない。これが茎部であろう。葛洞2号例（1）の刃の先端は直線的に尖り、葛洞3号例（2）は刃の先端部が丸みをなす（湖南文化財研究院 2008）。

板状鋤は、3点が知られる（図112-7〜9）。いずれも、形状は細長い台形である。茶戸里61号墓例（7）は、龍淵洞例（図107-5）と非常によく似るもので、刃以外の身全周部分が上方に突出し（突部）、断面は逆L字形をなす。身の中央、やや上に穿孔を1つもつ（李[健]1995）。一方、時期が下がる隍城洞例の2点（8・9）のうち、8は突部が不明確で、9はわずかに上端部で突部状に折れ曲がる程度となっている（韓国文化財保護財団 2003）。7のタイプの形骸化したものは時期的にも相当に後出するものと考えられる。

韓国の初期鉄器の器種構成については、李南珪により戦国燕から出土している様相と類似していると指摘されている（李[南]2002b）。しかし、李が指摘する状況は、清川江以北の地域でのことであって、確かにこの地域は燕の器種構成とほぼ同じといってよいが、清川江以南では燕

のようなバラエティーはない。むしろ、器種構成の数は少なく、シンプルなセット関係を構築し、一部の構成がもたらされていると考えた方がよいであろう。

また、この器種の組合せは、集落ではなく墳墓からの出土であり、ある程度の選択性のもとになされていると考えた方がよい。実際に、遺跡ごと、特に墳墓の副葬品組成としてまとまりをもつようである。たとえば、南陽里遺跡では各墓出土の鉄器はいずれも鑼（鉄斧）・鑿・鉇の組合せをなす（図111-1～9）。また合松里遺跡（李健 1990）や素素里遺跡（李健 1991）では鑼（鉄斧）と鑿の組合せで鉇がなく（図111-10～14）、信洞里遺跡では鑼（鉄斧）と鉇の組合せで鑿がない（図111-17・18）（圓光大馬韓百濟文化研究所 2005）。このように、韓国においては、まずは鑼（鉄斧）が最も重要な必携アイテムであり、複数器種がセットとして副葬される場合、これに加工具である鑿ないし鉇が伴うということであろう。その他の鎌や板状鋤は、きわめて稀な存在であろう。なお、清川江以北の燕の領域支配の外縁地帯にあたる北朝鮮では、黄海北道松山里遺跡例や咸興梨花洞遺跡例のように、いずれも青銅器文化の組成に鑼（鉄斧）が部分的に加わる様相を示し、韓国の状況と基本的には同じといえる（金― 2010）。このような選択的な様相が、清川江以南の韓半島の特徴であるが、ほとんどが墳墓からの出土であり、今後、集落からの出土例が増加した場合に再考が必要であろう。

8. 韓半島における初期鉄器の年代

ここでは、燕の領域支配の範囲外である清川江以南の韓半島における初期鉄器について、その出現年代を検討しておく。初期鉄器を出土した遺跡は、いずれも墳墓であり、年代の推定のためには鉄器と共伴した土器や青銅器などの遺物の位置づけが、まず問題となろう。こうした遺跡の年代を決めるためには、最初に副葬土器の年代を検討する必要がある（図115）。以下で焦点となるのは、初期鉄器と共伴した葛洞遺跡出土土器（湖南文化財研究院 2005）（図115-9・16・17）と南陽里遺跡2号墓出土土器（池 1990）（図115-15）の位置づけである。

青銅器時代の円形粘土帯土器群は、口縁端部に断面円形の粘土紐を接着した土器であるが、一緒に黒色磨研壺形土器（黒色ではないものも含む）を伴う。これらの土器研究の詳細については、いずれ別に論ずるとして、ここでは、図115をみながら要点のみを述べる。黒色磨研壺形土器は、形の変異が大きく、すべてをひとつの組列のなかで考えるのには難点がある。そこで、ここでは黒色磨研壺形土器の口頸部の太さと長さに注目して、大きく3つの系列に分けて考えることにする。

まずは、黒色磨研壺形土器の祖型についてみておく。韓半島の黒色磨研土器の祖型の候補は、前6世紀頃に位置づけられる瀋陽市鄭家窪子遺跡出土土器である（瀋陽故宮博物館ほか 1975）(1)。本遺跡出土の壺は、口縁部は短く直線的に外反し、頸部はやや細く、胴部最大径の位置はほぼ中央付近となる。韓半島で今のところこの系譜にある最古例の黒色磨研土器は、遼寧式銅剣をもつ点からみて、新成洞遺跡例(2)であり、胴部が丸く張り、口頸部は鄭家窪子遺跡例に比

第2節　春秋戦国期の燕国系初期鉄器と東方への拡散

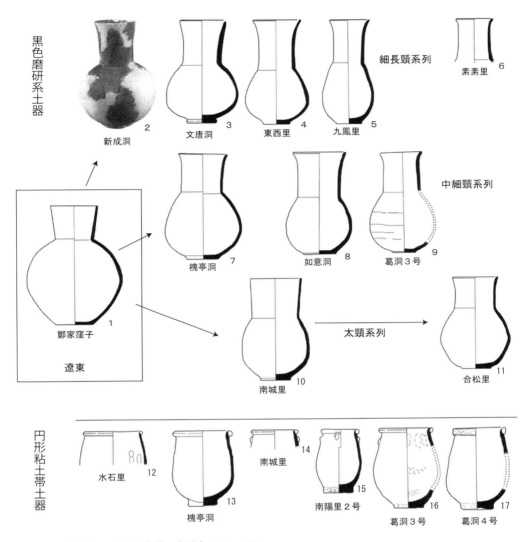

図115　韓半島における土器の変遷案（縮尺不同）

べて細長くなっている（国立中央博物館 2006）。両者の間に形態的にやや飛躍があるが、韓半島における黒色磨研壺形土器の初期型の形態におけるバラエティーの多さは、鄭家窪子遺跡例を遺跡単位程度で模倣製作されたことによるのであろう。

　この口頸部の細い系列は、その後、胴の張りが弱まっていき、最大径位置が下降しつつ次第に細くなり、口頸部がより細く伸長すると考えられる。口頸部の細形化は東西里遺跡例（4）から顕著であり（池 1978）、九鳳里例（5）では胴部全体が細くなっている。ここでは素素里遺跡例（李健 1991）（6）までの系列を細長頸系列とする。

　第2に、以上の細長頸系列に比べて、口頸部がやや短く太い系列を抽出する。この系列は、細長頸系列の文唐洞遺跡例（3）に近い槐亭洞遺跡例（李殷 1968）（7）から、如意洞遺跡例（全

243

第4章　弥生鉄器の起源と燕国

州大学校博物館 1990）（8）を経て、葛洞遺跡3号墓例（湖南文化財研究院 2005）（9）へいたる。この系列は、胴部が丸みをもつようになるのが特徴である（8・9）。このような系列を、中細頸系列とする。第3に、口頸部の太い系列を抽出することができる。南城里遺跡例（国立中央博 1977）（10）、合松里遺跡例（李健 1990）（11）にかけて、胴部が丸みを維持しつつ、頸部が短いままである系列を、太頸系列とする。これら3系統は、胴部最大径位置の下降傾向で共通する。

円形粘土帯土器については、粘土帯の形状変化（丸→蒲鉾状→勾玉状→三角状）で並べると、南陽里遺跡2号墓例（池 1990）（15）までは、断面円形を維持し、葛洞遺跡3号墓例（16）で蒲鉾状をなし、葛洞4号（14）でやや勾玉状となる。

以上の変遷案でみれば、葛洞遺跡3号墓例の黒色磨研土器（9）は、如意洞遺跡例（8）からそれほど遅れず、南陽里遺跡2号墓例の粘土帯土器（15）も器形は別種であるが、葛洞遺跡3号墓例（16）の前段階に位置づけられる。

次は、これらの土器の年代が問題となる。そこで、参考となるのが、当該時期の土器の付着炭化物の AMS 炭素14年代である。葛洞遺跡の場合、3号墓出土の矢柄の年代（炭素年代：2180±60BP、較正年代：385cal BC–90calBC、確率94-1%）（湖南文化財研究院 2005）が出ている。ただし、この葛洞遺跡の炭素濃度のデータは、ちょうど上下に振幅が激しい時期であり若干問題もある。李昌熙は、葛洞遺跡3号墓の土器と型式学的に前後関係にある土器を伴出した炭化物などの炭素年代のデータと照合し、おおよそ前4世紀後半頃に位置づけている（李昌 2010）。この年代から葛洞3号例よりも先行する南陽里2号例の粘土帯土器はこの年代以前となろう。

一方、青銅器からみた場合にはどうであろうか。鉄器と青銅器を伴出している遺跡で最古段階と想定されるのが、南陽里遺跡である（池 1990）。ここでは、1号墓と4号墓で細形銅剣と細形銅矛が共伴している。青銅器編年については諸説あるが、宮本一夫によれば、この細形銅剣は宮本分類のBⅡc式で、細形銅矛は宮本分類のD1b式であり、細かくみれば九鳳里遺跡例に後続する（宮本 2008b）。この序列関係は、先の土器の場合と同じである。この青銅武器の組合せは、宮本が整理した韓半島青銅器文化の併行関係でみれば、遼寧式銅剣2b式に併行する韓半島青銅器文化Ⅱ段階に位置づけられ、年代は前300年頃以前になる（宮本 2008b）。ただし、これは下限の年代である。

筆者は、南陽里遺跡以前の韓国青銅器文化については、次のように考えている。最初の段階の年代は、東西里遺跡から出土しているラッパ形銅器の特徴が、前6世紀頃の瀋陽市鄭家窪子遺跡例と類似し、また多鈕鏡の文様は一段階後続するものと考える（小林 2011）。また、宮本による韓半島青銅器文化Ⅱ段階の前段階に併行する遼寧式銅剣2a式の年代も、前6世紀から前5世紀前半に位置づけられるので（宮本 2008b）、南陽里遺跡4号墓出土の青銅武器の年代は、前5世紀後半から前4世紀後半頃までと考えることができる。そして、青銅器の面で九鳳里遺跡例に後続することから、前4世紀のなかで考えた方がよく、また、先の葛洞遺跡3号墓の実年代が前4世紀後半と推定されている点から、前4世紀前半から後半までの間に絞り込む可

能性がある。このように、土器・青銅器・炭素年代の整合性からみた韓半島南部（韓国中西部）における初期鉄器の出現年代は、以上のように整理できる。

ところで、清川江以南に含まれる北朝鮮の松山里遺跡の鉄器資料（図110）は、先に述べたように韓半島南部（韓国中西部）の初期鉄器のあり方と非常に類似する。松山里遺跡の銅剣は、典型的な細形銅剣というよりは、石川岳彦が指摘するように特に鋳造鉄器をもつ遼東の上堡遺跡（石川岳2011ほか）の遼寧式銅剣の系列に類似する。上堡遺跡からは2本の銅剣が出土しており、樋の先端位置が下がっている点、脊柱下部までも研ぎ分ける点など、おそらくこの上堡遺跡の2例の特徴を融合させたものが松山里遺跡の銅剣であり、時期的にはやや後続するものであろうか。そうなると、上堡遺跡の年代は前4世紀後半頃に位置づけることができるので（石川岳2011）、松山里遺跡の年代は前4世紀後半でもやや新しい段階と考えることができる。

以上のように、燕の領域支配の範囲にはずれる韓半島における初期鉄器の出現年代は、早ければ前5世紀後半にまで遡り、南陽里遺跡出土資料の年代を新しめに見積もれば、前4世紀前半から後半頃までの間におさまる可能性が高いことになる。先述の燕から北朝鮮までの検討からみて、燕の鋳造鉄器が遼東に及びはじめ、まだ清川江以北が燕の領域支配の範囲に入る以前の段階に、すでに韓半島のいずれかの地域で、鋳造鉄器の生産がはじまっていた可能性さえ考える必要があろう。以上の結果は、清川江以北が、燕の領域支配に入って以降に、韓半島に燕系文物が及ぶ、という固定観念をもつことは、危ういことを示す。

9．日本列島における初期鉄器の特徴

（1）日本列島における初期鉄器の特徴

冒頭でも述べたように、日本列島における燕系鉄器の出現時期は、弥生時代前期末葉から中期初頭の時期に相当する。日本の初期鉄器の資料群については、出土状態などからの見直しによって精査され（春成2006aほか）、資料群が絞られてきたものの、いまだに新しい年代観に立つ側にとって、弥生時代の前期末段階にまで遡る鋳造鉄器は、やや古いものであるという印象を与えていた（春成2006a）。なかでも愛媛県大久保遺跡の鑃（鉄斧）（図116-6）は、実年代はさておき、出土状態と共伴した瀬戸内系土器から前期末を下る可能性は低く、本例を問題とする側にとって解決できていない点であった。しかし、鑃（鉄斧）については、先に述べたように燕国における鉄器の出現時期が前5世紀にまで遡る状況からみて、新しい年代観で想定される前期末（前4世紀中頃）に日本列島に鉄器があってもおかしくはなくなった。すなわち、本論の検討により、日本列島への鉄器の流入の時期は、燕国で鉄器生産がはじまった前5世紀頃から、燕国の東方への領域拡大が清川江以北周辺にまで及ぶ前4世紀後半頃までの過程のなかのいずれかに想定できることになろう。

こうしたなか、日本列島の初期鉄器については、近年、野島永が詳細な観察および自然科学

第 4 章　弥生鉄器の起源と燕国

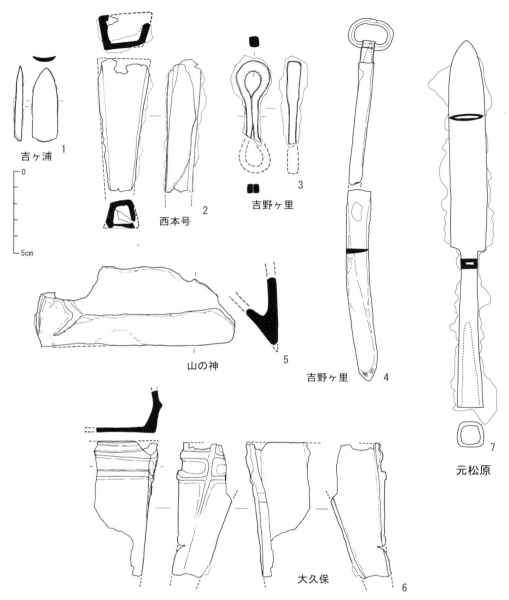

図 116　日本列島の初期鉄器（7 のみ 1/4）

的分析を網羅的に実施している（野島 2008）。野島は、弥生時代前期末葉から中期初頭頃の初期鉄器について、ほとんどが舶載された鋳造鉄器の破片を再加工したものであり、これまで報告された鍛造鉄器の多くが鋳造鉄器の破片であるという結果を具体的に示した。また、吉ヶ浦型の鉇などは舶載品の可能性を指摘し、弥生時代前期末葉から中期初頭頃の年代についても、戦国時代後半からそれほど隔たった時期ではないことを示唆した（野島 2008）。そして、野島自身がかつて指摘したように、こうした鋳造鉄器は、ほとんどが戦国時代の燕地域のものであ

る（野島 1992）。

　日本列島における初期鉄器のうち、燕系鉄器の器種構成は、後述する鉄矛、刀子や特殊な金具を除けば、钁（鉄斧）・鑿・錛など工具が主体である。農具では、鋤先・鎌が知られる。このうち、多くは钁（鉄斧）の破片である。燕系の鋳造鉄器である钁（鉄斧）・鑿・錛などについては、野島の分析を参照することにして、以下では、日本列島の初期鉄器のなかでも、燕系鉄器に関する問題について検討を試みる。

（２）山の神遺跡の鋳造鋤先例について

　山口県下関市山の神遺跡で出土した弥生時代前期末葉の鋳造鋤先（野島 1992）（図 116-5）は、出土状態から前期末葉のものではないのではないか、という疑問符がついていた資料である（春成 2006a）。この鋳造鋤先は、今回の検討からみれば、遼東から清川江以北の韓半島を含めた地域にみられるものであり、燕国では今のところ出土例がない。したがって、遼東から清川江以北の韓半島を含めた地域から流入した可能性があり、遼東における鋳造鉄器は前 4 世紀後半頃には生産自体を開始している可能性が高く、全くは否定できないことになった。むしろ、当地域の弥生時代前期末葉土器の実年代自体が問題とされるべきであろう。

（３）福岡県元松原遺跡出土の鉄矛について

　日本列島において、現在、最古の鉄矛は、福岡県元松原遺跡出土の鉄矛とされる（岡垣町教育委員会 1985）（図 116-7）。本資料は、形態的特徴からみて燕系の鉄矛の可能性が高い資料とされ、高倉洋彰も龍淵洞遺跡出土例との類似性から燕系のものと断定している（高倉 1985）。ただし、出土状態がはっきりしているものではなく、共伴遺物も不明確であるので、この資料だけで時期の特定をするのは難しい。なお、小田富士男・高倉洋彰・川越哲志は、この鉄矛を中

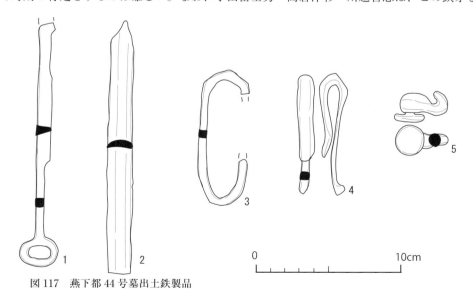

図 117　燕下都 44 号墓出土鉄製品

第4章　弥生鉄器の起源と燕国

期中葉と考えている（小田 1977、高倉 1985、川越 1993）。この鉄矛は、袋部（銎柄部）は下部で断面隅丸の四角形状を呈し、柄の挿入部分は、中央付近やや上あたりまで達し、この先端部分の形状はやや丸みをもちつつ止まる。袋部は、関との接続部分で完全な四角形をなす。身の部分は、断面がレンズ状をなし、鎬はない。この鉄矛の身部と袋部のバランスは、やや身部が長い点でいわゆる「長峰短茎式」に相当すると思われる。

　燕国の鉄矛は、石川編年のⅣ期段階（前4世紀後半頃）に出現し、第Ⅴ期（前3世紀）に多くが存在している。前4世紀代の燕の矛は、身の先端が鋭く尖るが、前3世紀半ば以前に位置づけられる燕下都44号墓出土の鉄矛は、身部先端の刃部は丸みをもちつつ尖る形状で、この特徴は龍淵洞遺跡例にもみられる（図107-11・12）。鉄矛の身部と袋部のバランスについてみると、龍淵洞遺跡の2本の鉄矛A（図107-12）・B（図107-11）は、ともに袋部の下部を欠損しており、推定ではあるがAは短峰長茎、Bはやや長峰短茎をなすものの、ほぼ身部と袋部の長さが同じタイプである。

　元松原の鉄矛は、関が水平をなすという特異性を除けば、燕下都44号墓出土の鉄矛ないし、龍淵洞Bタイプに近いものと考えることができる。年代は、ほぼ前3世紀代におさまるであろう。なお、元松原の鉄矛と韓半島南部で出土する前漢併行期以降の鉄矛の諸例とは型式学的に差異がある。

（4）吉野ヶ里遺跡出土の初期鉄器

　吉野ヶ里遺跡からは、これまでに燕系の鉄器とされる素環頭刀子が、中期前半の青銅器製作工房跡の土壙から出土している（村上 1994）（図116-4）。本例が燕系であるという指摘には問題はないが、ここで問題となるのは、吉野ヶ里地区Ⅱ区 SJ0298 号甕棺墓（汲田式）出土の鉄製品である（図116-3）。この製品は、報告では漢代の鉄製容器の吊手金具とされていたが（七田ほか 1994）、その後、前漢の木棺で使用されていたものと同様な鉄製蝶番とされるようになったものであり、一連の初期鉄器の見直し作業では触れられなかったものである。

　時期的に中期前半、汲田式段階であり、前漢以前、すなわち戦国時代の資料である。本例については、甕棺からの出土であり、木棺とは何の関係もない。また、木棺の蝶番を1個のみ甕棺に副葬するのも不自然であり、木棺の蝶番というよりも、何かを環状の部分でかみ合わせ、吊るすような鉤状の金具と理解してはどうであろうか。これに似たものとして、燕下都遺跡44号墓から、単体で吉野ヶ里例とよく似た金具が出土している（河北省文物管理処 1975）（図117-4）。燕下都遺跡44号墓の年代は、前4世紀末であり、本例の類品とすれば前漢以前であってもおかしくはなくなる。

　このほか、前漢以前に遡りうる可能性のある鉄器がある。平成16年度に実施した吉野ヶ里遺跡志波屋四の坪地区の発掘調査で、SJ1562 号甕棺墓（須玖式古段階）から成人男性と思われる人骨に伴って小型の鉄鎌状の鉄器が出土しており、これについては武器の可能性があり、レントゲン撮影の結果でも鎌ではないことが判明しているという[6]。本例は鍛造の可能性が指摘

248

されており、再加工品の可能性もある。あるいは、加工具などの破片を再加工したものかもしれないが、今のところ類例を検索できていない。

10. 鋳造鉄器の破損品の入手経路

　野島永の最新の研究成果で紹介したように、弥生時代の初期鉄器の特徴は、鋳造鉄斧の破損品が多く、それを再加工して主面部や側面破片を板状鉄斧に、隅角部などを加工して鉇などにしているものが多数を占めている（野島 2008）。

　こうした日本列島で観察される鋳造破損品の再加工利用例は、日本列島だけの現象ではないことを付け加えておく。たとえば遼東の山地側の寛甸県黎明村などのように、破損した鋳造鎌を石包丁形収穫具に再加工した例があり、比較的鉄器や鉄素材などが入手しにくい地域では、同様な現象がみられる（小林ほか 2011）。こうした考え方は韓半島でも同様であると考えられるが、今のところ、韓半島では墳墓以外の調査例が少なく、発見例がない。鋳造鉄器の稀少地域でのあり方からみれば、破損品とはいえ、再加工までして利用するような地域から、日本列島にそれが搬出されるとは考えにくく、より鉄器と破損が多く存在する遼東でも燕化の進行した地域がその候補として相応しい可能性をあらためて指摘しておく。鉄器および鉄素材の稀少な日本列島では、破損品をも手に入れたようであるが、その入手先の一つの可能性として、上述の石川の検討でも指摘された通り、鉄器生産を開始し、破損後に製品を廃棄する量の多い遼東の地が候補の一つとして挙げられる。しかし、遼東に比べて遼西の状況は不明な点が多く、清川江以北の韓半島をも含めた範囲からの流入の可能性は十分に残されている。

　このように、遼東でも集中的に出土する遺跡がある一方、山地側では数点あるかないかの遺跡も多く、遼東山地から北朝鮮を経由し、さらに韓半島を南下して日本列島へといたるようなバケツリレー式の連鎖的な交易形態による鉄器の流入プロセスは考えにくいであろう。以上のように、遼東の重要性が浮かび上がるが、その一方、別な見方として、吉野ヶ里遺跡では、燕系の刀子や鉤状鉄器などが出土しており、燕との直接的関係があった可能性も全くは否定できない。これまで、日本列島への大陸系文物の流入について、楽浪郡の設置を一つの目安にしていたが、弥生時代前半期には燕との直接的な交流関係を想定すべきであろう。

11. 燕の領域拡大と初期鉄器の拡散の問題

　先述の石川による検討で明らかになったように、遅くとも前5世紀代には燕国ではじまっていた鋳造鉄器生産は、その後、前4世紀には遼西に拡散しはじめ、前4世紀後半には遼東一帯にほぼ到達した。そして、清川江以北の韓半島を含めた地域では、遼東側とほぼ同じ様相を示しており、この地域もほぼ前4世紀後半には鋳造鉄器を導入していたことになろう（石川岳・小林 2012）。

第4章　弥生鉄器の起源と燕国

図118　燕国の領域支配の東方への拡散過程

　日本列島における初期鉄器の出現時期は、弥生時代前期末葉から中期初頭頃であり、この段階の新しい年代観は前4世紀前半頃である。したがって、鋳造鉄器がこの段階に日本にあることは本論の検討からみればおかしくはないことになり、実年代も同様である。むしろ多少の年代的な誤差を勘案しても、遼東での鉄器の増加と生産開始時期とほぼ時間差なく、日本列島で鉄器が出現するという新たな考えを提示することができる。

　これまで、弥生時代の鉄器流入の画期としてとらえられてきたのは、燕国の将軍秦開の遼東進出であったが、第4章の第1節ですでに触れたように、燕国の将軍秦開の記事を援用する年代観は、あいまいな文献からの推定を再考したもので問題があるので、ここでは、こうした問題を克服するために、考古学的に再検討したわけである。そして、考古遺物から東北アジア東南部への燕国の進出を改めて検証すると（図118）、前6世紀後半以後には燕国の遼寧地域への進出がはじまり（図118のAライン）、前400年頃には、遼西と遼東の遼東半島を除く平野部には燕国の領域支配が及んでいたと考えられる（図118のBライン）。そして、前3世紀頃には、清川江以北にまで領域支配は及んだ（図118のCライン）。このように、初期鉄器は、燕の領域支配の東方への拡大とほぼ連動した現象であることが明らかとなった（石川岳・小林 2012）。

　以上のような新知見と新しい年代観に基づき、より東方の地域である韓半島と日本列島の状況を加味することで、東北アジアにおける鉄器の出現と拡散の過程のアウトラインを表9のように示すことが可能となった。表では、各地域の基本組成を形成する器種の存否を比較できるようにした。

　鋳造鉄器の拡散過程は、燕国以東で普遍的にみられる大小の钁（鉄斧）や鑿などのような製品自体のなかには燕国から搬出され、流通していたものもあったであろうが、石川が指摘する

250

第2節　春秋戦国期の燕国系初期鉄器と東方への拡散

表9　東北アジア初期鉄器の基本セット（前3世紀以前）

	工具類							農具				装飾（帯鉤等）	武器	鉄器出現時期
	鑿（大型鉄斧）	小型斧	鑿	鉋	刀子	錐	ハンマー	板状鋤・鍬	鎌	鋤先	石包丁形			
燕	◎	◎	◎	◎	◎	◎	◎	◎	◎	×	×	◎	前4世紀剣ほか	遅くとも前5世紀
遼西	○	○	○	○	○	○	○	○	○	×	●	×	?	前4世紀前半
遼東	○	○	○	○	○	○	○	○	○	●	●	×	高麗寨（前3世紀?）	前4世紀前半
韓半島（清川江以北）	○	○	○	○	×	×	○	△	○	○	△	×	○ 戦国晩期	前4世紀後半～前3世紀
韓半島（清川江以南）	○	○	○	○	×	×	○	○	○	×	△	×	○	前4世紀後半
日本列島	○	△	○	○	△	×	×	×	○	×	△	△	△	前4世紀後半

◎は多量存在、○は存在、●はその地域特有種、△は少数もしくは極少数、×はなし、?は可能性はあるが不確定。

ように、石包丁形鉄器のような燕国にはない器種が遼寧ではみられるので、遼寧では鋳造鉄器が導入されたかなり早い段階で鉄器生産が開始されていたのは間違いない（石川岳・小林 2012）。そして、石包丁形鉄器だけを生産していたはずはないので、鑿（鉄斧）など多くの鉄器が生産されたとみてよいであろう。こうした遼寧の鉄器生産のあり方は、鋳造鋤先の存在によってさらに遼東の独自性を浮かび上がらす。鋳造鋤先例は、燕国と遼西（遼西については、時期不明のものがわずかにある）にはみられず、遼東と清川江以北の韓半島で類例があり、明らかに鋳造鋤先は遼東の特色を示している。すなわち、表9でわかるように、燕国の組成と比べ工具類は遼西・遼東ともに変わらず、農具類については遼寧では新たに石包丁形鉄器が加わり、遼東ではさらに鋤先が加わる。韓半島北部と日本列島は、この遼東の組成が基本となり、日本の場合は、特に農具類が著しく欠如した組成を形成する。鉄器と鉄素材の入手が比較的困難であるかどうかという条件に加え、農具は、当然、その土地の生業形態によって変異を生むものであり、それが鉄器組成に反映している可能性も考える必要があろう。日本列島において、農具ではなく工具類が優先して流入した背景については次節で検討するが、弥生中期段階に日本列島での鉄器使用が可能となって以降、たとえば日本海沿岸地域などでは木器生産のための工具のみを集中的に使用するような鉄器生産のコントロールが働き、社会的地位の形成に鉄器は寄与できなかったという考えもあり（村上 2008）、この傾向が初期鉄器の流入段階からあった可能性も考えられるかもしれない。

　こうした初期鉄器の東方への拡散が予想以上に早い背景には、燕国の東方への積極的な関与である「燕化」（宮本 2006a）が広範囲に進み、その過程で領域支配を円滑に進めるべく、燕国系の鉄器も生産・使用しつつ、在地の生業形態に適合した器種を鉄器化させたことにある。領域支配を急速に進めるため、山野を開き、開墾地を広げるため、鉄器が必要であったのであろう。また、燕国では前4世紀には鉄剣などが出現しはじめるので、あるいは燕の東方進出は鉄製武器の整備がよりその進行を早めた可能性も考える必要があるかもしれない。北朝鮮の龍淵

251

洞遺跡の武器を含めた燕系遺物群の存在は、この可能性を考えるうえで重要であろう。初期鉄器のこうした急激な拡散現象からみて、燕の領域支配の進行は、相当に急激に生じ、周辺地域に強いインパクトを与えたことがわかる。

いずれにしても、遼東でのあり方をみる限りこの過程は急速に進み拡大したようである。そして、こうした鉄器群は、多量の明刀銭と埋納されるケースも多く、「燕化」（宮本 2006a）による流通経済網の整備も当然同時進行していたことを示している。以上のような条件が急速に整備され、日本列島への鉄器流入時期を早めた契機となったと考えておきたい。表9をみると、韓半島と日本列島の初期鉄器の組成は、板状鋤・鍬や鎌・石包丁形鉄器といった鉄製農具の存否を除くと、工具類では同じ組成を示しており、ほぼ同時期に形成されたことがわかる。

12. 展望

東北アジアにおける鉄器の出現過程は、燕国・遼寧の様相の把握によって新たな解釈の段階に進むのは明らかである。石川は、燕下都での鉄器の出現過程について、まず農具や工具類などが鉄器化し、武器の鉄器化は遅れることを指摘した（石川岳・小林 2012）。こうした燕国における利器の種類によって出現時期が異なるということが、東アジア各地における鉄器の出現過程を根底で規定している点を改めて理解する必要があろう。武器は青銅器が主で、武器以外の利器は鉄器、という銅鉄併用の状態がしばらく続く東アジアの青銅器社会形成の背景には、燕国内の鉄器生産の発展と、燕国の東方への領域拡大という政治的・経済的作用が段階的に進展し、大きく影響していたことがあろう。そして、各地の生業形態の差異や、鉄素材の入手の程度、鉄器生産の有無といった条件の差によって、その土地の鉄器組成に変異が生じることになった。

この脈略のなかで、弥生文化との関係で注目すべきは、遼吉両省相嶺地区であり、ここでの早期鉄器は磨製石斧や石包丁、石鎌の石器群の組成に鉄鎌や鉄斧、鉄鑿などが組み合う状況を示しており（肖ほか 2008）、これは日本列島の初期鉄器の受容状況とも類似する様相であり、ともに燕化の及ぶ周辺地の現象としてある意味共通する文脈で関係しているわけである。東アジア世界は、相互に連動した様相を示しつつ変動しており、今後は全体を見通す検討がより必要となっていくであろう。

本節で試みた新しい年代観による初期鉄器文化の形成過程と東アジア東南部への拡散過程は、燕国の領域支配の東方への拡大という事象が、前3世紀頃まで東アジア東南部各地の社会進化に大きな影響を与えた点を明確にした。そして、繰り返しになるがすでに弥生時代中期から、日本列島も韓半島だけでなく、燕国との相互交渉を開始し、東アジア世界に関わりはじめたことが明らかになった点を指摘して、ここでの検討を終えることにする。

252

註

（1）　日本列島における鋳造鉄器の出現時期の見直しについての最初の見解は、2003年10月12日に明治大学和泉校舎で実施された考古学研究会東京例会第4回シンポジウム『AMS年代法と弥生時代年代論』において、設楽博己と石川日出志によってなされた。

（2）　本論のもととなった論文（石川岳・小林 2012）では、石川は燕下都遺跡における鉄器の実年代の再検討をするため、石川自身による春秋戦国時代の燕国の青銅器、土器の編年（石川岳 2001・2008・2011）とその年代を基準にし、燕下都遺跡における鉄器の出現の年代と各種鉄器普及の様相、そして遼西から清川江以北および豆満江流域の韓半島における初期鉄器に関する所見を述べ、筆者は清川江以南の韓半島から日本列島について検討を行った。本論での検討のなかでは、基本的に石川が担当した部分に言及する場合は、石川の見解として引用する。なお、できる限り、小林・石川両名の担当部分を区別したが、両者の見解が渾然一体となったものについては、石川氏の了承を得て掲載している。

（3）　2010年10月、韓国の国立中央博物館に所蔵されている龍淵洞遺跡・南陽里遺跡・素素里遺跡出土の鋳造鉄器群を、筆者と石川岳彦氏のほか、春成秀爾氏、宮里修氏とともに実際に観察、実測した。本論でもその折の観察結果を反映させているが、龍淵洞遺跡の鋳造鉄器群自体の詳細な検討結果については、調査に同行された諸氏と共同で報告する予定である。

（4）　撫順市の蓮花堡類型に関わる新発見の遺跡群の鋳造鉄器については、2011年10月に撫順市平頂山博物館において実見した。

（5）　なお、日本列島に燕国系二条突帯鑷（斧）のみがもたらされたという枠組み自体に変更が必要となった点を補足しておく。

　　　2017年1月に山東省内において鋳造鉄器の調査を実施し、戦国時代に燕国に劣らず鋳造鉄器が多数生産されていたことが明らかとなった。詳細は述べられないが、二条突帯をもつ鑷（斧）が斉国でも主要なタイプであり、また大規模な鋳鉄脱炭炉や鉄笵自体の鋳型も出土しており、燕国同様に鉄笵を使用していたことが判明した。日本列島や韓半島の二条突帯をもつ鑷（斧）のなかに斉国産のものが含まれている可能性が高まったわけである。

　　　以上の成果は、2013～2017年度科学研究費補助金基盤研究B「春秋戦国期における燕国系遺物の年代と産地に関する研究」（研究代表：奈良大学教授・小林青樹　課題番号25300043）の研究成果による。

（6）　細川金也氏のご教示による。

補記

　本書の校正中に、石川岳彦氏が著書を出版し（石川岳彦 2017『春秋戦国時代燕国の考古学』雄山閣）、本書に引用した見解と少し異なる考え方を示された。できる限り新見解に合わせるように修正を試みたが、すべてにわたって変更はしていない。

第3節　燕国系鉄製農具と弥生文化

1．燕国系鉄製農具をめぐって

　本節では、戦国時代の燕国の東方への領域拡大の過程で、遼寧と韓半島に出現した初期の鉄製農具の問題について検討する。

　この問題については、先に第1章の第3節において触れたように多くの先学による論考がある（潮見 1982、川越 1993、佐野 1993、白 2005 など）。本論に大きく関わるものについて簡単に触れておくと、特に、佐野元が初期の鉄製農具の個々の問題と春秋戦国時代の農具鉄器化問題を論じたもの（佐野 1993）と、その後、燕下都遺跡の正式報告や遼寧などでの新資料の報告が続くなかで、中国から日本をも含めた東アジアの初期鉄器資料に関する研究を体系化し、鉄製

図 119　初期鉄製農具関連遺跡の分布

第4章　弥生鉄器の起源と燕国

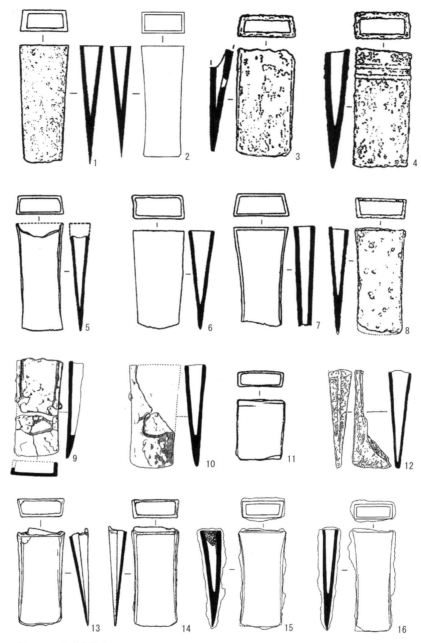

図120　斧形鋤鍬先
(1・2：燕下都　3・4：二龍湖城　5〜7：老虎山　8：蓮花堡　9・10：高麗寨　11：細竹里　12：虎谷6期　13・14：龍淵洞　15・16：葛洞4号)

第3節　燕国系鉄製農具と弥生文化

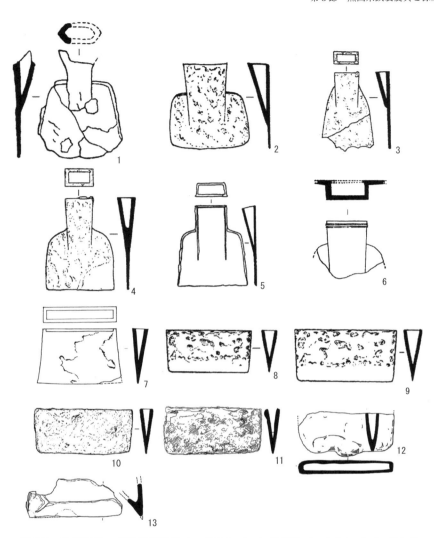

図121　銎柄平鋤・方形袋状鋤先（1：巨葛庄　2～4：燕下都　5：老虎山　6・7：袁台子　8・9：安杖子　10：老河深　11：虎谷6期　12：高麗寨　13：山の神）

257

第4章 弥生鉄器の起源と燕国

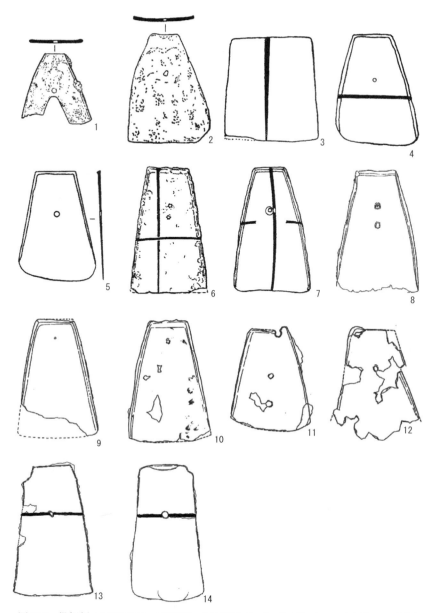

図122 鋤板類（人字形鋤板・方形鋤板・台形鋤板）（1・2：燕下都 3・4：袁台子 5：老虎山 6：蓮花堡 7：龍淵洞 8：茶戸里77号 9：校洞3号 10〜12：茶戸里61号 13・14：隍城洞）

第3節　燕国系鉄製農具と弥生文化

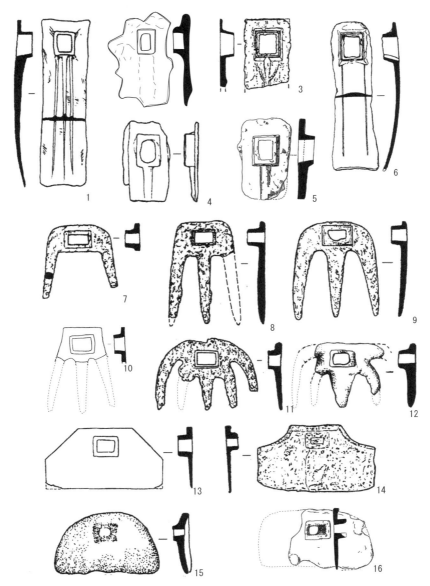

図123　平鍬・又鍬（多又鍬）・横鍬（六角形・半円形）
(1・12・15：東歓坨　2：巨葛庄　3：蓮花堡　4：細竹里　5・16：高麗寨　6：龍淵洞　7～9・11・13・14：燕下都　10：袁台子)

第4章 弥生鉄器の起源と燕国

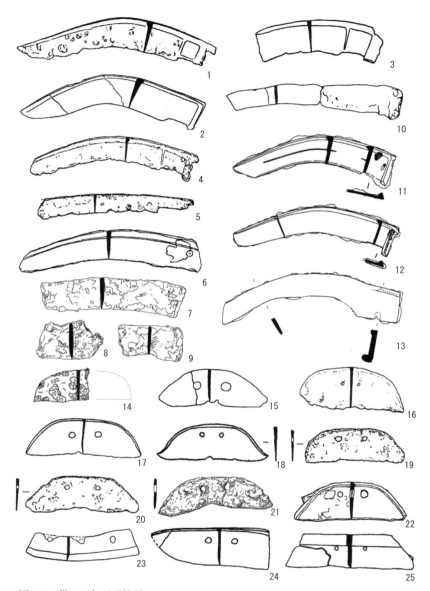

図124 鎌・石包丁形鉄器(1：燕下都 2：西荒山屯 3：老虎山 4・5・19・20：蓮花堡 6・22：龍淵洞 7〜9・21：虎谷6期 10：台城里 11：葛洞2号 12：葛洞3号 13：大板井 14：北辰 15・17・24・25：黎明村 16：東歓坨 18：老虎山 23：袁台子)

第3節　燕国系鉄製農具と弥生文化

農具の器種ごとに戦国時代の各地域の様相を整理した白雲翔の研究が重要である（白 2005）。
本論は、佐野元と白雲翔の研究に導かれつつ、その後の新資料を加え、燕国の初期鉄器における鉄製農具と東方諸地域に伝播し影響を与えた鉄製農具から導かれる諸問題を検討するものである。なお、この問題について検討するうえで、燕国の鋳造鉄器の年代をはじめとする実年代の検討と、遼寧と韓半島における初期鉄器の基本的問題については、すでに本章の第2節で論じているので、ここではその成果を踏まえて話を進める。

2．初期鉄製農具の種類

　初期の鉄製農具については、各器種の名称や部分名称などに関し、日本における木製農具の検討例（奈良国立文化財研究所 1993、山田 2003）を参考に、独自の名称をあてた。このようにした理由は、本書で問題とする初期鉄器と日韓の鉄器以外の農具との系譜や関係性を論じるためである。以下、種類ごとに概観することにしたい。なお、以下に登場する遺跡については図 119 にまとめた。

（1）斧形鋤鍬先（図120）

　燕国産の初期鉄器で最も数多く、広範囲に分布するのが钁（斧）である。この钁の名称問題については、法量と形態の差が農工具の機能差を必ずしも反映しない、という筆者などの現地での観察結果などから、前節において暫定的に钁（鉄斧）と並記するにとどめた（石川岳・小林 2012）。その一方、たとえば高麗寨遺跡出土例（図 120-9・10）のように本体の側面ではなく主面のいずれかが大きくはがれるように破損しているものが多くみられ、また、刃部の片側がすり減ったものもあることから、潮見浩や白雲翔が推定したように（潮見 1982、白 2005）鍬に使用しただけでなく、鋤のようにも使用した可能性が考えられる。そこで、本論では、斧の形をしているが鋤・鍬のような土掘り具の先として使用した可能性があることから、暫定的に「斧形鋤鍬先」と呼称する。

　燕下都遺跡出土の斧形鋤鍬先は、白雲翔により身が直線的なA型（図120-1）と、身が内湾するB型（図120-2）の2類に分類されている（白 2005）。B型は、総じて縦長で、図119に示した分布図のほとんどすべての地域から出土している。特に遼東では多数が出土しており、Aタイプで二条突帯をもつものと共伴する。韓半島北部の龍淵洞遺跡ではこのタイプのみが出土し、南部の諸地域のものは袋部がさらに長く伸び節帯状をなす。韓半島南部における斧形鋤鍬先は、このB型が主体で、南陽里遺跡の段階から在地生産されていた可能性を考える（石川岳・小林 2012）。

（2）銎柄平鋤（図121-1～6）

　本器種は、「鏟」、「空首布形器」などと呼称されるが、ここでは銎柄平鋤とする。方形の柄

261

第4章　弥生鉄器の起源と燕国

を挿入する銎口（袋部）を有する鋤である。鋳造法を考慮すると、側面観の方が重要で、袋部が断面Ｖの字状を呈し全体に断面がＹの字状をなすもの（4）と、刃部が垂直をなし、そこに傾斜した袋部の片面が接続するもの（4以外）からなる。したがって、分類では、前者をＡ、後者をＢとし、全体の形状から3つに細別する。また、最近、朝陽市袁台子遺跡において、戦国時代中後期頃の袋部上位に凸隆線をもつ袋状鋤先（6）が出土した（遼寧文物考古研究所ほか2010）。凸隆線をもつものが戦国時代に遡るものがあることが明らかとなった。1のように刃部が丸みをもつように目減りし、鋤としての機能を有したと推測される。なお、佐野元は、銎柄平鋤の身の薄さは強い衝撃に耐えられず、鋤板類も含めて中耕具であると考えた（佐野 1993）。

（3）方形袋状鋤先（図121-7～13）

本器種は、直口鍤、一字形器と呼ばれている。ここでは方形袋状鋤先（直口鍤）とする。白雲翔の分類ではＡ・Ｂの2型に分けられ、東北地方のタイプは、銎口・刃部・側縁が直線的で、平面は横長の長方形のものと、上部が広く下部が狭い梯形を呈するＡ型がある（白 2005）。また、最近朝陽袁台子遺跡において、7のような戦国時代中後期頃の下部（刃部）が広く上部（銎口）が狭い台形のものが報告され、新たにＣ型を設定できる（遼寧文物考古研究所ほか2010）。方形鋤先（直口鍤）の機能については、シャベル状の鋤先に装着して使用したと考えられる。佐野元は、平行系・直交系耕起具とする（佐野 1993）。

（4）鋤板類（人字形鋤板・方形鋤板・台形鋤板）（図122）

板状の鋤を鋤板類として一括し、形状から人字形鋤・方形鋤・台形鋤の3つに大きく分ける。銎柄平鋤の銎柄部がないものともいえるので、平鋤とすべきであるが、方形以外の形状に特徴があるのでここでは平鋤と呼称しない。細別は、白雲翔と同様に縁を凸状にするか否かでＡ・Ｂの2型に分ける。人字形鋤板は、燕下都遺跡出土のものが1点（1）、方形鋤板は燕下都遺跡のほか、朝陽袁台子遺跡において1点（3）知られる。三角形鋤板は、Ａ型（1・13・14）は少なく、大部分は縁の凸状部をもつＢ型が主体である。鋤板類は、刃部の使用痕跡をみると、凸縁のある面を正面にすると左側が目減りしているものが多くスコップのように使用されていたであろう。この目減りを、右利きの人間が、土をかきあげる動作に使用した結果であると仮定すると、左側が目減りするはずであるから、そうなると柄に装着する際には凸縁のある面が前面を木柄部に結合することになる。こうした使用法は、上条信彦が石鍬で推定したものと類似し（上条 2008）、潮見も石鍬からの変化を推定する（潮見 1982）。伝統的な鍬とその使用法が鉄に置き換わったと考える。また、人字状鋤板は、先端が二股に分かれた踏み鋤状に用いた可能性がある。また台形鋤板も同様な機能をもっていた可能性もある。

（5）平鍬（横銎鐝）（図123）

平鍬は、完形品でみる限り東歓坨遺跡例（1）で長さ約25.2cm、鍬身の幅は、約6.5cmで

262

あり、いわゆる狭鍬である。この種の農具については、かつて佐野元は龍淵洞遺跡例（6）を刃部と柄のなす角度が直角よりも大きくなりうるとし、本例が鋤である可能性を示した（佐野1993）。しかし、日本の楔をもつ農具例のように、柄の先端部分の加工は複雑で、楔をはめ込むことからみれば装着角度の推定には慎重になる必要があろう。例外なく、この種の農具は平鍬として機能したと考える。いずれも銎口（柄孔）は方形であり、鍬身の前面側に方形の突起をなし、柄孔の大きさは、前面側で小さく、後面側で大きくなる。この後面側の柄孔が大きいのは、鍬身に柄を挿入した後、後面側の柄孔に楔をはめ込むためである。これら狭鍬の柄孔突起には、刃部に向かって隆起部（2・4・6）、隆線（1・3・5）が垂下する。おそらくこの隆起部のような表現は、木製農具のいわゆる舟形隆起に相当する隆起部分を、鉄器化する段階で写し取ったのであろう。この部分の表現には、隆起があるもの、隆線化したもの、文様化したものなどがあり地域色がある。こうした平鍬は、燕国にほとんどないので、燕山南部と遼寧で独自に製作されたものであろう。

（6）又鍬（多又鍬）（図123）

又鍬（多又鍬）は、二歯・三歯・五歯の3種類がある。なお、燕下都遺跡出土の二歯例（7）については、三歯の歯が1つ欠けたものの可能性が指摘されているが（佐野 1993）、ここでは報告にしたがう。平鍬と同様に方形の銎口（柄孔）をもち、鍬身の前面側に方形の突起をなす。燕下都出土の二歯・三歯の鍬は、平面形は台形ないし隅丸台形で上端部は丸みをもち、身の幅は広めである（A型）。一方、袁台子遺跡例（10）は、身の幅が狭く上端部は水平で隅は角張る（B型）。こうした型式差から、又鍬（多又鍬）は各地域で独自に生産された可能性が指摘できる。五歯の鍬（11・12）は、平面形は半円形の横鍬状をなし、カーブする両側縁の歯と中央のやや垂直の三歯からなる。こうした又鍬（多又鍬）について、佐野元は歯が比較的厚く、直交系耕起具・砕土具の機能を推定した（佐野 1993）。

（7）横鍬（六角形鍬・半円形鍬）（図123）

六角鋤・半円鋤とされるもの（白 2005）は、木製農具の分類に対応させれば、形のみでみれば横鍬に相当するであろう。もし、横鍬と同じようなものであれば、エブリのような機能をもつと推定できる。六角形鍬・半円形鍬ともに方形の銎口（柄孔）をもち、鍬身の前面側に方形の突起をなす。佐野元は、幅広で刃部が薄いという特徴から直交系中耕具とした（佐野 1993）。

（8）鎌（図124）

東北アジアの鋳造鉄器製鎌は、燕下都遺跡出土例（1）に代表されるように、内反りの刃で身は薄いものの、背は厚く、正面の縁は凸状をなす（白雲翔分類のB型）。反りの強弱はあるものの、各地域のものはほぼ同型式であり、刃部や基部の破損や突起をもつ基部付近の鋳まわりの悪さで形状が微妙に異なるようである。福岡県大板井遺跡例は、そうした例であろう。

第4章　弥生鉄器の起源と燕国

（9）石包丁形鉄器（図124）

本器種は、銍、捃刀などと呼ばれ、石包丁を鉄器で模したのは明らかであるので石包丁形鉄器とする。いずれも半月形をなすが、身の側縁が凸状、または肥厚するもの（白雲翔分類B型Ⅰ式）となさないもの（白雲翔分類B型Ⅱ式）がある。他に鎌などの破損品を転用したもの（23〜25）がある。

（10）年代

前節で詳しく述べたように、燕下都遺跡においては、前4世紀初頭に位置づけられる石川岳彦の副葬土器編年Ⅲ期に相当する東沈村6号墓が、石川の副葬土器編年Ⅱ期の土器が出土する東沈村居住遺跡の第3層を掘り込んで作られており、燕国における鉄製農具の出現は、前5世紀に遡る（石川岳・小林 2012）。この最初期の段階における鉄製農具は、斧形鋤先である。燕下都遺跡においては、その後、前4世紀末以後、前3世紀までを中心とする郎井村10号工房遺跡第3期の遺物には、鉄器が200点含まれ、鉄器の普及が著しく、農具も種類が増える（石川岳・小林 2012）。斧形鋤先以外の農具が揃ったのも、この段階である。燕国の領域の東方への拡大は、前4世紀代のうちには遼西から遼東に及び、清川江以北の韓半島北部では遅くとも前3世紀初頭頃までには広がっているので（石川岳・小林 2012）、各地の鉄製農具の上限年代もこの年代と一致しているであろう。

3．初期鉄製農具の諸問題

初期鉄製農具の各器種の分布は図125のようになり、地域別に初期鉄製農具の組成を表10に整理した。以下、これをもとに初期鉄製農具の諸問題を検討する。

（1）広域分布を示す斧形鋤鍬先・鎌・石包丁形鉄器

すべての器種のなかで斧形鋤鍬先が最も広範囲にみられる背景は、やはり斧・鋤・鍬といういずれの機能にも用いることができる万能品であったからであり、鉄器生産が未熟で輸入に依存する地域にとって利点があったのであろう。また、斧形鋤鍬先は、青銅器から鉄器化し、初期鉄製農具のなかでいち早く登場したことも広範囲に拡散した原因であろう。また、鎌も同様に青銅器や石器での使用が以前からあり、また石包丁形鉄器も同様である。

（2）初期鉄製農具の組成と地域色

次に初期鉄製農具の組成と地域色について検討する（表10）。鉄製農具の組成を考えるうえで、斧形鋤鍬先・銎柄平鋤・方形袋状鋤先の場合、着柄法により鋤・鍬のいずれに使用したかが決定できない点に注意が必要である。ここでは、斧形鋤鍬先・銎柄平鋤・方形袋状鋤先を鋤

第3節　燕国系鉄製農具と弥生文化

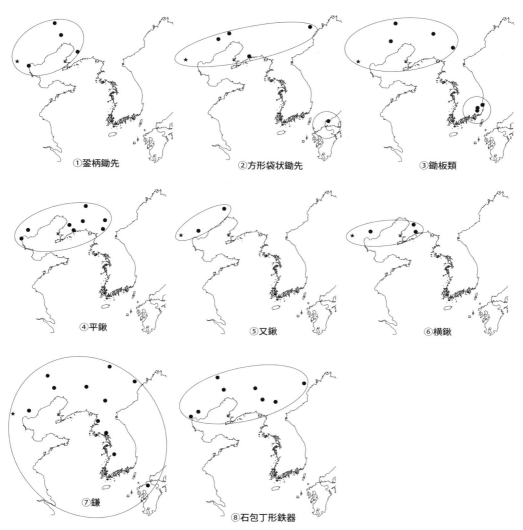

図125　鉄製農具の分布　★は燕下都の位置

鍬系、鋤板類を鋤系、平鍬・又鍬（多又鍬）・横鍬を鍬系として話を進める。

燕下都の組成は、平鍬と石包丁形鉄器が欠如するほかはすべて揃っている。特に鋤鍬系と鋤板類すべてをもつように鋤系が充実しており、これは華北の内陸黄土地帯の耕起具として鋤系が発達した石鏟などを鉄器化させたことによるであろう。こうした組成を「鋤鍬系主体組成」とする。燕下都では、前5世紀頃に斧形鋤鍬先を鉄器化し、前4世紀頃にほぼすべての農工具が鉄器化するが、燕国における農具鉄器の大きな画期はこの前4世紀頃にあり、水利灌漑といった土木工事などの各種労働に鉄器が多用され耕地拡大という社会変革に貢献したであろう。燕国の領域支配の東方への拡大が遼西・遼東に達するのもこの時期であり、農具鉄器化の推進が可耕地の広がる東方への進出に大きく関係する。

燕山南部地域（永定河下流域・灤河下流域）の組成は、平鍬を有し、鋤系がやや欠如する。こ

265

第4章　弥生鉄器の起源と燕国

表10　東北アジア諸地域における初期鉄製農具組成表　○は一定量存在、△は極少量を示す

	燕国	燕山南	遼西南	遼西北	遼東半島	遼東山地	韓半島北	韓半島南	日本
①斧形鋤鍬先	○	○	○	○	○		○	○	
②釜柄平鋤	○	○	○	○	△				
③方形袋状鋤先	○			○			○		○
④鋤板類	○		○	○		○	○	○	
⑤平鍬		○			○	○			
⑥又鍬	○	○	○						
⑦横鍬	○	○			○				
⑧鎌	○	○	○	○		○	○	○	○
⑨石包丁形鉄器		○	○	○		○	○		

うした組成を「鍬系主体組成」とする。河川下流域の沖積平野において深耕を伴う水田耕作用に鍬類系が中心となったのであろう。南方の山東半島の鉄製農具組成では、鋤板類系と平鍬を加えた鍬類系の融合した組成を示しており（潮見 1982 ほか）、渤海湾西部側では、畠作に加え水田耕作に対応した組成の様相を示す。こうした組成を「鋤鍬系・鍬系併存組成」とする。燕山南部地域は、こうしたなかで水田に傾斜した地域色を示しているのであろう。

　遼西は、南部地域（大・小凌河流域）と北部地域（ヌルルホ山以北）ともに、燕下都の「鋤鍬系主体組成」と類似する。燕国の領域支配を受けた地域であり、燕下都の組成と同じ様相を示すのであろう。なお、北部地域では鋤板類が大量に出土しており、畠作にやや傾斜していた可能性もある。

　遼東の半島部地域と山地部地域も燕国の領域支配を受けるが、燕国の「鋤鍬系主体組成」と燕山南部地域の「鍬系主体組成」の両者が融合し、山東の「鋤鍬系・鍬系併存組成」と類似している。特に平鍬を多く保有しており、遼西より山東から燕山南部地域に広がる水田耕作に適した農具の組成と共通している。

　韓半島北部でも鋤類のいくつかは欠如するものの、遼東と類似した「鋤鍬系・鍬系併存組成」をなす。また、韓半島南部では鋤系がやや多く、日本列島ではわずかに1点のみである。また、収穫具（鎌）が両地域にわずかにみられる。これは、明らかに燕国の領域支配が及ばなかった地域における不十分な鉄器生産を反映している。そして、領域支配の及ばなかった韓半島南部では木製農具の鉄器化が本格的には起こらなかった。以上のように、初期鉄製農具の分布からは、燕国の鋤系農具組成が東方に拡散し、各地域の状況に応じて組成が変化する一方、各地域で独自の鉄製農具を生産開始していた点が明らかとなった。

（3）鉄製農具以前の推定

　鉄製農具は突然出現したのではなく、当然ながら前段階の青銅製・石製・木製の農具を鉄に置き

換えたものである。こうした観点からみれば、まず燕国の木製農具は、平鍬類（一体型、組合式）と又鍬（多又鍬）、横鍬と推定できる。これらの刃先や身が鉄器となったのであろう。燕国以外の地域では、遼西南部の三歯の又鍬（多又鍬）は燕国の影響を受けつつ遼西特有の形態のもので、山東半島から燕山南部地域、そして遼東の平鍬（狭鍬）も燕国にはない各地域特有のものである。このような各地域の在地生産による鉄製農具は、鉄器化以前の木製農具の姿を間接的に示したものであろう。また、組成の面での「鋤類系・鍬系併存組成」のように、山東半島から遼東・韓半島まで類似した組成をなすのは、それ以前の様相と関係する。甲元眞之は、遼東半島から韓半島における新石器時代末から青銅器時代にかけて、石製起耕具が欠如する背景に木製農具の存在を考え（甲元 2008b）、宮本一夫は、東北アジア農耕化第3段階における山東半島の岳石文化から遼東半島の双砣子文化に広がると予想される初期の木製鋤・鍬の共通した組成が形成されており、次の段階に韓半島にもその組成が広がっているとした（宮本 2008d）。鉄製農具は、各地域に元々存在していた石製や木製の農具の代用・改良という形で導入・補完したと推測することができる。このように、鉄器導入以前の各地域の農具組成は、鉄器化がはじまった燕国や燕山南部の影響を受けつつ、各地域の生態条件によって鉄器化する器種を取捨選択したのであろう。

（4）方形柄孔農具の起源

　ここで、筆者がさらに注目するのは、韓半島における方形柄孔木製農具と燕国系の初期鉄製農具の関係である。「方形柄孔」とは、木製農具の身に柄を挿入する孔の形であり、この形がそれまでの伝統的な円形から方形に転換することを問題としたいのである。今のところ、韓半島南部では、光州新昌洞遺跡において、本書で問題としてきた平鍬（狭鍬）と又鍬（多又鍬）が組成の中心となる木製農具が出土している（国立光州博物館 1997・2001）。この両者の形状は、鉄製農具のそれと非常に類似する（図126-2〜7）。新昌洞遺跡の方形柄孔木製農具では、柄の装着状態がわかるもの（図126-7a〜7d：同一個体）でみると、柄の先端部の複雑な加工（突起状に作り出す）や楔の使用など、日本列島で発見される方形柄孔系農具の着柄状態のわかるものを参考にみれば（図126-8）、方形柄孔農具の出現は画期的な出来事である。身の重い鍬の着柄では、柄が抜けにくいようにするため柄の先端部に突起を作り出し、また楔を打ち込んで固定する必要がある。こうした方形柄孔農具の着柄方法は、おそらく遼東と韓半島の龍淵洞遺跡や細竹里遺跡の方形柄孔をもつ鉄製平鍬（狭鍬）の着柄方法が起源であろう。すなわち、燕系の鉄製農具に接した韓半島の集団が、鉄製平鍬の楔を用いる方形柄孔の利点を知り、木製農具に導入したと考える。また、又鍬（多又）については、袁台子遺跡例（図123-10）のような遼西南部の鉄製又鍬の影響と考える。新昌洞遺跡の方形柄孔農具の時期は、三角形粘土帯土器の段階であり、韓半島北部に方形柄孔の鉄製平鍬（狭鍬）が出現した前4世紀から前3世紀の早い時期よりも若干後出する。したがって、年代的にも問題はない。

　こうした方形柄孔農具については、日本列島では北部九州で中期前半に出現し、その起源を

第4章　弥生鉄器の起源と燕国

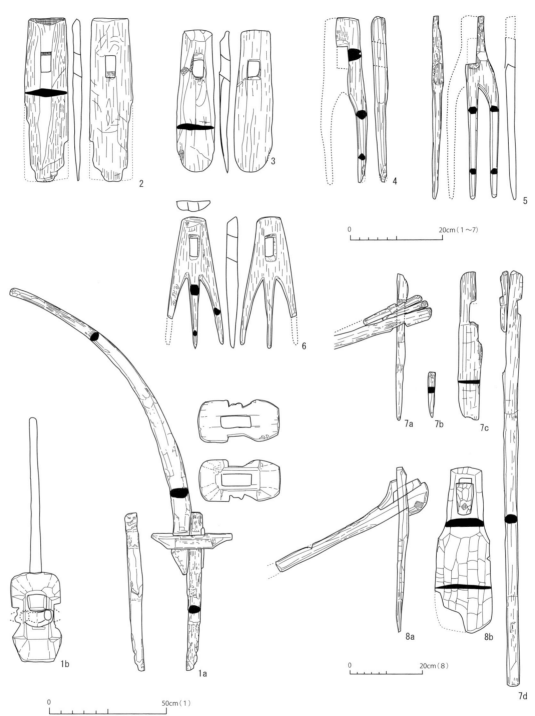

図126　方形柄孔系木製農具と関連資料（1：土生　2〜7：新昌洞　8：松原内湖）

新昌洞遺跡の方形柄孔農具に求める（山田 2003ほか）。方形柄孔農具の最初期例は、佐賀県土生遺跡で韓半島系と思われる大型で柄と身の接合部が方形の踏み鋤（図126-1）が出土しており、二股の先端部にはおそらく斧形鋤鍬先が装着されていた可能性がある。本例は、中期初頭の城ノ越式土器の時期である。このように、新昌洞遺跡の方形柄孔農具や土生遺跡の事例などから、「方形柄孔」は韓半島の系譜であると考えることができるが、実は系譜問題はそう単純ではない。なぜならば、すでに日本列島の燕国系鋳造鉄器である斧形鋤鍬先は、前期末以降、多数燕国から直接もたらされており（野島 1992）、韓半島を経由せずに燕国や遼西・遼東より韓半島と日本列島にそれぞれ影響が及んだ可能性が考えられるのである。壱岐原の辻遺跡や沖縄において、遼東系土器が出土しているのはこうした関係性がありえたことを示している（小林 2012b）。また、本論は方形柄孔の起源を鉄製農具に求めたが、燕国の領域支配が遼寧に及ぶ前4世紀以前に、すでに当地域に方形柄孔の木製農具が存在していた可能性も残されている。ただし、最近の無文土器から円形粘土帯土器段階の韓半島南部における円形柄孔木製農具の出土例（金権 2008）からみれば、鉄製農具の影響で方形柄孔木製農具が出現すると考える方が、現状では妥当のようである。

4．展望

　木製農具の様相が不明である燕国と遼寧から韓半島北部にあって、木製農具の推定をするうえで、鉄製農具は重要な検討対象であろう。また、韓半島と日本列島でそれまでの円形柄孔系の農具に新たに加わった方形柄孔系農具の出現は、燕国の領域支配の拡大が進み韓半島にまで及ぶ時期と重なり、また、その影響が日本列島に及ぶ時期も、燕国系の鉄器がみられる時期でもある。こうした状況は、明らかに相互に関係している。このように、燕国の領域支配の拡大とその影響が、遼寧から韓半島における農具の改良と変革に関わり、その影響は日本列島にも及んでいた可能性を指摘できる。こうした方形柄孔農具の出現は、耕作時における柄のブレを抑制し、抜けにくくする役割を果たしたはずであり、それはより強固な道具となり耕作において威力を発揮したに違いない。また、農具の形態自体も韓半島のものをみる限りにおいて非常に類似する様相を示すので、模倣は方形柄孔のテクニックにとどまらない可能性がある。そして、中期前半段階以降には、こうした道具の変革以外に、燕国系の鋳造鉄器が実際に流入し、そうした製品の破片を再加工して木器製作用に使用した可能性が指摘されている（野島 1992ほか）。すなわち、方形柄孔部分のような加工はシャープさが要求されるわけであり、鋳造鉄器の流入も方形柄孔系農具の出現と無関係ではないであろう。また、表10でみた鉄製農具の組成では、日本列島は鋤板類や鍬類は存在しなかった。しかし、木製農具としては両者は存在しており、方形柄孔の技術だけでなく、鉄器をモデルとした新しい農具の導入を図った可能性もある。こうした日本列島でみられる農具の組合せは、山東半島でみられた「鋤鍬系・鍬系併存組成」に近く、今後は山東半島の戦国時代の斉国との関係が焦点となるであろう。

また、山東半島と類似する組成を示す地域には、斉国産の鉄製農具が流通している可能性を考える必要がある[1]。以上のように弥生文化における農具の変革において、戦国時代の燕国の影響を認めることができさらに斉国の影響も想定できる。

註

（1）　2017年3月に山東半島で実施した資料調査において、斉国の領域でも戦国時代から多数の鉄製農具を製作していることがわかった。種類は、斧形鋤鍬先、釜柄平鍬、鋤板、又鍬、鎌などがある。この組合せはほぼ燕国と同じである。したがって、韓半島や日本列島に斉国の影響が及んでいる可能性があることとなった。以上の成果については、2017年12月の日本中国考古学会において報告を行った（小林ほか 2017）。

第 5 章　結論

1．弥生文化の起源と東アジア金属器文化をめぐって

　本書の全体構想は、金属器を分析の対象として、弥生文化の起源を東アジア全体のなかで探究し、新しい歴史像の構築を目指したものである。

　これまでの説では弥生文化の起源は韓半島にあり、それが北部九州に伝播し、東方の縄文文化に広がったというものであり、また大陸との関係においては、前108年に前漢帝国によって楽浪郡が設置されなければ、大陸の文物は日本列島には流入しないというのが定説であった。本書では、こうした従来の考え方に対し、3つの課題を検討することで新たな見方を提示したものである。以下では、これまで述べてきた論点を整理して、3つの課題の関連性とそこからみえる新たな考え方について述べ、結論としたい。

2．弥生青銅器の起源と遼寧青銅器文化

　第2章で検討を試みた第1の課題は、遼寧青銅器文化に弥生青銅器の起源を求めるものであり、同時に、その議論はそのまま遼寧青銅器文化自体の形成を議論するものであった。しかし、遼寧青銅器文化地域における青銅器文化の形成過程自体が複雑で、弥生青銅器に関わる青銅器の様相も異なっている。本書の第2章では、剣・矛・戈を中心に検討を行い、関連するものとして動物意匠の起源についても検討を行った。以下、第2章で論じた内容を簡単に整理する。

　まず、銅剣（第2章の第2節）は、殷代後期から末期頃に、遼東で出現する遼寧式銅剣が細形銅剣の祖型である。出現地域は遼東が中心であるが、その範囲はすぐに大・小凌河の地域にも広がっている可能性がある。出現以降、その分布は、遼東から内蒙古南部地域の夏家店上層文化、遼西地域の大・小凌河の地域に広がった（小林 2014）。形態的にみて、棘状突起が鋒側に位置する初期型は遼東地域特有のもので、鋳造技術は中原の影響を受けている可能性も高いが、独自に形成されていったと考えられるものである。遼寧式銅剣は棘状突起が鋒側に位置する特徴からみて石刃骨剣から石剣に変化したものが祖型と考えられるが、身部の基本形態はアンドロノヴォ文化系によって出現する可能性のある遼西式の柳葉形系列の銅矛の系譜も考慮される。そして韓半島でもほぼ同時に出現した。遼東の出現期の遼寧式銅剣は、双房遺跡例がその代表で、この種の銅剣には半円形の加重器（石製・銅製）を装着する組合せ式の木製剣柄が用いられる。この剣柄の特徴は、大・小凌河の地域を中心とする遼西に伝播すると一体式の銅製となった。韓半島の細形銅剣は、前7～前6世紀頃に遼東の銅剣から分派形成した。

　次に銅矛（第2章の第3・4節）は、殷代後期から末期頃にアルタイ地域に起源し、山西省一

第 5 章　結論

体にかけて広がったロシアのセイマ・トルビノ系やアンドロノヴォ系の柳葉形銅矛が広がり、
その一端が内蒙古南部地域の夏家店上層文化におよんで在地化し、遼西式の柳葉形系列の銅矛
が出現すると考える（小林 2010b）。その後、遼東地域で遼寧式銅剣と融合した琵琶形系列の銅
矛が出現し、前 6 世紀以降の燕の東方への拡大の影響により細形系列の銅矛が遼東で出現する
（小林 2011）。また、弥生文化の初期の銅矛の耳部や節帯の特徴は、韓半島ではなく遼西地域の
ものである可能性を指摘し、遼寧式銅剣系の琵琶形系列にあっても、燕の影響を受けた「細形
化」によって形成された可能性を考えた。

　銅戈（第 2 章の第 5 節）は、前 6 世紀以降の燕国の東方への拡大が進行する過程で、遼西の大・
小凌河流域で形成された遼寧独自の武器であり、遼寧式銅戈と名づけた。大きさは同時期の燕
系の中国式銅戈と変わらず、長兵の武器として使用された。中原系の中国式銅戈の特徴をもち
つつも、脊柱と樋、そして翼のように開く胡の刃部を脊柱あたりで固定し研ぎ分ける製作技術
は、遼寧式銅剣の特徴であり、両者の特徴が折衷して成立したと考えられる。今のところ遼西
地域の遼寧式銅戈遼西系列の方が型式学的に古く、遼寧式銅戈遼東系列の方が新しい。遼寧式
銅戈は、まだ年代的に不確かな点があるが、あえて年代を絞れば、前 4 世紀頃には韓半島に伝
播し、大型化（約 1.5 倍）と細形化を経て細形銅戈が誕生したと考える（小林ほか 2007、小林 2008a
など）。

　その他の器種についても、筆者の見解（小林 2009b）を述べておく。

　まず銅鏡である多鈕鏡は、遼寧省西部から韓半島に初期のものが分布する（図 127）。図 128
の多鈕鏡の主文様である三角文系連続 Z 字文（三角形を前後左右に向きを変えつつ規則的に配置し、
それによって形成された Z 字が連続して斜行するようにみえるネガティヴな文様）の型式学的検討で
判断する限り、内蒙古南部地域、ヌルルホ山以北の夏家店上層文化で西周後半期に出現した小
黒石溝遺跡例（1）が最古例である。本例は、三角文系連続 Z 字文が 4 列をなし、円形のキャ
ンパス内にあっても文様が崩れることなく、主文様である三角形文と内部に充填される直線が
しっかりとしており最古例と考える。その後、遼西地域の大・小凌河の地域に広がると十二台
営子遺跡例（5）のように幾何学文化して斜行ないし横走するようになり、同時に三角文系連
続 Z 字文が崩れ列数が減少する。前 7 世紀から前 6 世紀頃の遼東の鄭家窪子遺跡例（7）を境
に、三角文系連続 Z 字文は円形の鏡内部に押し込まれるようになり、大きく崩れはじめ横走
して 2 列へと大きく変化する。そして前 5 世紀頃までには韓半島北部に伝播し伝成川例（10）
のように星形文系列（東西里例：12）や格子状文系列（伝全羅北道例：11）の祖型が誕生した。
それぞれ変容しても Z 字文がしっかりと受け継がれている。多鈕鏡の起源となった文様や素
文鏡の遡源は、さらに北方草原文化に由来するものと考えるが、文様を含めた鏡総体としては、
遼寧青銅器文化独自のものと考えてよいと考える（小林 2009b）。

　銅鐸は、韓半島の小銅鐸（図 129-3）が起源であるが、さらに韓半島の小銅鐸の起源は、中
国北方地域に起源がある。今のところ、殷代後期から末期頃におそらくアルタイ地域の影響を
受けて山西省などで出現した、柳林高紅例がその代表で、車馬に用いたと考えられるやや大き

274

第 5 章 結論

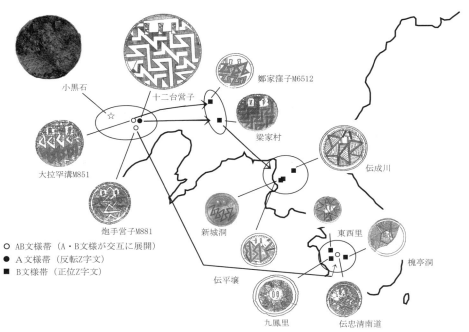

図 127 多鈕鏡の分布と文様帯

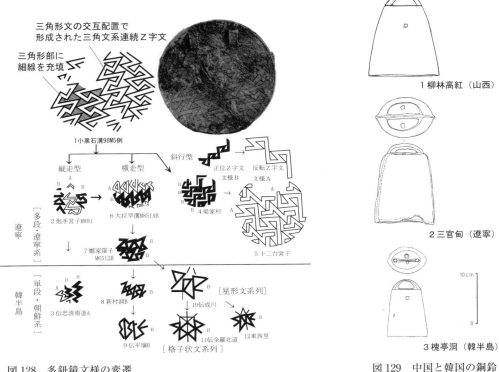

図 128 多鈕鏡文様の変遷

図 129 中国と韓国の銅鈴

275

い銅鈴である（図129-1）。おそらくこれらが遼寧青銅器文化、そして韓半島の銅鈴の祖型と考えられ、遼寧地域にも分布が広がっており、大・小凌河の地域では三官甸遺跡例（図129-2）のように内面突帯をもつものもある。内蒙古南部を含めた遼寧青銅器文化地域は、車馬具が少ない地域であり、銅鈴も発見例が少なく、車馬具が大形化して儀器となり、シャーマンのような特別な人物の身体に着装されていたようであり、銅鈴は多鈕鏡とともに身体に装着された可能性がある。車馬具が在地の集団によって実際に用いられた地域は、遼西地域までのようであり、遼東から東は山がちで車馬には向かない地理的特性も合わさって、車馬具は本来の用途から離れて、儀器化することになった。

　以上のような第2章で検討した剣・矛・戈のほかに多鈕鏡・銅鈴（銅鐸）を加えた弥生青銅器の起源は、①銅剣は遼東で出現（遼西の大・小凌河地域まで含める）、遼寧青銅器文化の基本アイテム、②銅矛は北方草原系でヌルルホ山以北の遼西で出現（その後燕系の影響）、遼寧青銅器文化全域に広がる、③銅戈は遼西の大・小凌河地域で出現、燕国系と遼寧青銅器文化の折衷、④多鈕鏡は北方草原系でヌルルホ山以北の遼西で出現、遼寧青銅器文化全域に広がる、⑤銅鈴（銅鐸）は北方草原系で遼西の大・小凌河地域で出現、遼寧青銅器文化全域に広がる、以上のように整理できる。

　このように、弥生青銅器の起源となる遼寧青銅器文化において形成される青銅器は、基本的に北方の遊牧・草原民の青銅器文化（北方青銅器文化）系、あるいは中原の燕国系の影響を段階的に受け、その結果、複数の系列が融合していることが判明した。したがって、韓半島および日本列島の弥生文化は、こうした異なる文化系列が一度、遼寧青銅器文化において受容され、あるいは接合・融合・変容されて形成された文化複合である（小林 2011）。こうした青銅器は、日本列島にもたらされ、弥生時代前期末頃の社会において首長層の威信財や祭祀具として機能した。以上のように、物質文化としての青銅器の特徴の起源と系譜は明らかとなった。

　そして、以上の弥生青銅器の起源となるものが遼寧青銅器文化で形成された後、それらは韓半島を経由して日本列島に流入するわけであるが、その契機となったのは、第4章で検討した燕国の東方への領域の拡大過程にあった可能性が高い。それを示すように、第4章の第1節では、佐賀県吉野ヶ里遺跡出土の燕国系の鉄製刀子を取り上げたが、これが出土したのは本遺跡の青銅器工房からであり、韓半島系の特徴をもつ青銅器の製作に燕国が関わっていた可能性を暗示する。これと類似したものとして、熊本県八ノ坪遺跡では、多数の初期弥生青銅器の鋳型が発見されたが、同時に遼寧でみられるような鋳銅用の馬形羽口が出土しており、これらが燕国の東方への進出と何らかの関係を示している可能性が考えられる。

　第2章の細形銅矛の起源において述べたように、初期の細形銅矛に関しては、有耳をもつ点など当初から弥生文化独自の要素の萌出が認められることが指摘されている（吉田 2008）。韓半島の初期銅矛およびそれに先行する銅矛の系列には有耳の伝統はなく、有耳の伝統は遼西地域にしかない。現時点では、韓半島および日本列島での最初期の青銅器生産の開始問題について検討していないため予察にとどめるが、それほどの時間差をもたない期間に、遼西地域から

韓半島を経由して有明海沿岸からさらに南にかけて燕国と関わった形で青銅器生産のノウハウが流入した可能性がある。

次に本書の第2章では、その他に動物意匠の問題についても検討を行った。弥生文化で祭祀の対象となっている動物のうち、鹿と鳥という組合せは、オルドス青銅器文化をはじめとする中国北方地域にその遡源がある。実際に、中国北方各地の動物意匠を集成してみたところ、北方遊牧民社会では、虎、鹿、鳥、羊が数多く組成する基本セットであり、これが遼寧、そして韓半島へと伝播していく過程で各地域にもともと存在しない動物は欠如し、日本列島では鹿・鳥の組合せが伝わったことになる。

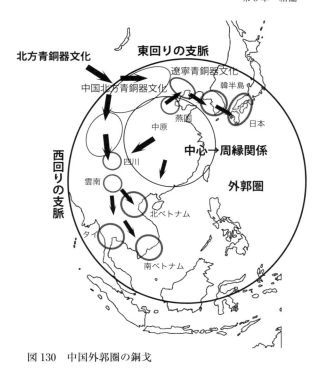

図130　中国外郭圏の銅戈

このような動物意匠の事例を代表としてみても明らかなように、これまでの弥生文化の祭祀の起源については、稲作の起源とも重なって大陸の南方からの影響ということで漠然と考えていたが、実際には中国北方諸地域の影響の方が大きかったことが明らかとなった。第4章の第1節で取り上げた滋賀県高島市上御殿遺跡出土のオルドス系銅剣の鋳型や佐賀県唐津市鶴崎遺跡出土の長城地帯系の有柄銅剣などにみられるように、弥生文化における中国北方地域の文化的影響は明らかである。今後、弥生文化研究においては、北方遊牧民系文化の系譜を考慮する必要がでてきた。

3．中国外郭圏と弥生文化

銅戈は東アジアの広域な範囲に分布する武器である。日本列島の弥生文化において、銅戈のみが最も東方に伝播し、東方では銅戈を模倣した石戈、さらにより東方には石戈を模倣した有角石器が分布する。かつて筆者は、こうした状況は日本だけの特異な現象ではなく、ベトナム南部など東南アジアでも同様なあり方を示していることから、銅戈自体に特別な意味があり、中国中原の周辺地域である「中国外郭圏」に銅戈とその祭祀が同じように伝播したと考えた（小林 2006b）。本書の第3章では、第2の課題としてこの戈を題材に中国外郭圏の問題を検討した。中国外郭圏については、以前の筆者の見解に加えて、第2章で問題とした遼寧青銅器文

第 5 章　結論

化を中心とする中国北方青銅器文化の状況を組み込み、中国北方、中原、周辺地域、という大きくは３つのゾーンに分けることが可能な新しい相互交流の枠組みを提示することとなった（図 130）。

　最近、宮本一夫は、中原を囲むように現れる文化共通地帯は、実は、北方青銅器文化の２つの支脈を表しており、１つは遼西・遼東から韓半島に向かう遼寧青銅器文化であり、もう１つは中国西北部から中国西南部への文化接触地帯を介しての青銅器文化の広がりであるという構想を提示した。（宮本・高 2013）。これに関連して、川西高原石棺墓文化の先にあるベトナム北部新石器文化末期の、フングエン文化段階のルンホア遺跡からは商代後期併行の銅戈を模した石戈が出土していることが注目される（新田 1998）。本例は、川西高原地帯の青銅器文化形成期とほぼ同時期に、南部周辺には別の支脈が到達していたことを示すものである。さらに複数の遺跡からは、前 12 世紀頃の中原の玉器である玉牙璋も出土している。この段階以降、ベトナム北部では初期の青銅器文化が形成されていくことになる。

　したがって、宮本が提唱する北方青銅器文化の支脈と南方を経由した中原系の支脈がベトナム北部で邂逅し、それによってベトナム北部の初期青銅器文化が形成された可能が高まったことになる。このように考えることができるとすれば、中原系の文化は段階的に周辺地域に影響を与えており、本書で検討した中国外郭圏の問題は、宮本が指摘する北方青銅器文化の流れと中原青銅器文化の流れの両者を考えておかなければならない。こうした動きは、文化的には中心／周縁関係が基本となって、中心の核的世界から周辺地域へ同心円状に文化要素が拡散していくような関係性として考えることができるであろう。すなわち、中原の中心の核的世界から周辺地域へ同心円状に文化要素が拡散していくような関係がまずあり、そうした状況の一方で、周辺部では、北方青銅器文化を起点とする支脈が展開するということになると考える。なお、こうした２つの大きな動きは、決して一方向に流れていたわけではない。こうした外郭圏のあり方においては、銅戈以外の文化要素でもみられるであろうことが推測され、そして、外郭圏に接続した日本列島は、中国中原、そして中国北方地域、さらには中央ユーラシア文化と接続した交流のダイナミズムを示している。

　このように考えることができる中国外郭圏における銅戈で問題となるのは、その大形化と祭祀である。一般的に青銅器の大形化は実用品から非実用品への変化を意味すると考えられているが、銅戈については、祭器になる前に青銅器の大形化が生じていた。大形化しているのはいずれも車馬があまりみられず、柄は短兵の地域である。雲南では、無胡戈と長胡戈のいずれも短柄（1m 以下・60〜70cm にピーク）を使用しており、これは日本とほとんど同じ長さである。それに対して、中国中原における戈の柄の出土例の平均は、短兵の柄は 130cm 前後、長兵の場合 310cm 前後である。このような相違について第３章では、その原因を生態環境の差に求めた。すなわち、遼西地域から東の一帯では、韓半島や日本列島のように、草原のような環境のない地域であったため、車馬は用いられず歩兵戦が主体でより接近戦に適した武器が必要となったが、小型では威力が弱く大形化されたと考えた。その結果、細形銅戈は、遼寧式銅戈の

278

約 1.5 倍以上の大きさとなっている。東南アジアの初現型の銅戈も、約 30cm ほど大形化しており、同様な現象がみられる。このように、類似した生態環境の場合に兵器の形態や使用法も同じように変化するという現象が外郭圏では共通して生じている。

　こうした大形化については、祭祀機能の強化からさらなる大形化を促した。中原では、最も早く出現した武器であった銅戈は、祭祀でも辟邪の鉤兵として重要な役割を担ったこともあり、その祭祀性の強さは中原から周辺地域に影響を及ぼした。弥生文化と東南アジアで共通する銅戈の大形化と装飾化、そして埋納習俗などの祭祀機能は、まさに銅戈の祭祀における重要性を示している。その他、銅戈と関連する事象として、戦士が鳥装をするような習俗は中国外郭圏各地で共通してみられる現象であり、戈のみならず戦士が身につけるものを含めた武装が一体となって外郭圏に伝播した可能性も考えることができる。

4．弥生鉄器の起源と春秋戦国期の燕国

　本書第 4 章では、鉄器を題材に春秋戦国時代の燕国の初期鉄器の東方への拡大を検討したが、この燕国との交流に先立つ交流が近年明らかとなった。それは第 4 章でも触れたように佐賀県鶴崎遺跡から出土した円筒式剣首の青銅短剣であり、前 5・6 世紀の燕山地域のもので、石川岳彦はこれについて燕系鉄器が前 4 世紀頃に日本列島で出現する前史として重要であるとした（石川岳 2009b）。鶴崎の銅剣は、確かに燕山で集中的に出土し、中原の影響を受けながらも長城地帯で作られた独自の銅剣である。これと関連するのが、最近、滋賀県高島市の上御殿遺跡で出土したオルドス系短剣の鋳型で、もしこれが本当であるとすればさらに内陸のはるか遠くからのものとなる。

　これらの銅剣や鋳型がどのような経緯で日本列島にもたらされつくられたのかはわからないが、一方で遼寧式銅剣の場合のように、破片ばかりが北部九州の前期の弥生文化にもたらされている状況とは全く異なり[1]、鶴崎の銅剣は完全な形で搬入されている。このあり方の極端な差異は、韓半島を経由して間接的に伝播したのではなく、直接的に燕山地域からもたらされた可能性を考えてよいかもしれない。また、先に触れた中期前半の吉野ヶ里遺跡では、青銅器工房跡から燕系の銅柄をもつ鉄製刀子が出土し、熊本県熊本市八ノ坪遺跡からは遼寧系の土製羽口が出土しており、さらに燕系の鋳造鉄器の破片が北部九州をはじめとする西日本各地で発見されている（野島 1992 など）。特に鋳造鉄器については、韓半島の同種のものとは全く特徴が異なっており、燕から搬入された可能性が指摘され、さらに山東半島の斉国からも伝来した可能性も指摘するにいたった[2]。このように、弥生時代の前期末から中期前半における日本列島の弥生文化と燕国の間に、密接な関係があるのは明らかであり、本書第 4 章でその詳細な状況を検討した。

　こうしたなかで、筆者が注目するのは、これまでの弥生文化を含めた東アジアの考古学研究では、燕国に対する評価が低かったことである。しかし、全く議論がなかったわけではない。

第 5 章　結論

駒井和愛は、『山海経』における「倭は燕に属す」という記述について、『山海経』自体、錯簡が多いことや、後世の記述や伝説、空想の記述が多く信用できない、という見方がある一方、韓半島の考古学的なあり方から燕の影響の強さを勘案して、「わが国も戦国の燕人によって、その存在が世界に報告されるに至ったのであるといえないこともなかろう」と、『山海経』の記述の意義について述べている（駒井 1972）。こうした見方は近年正しいと考えられるようになり、倭の記述の大陸側の初見は、戦国時代頃の『山海経』ということになり、燕と倭の間に密接な関係があったことが文献と考古学的なあり方からも裏づけられたことになる。こうした倭と燕国の関係は、鶴崎の銅剣の存在からみれば、燕国の領域支配が遼西や遼東に及ぶ以前から、すでにあった可能性さえ考えるべきであろう。いずれにしても、こうした燕国と倭の間の密接な関係から推測して、中原系の礼制的祭祀世界を、完全な形ではないとしても、弥生文化の人々は知る機会があったことになる。そして、さらにより北方の地、遊牧民族の文化さえ弥生文化に流入している可能性が出てきたのである。

　燕国の鋳造鉄器については、本書第 4 章の第 2 節の冒頭で述べたように河北省の燕下都の正式報告書が出版され、石川岳彦による具体的かつ詳細な分析が研究の推進に繋がった（石川岳 2009bほか）。特に、燕下都遺跡の各地区において層位的に年代を押さえることができ、それによって初期の鋳造鉄器が前 6 世紀頃には出現しており、前 4 世紀頃以降に最盛期を迎えることが明らかとなった。こうした初期鉄器の変遷の画期は、明らかに燕国の領域の東方への拡大の過程と合致する。第 4 章の第 3 節で検討したように、燕国から遼寧、そして韓半島にかけての燕国系の初期鉄器の農具をみると、各地域の生態環境に合わせて器種のセットが異なり、また場合によってはその地域の特性に適合した新しい器種を創成していた。このように燕国は、各地を領域に含めていくにあたり、各地域の土地条件まで考えて鉄製農具の組成を変えるなど、耕地開発などを進めるために鉄器を大いに活用したであろうことが推測でき、その過程で韓半島や日本列島に鋳造鉄器がもたらされたと考えられる。宮本一夫は、こうした燕国の領域の東方への拡大の過程を「燕化」と呼んだが（宮本 2006b）、弥生文化への初期鉄器はこの「燕化」の影響のなかで進行したものであろう。

　こうした燕国の初期鉄器は、日本列島に相当量流入しており、先に述べた中期前半の吉野ヶ里遺跡の青銅器工房跡から出土した燕系の銅柄をもつ鉄製刀子をみると、それが燕国系なのか遼東周辺なのかは別として、決して低い身分ではない階層の人物の渡来をも想定可能である。また、弥生文化にもたらされた燕系鉄器のなかには、山口県下関市山の神遺跡例のように遼東から清川江以北の地域に特徴的な鋤先が出土しており、ある程度具体的な地域からの流入を想定できる場合がある。

　これまでの燕国系の初期鉄器研究では、小型破片の再加工など鉄器自体の利用についての検討が主体であったが、石川県小松市八日市地方遺跡からは多数の燕系鋳造鉄斧用の木柄が出土しており、佐賀県吉野ヶ里遺跡では、中期末段階よりも中期前半段階の鋳造鉄器が多く出土する。これらは、燕国系の鉄器文化が弥生文化に大きな影響を与えたことを示している。また、

筆者は、燕国系の初期鉄器が弥生社会に与えた影響について別の角度から検討を行った。注目したのは、中期前半に弥生文化に出現する方形の柄穴をもつ鍬などの木製農具である。韓半島南部では、すでに弥生時代中期前半に並行する段階に方形柄穴をもつ木製農具の存在は知られていた。しかし、その起源については論じられていなかった。この時期に方形の柄穴をもつ鍬などの木製農具が出現するとすれば、それに影響を与えた可能性が高いのは、時期的にも燕国系の鉄製農具が候補としてふさわしい。しかも、方形柄穴をもつ木製農具には方形柄穴に差し込む楔が伴うので、これは明らかに鉄器の仕様を模倣したと考えた方がよいであろう。この方形柄穴の採用によって、より強度の高い農具が使用されるようになったのであろう。こうした影響を与えるほど、燕国系の鉄器の流入はインパクトの強いものであったと考える。

5．初期弥生文化形成における2つの大きな流れ

ここまで、3つの課題を個々に検討してきた。第1の課題は弥生青銅器の起源と遼寧青銅器文化、第2の課題は中国外郭圏と弥生文化の起源、第3の課題は弥生鉄器の起源と燕国である。これらの課題は、それぞれ別個に議論してきたが、これまで各所で論じてきたように、それぞれは有機的に連鎖し関係している。まず第1の課題で明らかにした弥生青銅器の起源の問題では、遼寧地域を中心とする遼寧青銅器文化にその遡源があった。ただし、遼寧青銅器文化は、常に周辺の文化的影響を受けて変容していたわけであり、大きくは北方遊牧民系の文化と春秋戦国時代の燕国の文化の影響を受けていた。こうした複雑性が背景にあり、そうであるからこそ、日本列島における弥生文化においてオルドス系の銅剣鋳型や長城地帯の銅剣、そして燕国

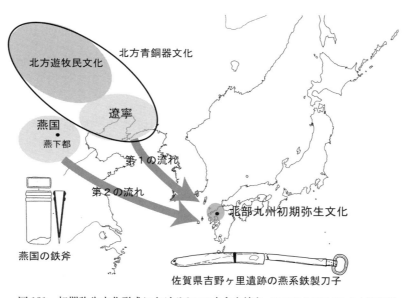

図131　初期弥生文化形成における2つの大きな流れ（弥生時代前期末から中期前半）

第 5 章 結論

系鉄器などが出土するような複雑性を反映した事象が生じたのである。なお、本論では、起源地である遼寧地域を中心に議論することが課題であったため、経由地である韓半島についてはほとんど議論をしていないが、大きな流れとして韓半島からの大きな流れが追加できるであろう。

　こうした大陸からの大きな流れのなかで注目されるのは、長城地帯を含めた北方遊牧民系の文化の流れであり、動物意匠の検討でみたように弥生祭祀の根幹に関わるものが多数もたらされている可能性を考えた。弥生文化は水稲耕作を基盤とする社会であり、その系譜に当然ながら長江流域に発する中国江南地域の文化体系の影響もあるであろう。しかし、弥生時代前期後半以降に大陸から流入する文化体系は、北方系のものばかりであり、実はこの現象は弥生時代以降の古墳時代にもみられる現象である。前 1 千年紀頃以降、特に前 800 年頃の寒冷化以降に北方遊牧民の南下現象が活発化し東アジアの歴史は大きく変動するが、そうした変動の影響が玉突き状態となって弥生文化にまで波及していたのである。このような見方によって、北方遊牧民の青銅器文化と遼寧青銅器文化からの第 1 の大きな流れが想定できる（図 131）。

　こうした動向については、第 2 の課題として中国外郭圏の問題を考えるなかで、宮本一夫の考え方を引用して議論した。その考え方とは、中原を囲むように現れる文化共通地帯は、実は、北方青銅器文化の 2 つの支脈を表しており、1 つは遼西・遼東から韓半島に向かう遼寧青銅器文化であり、もう 1 つは中国西北部から中国西南部への文化接触地帯を介しての青銅器文化の広がりであるという仮説である（宮本・高 2013）。本論で中国外郭圏としてきたものは、こうしたダイナミックな文化変動の軌跡であり、ベトナムの青銅器文化にも宮本が指摘するような北方系要素が多分に含まれている。ただし、筆者があらためて中国外郭圏について主張したいのは、宮本による北方系文化のダイナミズムとともに、銅戈が広域に分布する現象のように常に中原に発する文化も同心円状に拡散し、周辺文化に受容されていった点も重要であるということである。

　以上のようなダイナミックな文化変動の軌跡がいくつも背景にみられたのが東アジア金属器文化世界の実像であり、最も東方でその影響を強く受けたのが弥生文化である。そして、こうした動向に決定的な影響を与えたのが春秋戦国時代の燕国であろう。燕国と弥生文化の関係については第 3 の課題で明らかにしたが、これまでに発見されている燕国系遺物の状況からみる限り、『山海経』に記載されている「倭は燕に属す」という記載は決して伝説ではなく、東北アジアにおいてはこの燕国の動向と文化変動を無視することはできない。それが第 2 の大きな流れとして把握される（図 131）。図 131 では、燕国からの直接的な流れを図示しているが、実際には、遼寧から韓半島北部への領域拡大範囲を経由した流れも並行して存在していた。日本列島における青銅器と鉄器の流入する弥生時代前期末から中期初頭の時期は、燕国の東方への拡大過程と連動したものであると考えることができ、それによって北部九州弥生社会は大きく変化するきっかけを得たのであろう。この第 2 の流れによって、燕国系の初期鉄器に加え、ここまで議論してきた遼寧青銅器文化や北方青銅器文化における動物意匠の影響などの文化要素

は、ほぼ同時期に弥生文化に流入した。すなわち、この大きな2つの流れは、最終的に合流し日本列島に到達したのである。また、この時期に生じた明確に区別化された福岡県福岡市吉武高木遺跡にみられる首長墓の登場、青銅器生産の開始、鋳造鉄器製農工具の使用開始、鉄製農具の影響を受けた方形柄孔農具の出現、絹製品の渡来と生産の開始[3]など、燕国による影響は弥生文化の大転換を示すものであった。初期弥生文化の前期末から中期前半にかけて生じた変化の過程においては、このようなダイナミックな交流による社会変化が劇的に生じた時期でもあったのである。

　初期弥生文化の形成における文化伝播の軌跡としては、大局的にみて、以上のような2つの大きな流れがあり、弥生文化前半期終わり頃において北方遊牧民系や燕国系といった東アジア金属器文化の体系が日本列島に流入して接合・融合・変容を経て、主に北部九州弥生社会を舞台に展開し、その後、西日本を中心に日本列島各地へと広がっていった。こうしたダイナミックな交流による社会変革がその後、後半期に続く弥生文化の基盤となったのであろう。

　以上の結論は、これまでの弥生時代、文化の研究で考えられてきた内容とかなりの面で異なるものとなった。本書がきっかけとなり、この分野での議論が活発となれば幸いである。

註
（1）　遼寧式銅剣の鋒の先端部破片の再加工品（銅鏃）が前期前半の福岡市今川遺跡で出土しているほか、遼寧式銅剣を木で模した木剣が福岡市比恵遺跡第25次調査で出土している（福岡市教育委員会1991）。この木剣は板付Ⅱb式土器に覆われた土坑（SK11）から出土しており、板付Ⅱb式段階であることが吉留秀敏によって報告されている。木剣のモデルとなった遼寧式銅剣は、宮本一夫分類の2a式であり、その上限年代は前6世紀頃である。この実年代は、歴博による前期中頃の炭素年代とも整合的であり、日本列島で弥生文化の遺物と大陸系遺物の交差年代を考えることができる数少ない資料である。また、この木剣の存在により、青銅器を模倣した祭祀が遼寧青銅器文化の系譜にあり本格的な青銅器の流入以前に行われていたこと、そしてその影響が韓半島と日本列島にもおよんでいたことが明らかとなった（小林 2017）。

（2）　本章の第1節と第2節の末尾で補足したように、戦国時代の斉国の弥生文化への影響も無視できない状況となった。鋳造鉄器の農工具、絹など燕国からの影響だけではないことに留意しなければならない。以上の点は今後の課題としたい。

（3）　燕国の影響について、さらに筆者が注目するのは、弥生時代前期末から中期前半の北部九州の青銅器には、絹が付着していることである（布目 1988）。これらは古い年代観では前漢製とされていたが、新しい年代観では燕国製か他国から燕国を経由し流入したか、また燕国から韓半島を経て流入したものであろう。弥生時代前期末から中期前半には、燕国の影響により、手工業生産や身のまわりのものが大きく転換した可能性が高い（小林ほか 2017）。

附編　東アジアにおける金属器資料の調査と研究

1．東アジアにおける金属器資料の調査

（1）東アジア青銅器文化研究の経緯

　本書の中核をなす青銅器の起源をめぐる研究は、2003 年から鹿児島大学の新田栄治教授が代表を務めた科学研究費補助金基盤研究（A）「メコン流域における金属資源とその利用に関する考古学的研究」（研究代表者：新田栄治・鹿児島大学、平成 14 年度－平成 17 年度）のもとで参加した、タイ・カンボジア・ベトナムなどにおける青銅器の調査がきっかけとなった。それまで、縄文から弥生への移行を主たる研究としていた筆者にとって、大学院生時代に新田教授が実施した東北タイの製塩遺跡であるノントゥンピーポン遺跡の調査に参加させていただいて以来の海外調査で、本書の表題にあるように東アジアのなかで弥生文化の起源を考える良い機会となった。

　この東南アジアにおける調査についての概要と、当該地域で筆者が行った実測とスケッチの図版の一部は銅戈を中心に掲載している（本書第 3 章第 1・2 節）。この東南アジアにおける青銅器の調査研究では、特にベトナムにおいて銅戈が多数存在する点に着目し、インドネシアにまで銅戈が分布することを知った。東南アジアでは、銅鼓がこれまでの研究で注目されてきたが、本書の第 3 章で論じたように、本来、古代中国中原で出現した銅戈が、中国の外郭圏である東南アジアに伝播している現象をどのように捉えるかが当時の関心となった。そして、銅戈自体が祭祀で重要な役割をもっていたために、広範囲に分布することになった可能性をこの段階で想定していた。

　以上の経緯と同時に、2003 年にはじまる国立歴史民俗博物館（以下「歴博」と省略）による新しい弥生時代の年代をめぐる問題が、東アジアの青銅器の研究と日本列島の縄文から弥生、そして弥生時代の年代に大きく関わるきっかけとなったことも忘れてはならない。特に筆者が鮮明に記憶しているのは、2003 年 10 月 12 日に明治大学和泉校舎 211 番教室で開催された考古学研究会東京例会第 4 回例会として実施した「AMS 年代法と弥生時代年代論」である。当時、この例会を企画運営していた筆者は、このなかで、南山根遺跡や小黒石溝遺跡など、本書でも重要遺跡として何度も登場する遺跡の名前を、縄文から弥生への移行を研究していた石川日出志氏と設楽博己氏の作成した資料のなかで目にしたのである（石川日 2003a、設楽 2003）。両氏の見識の広さに驚いたとともに、同じく発表者であった大貫静夫氏の発表、そしてその後、人類学雑誌上に掲載された大貫氏による弥生時代年代論に関する東アジアの研究との関係を論じた論文（大貫 2005）によって弥生青銅器の起源地である遼寧地域の研究自体が大きく見直されるべきであることを知ることとなった。

　その後、筆者は、2005 年度までに東南アジアで得た成果を 2005 年 10 月 22 日に駒澤大学で

287

行われた日本中国考古学会関東例会第110回例会で、「古代中国外郭圏の銅戈―伝播と変容―」
と題し、東南アジアの銅戈と中国外郭圏の問題について発表した。この研究会の当日には、歴
博機関研究員(現東京大学助教)を務めていた石川岳彦氏から筆者の図版について質問があった。
その図とは、後に筆者が東南アジアから東北アジアへと研究をシフトするきっかけとなった異
形戈(遼寧式銅戈)の図であった。当時は、まだこの銅戈をめぐっては議論がなされておらず、
石川岳彦氏からの質問を通じて東北アジア方面への関心がこの瞬間に萌芽したのである。その
後、2003年にはじまる歴博が実施した学術創成研究「弥生農耕の起源と東アジア―炭素年代
測定による高精度編年体系の構築―」(研究代表者:西本豊弘 国立歴史民俗博物館・平成16―20年
度)に、2004年から共同研究者として参画し、その研究のなかで、再び同じプロジェクトメ
ンバーの石川氏と検討を重ねた結果、先に問題とした異形戈(遼寧式銅戈)が燕国の銅戈を祖
型として誕生した前4世紀頃のものであり、弥生時代前期と中期の境目の年代と関係すること
がわかった。このあたりの詳しい経緯については、本書の第3章の銅戈に関する論考を参照さ
れたい。しかし、この銅戈の由来を石川岳彦氏とともに検討した結果、似たものが中国遼寧省
で出土しており、しかもその年代は前5世紀頃にまで遡るらしいということを突き止めた。こ
の結果を受けて、われわれは、2006年4月15日に駒澤大学で開催された日本中国考古学会関
東例会第115回例会において、「春秋戦国期における燕・遼西青銅器時代の諸問題―年代の見
直しと派生する問題―」と題し、この異形戈の問題について共同発表を行った。この発表は、
歴博が提示した新しい弥生年代論を補強するとも考えられたこともあり、大貫静夫氏も出席さ
れ、熱い議論がなされた。この共同研究の結果は、同時に異形戈の実物を観察し、また共伴す
る遺物から正確な年代を知る必要があり、急遽、小林青樹・石川岳彦氏以外に歴博の春成秀爾
氏、九州大学の宮本一夫氏とともに後述するような中韓での調査活動が2006年8月13日、真
夏の遼寧からはじまったのである。

(2) 東アジア鉄器文化研究の経緯

　次に、鉄器の起源をめぐる研究についても経緯を述べておきたい。

　先に述べた2006年の東京例会では、石川・設楽両氏は弥生鉄器の見直しについても言及さ
れており、そのほか春成秀爾氏による鉄器研究の見直しなどの流れのなかで、本書第4章へと
繋がることとなった。

　当初のわれわれの研究グループでは、年代研究に寄与する青銅器の研究を中心に中韓での海
外調査を実施してきた。しかし、その後、われわれの研究グループの間では、青銅器研究を進
めるなかで、青銅器文化であった遼寧省各地や韓半島に前6世紀頃以降に拡散した燕国系の遺
物が、大局的には日本列島も含めた東北アジア諸地域の年代研究と社会変動研究という重要な
課題に大きく関わるという点が共有されていた。それを受け、青銅器の検討と合わせて燕国系
遺物の代表である鋳造鉄器の観察も開始した。その最初の調査が以下で述べる、2010年10月

に実施した第 7 次調査であり、撫順平頂山博物館で遼東地域出土の鋳造鉄器資料を観察することができた。この調査が、2012 年以降の鉄器を中心とした後述する燕国系遺物の研究につながったのである。

2012 年以降の経緯については、以下の海外調査の概要に記した。

2．青銅器・鉄器資料の調査

（1）海外調査の概要

以下では、筆者が行った中国と韓国における海外調査について、その概要について述べることとにしたい。

①第 1 次調査：遼寧省における青銅器資料の調査

実施期間：2006 年 8 月 13 日〜8 月 18 日

訪問先：金州博物館、錦州博物館、葫芦島博物館、遼寧省文物考古研究所、遼寧省博物館、首都博物館

参加者：春成秀爾・宮本一夫・小林青樹・石川岳彦

本調査は、学術創成研究「弥生農耕の起源と東アジア―炭素年代測定による高精度編年体系の構築―」（研究代表者：西本豊弘　国立歴史民俗博物館・平成 16−20 年度）による。

調査は、遼寧省で実施し、現地では郭大順氏に同行していただいた。葫芦島博物館において念願の于道溝孤山子遺跡出土の銅戈を実見する機会を得た。この調査の過程で、遼西の銅戈は一定量当地に存在していることが明らかになった。そして、現地において郭大順・王成生両氏と議論した結果、これまで「異形銅戈」と呼ばれてきた遼西の銅戈を「遼西式銅戈」と呼称することにした（第 2 章第 5 節）。于道溝孤山子遺跡出土資料のほか、遼寧省東部沿岸地域の金州博物館、錦州博物館、そして瀋陽において遼寧省文物考古研究所、遼寧省博物館の資料を調査した。なお、遼寧省文物考古研究所と遼寧省博物館については、その後何度も訪問してスケッチを実施していた。このなかでも、遼寧省文物考古研究所では当時未公表であった東大杖子遺跡の資料の一部を見せていただけることになり、特に異形銅戈（遼寧式銅戈）とそれに共伴した遼寧式銅剣の実物を手にとって見ることができた。本遺跡出土の異形戈（遼寧式銅戈）がこの種の銅戈の最古例であるという見解は、当時の所見に基づく。これらの資料は、その後、短報が出され展示がなされている。

この第 1 次調査では北京に立ち寄り、首都博物館において西周期の琉璃河遺跡出土資料や、河北、内蒙古、遼寧各地の初期青銅器資料のスケッチを実施した。

289

附編　東アジアにおける金属器資料の調査と研究

②第2次調査：韓国における初期青銅器資料の調査

実施期間：2007年7月23日～7月26日

訪問先：ソウル大学校博物館、国立中央博物館、忠北大学校博物館、忠南大学校博物館、漢陽大学博物館

参加者：春成秀爾・小林青樹・庄田慎矢

　韓国における初現期の青銅器である比來洞遺跡出土の遼寧式銅剣の調査のため、庄田慎矢氏に同行を依頼し、数日間調査を実施した。本調査は、学術創成研究「弥生農耕の起源と東アジア―炭素年代測定による高精度編年体系の構築―」(研究代表者：西本豊弘　国立歴史民俗博物館・平成16―20年度) による。

　初日は、ソウル大学校博物館を訪問し、梁時恩氏の案内で展示を見学し、翌日は、国立中央博物館の宋義政考古部長を訪問し、展示資料の見学を行った。数度に渡る当博物館の訪問の成果については、本書に関係する図版を掲載している。その後、清州の忠北大学校博物館を訪問し成正金鏞氏の案内で見学した。続いて翌日は、忠南大学校博物館を訪問し、問題となる比來洞遺跡出土の遼寧式銅剣と共伴した土器、そしてその他無文土器の資料を多数観察することができた。忠南大学を訪問したこともあり、その晩はユソンにて朴淳發教授と情報交換を行い、偶然にも韓国を訪問していた藁科哲男氏、中村大介氏と同席することとなった。最終日は、漢陽大学博物館の資料見学を実施している。

③第3次調査：内蒙古自治区・遼寧省における青銅器資料の調査

実施期間：2007年9月1日～9月8日

訪問先：旅順博物館、赤峰市博物館、遼中京博物館、遼寧省文物考古研究所、遼寧省博物館、鉄嶺博物館

参加者：春成秀爾・宮本一夫・小林青樹・石川岳彦

　本調査も、学術創成研究「弥生農耕の起源と東アジア―炭素年代測定による高精度編年体系の構築―」(研究代表者：西本豊弘　国立歴史民俗博物館・平成16―20年度) による。この調査では、まず遼東地域における青銅器の調査が中心となり、遼東地域の初現期の遼寧式銅剣である双房遺跡出土資料を旅順博物館で観察し、合わせて双房遺跡など遼東半島の遺跡も踏査した。

　その後、われわれは赤峰市に向かい、紅山後遺跡など当地域の遺跡をめぐりつつ赤峰市博物館で南山根遺跡などの青銅器の観察を行い、寧城に移動して遼中京博物館において小黒石溝遺跡の青銅器群を観察する機会を得た。同時に寧城を中心とする遼西地域を代表する南山根遺跡と小黒石溝遺跡の現地踏査も実施した。そしてわれわれは、遼西を離れ瀋陽に戻り、遼寧省文物考古研究所を訪問して、李新全副所長から近年の青銅器資料の情報を得て、遼寧省文物考古研究所、遼寧省博物館の資料を再び調査した。この時の展示では、それまでになかった異形銅戈 (遼寧式銅戈) が展示されていた。こうした背景には、この種の銅戈の重要性に注目したわれわれの研究の影響もあったのであろう。

その後、われわれは遼東山地側の鉄嶺博物館に向かった。当博物館は決して大きくはないが、展示資料は豊富である。遼寧地域における青銅器出現期の湾柳街遺跡、遼寧式銅剣初期の大山嘴子遺跡、誠信石棺墓などの出土青銅器資料を周向永館長の案内で展示ケース越しであったがじっくり観察しスケッチすることができた。

④第4次調査：韓国における初期青銅器資料の調査

実施期間：2008年9月22日〜9月24日

訪問先：国立中央博物館、崇実大学キリスト教博物館、湖林美術館

参加者：春成秀爾・小林青樹

　この調査の目的は、多鈕鏡の起源と系譜を考えるうえで重要な資料である伝成川出土の多鈕鏡を国立中央博物館において観察することにあり、同行された春成秀爾氏は槐亭洞遺跡出土の異形青銅器である防牌形青銅器の観察を行った。その他、崇実大学キリスト教博物館（銅剣鋳型ほか）と湖林美術館（小銅鐸）において青銅器の観察とスケッチを行った。

⑤第5次調査：韓国における青銅器資料の調査

実施期間：2009年4月29日〜5月2日

訪問先：慶尚北道文化財研究所、国立大邱博物館、啓明大学校博物館、釜山大学、大伽耶博物館

参加者：春成秀爾・小林青樹・宮里修・庄田慎矢

　本調査には宮里修氏が同行し、慶尚北道文化財研究所が保管する遼寧式銅剣から細形銅剣段階への移行期の資料である文唐洞遺跡出土の銅剣などの出土遺物の実測を行った。その後、国立大邱博物館を見学し、啓明大学校博物館において松竹里遺跡出土資料の実測を行った。続いて、われわれは釜山大学の申敬澈教授を訪問した後、申教授の案内で大伽耶博物館の展示と当時発見されたウンス平野丘陵中腹で発見された鳳坪里遺跡の遼寧式銅剣を描いたとされる岩画群を現地で見学した。そして、青銅器時代とされる良田洞遺跡などの岩画群も踏査した。第2章第2節で少し論じた韓国における剣崇拝の検討は、こうした現場の踏査から導かれたものである。

⑥第6次調査：遼寧省における青銅器資料の調査

実施期間：2009年10月21日〜10月28日

訪問先：遼寧省文物考古研究所、遼寧省博物館、瀋陽市文物考古研究所、鉄嶺博物館、遼陽博物館、寛甸県博物館

参加者：春成秀爾・宮本一夫・小林青樹・宮里修・石川岳彦・村松洋介

　本調査は、基盤研究（B）「紀年銘中原系青銅器の再検討による中国北方青銅器文化研究の再構築」（研究代表者：小林青樹　平成21−23年度）によるものである。

　本調査の目的は、第1に寛甸満族自治県八河川鎮周辺で1990年頃に当時われわれが遼寧式

銅戈と名づけた異形銅戈が出土していたという情報を手に入れ、その実物を見学することであった。そして、第2の目的は遼東地域の重要遺跡である、鄭家窪子遺跡出土資料を見学することであった。まずわれわれは、遼寧省文物考古研究所を訪問し、李新全氏から八河川鎮の銅戈についての情報を収集し、遼寧省博物館を見学後、瀋陽市文物考古研究所において念願の鄭家窪子遺跡出土資料を見学した。限られた時間内での観察で人数も多く十分な観察ができなかったが、当遺跡出土の主要資料である銅剣、多鈕鏡、異形青銅器などについて詳細な観察と精密な実測に近いスケッチができたことは幸いであった。なお、鄭家窪子遺跡については、現地にも赴いたが、残念ながら当時は見学施設は閉館しており中には入れなかった。

続いて鉄嶺博物館を訪問し、その後われわれは遼東山地南東部へと向かった。遼陽博物館では、遼陽市甜水出土の遼寧式銅剣の鋳型など多数の青銅器の鋳型を観察し、新知見を得ることができた。そして、寛甸県博物館において八河川鎮出土の銅戈を観察することができた。ちょうど遼東山地では秋の紅葉を迎え、色鮮やかで優美な景色とところどころに見られる瀑布がわれわれの疲労を和らげた。

⑦第7次調査：遼寧省における青銅器・鉄器資料の調査

実施期間：2010年10月23日～10月28日

訪問先：遼寧省文物考古研究所、遼寧省博物館、本渓博物館、撫順平頂山博物館、阜新博物館、査海博物館

参加者：春成秀爾・宮本一夫・小林青樹・宮里修・石川岳彦・金想民

本調査は、基盤研究（B）「紀年銘中原系青銅器の再検討による中国北方青銅器文化研究の再構築」（研究代表者：小林青樹　平成21－23年度）によるものである。

本調査の目的は、遼東地域における青銅器関連遺物の調査であった。この頃、われわれ研究グループの間では、青銅器研究を進めるなかで、青銅器文化であった遼寧各地や韓半島に、前6世紀頃以降に拡散した燕国系の遺物が、大局的には日本列島も含めた東北アジア諸地域の年代と社会変動という重要な研究課題に大きく関わるという点が共有されていた。それを受け、青銅器の検討と合わせて燕国系遺物の代表である鋳造鉄器の観察も開始した。これが、2012年以降の鉄器を中心とした後述する燕国系遺物の研究に繋がった。遼寧省文物考古研究所で、李新全氏から関係する情報を収集し、遼寧省博物館を見学後、本渓博物館で青銅器などの資料を見学し、撫順平頂山博物館で遼東地域出土の鋳造鉄器資料を観察・見学した。ここで新出資料として撫順市と新賓満族自治県河北湾溝遺跡、同県荒地小塊石遺跡などを観察することができ、それまで遼東地域では蓮花堡遺跡などでしか様相がわからなかったが、燕国系鋳造鉄器の遼寧地域への流入時期について新知見を得ることができた。なお、本調査では、阜新博物館、査海博物館も訪問している。

⑧第 8 次調査：韓国における青銅器資料の調査

実施期間：2010 年 12 月 19 日～12 月 24 日

訪問先：国立中央博物館、国立京畿道博物館、ハンオル文化遺産研究院、京畿道文化財研究所、韓神大学校博物館、崇実大学キリスト教博物館、国立故宮博物館

参加者：春成秀爾・小林青樹・宮里修・石川岳彦

　本調査は、基盤研究（B）「紀年銘中原系青銅器の再検討による中国北方青銅器文化研究の再構築」（研究代表者：小林青樹　平成 21－23 年度）によるものである。

　本調査の第 1 の目的は、まず、北朝鮮で戦前に出土した燕国系鋳造鉄器の良好な資料群である龍淵洞遺跡の遺物を調査することで、20 日に国立中央博物館において観察と実測をすることができた。21 日は、京畿道博物館で実施されている「遼寧の古代文化」展を見学した。この展示では鄭家窪子遺跡出土遺物群をはじめとした、多数の未見資料を展示しており、本研究を進めるうえで重要な情報を手に入れることができた。遼寧省各地の出土資料の図版には、このときの観察結果を一部反映させている。また、韓半島で最古の可能性がある遼寧式銅剣が京畿道広州市の駅洞遺跡で出土したという情報を手に入れ、ハンオル文化遺産研究院を訪問し、金一圭氏の案内で発掘中の現地を見学し、現地の施設内で遺物も実見し実測することができた。本調査では、その後、京畿道文化財研究所、韓神大学校博物館を訪問し、翌日は、崇実大学キリスト教博物館の青銅器資料を見学後、国立故宮博物院に向かい、当時、韓国文化財庁長官であった李建茂氏と面会し、駅洞遺跡出土銅剣について意見交換を行い、翌日帰国した。

⑨第 9 次調査：内蒙古自治区における青銅器資料の調査

実施期間：2011 年 11 月 20 日～11 月 24 日

訪問先：内蒙古文物考古研究所、内蒙古博物院、東勝顎爾多斯博物館、内蒙古博物館、中国社会科学院考古研究所

参加者：春成秀爾・宮本一夫・小林青樹・石川岳彦

　本調査は、基盤研究（B）「紀年銘中原系青銅器の再検討による中国北方青銅器文化研究の再構築」（研究代表者：小林青樹　平成 21－23 年度）によるものである。

　本調査の目的は、遼寧地域とともに北方青銅器文化の中心をなすオルドス青銅器文化の実態の把握と、寧城地域の小黒石溝遺跡などから出土した遺物が内蒙古文物考古研究所に保管されており、それらの観察にあった。

　内蒙古博物院では、4 階の展示施設において、2009 年に出版された小黒石溝遺跡の正式報告書（内蒙古自治区文物考古研究所・寧城県遼中京博物館編著『小黒石溝』科学出版社、2009 年 3 月）に掲載された多鈕鏡や銅矛などの出土遺物の観察とスケッチを実施した。その後、われわれは厳寒の凍りついた黄河を渡り、東勝の顎爾多斯（オルドス）へ向かった。東勝顎爾多斯博物館では、展示資料を写真撮影・スケッチし、楊澤蒙館長の案内でオルドス青銅器文化の資料（銅剣、銅鏃など）のいくつかを実見することができた。続いて、呼和浩特に移動し、近年完成した内

附編　東アジアにおける金属器資料の調査と研究

蒙古博物院を訪問した。ここでは、展示を見学後、旧知の塔拉氏の案内でオルドス青銅器文化の資料（動物意匠などの特殊青銅製品など）を実見することができた。この成果は、第2章第6節の動物意匠の検討に活かされることとなった。

　帰国前には、中国社会科学院考古研究所の白雲翔氏を訪問し、今後実施予定の燕国系鋳造鉄器の調査研究について意見交換を行った。

⑩第10次調査：遼寧省における青銅器・鉄器資料の調査

実施期間：2012年2月28日〜3月5日

訪問先：錦州博物館、朝陽博物館、赤峰学院紅山文化国際研究中心、中国社会科学院考古研究所内蒙古第一工作隊、敖漢旗博物館、赤峰博物館

参加者：宮本一夫・小林青樹・石川岳彦

　本調査は、基盤研究（B）「紀年銘中原系青銅器の再検討による中国北方青銅器文化研究の再構築」（研究代表者：小林青樹　平成21〜23年度）によるものである。

　内蒙古と遼寧の両地域における青銅器と鉄器資料の検討が目的であった。現地到着後、2日目の錦州博物館では、遼寧式銅戈の最初の発見例である傘金溝遺跡出土例を実見し、写真撮影と計測を行った。朝陽博物館では、多数の鋳型や青銅器資料を観察・スケッチしたが、佐賀県鶴崎遺跡で出土した青銅短剣と同種のものが五道河子遺跡で出土しており、その成果は第4章第1節において詳しく論じた。翌日は中国社会科学院考古研究所内蒙古第一工作隊で、新石器時代紅山文化段階の資料を多数見学した。さらに翌日は、敖漢旗博物館で、遼寧式銅剣の鋳型などを観察・スケッチした。最終日は赤峰博物館において、数度目となるスケッチを行い、翌日瀋陽から帰国した。

⑪第11次調査：河北省における初期鉄器資料の調査

実施期間：2013年11月17日〜11月23日

訪問先：燕下都遺跡展示室、河北省文物考古研究所、河北省博物館、邯鄲市博物館、趙王城、首都博物館、国家博物館

参加者：宮本一夫・小林青樹・野島永・古瀬清秀・新里貴之・石川岳彦

　本調査は、基盤研究（B）「春秋戦国期における燕国系遺物の年代と産地に関する研究」（研究代表者：小林青樹（國學院大學栃木短期大学・奈良大学、平成24−27年度）による。

　11月17日に北京到着後、翌日に河北省易県の燕下都遺跡を訪れ、遺跡内と展示室を見学後、石家荘市へ移動した。翌日は河北省文物考古研究所を訪問し、河北省博物館にて初期鉄器資料の展示を見学した。展示資料は、開館したばかりのこともあり燕国のものはまだ展示されておらず、中山国の鋳造鉄器関係資料を観察・スケッチした。その翌日、邯鄲市博物館では、趙国の鋳造鉄器関係資料を見学して趙王城など周辺遺跡を見学した。その後、再び河北省博物館にて初期鉄器資料の展示などを見学・スケッチして北京へと戻り、首都博物館と国家博物館にお

294

いて初期鉄器資料の展示を見学・スケッチした。特に、国家博物館には燕国の鉄器の鋳造に使用した鋳型類が展示されており、公表されている図には表現されていない鋳型の特徴などについて詳細なスケッチを残した。なお、この調査の成果は、2014年度に広島大学で開催された日本中国考古学会大会において報告した。

⑫第12次調査：韓国における初期鉄器資料の調査

実施期間：2016年2月13日～2月17日

訪問先：光州博物館、全州博物館、全南文化財研究院、韓国国立中央博物館

参加者：宮本一夫・小林青樹・宮里修・新里貴之・石川岳彦・金想民

　本調査は、基盤研究（B）「春秋戦国期における燕国系遺物の年代と産地に関する研究」（研究代表者：小林青樹（國學院大學栃木短期大学・奈良大学、平成24－27年度）による。

　この調査では、燕国系遺物の中心をなす鋳造鉄器の、韓半島南部における拡散の過程と実態の把握のために最新の資料の検討を行った。まず、2日目に光州博物館で初期青銅器関係資料と初期鉄器時代の新昌洞遺跡で出土した木器の観察とスケッチを行った。この新昌洞遺跡から出土した農具は、柄孔の形状が方形をなすのが特徴で、これは燕国系の鋳造鉄器の柄孔であるという仮説を筆者は提示しており、詳細は第4章で検討している。翌日、われわれは全州博物館を訪問し、葛洞遺跡・新豊遺跡など燕国系鋳造鉄器を出土する遺跡の資料の観察とスケッチを行った。また、当館は展示がリニューアルされており、西亭洞遺跡など初期鉄器資料の新出資料も展示されていた。続いて翌日は、羅州へ移動し、全南文化財研究院において初期鉄器時代の資料を見学した。戦国時代末期から前漢初頭に併行する段階の韓半島南部における燕国系鋳造鉄器から在地系鉄器への移行過程を示す資料があり、多数の鉄器資料の観察とスケッチを実施した。これらについては、本書において触れることができなかったが、いずれ報告することにしたい。

⑬第13次調査：河北省・山東省における初期鉄器資料の調査

実施期間：2017年3月14日～3月20日

訪問先：河北省博物院燕下都遺跡展示室、山東省文物考古研究所、山東省文物考古研究所臨淄工作站、斉文化博物院

参加者：宮本一夫・小林青樹・野島永・古瀬清秀・新里貴之・石川岳彦

　本調査は、基盤研究（B）「春秋戦国期における燕国系遺物の年代と産地に関する研究」（研究代表者：小林青樹（國學院大學栃木短期大学・奈良大学、平成24－27年度）による。

　2017年3月14日から3月20日まで中国河北省と山東省において初期鉄器資料を中心とする学術調査を実施した。3月14日に北京に各地から入り、3月15日と16日に宮本一夫氏を除く5名は河北省博物院（旧博物館）において燕国の資料を見学した。ようやく新しく公開された燕国の展示は、墓葬に副葬された青銅器や土器などもあるが、鋳造鉄器類の多さが最大の特

徴である。それらのなかでも特に注目されたのは、鋳造鉄斧の鉄製鋳型群である。これについては、本書の第4章第2節において詳しく触れたように、興隆県副将（大付将）溝からの出土資料が重要であった。筆者は、通常、スケッチをする場合には実測図のように描いていたが、鉄製鋳型は、その複雑な構造を二次元的なスケッチで表現するのは難しく、鋳造方法などを考えながら三次元的なスケッチにすることにした。その成果が、本書の図114である。博物館には多数の陳列物があるのに、今回の参加者は、ほぼ鉄製鋳型の周囲に釘付けとなっていた。

17日の朝に北京駅にて中国社会科学院考古研究所の白雲翔氏・楊勇氏と合流し、中国新幹線で山東省の済南へ向かった。その後、山東省済南において宮本氏と合流し、山東省文物考古研究所において斉国の鉄器資料を見学した。ここでは、山東省各地から出土した鋳造鉄器類を見る機会を得て、戦国時代から前漢にかけて斉国での鋳造鉄器生産が燕国並みであったことが明らかとなった。

18日には臨淄に移動し、山東省文物考古研究所臨淄工作站で鉄器資料を見学した。ここでは、臨淄の斉国故城内において出土した鋳造鉄器の生産遺跡出土資料が保管されていた。注目されるのは、多数の鋳造鉄器のほか、溶解された鉄滓や、戦国時代の鋳鉄脱炭炉と思われる巨大な遺構が検出されており、さらに鉄製鋳型を作るための土製鋳型までもが出土していた。

19日は鉄器資料を出土した斉国故城を見学し、野外展示された巨大な版築による城壁を見ることができた。そして、最後に斉文化博物院の展示を見学した。この博物館では、斉国の鉄器生産に関わる、2mもあろうかという巨大な鉄滓の塊が展示されていた。そして、山東省での調査を終え20日に帰国した。

以上のように、われわれが山東省で目にしたものは、燕国でも出土していないものばかりで、戦国時代から漢代にいたる斉国の鉄器生産の驚くべき内容を知るにいたった。

（2）国内での調査

本書では、海外調査だけでなく、国内の資料についても検討を行ってきた。以下では、本書の内容に関わる重要な2ヶ所についてのみ概要を記しておく。

①沖縄県における初期鉄器資料の調査

実施日：2013年2月7日～2月8日

実施場所：読谷村歴史民俗資料館、浦添市教育委員会、宜野湾市教育委員会、沖縄県立博物館

参加者：宮本一夫・小林青樹・久我谷渓太

沖縄県からは、これまでに多数の滑石を含有する楽浪系とされる土器が知られていた。しかし、東京大学が所蔵する遼東半島の戦国時代の遺跡である牧羊城から出土している同種の土器と、楽浪郡から出土した同種の土器を実見した際、口縁部の型式学的な特徴は前者から後者に変化していることがわかり、同時に沖縄県から出土する同種の土器は前者の特徴に近いと推測

された。そこで、沖縄県において名護市教育委員会の宮城弘樹氏（現沖縄国際大学）の協力を得て調査をすることになった。

　その結果、読谷村歴史民俗資料館、浦添市教育委員会、宜野湾市教育委員会の各所で保管する楽浪系土器はいずれも戦国時代の牧羊城タイプの土器に類似し、前漢よりも古い可能性が高いことが判明し、読谷村歴史民俗資料館では燕国系の鋳造鉄器が出土していることも明らかとなった。このあたりの詳しい状況については、第4章第1節で触れた。

②佐賀県における初期鉄器資料の調査

実施日：2013年7月12日〜7月13日

実施場所：佐賀県立博物館、佐賀県吉野ヶ里遺跡事務所

参加者：小林青樹・石川岳彦

　佐賀県立博物館には、唐津市鶴崎遺跡出土の青銅短剣が保管されている。この銅剣は、河北省の長城地帯から遼寧省西部付近に散見する春秋時代頃の柄の末端に円形のラッパ状のものをもつ短剣である。この短剣は図90で示したように河北省の諸遺跡例と、朝陽博物館の遼寧地域西部例とほぼ同じものである。実際に観察と実測を行ったところ、それらの類例と間違いなく同種であることが判明し、前6世紀から前5世紀頃のものと推定した。これにより、中国系の遺物としては、日本列島最古となり、弥生前期の北部九州の文化と中国大陸との交渉を見直すことになった。詳しくは、第4章第1節で論じている。

　また、佐賀県吉野ヶ里遺跡からは、青銅器工房跡の土坑よりヒスイの玉と鉄製刀子が出土している。この鉄製刀子が燕国系の可能性があり、実地調査を行った。その結果、柄の部分は青銅で鍍金されていた可能性が高く、さらに身の鉄製部分と接合・接着していることがわかり、本品は燕国の墓から出土する刀子類に類似することが明らかとなった。この吉野ヶ里遺跡の青銅器工房跡の時期は、中期前半であり前漢に併行することはなく、戦国時代後半頃の燕国系の刀子の可能性が高まった。刀子は、木簡などを削る文房具であり、すでに吉野ヶ里遺跡では文字文化さえ存在していた可能性を暗示させるものである。これについても、第4章第1節で詳しく論じている。

附編　東アジアにおける金属器資料の調査と研究

①第1次調査　葫芦島博物館にて（2006年8月）

②第3次調査　双房遺跡にて（2007年9月）

③第9次調査　呼和浩特にて（2011年11月）

④第11次調査　燕下都にて（2013年11月）

⑤第13次調査　山東省文物考古研究所にて（2017年3月）

⑥第13次調査　河北省博物院にて（2017年3月）

図132　中国における金属器資料の調査光景

あ と が き

　本書は、2016年3月に九州大学大学院人文科学府に提出した博士学位論文をもとに、東ア
ジアの金属器文化に関する部分のみを一冊に成したものである。学位論文の審査にあたられた、
九州大学大学院の宮本一夫先生、坂上康俊先生、川本芳昭先生、辻田淳一郎先生には、本文の
細かい内容にいたるまで、有益な指摘をいただいた。感謝申し上げたい。特に、多忙ななか審
査をお引き受けいただいた宮本一夫先生には、本書のタイトルも決めていただいた。あらため
て謝意を表したいと思う。

　筆者は、もともと、国立歴史民俗博物館（以下、歴博）による荒海貝塚の調査参加をきっか
けに、大学院時代より縄文から弥生への移行期の問題を研究テーマとしてきた。その過程で当
時の歴博の佐原真先生、春成秀爾先生、設楽博己先生、藤尾慎一郎先生に出会い、多くの薫陶
を受けた。北海道大学の林謙作先生や熊本大学の甲元眞之先生、奈良大学の泉拓良先生、明治
大学の石川日出志先生、愛媛大学（当時）の宮本一夫先生と出会ったのも荒海貝塚であり、当
時、奈良大学の学生とともに同じトレンチで発掘していたが、今、その奈良大学に赴任してい
るのは決して偶然ではなかったかもしれない。

　國學院大學時代は、乙益重隆先生、小林達雄先生、永峯光一先生、椙山林継先生、吉田恵二
先生、藤本強先生、加藤晋平先生、谷口康裕先生といった多数の先生に師事することができ、
大学院を出てからは岡山大学埋蔵文化財調査研究センターに勤務し、稲田孝司先生や新納泉先
生の指導を受けた。岡山での4年間は、それまで東日本しか知らなかった私にとって、西日本
の弥生文化の世界の理解と人脈の構築にあてる充実した期間であった。その後、21世紀に入
り、國學院大學栃木短期大学日本史学科に赴任することになり、本書の大部分はこの時期に成
された。栃木に14年間勤めた後に奈良大学文学部文化財学科へと異動し現在にいたる。この
間、御指導をいただいた諸先生・諸氏に感謝申し上げたい。

　本書の内容である東アジアの金属器文化の研究がはじまったのは、附編で述べたように2003
年に鹿児島大学（当時）の新田栄治先生から東南アジアの青銅器の研究に誘っていただき、タ
イやベトナムなどに調査に行ったことがきっかけであった。新田先生とは、大学院の修士課程
2年の時に、東京大学の大貫静夫先生、歴博の西谷大先生と筑波大学大学院の山田康弘氏（現
歴博）とともに、東北タイの製塩遺跡（ノントゥンピーポン遺跡）の発掘調査に連れて行ってい
ただいてからの縁である。特にこの折にロンザオ遺跡の銅戈がなぜこのようなところにまで多
量に存在するのか、という大きな疑問が心に刻まれた。これをきっかけに、ベトナム南部でみ
た銅戈をはじめとする青銅器と日本の弥生文化との比較の可能性を考えるようになった。それ
が、第3章の中国外郭圏の銅戈に繋がる。

　一方でほぼ同時期に、歴博によるAMS炭素14年代測定法の推進がはじまって、2004年頃

あとがき

から共同研究者として縄文から弥生への移行期の問題を、主に駒澤大学の設楽博己先生（現東京大学）とともに弥生土器の起源問題や年代問題の担当として研究を進めていた。そうしたなか、東南アジアにおける銅戈についての研究成果を駒澤大学で行われた中国考古学会の例会で発表した際、当時歴博の共同研究員であった石川岳彦氏（現 東京大学大学院助教）に出会い、本書第2章で検討した銅戈の起源について共同研究をはじめたのが、本書の骨格となった。

　銅戈の起源は、弥生時代の年代に大きく関わることから、この銅戈を求めて、歴博では、春成秀爾先生・宮本一夫先生・石川岳彦氏と私でチームを組み、2006年に遼寧省の葫芦島などで調査を行い、念願の遼寧式銅戈をはじめてみることができたのである。現地に向かう途中の車内で、遼寧省の重鎮である郭大順先生から銅戈をみることができるとうかがった瞬間は今も忘れることができない。

　この調査の後の10年間、私が研究代表者となって科学研究費補助金を得て、遼寧省各地のほか、内蒙古自治区、河北省、山東省、さらに韓国において13度に及ぶ現地調査を実施した。これらの調査では、春成秀爾先生、宮本一夫先生、石川岳彦氏のほかに、広島大学の古瀬清秀先生と野島永先生、高知大学の宮里修氏、鹿児島大学の新里貴之氏、佐賀県教育委員会の村松洋介氏、奈良文化財研究所の庄田慎矢氏、九州大学大学院の金想民氏（現国立全州博物館）にご同行いただいた。毎回新発見のあった調査で、現地では多数の諸先生諸氏にお世話になった。中国各地で特にお世話になった諸先生の芳名を記すと、遼寧省では、元遼寧省文物考古研究所の郭大順先生・王成生先生、同研究所の李新全先生、内蒙古自治区では内蒙古博物院の塔拉先生、河北省と山東省では中国社会科学院考古研究所の白雲翔先生で、多大なるご協力とご支援をいただいた。そのほか芳名を記すことができなかった方々とともに感謝申し上げたい。

　本書における検討は、2003年から約13年間の研究の成果をまとめたものである。ただし、本研究は、たとえば、日本列島の絹の起源を燕国など中国中原に求めるなど現在進行中で、そうした意味で本書は途中経過をまとめたものである。今後、さらに進んだ成果をまとめて発表する機会を作りたい。また、本書のもととなった博士論文には縄文から弥生への移行についても含まれており、それらについては、別書において研究成果を明らかにしたい。

　本書の作成にあたり、英文の作成にあたってはサイモン・ケイナー氏（セインズベリー日本藝術研究所長）、中文要旨の作成にあたって、石川岳彦氏と楊暁輝氏（東京大学大学院修士課程）、ロシア語の日本語表記については福田正宏氏（東京大学）、ベトナム語の日本語表記については徳澤（平野）裕子氏の協力を得た。

　最後に、本書をなすにあたり塙書房の寺島正行氏に感謝するとともに、常に暖かく見守ってくれた家族に感謝したい。

　なお、本書を出版するにあたり、平成30年度奈良大学出版助成を受けた。

　　2018年12月

　　　　　　　　　　　　　　　　　　　　　　　小 林 青 樹

引用・参考文献

日文

青木政幸 2002「研磨痕と武器形青銅器－韓半島出土のいわゆる細形銅剣・細形銅矛を中心に－」『朝鮮古代研究』第 3 号、1-14

秋山進午 1968「中国東北地方における初期金属器文化の様相（上）」『考古学雑誌』第 53 巻第 4 号、1-29

秋山進午 1969a「中国東北地方における初期金属器文化の様相（中）」『考古学雑誌』第 54 巻第 1 号、1-24

秋山進午 1969b「中国東北地方における初期金属器文化の様相（下）」『考古学雑誌』第 54 巻第 4 号、21-47

秋山進午編 1995『東北アジアの考古学研究』日中共同報告、同朋舎出版

有光教一 1938「朝鮮扶余新発見の石剣・銅剣・銅矛」『考古学雑誌』第 28 巻第 1 号、42-45

安在晧 2000「弁・辰韓の木棺墓文化」村上恭通編『東夷世界の考古学』青木書店、180-211

石川岳彦 2001「戦国期における燕の墓葬について」『東京大学大学院人文社会系研究科・文学部考古学研究室研究紀要』第 16 号、1-57

石川岳彦 2006「春秋・戦国時代の燕の青銅器」『歴博国際シンポジウム 2006　古代アジアの青銅器文化と社会－起源・年代・系譜・流通・儀礼－発表要旨集』83-88

石川岳彦 2008「春秋戦国時代の燕国の青銅器－紀元前 5・6 世紀を中心に－」春成秀爾・西本豊弘編『新弥生時代のはじまり　第 3 巻　東アジア青銅器の系譜』雄山閣、114-128

石川岳彦 2009a「紀元前 10 世紀前後の遼東・遼西」『弥生時代の考古学　2　弥生文化誕生』同成社、59-72

石川岳彦 2009b「日本への金属器の渡来」西本豊弘編『新弥生時代のはじまり　第 4 巻　東弥生農耕のはじまりとその年代』雄山閣、147-160

石川岳彦 2011「青銅器と鉄器普及の歴史的背景」『弥生時代の考古学　第 3 巻　多様化する弥生文化』同成社、195-215

石川岳彦 2012「燕下都遺跡における鉄器文化の性格」「東アジア古代鉄器文化研究学術フォーラム」国立文化財研究所、90-120

石川岳彦 2017『春秋戦国時代燕国の考古学』雄山閣

石川岳彦・小林青樹 2009「春秋戦国期の燕・遼西・遼東における鉄製品の諸問題」『日本中国考古学会 2009 年度大会ポスターセッション発表資料』2009 年 11 月 22 日・23 日（筑波大学）

石川岳彦・小林青樹 2012「春秋戦国期の燕国における初期鉄器と東方への拡散」『国立歴史民俗博物館研究報告』第 167 集、1-40

石川日出志 2003a「従来の弥生年代論と AMS 年代」『AMS 年代法と弥生時代年代論』考古学研究会東京例会第 4 回例会資料集、27-36

石川日出志 2003b「弥生時代暦年代論と AMS 法年代」『考古学ジャーナル』510 号、21-24

石川日出志 2008「弥生時代＝鉄器時代説はどのように生まれたか」『考古学集刊』第 4 号、31-52

石母田正 1962「古代史概説」『岩波講座日本歴史』1－原始・古代一、岩波書店、175

今村啓爾　2001「ベトナム、ランバック遺跡とドンソン文化」『東南アジア考古学最前線』第 15 回「大学と科学」公開シンポジウム組織委員会編、48-58

岩永省三 1980「弥生時代青銅器型式分類編年再考－剣矛戈を中心として－」『九州考古学』第 55 号、1-22

岩永省三 2011「弥生時代開始年代再考－青銅器年代論から見た－」『AMS 年代と考古学』学生社、39-87

宇野隆夫 1977「多鈕鏡の研究」『史林』第 60 巻第 1 号、86-117

引用・参考文献

梅原末治 1932「古代朝鮮に於ける北方系文物の痕跡」『青丘學叢』第 7 号、15-38

梅原末治 1933「朝鮮出土銅剣銅鉾の新資料」「人類学雑誌」第 48 巻第 4 号、222-228

梅原末治 1950「北部仏印発見の銅戈に就いて」『羽田博士頌寿記念東洋史論叢』173-189

江上波夫 1936「綏寧地方出土古鏡の二三に就きて—付多鈕鏡の起源に関する考察—」『考古学雑誌』第 26 巻第 7 号、11-20

大林太良 1964「穂落神—日本の穀霊起源伝承の一形式について」『東洋文化研究所紀要』第 32 冊、104-210

大林太良 1975『神話と神話学』大和書房

乙益重隆 1961「熊本県斎藤山遺跡」『日本農耕文化の生成』東京堂、119-132

大貫静夫 1998『東北アジアの考古学』同成社、172-173

大貫静夫 2004「研究史からみた諸問題」『季刊考古学』第 88 号、84-88

大貫静夫 2005「最近の弥生時代年代論について」『ANTHOROPOLOGICAL SCIENCE（JAPANESE SERIES）』VOL. 113、No. 2、95-107

大貫静夫編 2007『遼寧を中心とする東北アジア古代史の再構成』（課題番号：16320106　平成 16 年度〜平成 18 年度科学研究費補助金基盤研究（B）研究成果報告書（研究代表者：大貫静夫）

岡内三眞 1973「朝鮮出土の銅戈」『古代文化』第 25 巻第 9 号、279-294

岡内三眞 1983「朝鮮の異形有文青銅器の製作技術」『震檀学報』第 46・47 号

岡内三眞 2003「燕と東胡と朝鮮」『青丘学術論集』第 23 集、韓国文化研究振興財団、7-29

岡内三眞 2004a「朝鮮半島青銅器からの視点」『季刊考古学』第 88 号、67-74

岡内三眞 2004b「東北式銅剣の成立と朝鮮半島への伝播」春成秀爾・今村峯雄編『弥生時代の実年代　炭素 14 年代をめぐって』学生社、97-102

岡内三眞 2006「朝鮮半島の青銅器」『歴博国際シンポジウム 2006　古代アジアの青銅器文化と社会—起源・年代・系譜・流通・儀礼—発表要旨集』54-58

岡垣町教育委員会 1985『元松原遺跡—福岡県遠賀郡岡垣町大字吉木所在縄文時代遺跡の調査』岡垣町文化財調査報告書、第 4 集

岡崎　敬 1951「鉞と矛について—殷周青銅利器に関する研究」『東方学報』第 23 冊、135-165

岡崎　敬 2009『古代中国の考古学』第一書房

小田富士男 1977「鉄器」『立岩遺跡』福岡県飯塚市立岩遺跡調査委員会、207-242

小田木治太郎 1993a「オルドス青銅器飾金具に関する一考察—天理参考館蔵品を足掛かりに—」『天理参考館報』第 6 号、天理参考館、65-84

小田木治太郎 1993b「第 21 回企画展　オルドス青銅器—遊牧民の動物意匠—」天理大学附属天理参考館

小田木治太郎 2009「北方青銅器文化墓の動物犠牲とその地域性」『鄂爾多斯青銅器国際学術研討会論文集』鄂爾多斯青銅器国際学術研討会論文集編集組編、科学出版社、558-567

上条信彦 2008「以膠東半島為中心的石器群」『海岱地区早期稲作農業与人類学研究』60-73

榧本杜人 1944「考古学上より見たる古代内鮮関係—古代兵器を中心として—」『朝鮮』第 349-351 号、京城：朝鮮総督府（榧本 1980 に再録）

榧本杜人 1980『朝鮮の考古学』同朋舎出版

郭大順 1995「遼西地区青銅器文化の新認識」『日中共同研究報告　東北アジアの考古学研究』同朋舎出版、235-254

郭大順 2006「遼東青銅器文化の独自性」『古代東アジアの青銅器文化と社会—起源・年代・系譜・流通・儀礼—』国立歴史民俗博物館国際シンポジウム発表要旨集、54-59

川越哲志 1993『弥生時代の鉄器文化』雄山閣

川村佳男 2001「四川盆地における銅戈の編年」『東南アジア考古学』第 21 号、160-188

宜野湾市教育委員会編 1989「真志喜荒地原第 1 遺跡」『土に埋もれた宜野湾』宜野湾市文化財調査報告書、第 10 集

金一圭 2010「最近の調査成果から見た韓国鉄文化の展開」『東アジアの鉄文化』雄山閣、103-123

金用玕・黄基徳（永島暉臣慎・西谷正訳）1968「紀元前 1000 年紀前半期の古朝鮮文化」『古代学』14 巻 3・4 号、245-263

木村　誠 1998「倭人の登場と東アジア」『古代を考える　邪馬台国』吉川弘文館

甲元眞之 2008a『東北アジアの青銅器文化と社会』同成社

甲元眞之 2008b『東北アジアの初期農耕文化と社会』同成社

甲元眞之 2008c「気候変動と考古学」『文学部論叢』97（歴史学篇）、熊本大学、1-52

古賀市教育委員会 2003『馬渡・束ケ浦遺跡』古賀市文化財調査報告書

後藤　直 2007「朝鮮半島の銅戈」『遼寧を中心とする東北アジア古代史の再構成』（課題番号：16320106 平成 16 年度～平成 18 年度科学研究費補助金基盤研究（B）研究成果報告書（研究代表者：大貫静夫）

後藤　直 2015「奴国時代の国際交流」『新・奴国展』特別展「新・奴国展」実行委員会、166-171

小林青樹 2005「古代中国外郭圏の銅戈―伝播と変容―」日本中国考古学会関東部会第 110 回例会、駒澤大学

小林青樹 2006a「弥生祭祀における戈とその源流」『栃木史学』第 20 号、87-107

小林青樹 2006b「中国外郭圏の銅戈」『歴博国際シンポジウム 2006　古代アジアの青銅器文化と社会―起源・年代・系譜・流通・儀礼―発表要旨集』141-146

小林青樹 2006c「韓国の原始絵画―支石墓の磨製石剣岩刻画例―」『原始絵画の研究』六一書房、363-370

小林青樹 2006d「弥生人の心象風景―絵画からみた景観・集落・祭場―」『栃木史学』第 21 号、23-63

小林青樹 2006e「ベトナム南部青銅器文化の調査と研究」『メコン流域における金属資源とその利用に関する考古学的研究』研究代表者：新田英治・鹿児島大学、33-52

小林青樹 2006f「東南アジアにおける銅戈の調査と研究」『メコン流域における金属資源とその利用に関する考古学的研究』研究代表者：新田英治・鹿児島大学、53-79

小林青樹 2007「弥生絵画の象徴考古学―身体・ジェンダー・戦争―」『上代文化』第 40 輯、17-30

小林青樹 2008a「東北アジアにおける銅戈の起源と年代」春成秀爾・西本豊弘編『新弥生時代のはじまり　第 3 巻　東アジア青銅器の系譜』雄山閣、24-38

小林青樹 2008b「遼寧式銅剣の起源に関する諸問題」『中国考古学』第 8 号、167-186

小林青樹 2008c「弥生青銅祭器の起源と遼寧青銅器文化」『祭祀遺跡に見るモノと心平成 19 年度フォーラム資料集』國學院大學研究開発推進機構、43-59

小林青樹 2008d「盾と戈をもちいた儀礼」『弥生時代の考古学』第 7 巻、同成社、32-45

小林青樹 2008e「弥生文化と東アジア像の転換」『東アジアの古代文化』第 134 号、大和書房

小林青樹 2009a「蛇形信仰の起源」『東アジアの古代文化』137 号、大和書房、226-230

小林青樹 2009b「弥生青銅祭祀の起源と遼寧青銅器文化」『國學院大學伝統文化リサーチセンター研究紀要』第 1 号、35-45

小林青樹 2009c「韓国における剣崇拝の伝統と細形銅剣の出現時期―遼寧式銅剣と岩刻画―」東北亜細亜考古学会例会資料、2009 年 7 月 11 日　早稲田大学

小林青樹 2010a「海人の性格―アワビオコシと銛頭―」『弥生時代の考古学』食料の獲得と生産、第 5 巻、同成社、170-185

小林青樹 2010b「銅矛の起源」『日本基層文化論叢』椙山林継先生古稀記念論集、雄山閣、38-47

小林青樹 2011「細形銅矛の起源」『栃木史学』第 25 号、13-37

引用・参考文献

小林青樹 2012a「中国北方地域における動物意匠と弥生文化」『栃木史学』第 26 号、23-48

小林青樹 2012b「春秋戦国時代の燕国と弥生文化」『歴史のなかの人間』野州叢書第 2 集、國學院大學栃木短期大学、7-33

小林青樹 2013「燕国と遼寧・韓半島の初期鉄製農具」『弥生時代政治社会構造論』（柳田康雄編）、雄山閣、21-33

小林青樹 2014「ユーラシア東部における青銅器文化―弥生青銅器の起源をめぐって―」『国立歴史民俗博物館研究報告』第 185 集、213-238

小林青樹 2017『倭人の祭祀考古学』新泉社

小林青樹・石川岳彦 2006a「春秋戦国期の燕・遼西青銅器文化の諸問題―年代の大幅な見直しと派生する問題―」『日本中国考古学会関東部会発表資料』2006 年 4 月 15 日、駒澤大学

小林青樹・石川岳彦 2006b「遼西の銅戈と弥生年代」『文部省科学研究費補助金学術創成研究　弥生農耕の起源と東アジア　炭素年代測定による高精度編年体系構築』ニューズレター No. 5、国立歴史民俗博物館、4-5

小林青樹・春成秀爾・宮本一夫・石川岳彦 2006「遼西式銅戈の調査と研究」『中国考古学会 2006 年大会（第 17 回大会・総会）発表資料集』日本中国考古学会・山口県立萩美術館・浦上記念館

小林青樹・春成秀爾・宮本一夫・石川岳彦 2007「遼西式銅戈と朝鮮式銅戈の起源」『中国考古学』第 7 号、57-76

小林青樹・春成秀爾・宮本一夫・宮里修・石川岳彦・村松洋介 2011「遼東における青銅器・鉄器研究の諸問題」『中国考古学』第 11 号、203-222

小林青樹・宮本一夫・石川岳彦・李新全 2012「近年の遼寧地域における青銅器・鉄器研究の現状」『中国考古学』第 12 号、213-229

小林青樹・宮本一夫・伊藤慎二・新里貴之・石川岳彦・久我谷渓太 2013「沖縄諸島における弥生文化併行期の大陸系資料の再検討」『日本考古学協会 2013 年度総会研究発表要旨』

小林青樹・宮本一夫・野島永・古瀬清秀・新里貴之・石川岳彦 2017「燕国及び斉国の弥生文化への影響と近年の新知県」『日本中国考古学会 2017 年度大会』東京大学

小林行雄 1938「弥生式文化」『日本文化史大系』1―原始文化―、誠文堂新光社、329-385

駒井和愛 1972『楽浪郡』中公新書

小松市埋蔵文化財センター 2014『八日市地方遺跡』2、第 4 部木器編

近藤喬一 1969「朝鮮日本における初期金属器文化の系譜と展開―銅矛を中心として―」『史林』第 52 巻第 1 号、75-115

近藤喬一 1997「遼寧式銅剣の起源について」『日本中国考古学会報』第 8 号、33-50

近藤喬一 2000「東アジアの銅剣文化と向津具の銅剣」『山口県史―資料編　考古 1―』山口県史編纂室、709-794

近藤喬一 2006「燕下都出土の朝鮮式銅戈」『有光教一先生白寿記念論叢』高麗美術館研究所、56-61

近藤義郎 1962「弥生文化論」『岩波講座日本歴史』1―原始・古代―、岩波書店、139-188

佐賀県教育委員会 2015『吉野ヶ里遺跡総括報告書』集落編

佐賀県立博物館 1986『古代史発掘』

佐々木稔・村田朋美・伊東薫 1985「出土鉄片の金属学的調査」『石崎曲り田遺跡 II』中巻、今宿バイパス関係埋蔵文化財調査報告書 9、福岡県教育委員会

佐野和美 2004「中国における初現期の銅器・青銅器」『中国考古学』第 4 号、49-78

佐野　元 1993「中国春秋戦国時代の農具鉄器化の諸問題」『潮見浩先生退官記念論文集』885-896

佐原　真 1985「ヨーロッパ先史考古学における埋納（デポ）の概念」『国立歴史民俗博物館研究報告』

第 7 集、523-573

潮見　浩 1982『東アジアの初期鉄器文化』吉川弘文館

七田忠昭ほか 1994『吉野ヶ里』佐賀県文化財調査報告書第 113 集、佐賀県教育委員会

下地安広 1999「沖縄県嘉門貝塚出土の楽浪系土器」『人類史研究』第 11 号、17-24

設楽博己 2003「巻末資料集」『AMS 年代法と弥生年代論』考古学研究会東京例会第 4 回例会資料集、47-50

設楽博己 2004「AMS 炭素年代測定による弥生時代の開始年代をめぐって」『歴史研究の最前線』9、97-129

島　邦夫 1971『五行思想と礼記月令の研究』汲古書院

徐　光輝 1996「遼寧式銅剣の起源について」『史観』第 135 冊、64-81

白井克也 1996　「比恵遺跡をめぐる国際環境－燕、衛氏朝鮮、真番郡、楽浪郡、韓－」『比恵遺跡群－第 51 次調査の報告－』21、福岡市埋蔵文化財調査報告書第 452 集、福岡市教育委員会、45

白井克也 2000「日本出土の朝鮮産土器・陶器－新石器時代から統一新羅時代まで－」『日本出土の舶載陶磁器－朝鮮・渤海・ベトナム・タイ・イスラム－』東京国立博物館、90-120

白井克也 2001「勒島貿易と原の辻貿易－粘土帯土器・三韓土器・楽浪土器からみた弥生時代の交易－」『第 49 回埋蔵文化財研究集会　弥生時代の交易－モノの動きとその担い手－』埋蔵文化財研究会第 49 回研究集会実行委員会、157-176

新里貴之 2009「貝塚後期文化と弥生文化」『弥生時代の考古学』第 1 巻、同成社、148-164

末永雅雄・小林行雄・藤岡謙二郎 1943『大和唐古弥生式遺跡の研究』京都帝国大学文学部考古学研究報告 16、333

杉原荘介 1961「日本農耕文化の生成」『日本農耕文化の生成』東京堂、3-33

関野　雄 1956「中国初期鉄器文化の一考察」『中国考古学研究』東京大学東洋文化研究所、159-221

高倉洋彰 1985「第 3 章　鉄」『稲と青銅と鉄』森貞次郎編、日本書籍、201-234

高橋健自 1916「銅鉾銅剣考（4）」『考古学雑誌』第 7 巻第 3 号、20-31

高濱　秀 1983「オルドス青銅短剣の型式分類」『東京国立博物館紀要』第 18 号、東京国立博物館、93-131

高濱　秀 1995「西周・東周時代における中国北辺の文化」『江上波夫先生米寿祈年論集　文明学原論』古代オリエント博物館編、山川出版社、339-357

高濱　秀 1997『大草原の騎馬民族展－中国北方の青銅器－』東京国立博物館

高濱　秀 1999「大興安嶺からアルタイまで－中央ユーラシア東部の騎馬遊牧民族－」『中央ユーラシアの考古学』同成社、53-136

高濱　秀 2000「前 2 千年紀前半の中央ユーラシアの銅器若干について」『シルクロード学研究叢書』3、奈良シルクロード学研究センター、111-127

高濱　秀 2005『東京国立博物館所蔵　中国北方系青銅器』竹林舎

高濱　秀 2006「北方ユーラシアの青銅器文化」春成秀爾編 2006『古代東アジアの青銅器文化と社会－起源・年代・系譜・流通・儀礼－』国立歴史民俗博物館国際シンポジウム発表要旨集、35-40

高宮廣衞 1991『先史古代の沖縄』南島文化叢書、第一書房

武末純一 2006「韓国の鋳造梯形鉄斧－原三国以前を中心に－」『七隈史学』第 7 号、249-270

武末純一 2011「弥生時代前半期の暦年代再論」『AMS 年代と考古学』学生社、89-130

田中裕子 2011「新疆出土鏃の分類と編年」『中国考古学』第 11 号、115-170

千葉基次 1997「古式の遼寧式銅剣－遼東青銅器文化考 2－」『生産の考古学』同成社、337-344

都出比呂志 1989『日本農耕社会の成立過程』岩波書店

東亜考古学会 1931『東方考古學叢刊　甲種第二冊　牧羊城　南滿洲老鐵山麓漢及漢以前遺蹟』

鳥取県教育財団 2002『青谷上寺地遺跡 4 本文編』鳥取県教育文化財団調査報告書 74

引用・参考文献

鳥居龍蔵 1922「土耳古式短剣に就いて」『人類学雑誌』第 39 巻第 9 号、279-287

仲宗根求・西銘章・宮城弘樹・安座間充 2001「読谷村出土の弥生土器・弥生系土器について」『読谷村立
　　歴史民俗資料館紀要』第 25 号、読谷村立歴史民俗資料館、59-79

長友朋子 2010「楽浪土器からみた交流関係」『待兼山考古学論叢』Ⅱ、大阪大学考古学研究室、13-34

中村健二 2014「双環柄頭短剣鋳型の発見－滋賀県高島市上御殿遺跡－」『古代文化』65-4、122-124

中村大介 2007「遼寧式銅剣の系統的展開と起源」『中国考古学』第 7 号、1-30

中村大介 2009「粘土帯土器文化と原三国文化の土器副葬変化と国際関係」『湖西考古学』第 21 号、129-
　　163

中村大介 2012「燕鉄器の東方展開」『埼玉大学紀要　教養部』第 48 巻第 1 号、169-190

奈良国立文化財研究所 1993『木器集成図録』近畿原始編（解説）

難波洋三 1986「銅戈」・「戈形祭器」『弥生文化の研究』6、道具と技術Ⅱ、雄山閣、58-62・119-122

西谷　正 1967「朝鮮における金属器の起源問題」『史林』第 50 巻 5 号、69-75

西村昌也 2005「ベトナム南部の金属器時代編年」『東南アジア考古学』第 25 号、105-147

新田栄治 1998「第 2 章　大陸部の考古学」『東南アジアの考古学』世界の考古学 8、同成社、31-159

新田栄治 2001a「メコン河をめぐる古代文化」『東南アジア考古学最前線』第 15 回「大学と科学」公開シ
　　ンポジウム組織委員会編、59-68

新田栄治 2001b「金属器の出現と首長制社会の成立へ」『岩波講座東南アジア史』1、原史東南アジア世界、
　　岩波書店、83-110

新田栄治 2004「メコン河流域の文明化以前」『国立歴史民俗博物館研究報告』第 119 集、247-262

新田栄治・ブイチーホアン、小林青樹、平野裕子、下道愛子 2005「東南アジア甕棺墓葬伝統のなかでの
　　ベトナム南部フーチャイン遺跡」『日本考古学協会第 71 回総会発表要旨集』

布目順郎 1988『絹と布の考古学』雄山閣出版

野島　永 1992「破砕した鋳造鉄斧」『たたら研究』第 32・33 号、20-30

野島　永 2008『弥生時代における初期鉄器の舶載時期とその流通構造の解明』科学研究費補助金　基盤
　　研究（C）研究成果報告書、広島大学、1-40

白雲翔（佐々木正治訳）2009『中国古代の鉄器研究』同成社

朴淳發 2004「遼寧粘土帯土器文化の韓半島定着過程」『福岡大学論集－小田富士雄先生退職記念－』、小
　　田富士雄先生退職記念事業会、107-127

橋口達也編 1985「鉄器」『石崎曲り田遺跡』Ⅱ中巻、今宿バイパス関係埋蔵文化財調査報告 9、423

橋口達也 2003「炭素 14 年代測定法による弥生時代の年代論に関連して」『日本考古学』第 16 号、27-44

橋口達也 2005「明器銅戈考」『九州歴史資料館研究論集』30、1-19

橋本裕行 1996「弥生時代の絵画」『弥生人の鳥獣戯画』雄山閣、7-22

濱田耕作 1929『貔子窩』

林巳奈夫 1972『中國殷周時代の武器』京都大學人文科学研究所

春成秀爾 1991「角のない鹿－弥生時代の農耕儀礼」『日本における初期弥生文化の成立』横山浩一先生退
　　官記念論文集Ⅱ、文献出版、442-481

春成秀爾 2003「弥生早・前期の鉄器問題」『考古学研究』第 50 巻第 1 号、11-17

春成秀爾 2006a「炭素 14 年代と鉄器」春成秀爾・今村峯雄編『弥生時代の実年代』学生社、148-160

春成秀爾 2006b「弥生時代の年代問題」『弥生時代の新年代』新弥生時代のはじまり、第 1 巻、雄山閣、
　　65-89

春成秀爾 2006c「弥生時代前・中期の年代」『国立歴史民俗博物館 AMS 年代測定シンポジウム資料』

春成秀爾 2007「防牌形銅飾りの系譜と年代」『新弥生時代のはじまり』縄文時代から弥生時代へ、第 2 巻、

雄山閣、128-146

春成秀爾 2010「当盧の系譜」『国立歴史民俗博物館研究報告』第 158 集、27-78

春成秀爾 2011『祭りと呪術の考古学』塙書房

春成秀爾・宮本一夫・小林青樹・石川岳彦 2007「遼寧式銅剣の起源と年代」『日本中国考古学会 2007 年度大会発表要旨』日本中国考古学会、93-99

平井尚志 1960「沿海州出土の多鈕細文鏡とその一括遺物について」『考古学雑誌』第 46 巻第 3 号、227-236

福岡市教育委員会 1968『有田遺跡－福岡市有田古代集落遺跡第 2 次調査報告－』

福岡市教育委員会 1991『比恵遺跡群（10）』福岡市埋蔵文化財調査報告書第 255 集

藤尾慎一郎 2006「弥生時代の年代問題」『弥生時代の新年代』新弥生時代のはじまり、第 1 巻、雄山閣、65-89

藤田亮策・梅原末治・小泉顕夫 1925『大正 11 年度古蹟調査報告第 2 冊－南朝鮮に於ける漢代の遺跡－』京城：朝鮮総督府

藤田亮策・梅原末治 1947『朝鮮古文化綜鑑』第 1 巻、養徳社

増田精一 1995「鳥形鉸具雑考」『考古学雑誌』第 41 巻第 1 号、36-42

町田　章 2006「7 東湖の曲刃短剣」『研究論集』ⅩⅤ、奈良文化財研究所学報、第 7 冊、111-162

松井千鶴子 1982「ベトナム北部出土の青銅戈」『東南アジア－歴史と文化－』第 11 号、平凡社、79-99

松木武彦 2005『日本列島と朝鮮半島の国家形成における武器発達過程の考古学的比較研究』科学研究費補助金（基盤研究（C））研究成果報告書、岡山大学文学部

松本圭太 2011a「中国初期青銅器とセイマ・トルビノ青銅器群－有銎矛の分析を中心に」『中国考古学』第 11 号、133-155

松本圭太 2011b「カラスク式短剣の形成と発展」『鄂爾多斯青銅器国際学術研討会論文集』鄂爾多斯青銅器国際学術研討会論文集編集組編、科学出版社、363-382

松本圭太 2018『ユーラシア草原地帯の青銅器時代』九州大学出版会

松本直子 2000『認知考古学の理論と実践的研究』九州大学出版会

三品彰英 1973『三品彰英論文集』第 5 巻、平凡社

水野精一・江上波夫 1932『内蒙古・長城地帯』東方考古学叢刊、乙種第 1 冊、東亜考古学会

三宅俊彦 1999『中国北方青銅器文化の研究』國學院大學大学院叢書

宮里　修 2001「朝鮮半島の銅剣について」『古代』第 109 号、125-159

宮里　修 2007「朝鮮式細形銅剣の成立過程再考－東北アジア琵琶形銅剣の展開のなかで－」『中国シルクロードの変遷』（アジア地域文化学叢書Ⅶ）、雄山閣、168-189

宮里　修 2009「朝鮮半島の銅矛について」『古代』第 122 号、155-179

宮里　修 2011『韓半島青銅器の起源と発展』社会評論社

宮原晋一 1988「石斧、鉄斧のどちらで加工したか－弥生時代の木製品に残る加工痕について」『弥生文化の研究』10、雄山閣、193-201

宮本一夫 1998「古式遼寧式銅剣の地域性とその社会」『史淵』第 135 輯、125-160

宮本一夫 1999a「オルドス青銅器文化の地域性と展開（上）」『古代文化』第 51 巻第 9 号、543-549

宮本一夫 1999b「オルドス青銅器文化の地域性と展開（下）」『古代文化』第 51 巻第 10 号、589-593

宮本一夫 2000『中国古代北疆史の考古学的研究』中国書店、205-235

宮本一夫 2002a「吉長地区における青銅武器の変遷と地域的特徴」『東北アジアにおける先史文化の比較考古学的研究』、九州大学大学院人文科学研究院、53-65

宮本一夫 2002b「朝鮮半島における遼寧式銅剣の展開」『韓半島考古学論争』すずさわ書店、177-202

引用・参考文献

宮本一夫 2003「東北アジア青銅器文化からみた韓国青銅器文化に関する研究」『青丘学術論集』第22集、韓国文化研究振興財団、95-123

宮本一夫 2004「中国大陸からの視点」『季刊考古学』第88号、78-83

宮本一夫 2005『神話から歴史へ　中国の歴史01』講談社

宮本一夫 2006a「長城地帯の青銅器」春成秀爾編『歴博シンポジウム2006　古代アジアの青銅器文化と社会―起源・年代・系譜・流通・儀礼―』国立歴史民俗博物館国際シンポジウム発表要旨集、41-47

宮本一夫 2006b「杏家荘2号墓出土の遼寧式銅剣」『シリーズ山東文物7　東方はるかなユートピア―烟台地区出土文物精華展―』山口県立萩美術館・浦上記念館、91-95

宮本一夫編 2008a『長城地帯青銅器文化の研究』シルクロード学研究　Vol. 29、シルクロード学研究センター

宮本一夫 2008b「細形銅剣と細形銅矛の成立年代」春成秀爾・西本豊弘編『新弥生時代のはじまり　第3巻　東アジア青銅器の系譜』雄山閣、9-23

宮本一夫 2008c「遼東の遼寧式銅剣から弥生の年代を考える」『史淵』第145輯、155-190

宮本一夫 2008d「弥生時代における木製農具の成立と東北アジアの磨製石器」『九州と東アジアの考古学―九州大学考古学研究室50周年記念論文集―』25-44

宮本一夫 2009「川西高原石棺墓の構造と変遷」『中国考古学』第9号、91-110

宮本一夫 2011「青銅器と弥生時代の実年代」『AMS年代と考古学』学生社、198-218

宮本一夫 2012「楽浪土器の成立と拡散―花盆形土器を中心として―」『史淵』第149輯、1-30

宮本一夫 2014「沖縄出土滑石混入系土器からみた東シナ海の対外交流」『史淵』第151輯、63-84

宮本一夫 2017『東北アジアの初期農耕と弥生の起源』同成社、280

宮本一夫・白雲翔編 2009『中国初期青銅器文化の研究』九州大学出版会

宮本一夫・高大倫編 2013『東チベットの先史社会―四川省チベット自治州における日中共同発掘調査の記録―』中国書店

宮本一夫・宮井善朗・吉田広・趙鎮先・田尻義了 2003「東北アジア青銅文化からみた韓国青銅器文化に関する研究」『青丘学術論集』第22集、（財）韓国文化研究振興財団、7-123

村上恭通 1987「東北アジアの初期鉄器時代」『古代文化』第39巻第9号、1-25

村上恭通 1988「東アジア二種の鋳造鉄斧をめぐって」『たたら研究』第29号、1-20

村上恭通 1994「吉野ヶ里遺跡における弥生時代の鉄製品」『吉野ヶ里遺跡』本文編、佐賀県文化財調査報告書第113集、471-481

村上恭通 1996「日本における鉄器普及の原初形態」『愛媛大学人文学会創立20周年記念論集』65-183

村上恭通 1997「遼寧（東北系）銅剣の生成と変容」『先史学・考古学論究』2、竜田考古学会、457-479

村上恭通 1998a『鉄と倭人の考古学』青木書店

村上恭通 1998b「鉄器普及の諸段階」『日本における石器から鉄器への転換形態の研究』基盤研究B研究成果報告書

村上恭通 2003「中国・朝鮮半島における鉄器の普及と弥生時代の実年代」『考古学ジャーナル』第510号、17-20

村上恭通 2008「東アジアにおける鉄器の起源」春成秀爾・西本豊弘編『新弥生時代のはじまり第3巻　東アジア青銅器の系譜』、雄山閣、148-154

村上恭通 2011「中国における燕国鉄器の特質と周辺地域への展開」『戦国燕系鉄器の特質と韓半島の初期鉄器文化』愛媛大学東アジア古代鉄文化研究センター第4回国際シンポジウム、1-6

村松洋介 2008「銅戈の編年と製作技術―韓国両地域の比較―」『考古学廣場』3、釜山考古学研究会、21-49

森貞次郎 1968「弥生時代における細形銅剣の流入について」『日本民族と南方文化』平凡社、127-161

森貞次郎・岡崎　敬 1961「福岡県板付遺跡」『日本農耕文化の生成』東京堂、37-77

山田昌久 2003「九州地方の木・繊維製品」『考古資料大観』第8巻、弥生・古墳時代　木・繊維製品、小学館、78-86

山本達郎 1939「タイ国、雲南省及び東京地方出土の数種の青銅器について」『東方學報』10（2）、93-105

横田禎昭・韓小忙 2002『寧夏回族自治区における古代の民族と青銅器文化の考古学的研究』渓水社

吉田　広 2001『弥生時代の武器形青銅器考古学資料集 21、平成 12 年度文部科学省科学研究費補助金、特定研究 A（1）日本人および日本文化の起源に関する学際的研究』

吉田　広 2008「日本列島における武器形青銅器の鋳造開始年代」春成秀爾・西本豊弘編『新弥生時代のはじまり　第3巻　東アジア青銅器の系譜』雄山閣、39-54

李康承 1981・1982「遼寧地方の青銅器文化」『古文化談叢』第8・9集、65-113・27-62

李剛 2002「中国東北地方の筒形柄銅利器について」『中国考古学』第2号、64-86

李昌熙 2011「韓半島初期鉄器の実年代」『韓国における鉄生産』たたら研究会平成 23 年度北九州大会

中文

安志敏 1953「河北省唐山市賈各荘発掘報告」『考古学報』第6冊、57-116

伊克昭盟文物工作站 1987「内蒙古准尔旗宝亥社発現青銅器」『文物』1987 年第 12 期、81-83

伊克昭盟文物工作站 1992「内蒙古霍洛石灰溝発現鄂爾多斯式文物」『内蒙古文物考古』1992 年1・2期合刊、91-96

烏恩 1983「中国北方青銅器透雕帯飾」『考古学報』1983 年第1期、25-37

烏恩 1984「論我国北方古代動物紋飾敵淵源」『考古与文物』1984 年第4期、46-59、104

烏恩 2002「論中国北方早期遊牧人青銅帯飾敵起源」『文物』2002 年第6期、68-87

雲南省博物館 1959『雲南晋寧石寨山古墓群発掘報告』文物出版社

雲南省文物考古研究所・昆明市博物館・官渡区博物館編　2005『昆明羊甫頭墓地』科学出版社

雲南省博物館文物工作隊・个旧市群衆芸術館 1989「雲南个旧榴壩古墓葬発掘簡報」『雲南文物』1989 年第 26 期、雲南省博物館、12-23

雲南省文物考古研究所・昆明市博物館・官渡区博物館編　2005『昆明羊甫頭墓地』科学出版社

王巍 1997「中国古代鉄器及冶鉄術対朝鮮半島的伝播」『考古学報』1997 年第3期、285-340

王巍 1999『東亜地区古代鉄器及冶鉄術的伝播与交流』中国社会科学出版社

王継紅 2009「山戎文化動物紋初歩研究」『軍都山墓地』葫芦溝与西梁垙（二）、北京市文物研究所、文物出版社

王仁湘 2009「鄂爾多斯式銅帯鉤研究」『鄂爾多斯青銅器国際学術研討会論文集』鄂爾多斯青銅器国際学術研討会論文集編集組編、科学出版社、435-466

王振来 1996「戟」『葫蘆島文物』、156

王峰 1990「河北興隆県発現商周青銅器窖蔵」『文物』1990 年第 11 期、57-58

王成生 1991「概術近年遼寧新発見青銅短剣」『遼海文物学刊』1991 年第1期、74-81

王成生 2003「遼寧出土銅戈及相関問題的研究」『遼寧考古文集』遼寧民族出版社、217-241

王増新 1964「遼寧撫順市蓮花堡遺址発掘簡報」『考古』1964 年第6期、286-293

汪寧生 1981「試論中国古代銅鼓」『雲南青銅器論叢』文物出版社

王綿厚 1994『秦漢東北史』遼寧人民出版社

鄂爾多斯青銅器国際学術研討会論文集編集組編 2009『鄂爾多斯青銅器国際学術研討会論文集』科学出版社

鄂爾多斯青銅器博物館編 2006『鄂爾多斯青銅器』文物出版社

郭素新 1993「再論鄂爾多斯式青銅器的淵源」『内蒙古文物考古』1993 年第1・2期、89-96

引用・参考文献

郭宝鈞 1959『山彪鎮与瑠璃閣』中国科学院考古研究所考古学専刊乙種第十一号

靳楓毅 1982「論中国東北地区含曲刃青銅短剣的文化遺存　上」『考古学報』1982 年第 4 期、387-426

靳楓毅 1983a「論中国東北地区含曲刃青銅短剣的文化遺存　下」『考古学報』1983 年第 1 期、133-145

靳楓毅 1983b「朝陽地区発現的剣柄端加重器及其相関遺物」『考古』1983 年第 3 期、133-145

靳楓毅 2011「論玉皇廟文化」『鄂爾多斯青銅器国際学術研討会論文集』鄂爾多斯青銅器国際学術研討会論
　　文集編集組編、科学出版社、635-671

郭沫若 1952『金文叢考』

河南省文物考古研究所・三門峡市文物工作隊 1999『三門峡虢国墓』文物出版社

河北省文物管理処 1975「河北易県燕下都 44 号墓発掘報告」『考古』1975 年第 4 期、228-240・243

河北省文物研究所 1996『燕下都』文物出版社

河北省文物研究所 1987「河北省平三汲古城調査与墓葬発掘」『考古学集刊』5、157-193

河北省文物研究所 2005『戦国中山国霊寿城－1975～1993 年考古発掘報告』文物出版社

韓建亜 2007『新疆的青銅時代和早期鉄器時代文化』文物出版社

魏海波・梁志龍 1998「遼寧本渓県上堡青銅短剣墓」『文物』1998 年第 6 期、18-22・30

吉林省文物工作隊 1980「吉林長蛇山遺跡的発掘」『考古』1980 年第 2 期、科学出版社、127

吉林市文物管理委員会・永吉県星星哨水庫管理所　1978「永吉星星哨水庫石棺墓及遺跡調査」『考古』1978 年
　　第 3 期、145-150・157

吉林省文物考古研究所・吉林省博物館 1993「吉林市猴石山遺址第 2 次発掘」『考古学報』1993 年第 3 期、
　　311-349

吉林地区郊考古短訓班 1980「吉林猴石山遺址発掘簡報」『考古』1980 年第 2 期、135-141

喬梁 2002「中国北方動物紋飾牌研究」『辺疆考古研究』第 1 輯、科学出版

許玉林 1980「遼寧寛甸発現戦国時期燕国的明刀銭和鉄農具」『文物資料叢刊』3、293-295

許玉林・王連春 1983「遼寧新金双房石蓋石棺墓」『考古』1983 年第 3 期、293-295

金旭東 1992「東遼河流域的若干种古文化遺存」『考古』1992 年第 4 期、347-356

敖漢旗文化館 1976「敖漢旗老虎山遺址出土秦鉄権和戦国鉄器」『考古』1976 年第 5 期、218-219

項春松・李義 1995「寧城小黒石溝石槨墓調査清理報告」『文物』1995 年第 5 期、4-22

山西省考古研究所・霊石県文化局 1986「山西省霊石介村商墓」『文物』1986 年第 11 期、1-18

史党社 2009「従秦地域内出土的欧亜草原動物紋看秦与戎狄文化的関係」『鄂爾多斯青銅器国際学術研討会
　　論文集』鄂爾多斯青銅器国際学術研討会論文集編集組編、科学出版社、717-732

朱永剛 1992「試論我国北方地区銎柄式柱脊短剣」『文物』1992 年第 12 期、65-72

朱貴 1960「遼寧朝陽十二台営子青銅短剣墓」『考古学報』1960 年第 1 期、63-72

徐学書 1999「関于滇文化和滇西青銅文化年代的探討」『考古』1999 年第 5 期、75-84

肖景全・周向永 2008「遼吉両省相嶺地区早期鉄器時代文化発現与研究」『遼寧省博物館館刊』第 2 輯、遼
　　海出版社、52-76

昭烏達盟文物工作站・中国科学院考古研究所東北工作隊 1973「寧城県南山根的石槨墓」『考古学報』1973 年
　　第 2 期、27-39

邵国田 1993「内蒙古敖漢旗発現的青銅器及有関遺物」『北方文物』1993 年第 1 期、18-25

邵春華 1990「永吉発現一座青銅時代石棺墓」『博物館研究』1990 年第 2 期

瀋陽故宮博物館・瀋陽市文物管理弁公室 1975「瀋陽鄭家窪子的両座青銅時代墓葬」『考古学報』1975 年
　　第 1 期、141-156

清原県文化局・撫順市博物館 1982「遼寧清原県近年発現一批石棺墓」『考古』1982 年第 2 期、211-212

成璟瑭 2009「関於燕下都短内戈的幾個問題」『文物春秋』2009 年第 3 期、10-13

成璟瑭・孫建軍・邵希奇 2015「葫蘆島市博物館蔵東大杖市墓地出土器物研究」『文物』2015 年第 11 期、85-95

石永士・石磊 1996『燕下都東周貨幣聚珍』文物出版社

曹建恩・孙金松 2009「毛慶溝墓地腰帯飾品浅析」『鄂爾多斯青銅器国際学術研討会論文集』鄂爾多斯青銅器国際学術研討会論文集編集組編、科学出版社、153-163

曹建恩 2006「夏家店上層文化青銅器的動物紋飾研究」『夏家店上層文化的青銅器』中韓共同学術調査報告書 2、蒙古文物考古学研究所・韓国東亜歴史財団、66-78

宋健忠編 2006『霊石旌介村商墓』科学出版社

鄭紹宗 1984「中国北方青銅短剣的分期及形制研究」『文物』1984 年第 2 期、文物出版社、37-49

鄭紹宗 1991「略論中国北部長城地帯発現的動物紋青銅牌」『文物春秋』1991 年第 1 期、1-32

程長新 1985「北京市通県中趙甫出土一組戦国青銅器」『考古』1985 年第 8 期、694-700、720

中国国家文物局 2000「遼寧建昌東大杖子戦国墓地的勘探与試掘」『2000　中国重要考古発現』文物出版社

中国社会科学院考古研究所東北工作隊 1981「内蒙古寧城県南山根 102 号石槨墓」『考古』1981 年第 4 期、304-308

張雪岩 1981「集安発現青銅短剣墓」『考古』1981 年第 5 期、467-468・470

鉄嶺市文物管理辦公室 1996「遼寧鉄嶺市邱台遺址試掘簡報」『考古』1996 年第 2 期、36-51

田広金・郭素新 2004「中国北方青銅器文化和類型的初歩研究」『北方考古論文集』160-199

童恩正 1979「我国西南地区青銅戈的研究」『考古学報』1979 年第 4 期、441-460

童恩正 1987「試論我国従東北至西南的辺地半月形文化伝播帯」『文物と考古学論集』文物出版社

董学増 1988「吉林蛟河八垧地青銅時代遺址及其付近堡寨遺跡調査」『遼海文物学刊』1988 年第 1 期、45-50

杜正胜1993「動物紋飾与中国古代北方民族之考察」『内蒙古文物考古』1993 年第 1・2 期、49-80

内蒙古自治区文物考古研究所・顎爾多斯博物館 2000『朱開溝』文物出版社

内蒙古文物考古学研究所・韓国東亜歴史財団 2005『内蒙古中南部的鄂爾多斯青銅器和社会』中韓共同学術調査報告書一

内蒙古文物考古研究所・韓国東亜歴史財団 2006『夏家店上層文化的青銅器』中韓共同学術調査報告書 2

内蒙古自治区文物考古研究所・寧城県遼中京博物館編 2009　『小黒石溝－夏家店上層文化遺址発掘報告－』文物出版社

白雲翔 2005『先秦両漢鉄器的考古学研究』科学出版社

馮永謙・崔玉寛 2010「鳳城刻家堡子西漢遺址発掘報告－兼論漢代東部都尉治武次県址之地望」『遼寧考古文集』(2)、遼寧省文物考古研究所編、科学出版社、101-122

富品瑩・路世輝 2010「鞍山地区出土戦国秦漢時期鉄器的初歩探討」『遼寧考古文集』(2)、遼寧省文物考古研究所編、科学出版社、322-330

北京市文物管理処 1976「北京地区的又重要考古収穫」『考古』1976 年第 4 期、228・246-258

北京市文物研究所 1995『琉璃河西周燕国墓地 1973-1977』文物出版社

満承志 1987「通化県小都嶺出土大批石范」『博物館研究』1987 年第 3 期、68-70

楊建華 2004『春秋戦国時期中国北方文化帯的形成』文物出版社

楊紹舜 1981「山西柳林県高紅発見商代銅器」『考古』1981 年第 13 期、211-212

翟徳芳 1988「中国東北地区青銅短剣分群研究」『考古学報』1988 年第 3 期、277-299

李逸友 1959「内蒙古小昭烏達盟出土的銅器調査」『考古』1959 年第 6 期、276-317

李海栄 2003『北方地区出土夏商周時期青銅器研究』文物出版社

李殿福 1991「建平孤山子、楡樹林子青銅時代墓葬」『遼海文物学刊』1991 年第 2 期、1-9

劉国祥 2000「夏家店上層文化青銅器研究」『考古学報』2000 年第 4 期、451-500

引用・参考文献

柳春誠 2009「青海古代文化与内蒙古北方草原文化芸術風格的碰撞」『鄂爾多斯青銅器国際学術研討会論文集』鄂爾多斯青銅器国際学術研討会論文集編集組編、科学出版社、733-753

梁志龍 1992「遼寧本渓劉家哨発現青銅短剣墓」『考古』1992年第4期、315-317

梁志老 2003「遼寧本渓多年発見的石棺墓及其遺物」『北方文物』2003年第1期、6-14

遼寧省文物考古研究所 1989「遼寧凌源県五道河子戦国墓発掘簡報」『文物』1989年第2期、52-61

遼寧省西豊県文物管理所 1995「遼寧西豊県新発現的幾座石棺墓」『考古』1995年第2期、118-123

遼寧省文物考古研究所・朝陽市博物館 2010『袁台子　戦国西漢遺址和西周至十六国時期墓葬』文物出版社

遼寧省文物考古研究所・葫芦島市博物館・建昌県文管所 2006「遼寧建昌于道溝戦国墓地調査発掘簡報」『遼寧省博物館館刊』第1集、遼海出版社、27-36

遼寧省博物館 1985「遼寧凌源県三官甸子青銅短剣墓」『考古』1985年第2期、125-130

遼陽博物館 2009『館蔵精品図集』155

遼寧省博物館・朝陽地区博物館 1977「遼寧喀左南洞石槨墓」『考古』1977年第6期、373-375

遼寧省博物館・遼寧省文物考古研究所 2006『遼河文明展　文物集萃』

遼寧省博物館・遼寧省文物考古研究所 2014『遼海遺珍　遼寧考古60年展』文物出版社

林澐 1980「中国東北系銅剣初論」『考古学報』1980年第2期、139-161

林澐 1991「対南山根 M102 出土刻紋骨板的一些看法」『内蒙古東部地区考古学文化研究文集』海洋出版社、139-162

林澐 1997「中国東北系銅剣再論」『考古学文化論集』(4)、文物出版社、234-250

ハングル

圓光大馬韓百濟文化研究所 2005『益山信洞里遺蹟』

韓国国立文化財研究所 2012『東アジア古代鉄器文化研究學術フォーラム』

韓国文化財保護財団 2003『慶州隍城洞遺跡Ⅰ』52-55

韓炳三・李健茂 1977『南城里石棺墓』国立博物館古蹟調査報告、第10冊、国立中央博物館

尹武炳 1972「韓国青銅遺物の研究」『白山学報』第12号、59-134

金永祐 1964「細竹里遺跡発掘中間報告 (2)」『考古民俗』1964年第4、40-50

金政文 1964「細竹里遺跡発掘中間報告」『考古民俗』1964年第2、44-54

金想民 2012「韓半島西南部地域における鉄器文化の流入と展開様相」『東アジア古代鉄器文化研究学術フォーラム』国立文化財研究所

金元龍 1961「十二台営子の青銅短剣墓―韓国青銅器文化の起源問題―」『歴史学報』第16輯、109-121

金権九 2008「韓半島青銅器時代における木器の考察―韓国地域の木器を中心に」『韓国考古学報』第67輯、40-71

金在弘 2009「初期鉄器時代錦江流域鉄製農工具の性格―首長層の農耕儀礼の関係は何か―」『考古學探究―』5号、109-132

김동일. 서곡태. 치회산. 김종혁 2003『마산리, 반공리, 표대 유적 발굴고』

黄基徳 1975「茂山虎谷遺跡発掘報告」『考古民俗論文集』6、社会科学出版社、124-226

国立光州博物館 1988『咸平草浦里遺跡』国立光州博物館学術叢書第14冊

国立光州博物館 1997『光州新昌洞低湿地遺跡Ⅰ』国立光州博物館学術叢書3

国立光州博物館 2001『光州新昌洞低湿地遺跡Ⅱ』国立光州博物館学術叢40

国立京畿道博物館 2010『遼寧古代文物展』

国立中央博物館　2006『北方の文化遺産』

湖南文化財研究院 2005『完州葛洞遺跡』学術調査報告書第46冊

湖南文化財研究院 2008『全州馬田遺跡Ⅰ・Ⅱ』学術調査報告書第 108 冊

湖南文化財研究院 2009『完州葛洞遺跡Ⅱ』学術調査報告書第 116 冊

崔夢龍 1971「韓国式銅戈について」『朝鮮考古学年報』2、41-42

서국태. 지화산 2003『남양리 유격발굴보고』

서국태 1965「영흥읍 유적에 관한 보고」『고고민속』1965 년 2 호、35-45

석광준 2003『각지고인돌무덤조사 발굴조사』

成璟瑭・孫県軍 2009「干道溝遺跡出土青銅武器に対して」『考古学探求』5、97-107

全榮來 1977「韓国青銅器文化の系譜と編年ー多鈕鏡の変遷を中心にー」『全北遺跡調査報告』第 7 集、国立全州博物館、4-85

全榮來 1983「青銅器文化比較Ⅲ」『韓国史論』第 13 集、国史編纂委員会、448-512

全榮來 1991『韓国青銅器時代文化研究』新亜出版社

송순탁 1997「새로 알려진 고대시기유물」『조선고고연구』1997 년 3 호、41-45

池健吉 1990「長水南陽里出土青銅器・鉄器一括遺物」『考古學誌』第 2 輯、5-22

趙鎮先 2009「韓国式銅戈の登場背景と辛庄頭 30 号墓」『湖南考古学報』32 輯、5-35

조선유적유물도감 편찬위원회 1989『조선유적유물도감 2-고조선, 부여, 진국 편』

朝鮮民主主義人民共和国科学院考古学及民俗学研究所 1960『遺跡発掘報告第 7 集 会寧五洞原始遺跡発掘報告』、科学院出版社

鄭仁盛 2008「瓦質土器楽浪影響説の検討」『嶺南考古学』第 47 号、97-115

鄭白雲 1960「朝鮮における鉄器使用の開始」『朝鮮学報』第 17 集、171-182

라명관 1983「신계군 강붕리 둘곽무덤」『고고학자료집』제 6 짐、165-168

李榮文 2002『韓国青銅器時代研究』周留城考古学叢書 4、周留城

李康承 1987「扶余九鳳里出土青銅器一括遺物」『三佛金元龍教授停年退任記念論叢』考古編、三佛金元龍教授停年退任記念論叢刊行委員会

李健茂 1989「牙山宮坪里一括遺物」『考古学誌』第 1 集、175-185

李健茂 1990「扶餘合松里遺跡出土一括遺物」『考古學誌』第 2 輯、23-67

李健茂 1991「唐津素素里遺蹟出土一括遺物」『考古學誌』第 3 輯、112-134

李健茂 1992a「韓国青銅儀器の研究ー異形銅器を中心にー」『韓国考古学報』第 28 輯、131-216

李健茂 1992b「韓国の青銅器文化」『韓国の青銅器文化』ソウル：汎友社、126-142 頁

李健茂 1995「昌原茶戸里遺跡発掘進展報告（IV）」『考古學誌』第 7 輯、43-46

李スンジン・張ジュヒョプ 1973『古朝鮮問題研究』社会科学院考古学研究所

李清圭 1982「細形銅剣の型式分類と変遷について」『韓国考古学報』第 13 輯、1-36

李清圭 1997「嶺南地方青銅器文化について」『嶺南考古学』第 21 号、29-37

李南珪 2002a「韓半島細形銅剣期鉄器文化の諸問題」『細形銅剣文化の諸問題』

李南珪 2002b「韓半島初期鉄器文化の流入様相」「韓国上古史学報」第 36 号、31-51

李昌熙 2010「円形粘土帯土器の年代ー細形青銅武器文化と鉄器の出現時期ー」『文化財』第 43 巻第 3 号、48-100

欧文

Andersson J. G 1932 Hunting Magic in the Animal Style, Blletin of the Museum of Far Eastern Antiquities 4,

Andersson J. G 1933 Selected Ordos Bronzes, Blletin of the Museum of Far Eastern Antiquities 5

Bezacier, L. 1972. Asia du Sud-Est, Tome Ⅱ, Viet-Nam. Paris

引用・参考文献

Bulletin de J'École Française d'Extrême-Orient (BEFEO). 1992. "Chronique" BEFEO. ⅩⅩⅡ

Bunker. Emma C, Kawami. S, Linduff. K M, Wu En 1997 Ancient Bronzes of the Eastern Eurasian Steppes, from the Arthur M. Sackler Collection, the Arthur M. Sackler Foundation, New York

Chernykh, E. N 1992. Ancient Metallurgy in the USSR. The Early Metal Age, Cambridge: Cambridge University Press.

Janse, O. 1947 Archaeological Research in Indo-China, VolumeⅠ, Cambridge, Harvard University Press

Karlgren. B. 1942 "The Date of the Early Dong-Son Culture", Bulletin of the Museum of Far Eastern Antiquities

Kuzumina, E. E, 2004 Historical representatives on the Andoronovo and metal use in eastern Asia, In Metallugy in Eastern Eurasia from the Urals to Yellow River, pp. 38-84, ed. K. M. Linduff. Lewiston, Queenston, Lampeter: The Edwin Mellen Press

Koryakova, L. N and Eoimakhov, A. G, 2007 The Urals And Western Siberia In The Bronze and Iron Ages, Cambridge World Archaeology, pp. 1-184, Cambridge University Press

Loehr. M, Ordos 1951 daggers and knives, new material, classification and chronology, Artibus Asia, Vol. 14, nos. 1/2, pp. 77-162.

ベトナム語

Đăng Văn Tháng, Vũ Quốc Hiền, Nguyễn Thị Hậu, Ngô Thế Phong, Nguyễn Kim Dung and Nguyễn Lân Cường 1998 khảo cổ học tiền sử và sử thàn phố Hồ Chí Minh. Nhà Xuất Bản Trẻ thánh phố Hồ Chí Minh

Đào Linh Côn and Nguyễn Duy 1993 Địa điểm khảo cổ học Dốc Chùa. Nhà Xuất Bản Khoa Học Xã Hội, Hà Nội

Hà Văn Tấn 1994 Văn Hóa Đông Són ở Việt Nam, Nhà Xuất Bản Khoa Học Xã Hội, Hà Nội

Lê Văn Lan et al. 1963 Những vết tich đầu tiên của thở đai đo đồng tháu ơ Việt-Nam. Hà Nội Nguyễn Giang Hai 2001 Nghề luyện Kim Cổ ở Miền Đông Bộ Việt Nam, Nhà Xuất Bản Khoa Học Xã Hội, Hà Nội

Nguyễ Glang Hải 2001 Nghề Luyện Kimcổ ở Miền Đông Nam Bộ Việt Nam, Nhà Xuất Bản Khoa Học Xã Hội, Hànội

Phạm Đúc Mạnh 1996 Di tích khảo cổ học Bưng Bạc-Bà Rịa -Vũng Tàu-. Journal of Southeast Asian Arcaeology (東南アジア考古学), 17

Trịn Sinh 2001 Excavating Phu My site in 1998. Journal of Southeast Asian Archaeology (東南アジア考古学), 21

Vũ Quốc Hiền, Hồ Khắc Bùu 1999 Những cúu bước đầu trên cơ sở khai quại di chí khảo cổ học Bưng Tơm, Viện Bảo Tàng Lịch Sử Việt Nam Thông Báo Khoa Học

出 典 一 覧

第2章第1節　研究の舞台

表1：筆者作成。図1〜4：筆者作成。

第2章第2節　銅剣の起源

図5・10：1〜4：（Koryakova and Eoimakhov 2007）、5〜8（Chernykh 1992）、9・10・11・19〜23・24・26〜36・37〜43・45（町田 2006）、12〜15（林 1972）、16（宮本 2000）、17・18（田・郭 2004）、44（小林 2008）、46〜48・52〜55（靳 1982・1983）、49（甲元 2008）、50・51（郭 2006）、56（註3）、57〜63（宮里 2011）。図6：1・2（項ほか 1985）、3bは（内蒙古文物考古研究所ほか 2007）、3aは筆者スケッチ。図7：筆者撮影。図8：1〜4、内蒙古文物考古研究所ほか 2007。図9：1（項ほか 1985）、2（筆者実測撮影）。図11：小林スケッチ（遼陽博物館）。

第2章第3節　銅矛の起源

図12：表2に掲載。図13：1〜22（内蒙古自治区文物考古研究所・寧城県遼中京博物館編 2009）。図14：①−1〜5、②−1〜4（靳楓毅 1982）、③筆者作成。図15：1・2（靳楓毅 1982）。図16：（楊紹舜 1981）。図17：1〜4。図18：1〜3（Koryakova, L. N and Eoimakhov, A. G, 2007）、4（楊紹舜 1981）、5（内蒙古自治区文物考古研究所・寧城県遼中京博物館編 2009）、6（邵国田 1993）、7・8（昭烏達盟文物工作站・中国科学院考古研究所東北工作隊 1973）、9（靳楓毅 1982）、10・11岡崎敬 1953）、12〜14（山西省考古研究所・霊石県文化局 1986）、15（北京市文物研究所 1995）、16（王峰 1990）、17〜19（北京市文物管理処 1976）。

第2章第4節　細形銅矛の起源

図19：筆者作成。図20〜22・24：1内蒙古自治区文物考古研究所・寧城県遼中京博物館編 2009、2・3昭烏達盟文物工作站・中国科学院考古研究所東北工作隊 1973、4邵国田 1993、5靳楓毅 1983、6・51梁志老 2003、7・8・15吉林省文物工作隊 1980、9李殿福 1991、10・11吉林市文物管理委員会・永吉県星星哨水庫管理所 1978、12金旭東 1992、13遼寧省西豊県文物管理所 1995、14・24清原県文化局・撫順市博物館 1982、16邵春華 1990、17董学増 1988、18吉林地区郊考古短訓班 1980、吉林省文物考古研究所・吉林省博物館 1993、19・22梁志龍 1992、20・21許玉林・王連春 1984、23・28・29張雪岩 1981、25郭大順 1987、26・27満承志 1987、30 김동일서곡태. 치회산. 김종혁 2003、31 서국태. 지화산 2003、32 석광준 2003、33 송순탁 1997、34 서국태 1965、35・36・38李健茂 1994、37全南大学校博物館 1993、39 조선유적유물도감 편찬위원회 1989、40 라명관 1983、41平井尚志 1960、42有光教一 1938、43榧本杜人 1980、50京畿道博物館 2010。図23：34国立中央博物館・国立光州博物館 1992。図24右下：吉林省文物工作隊 1980。図25：1遼陽博 1992、2遼寧省博物館他 2006。図26：筆者作成。図27：筆者作成。図28：宮本 2000、図28右：1遼陽博 1992。図29：1・4林己奈夫 1972、2・3京畿道博物館 2010。図30：1〜11宮本 2008a・11〜13国立中央博物館・国立光州博物館 1992。図31：1・2a・3〜7吉田広 2001・2b佐賀県立博物館 1986。表3：小林作成。

第2章第5節　銅戈の起源

図32：小林 2008をベースに朝鮮式銅戈は、後藤 2006 から、その他は小林 2011 と 2011 から引用改変。図33：1・2・4：小林 2008b、3：遼寧省博物館・遼寧省文物考古研究所 2014。図34〜36：小林ほか 2006。図37：1：小林ほか 2011、2〜4：小林ほか 2012。図38〜40：小林 2008b。図41：小林ほか 2012。図42：1・3・4：小林 2008b、5：遼寧省博物館・遼寧省文物考古研究所 2014、6：小林ほか 2011、7：後藤 2006。図43〜45：小林 2008b。図46：後藤 2006。図47：小林 2008b。図48：小林 2008b。

出典一覧

第2章第6節　動物意匠の起源
図49〜55：小林作成図。図56：春成 2007。図57：春成 2011。図58：林 1962。図59：甲元眞之 2008。

第3章第1節　中国外郭圏の問題
図60：小林作成。

第3章第2節　ベトナム南部青銅器文化の特色
図61：Nguyen Gian Hai 2001。表4：筆者作成。図62：筆者実測作成。図63〜66：Nguyen Gian Hai 2001。図67：筆者作成。

第3章第3節　東南アジアの銅戈と弥生銅戈
図68：小林作成。表5：小林作成。図69〜74：松井 1982・今村 2001・新田 1998。図75：新田 1998。図76：小林 2006f。図77〜79：雲南省文物考古研究所ほか 2005。図80：川村 1999。図81・82：徐 1999。図83：小林 2006f。図84：雲南省博物館文物工作隊ほか 1989。図85：1・2 汪 1981。図86〜88：小林 2006b、表6：小林作成。

第4章第1節　春秋戦国期の燕国と弥生文化
図89：小林撮影（内蒙古自治区赤峰付近に残る燕の長城）。図90：1〜3 石川 2009 より引用改変、4 中村 2014。図91：足立 2004 より改変。図92：筆者実測・作成。図93：小松市 2008 より引用改変。図94：野島 2008 より引用改変。図95：佐賀県教育委員会 2015 より集計作成。図96：筆者実測・作成（5は東京大学文学部考古学研究室蔵、4は読谷村立歴史民俗資料館蔵）。図97：小林ほか 2012 より引用改変。図98：筆者作成。

第4章第2節　春秋戦国期の燕国系初期鉄器と東方への拡散
図99：小林作成の白地図・小林と石川で分布図を作成。図100〜103：河北省文物研究所 1996 をもとに石川岳彦が作成（石川岳 2017）。表7：石川岳 2017。表8：石川岳 2017。図104（敖漢旗文化館 1976）、図105（王増新 1964）、図106（浜田耕作 1929）、図107（梅原・藤田 1957）、図108（潮見 1982）、図109（黄基徳 1959）をもとに石川岳彦作成（石川岳 2017）。図110（金一圭 2010）。図111（池健吉 1990・李健茂 1990・中央文化財研究院 2001、圓光大馬韓百済文化研究所 2005）。図112：湖南文化財研究院 2005・李健茂 1995・韓国文化財保護財団 2003。図113：梅原・藤田 1957 の原図を引用改変。図114：1・2 小林スケッチ（河北省博物院）。図115：1 沈陽故宮博物館他 1975・2 国立中央博物館 2006『北の文化遺産』、他は国立金海博物館 2004『韓国円形粘土帯土器文化資料集』より引用改変。図116：野島 2009・岡垣町 1985。図117：河北省文物研究所 1996。図118：石川ほか 2012。表9：石川ほか 2012。

第4章第3節　燕国系鉄製農具と弥生文化
図119・125：小林作成。図120〜124：白 2005、石川ほか 2012。表10：小林 2013。図126：光州博 1997・2001、奈文研 1993。

第5章　結論
図127・128：小林 2008c。
以上の各出典の図を引用改変して使用。スケールや縮尺表示のないものは縮尺不同である。また写真は図として取り扱う。

写真提供
図90-4：滋賀県教育委員会提供。図97：東京大学考古学研究室提供（石川岳彦撮影）。

The Origin of Yayoi Culture
and the Culture of Metal Objects in Eastern Asia

Summary

KOBAYASHI Seiji

This book covers the origin of Yayoi culture and the interaction of multiple cultural spheres in eastern Asia after the second millennium B.C. and in particular covers three issues.

The first argument is about the origin of bronze objects, and in particular concerns the provenance of the slender bronze swords and spearheads of the Yayoi bronze culture in relation to the formation of Eurasian cultural spheres. First, the study provides a brief review of the development of bronze cultural spheres in Eurasia. With regard to the origin of the slender bronze swords in the first half of the first millennium B.C., northern Eurasia had a series of Karasuk bronze daggers influenced by those from northern China. There was also a form of bronze dagger influenced by jiang bins type bronze spearheads, with a hole in the shaft to install a handle, belonging to the Andronovo bronze culture. Both series were related to each other, mutually supplementing their partial elements. Present research has determined that these bronze spearheads of the Androvono culture were the origin of later Liaoning bronze swords, from which slender bronze swords were derived. Their influences spread out from Liaoxi through Shanxi to Liaodong, where shaft-less, stemmed bronze daggers were produced due to the lack of a soil molding method necessary for making socketed shafts. Combining these techniques with their traditional bone and stone swords, Liaodong people developed a series of Liaoning bronze swords. On the other hand, present research also indicates that the slender bronze spearheads were also derived from the bronze spearheads of the Andronovo bronze culture, which were introduced to the Yanshan and Laoxi regions through Shanxi and then became a series of willow leaf-shaped bronze spearheads. Based on the above considerations, the book then examines the origin of particular armament styles. Whereas both long and short swords and spearheads were used in areas with horse-drawn carriages ; short daggers and spearheads were popular in an area from Liaodong to the Korean Peninsula, where horses and carriages were rarely used. It was from the Korean Peninsula that the armament style of Yayoi bronze culture was adopted. Moreover, the study determines that the Yayoi custom of caching

317

bronze ritual implements originated from the custom of the northern Eurasia bronze culture in the second millennium B.C. that spread out to the Korean Peninsula through the Chinese northern region.

The second argument concerns the practical function of bronze Ge. During the Spring-Autumn and Warring States periods much of East Asia shared with China a similar phenomenon in regard to the practical function of bronze Ge. The book discusses the bronze Ge in a number of regions around China including Liaoxi, Korea, Japan, Sichuan, Yunnan, Vietnam, Thailand and Laos. We find the origin of Japanese bronze Ge in the Ge of the Liaoxi area (western Liaoning) during the Warring States period, where it subsequently spread to Japan via Korea. At the same time, we can find the origins of Southeastern Asia bronze Ge in the Ge of Sichuan, from where they spread via Yunnan. The bronze Ge were originally developed for warfare using horses and chariots around China. Around the area of central China, Ge were small, but in Japan and Southeastern Asia, where the environment was mountainous or consisted of wet lowland, Ge were bigger. The reason that bronze Ge were larger in this area was because they was used in a symbolic fashion, as prevention against negative occurrences, and in ancestor worship.

The third argument concerns the cast iron objects of Yan State, and the state's expansion in the Spring and Autumn and Warring States Periods. This study examines how the early culture of iron objects was characterized mainly by those cast in Yan State in the Spring and Autumn and Warring States Periods, and expanded from Liaoning (Liaoxi/Liaodong), which was the area placed under the dominance of Yan State, to the area north of the Ch'ongch'on River on the northern Korean Peninsula. It also clarifies how early iron objects then spread beyond this area over the Korean Peninsula south of the Ch'ongch'on River and to the Japanese archipelago. Analysis of the Yanxiadu remains shows that the early culture of iron objects in Yan State began with the making of daily items iron objects, not for convenience, at the latest in the 5th century B.C., and gradually proceeded toward the use of iron for convenience. Interestingly, in the development of iron casting axes as items of convenience emerged first, and the use of iron for weaponry developed relatively late. The expansion of Yan State to the Liaoning region gathered momentum after the latter half of the 6th century B.C, and around B.C. 400, the plains, with the exception of the Liaodong Peninsula of Liaoxi and Liaodong, were placed under the rule of Yan State. In the latter half of the 4th century B.C. the domination of Yan State reached the extremity of Liaodong Peninsula and the Liaodong Mountains, and it is considered that the culture of iron objects ex-

The Origin of Yayoi Culture and the Culture of Metal Objects in Eastern Asia

panded over these areas at that time. According to an analysis of the remains of Yongyeon Cave, this material culture reached the Korean Peninsula north of the Ch'ongch'on River by the 3rd century B.C at the latest. On the other hand, before the 4th century B.C. the culture of iron objects expanded over the Korean Peninsula south of the Ch'ongch'on River, which was a peripheral region under the dominance of Yan State, and the Japanese archipelago assimilated this culture in the 4th century B.C. The kinds of early iron objects found in the regions under the dominance of Yan State are very similar, though in the Korean Peninsula and Japan the major kinds of iron objects were tools, among which farming implements were remarkably few in number. On the Japanese archipelago, there were many cases where chips of hoes (iron axes) were obtained from the regions under the dominance of Yan State and reworked. On the other hand, mainly in the area around the Ariake Sea in northern Kyushu, shipboard cast iron objects of Yan origin were obtained as grave goods, and it is possible that local groups in northern Kyushu had already established some relationship with Yan State. As a result of the above study, it is possible that iron object materials before the intermediate Yayoi Period correspond to those in the Yan State in the Warring States Period, the Unified Qin Period, and the first half of the Former Han Period, according to a new view on the Yayoi Period, and this idea should be re-studied.

弥生文化的起源与东亚金属器文化

要旨

小林青树

关于弥生文化的起源，本书以青铜器、铁器为题材，在东亚地区全体范围内以重新构造新的历史形象为目标，设定了以下三个问题并进行了讨论。

第一，从辽宁青铜文化中寻求弥生文化青铜器的起源，对剑、矛、戈以及动物造型的起源进行了讨论。讨论的结果是，将弥生文化青铜器的起源整理归纳为以下四点。①铜剑出现于辽东（包含辽西的大、小凌河地区），并成为辽宁青铜文化的基本条件之一。②铜矛具备北方草原系要素，出现于努鲁儿虎山以北的辽西（此后受到燕国的影响），并扩展到辽宁青铜文化全域。③铜戈出现于辽西的大、小凌河地区，是燕系文化和辽宁青铜文化折衷形成的结果。④动物造型大部分以青铜制品为主体，具备北方草原系要素，其中羊、虎、鹿、鸟是基本的动物造型种类，越靠近东部的地区缺乏羊和虎这两个动物造型种类。作为弥生文化青铜器起源的辽宁青铜文化，可以确定的是，其青铜器基本上是阶段性地受到了北方草原游牧民族的青铜文化（北方青铜文化），以及中原的燕系文化的影响，最终多种文化体系相融合的结果。因此，朝鲜半岛以及日本列岛的弥生文化是由这些不同的文化体系，一度被辽宁青铜文化吸纳，相互连接、融合、变化而成的文化复合体。

第二，讨论了位于中国中原周边地区 —— 中国外围圈的弥生文化和越南南部青铜器文化诸地区的特性。在位于中国外围圈的这些地区，围绕铜戈柄的长度、铜戈装饰化和大型化的倾向、持铜戈战士扮成鸟的型态这些特征呈现出共通性。关于在中国外围圈出现这些共通性的原因，可以设想出的是，戈作为在中原最早登场的重要武器，曾在商代开始在宗教仪式中得到使用，此后这一习惯从中原向周边地区传播。从这些共通性来看，不仅弥生文化中辽宁式铜戈包含了燕国的影响，而且通过燕国，祭祀等等流入日本列岛的可能性也很大。

第三，关于弥生时代铁器的起源，围绕春秋战国时期燕国初期铁器向东方的扩展，以及燕国对弥生文化的影响展开了讨论。燕国初期的铸造铁器出现于公元前 6 世纪左右，与大体同时进行的燕国领土东方扩张的过程相吻合。同时铸造铁器的生产量得到增长。公元前 4 世纪左右，燕国初期的铸造铁器流入从辽东到朝鲜半岛北部的地区，同时期也流入到日本列岛的弥生文化。在弥生文化中，燕系铁器从弥生中期前半阶段的大约40个遗址中出土，在吉野里遗址中，弥生中期后半阶段的出土量更多。另外，中期前半阶段突然出现的带有方形柄穴的木制农具受到燕国铁制农具影响的可能性很大，燕国对弥生文化的影响超乎意料。这一阶段燕国的影响表现在中原文化向位于中国外围圈的弥生文化的传播过程中，也成为大体同时伴随着的北方系青铜文化和辽宁青铜文化流入日本列岛的契机。

弥生文化的起源与东亚金属器文化

从以上三个问题中可以明确的是，从弥生时代前期后半阶段到中期前半阶段，北方游牧民族系和燕系文化体系流入日本列岛，并经过连接、融合、变化，主要以北部九州弥生社会为舞台逐步发展。

索　　引

あ

青谷上寺地遺跡……………………19, 155, 156, 213, 223

秋山進午………………………………………11, 12, 50

アファシェヴォ文化…………………………………64

アラクリ文化………………………………28, 35, 37

アルジャン古墳………………………………………31

杏家荘遺跡…………………………………51, 63, 114

アンダーソン………………………………………10, 133

い

鋳型………21, 42, 44, 46, 48, 50, 51, 58, 73, 77, 78, 81,
　90, 98, 121, 123, 130, 135, 138, 144, 148, 155, 164,
　165, 172〜174, 213, 227, 237, 238, 240, 241, 253,
　276, 277, 279, 281, 291, 292, 294〜296

異器種間交流…………………98, 120, 123, 127〜129

異形銅器……………………………………………………10

異形銅戈…………………………96〜99, 100, 289, 290, 292

石川岳彦……20, 38, 44, 63, 81, 84, 86, 90, 97, 113, 126,
　129, 130, 156, 209, 212, 218, 223, 225, 227〜229,
　232, 234, 238, 240, 241, 245, 248〜250, 252, 253,
　264, 279, 280, 288〜297

石包丁形鉄器………221, 230〜232, 234, 251, 252, 264,
　265

板状鋤………227, 228, 230〜232, 241, 242, 252

板付遺跡……………………………………………………18

イヌワシ…………………………………134, 147, 154

尹武炳……………………………………………11, 50, 70

今川遺跡…………………………………………19, 283

今村啓爾…………………………………………………177

岩永省三…………………………………………88, 101

尹家村遺跡…………………………………………84, 234

殷系1類……………………………………………………66

う

烏恩 ………………………………………………………134

馬形羽口…………………………………………90, 276

梅原末治………………………………………9, 10, 177

ウラル・西シベリア系銅矛系列………………………66

雲南………14, 160, 173, 177, 179, 189, 191〜193, 196,
　197, 199, 201, 202, 278

え

海鷂魚（エイ）形銅飾……………………147〜149, 151, 152

炭素年代……31, 38, 40, 47, 50, 54, 244, 246, 283, 288,
　289

江上波夫…………………………………………10, 133, 156

駅洞遺跡………………………………31, 47, 50, 54, 293

燕化………53, 85, 88, 90, 128, 210, 211, 214, 229, 240,
　251, 252, 280

燕下都遺跡………17, 19, 20, 95, 97, 98, 123, 223, 225,
　227〜229, 232, 234, 240, 241, 248, 252, 253, 255,
　261〜266, 280, 294, 295

燕下都44号墓…………………………………………227

燕下都東沈村遺跡…………………………………225, 264

燕系鉄器……20, 212, 232, 234, 237, 245, 247, 279, 280

燕系銅矛……………………………………………………72

燕国………5, 6, 11, 13, 14, 17, 19〜21, 53, 63, 66, 70, 85,
　86, 88, 94, 106, 113, 114, 127〜132, 148, 149, 153,
　155, 156, 203, 207〜212, 214, 216, 218, 219, 223〜
　225, 227, 229, 232, 237, 238, 240, 241, 245, 247,
　248, 250〜253, 255, 261〜267, 269, 270, 274, 276,
　277, 279〜282, 288, 289, 292〜297, 300

燕山地域……………………13, 134, 146〜148, 212, 279

燕式銅戈…………………………………95, 96, 125, 128

袁台子遺跡…………………………………262, 263, 267

お

王喜…………………………………………………………70

王継紅……………………………………………………134

隍城洞遺跡………………………………………………241

王振来………………………………………………97, 105

王成生…………………………………103, 129, 289, 300

大板井遺跡………………………………………………263

扇形銅斧…………………………………………108, 116

大久保遺跡…………………………………………19, 223

大久保原遺跡…………………………………………216, 217

大貫静夫…………………………11, 33, 54, 287, 288, 299

岡内三眞………………………………………50, 94, 95, 124

岡崎敬……………………………………………………64

オケオ遺跡………………………………………………163

小田富士男………………………………………………247

323

索　　引

乙益重隆‥‥‥‥‥‥‥‥‥‥‥‥‥‥‥‥18, 46
斧形鋤鍬先‥‥‥‥‥‥‥261, 264, 265, 269, 270
オルドス‥‥‥‥‥9, 10, 13, 34, 36, 37, 39, 40, 52, 133,
　　145～147, 149, 155, 156, 212, 213, 277, 279, 293,
　　294
オルドス青銅器‥‥‥‥‥‥‥‥‥133, 277, 293

か

槐亭洞遺跡‥‥‥‥‥‥‥‥‥‥81, 82, 243, 291
蓋付豆‥‥‥‥‥‥‥‥‥‥‥‥‥105, 113, 129
会寧五洞遺跡‥‥‥‥‥‥‥‥‥‥‥‥‥232
賈各荘遺跡‥‥‥‥‥‥‥‥‥‥‥‥‥‥63
夏家店上層文化‥‥36～39, 46, 55, 60, 62, 66, 67, 132,
　　134, 146～149, 153, 273, 274
钁‥‥‥223, 225, 227～232, 234, 237, 238, 240～242,
　　245, 247, 250, 251, 253, 261
上村嶺虢国墓地‥‥‥‥‥‥‥‥‥‥‥62, 63
郭素新‥‥‥‥‥‥‥‥‥‥‥‥‥‥‥‥145
郭大順‥‥‥‥‥‥97, 98, 105, 106, 129, 289, 300
靳楓毅‥‥‥‥‥‥‥‥‥‥‥‥‥‥‥63, 79
加重器‥‥‥‥‥‥‥‥‥‥41, 46, 47, 58, 273
嘉門貝塚‥‥‥‥‥‥‥‥‥‥‥‥‥216, 217
画像紋‥‥‥‥‥‥‥‥‥‥‥‥‥‥148, 153
轄‥‥‥‥‥‥‥‥‥‥‥‥‥‥‥‥‥‥225
楽毅‥‥‥‥‥‥‥‥‥‥‥‥‥‥‥‥‥207
葛洞遺跡‥‥‥‥‥‥‥‥‥241, 242, 244, 296
克爾木斉類遺存‥‥‥‥‥‥‥‥‥‥‥‥28
戈と盾をもつ人‥‥‥‥‥‥‥‥159, 198, 202
瓦房中遺跡‥‥‥‥‥‥‥‥‥‥‥‥‥‥37
鎌‥‥‥‥165, 172, 227, 230～234, 238, 241, 242, 247～
　　249, 252, 263, 264, 266
上御殿遺跡‥‥‥‥‥‥‥‥‥155, 213, 277, 279
上条信彦‥‥‥‥‥‥‥‥‥‥‥‥‥‥‥262
榧本杜人‥‥‥‥‥‥‥‥‥‥‥‥‥‥10, 69
河陽溝遺跡‥‥‥‥‥‥58, 60, 62, 63, 73, 81, 88
唐古遺跡‥‥‥‥‥‥‥‥‥‥‥‥‥‥18, 19
カラスク文化‥‥‥‥‥31, 34, 36, 37, 52, 54, 133, 147
川越哲志‥‥‥‥‥‥‥‥‥‥‥‥‥‥‥247
川村佳男‥‥‥‥‥‥‥‥‥‥‥‥‥‥179, 193
干家庄遺跡‥‥‥‥‥‥‥‥‥‥‥‥‥‥146
『漢書』地理誌‥‥‥‥‥‥‥‥‥197, 219, 220
甘寧地域‥‥‥‥‥‥‥‥37, 133, 146, 147, 149
韓半島‥‥‥‥‥5, 6, 9～15, 17, 19～21, 31, 33, 39, 46, 47,
　　50～53, 69, 70, 72, 73, 77, 78, 80～82, 84, 86, 88,
　　90, 91, 93～101, 106, 114, 115, 117, 119, 120, 124,
　　125, 127～131, 134, 149, 151～153, 155, 160, 175,

198, 201, 202, 207～209, 214, 216, 219, 223, 224,
229, 232, 234, 237, 238, 241～245, 247～253, 255,
261, 264, 266, 267, 269, 270, 273, 274, 276～283,
288, 292, 293, 296

き

絹‥‥‥‥‥‥‥‥‥‥‥‥‥‥‥‥‥‥283
金一圭‥‥‥‥‥‥‥‥‥‥‥‥‥‥‥31, 54
木村誠‥‥‥‥‥‥‥‥‥‥‥‥‥‥‥‥219
九鳳里遺跡‥‥‥‥‥‥‥‥‥‥‥70, 243, 244
銎式戈‥‥‥‥‥‥‥‥‥‥‥‥60, 62, 64, 81
銎柄式銅剣系列‥‥‥‥‥34, 37～40, 44, 48, 52
銎柄平鋤‥‥‥‥‥‥‥‥‥‥‥261, 262, 264
喬梁‥‥‥‥‥‥‥‥‥‥‥‥‥‥‥‥‥134
曲柄銅剣系列‥‥‥‥‥‥‥‥‥‥‥‥‥36
玉牙璋‥‥‥‥‥‥‥‥‥‥‥‥‥‥203, 278
曲刃筒柄銅剣‥‥‥‥‥‥‥‥‥‥44, 46, 53
漁防洞遺跡‥‥‥‥‥‥‥‥‥‥‥‥‥‥47
金想民‥‥‥‥‥‥‥‥‥‥‥90, 292, 295, 300

く

グエン・ザン・ハイ‥‥‥‥‥‥163, 165, 174, 176
クズミナ‥‥‥‥‥‥‥‥‥‥‥‥‥‥‥66
靴形鉇‥‥‥‥‥‥‥‥‥‥‥‥‥‥‥‥203
軍都山遺跡‥‥‥‥‥‥‥‥‥‥‥‥‥‥146

け

戟‥‥‥‥‥‥‥‥‥‥‥60, 111, 165, 172, 189
戟状銅製品‥‥‥‥‥‥‥‥‥‥‥‥165, 172
月山里遺跡‥‥‥‥‥‥‥‥‥‥‥‥‥‥47
血槽‥‥‥‥‥‥‥‥‥‥‥‥72, 77, 79, 94, 96
肩甲形飾り板‥‥‥‥‥‥‥‥‥‥‥151, 153
硯谷里遺跡‥‥‥‥‥‥‥70, 73, 77, 80, 82, 84, 88
剣身‥‥‥‥36～39, 41, 44, 46, 48, 50, 53, 55, 56, 62, 114

こ

紅山後遺跡‥‥‥‥‥‥‥‥‥‥‥‥‥‥290
合松里遺跡‥‥‥‥‥‥‥‥‥‥237, 242, 244
荒地原第1遺跡‥‥‥‥‥‥‥‥‥‥‥‥216
甲元眞之‥‥‥‥‥‥‥‥‥36, 66, 267, 299
高麗寨遺跡‥‥‥‥‥‥‥‥‥‥17, 231, 261
ゴーミー遺跡‥‥‥‥‥‥‥‥‥‥‥‥‥165
ゴームン‥‥‥‥‥‥‥‥‥‥‥‥‥189, 193
骨製短剣‥‥‥‥‥‥‥‥‥‥‥‥‥‥‥40
孤山子遺跡（于道溝）‥‥‥51, 53, 84, 97, 99～101, 103,
　　105, 106, 108, 109, 113, 114, 117, 119, 125, 127～

129, 289

骨剣‥‥‥‥‥‥‥‥36, 37, 40, 48, 50, 54, 273

後藤直‥‥‥‥‥‥‥‥‥‥‥‥‥‥98, 101

五道河子遺跡‥‥‥‥‥‥‥147, 212, 294

小林行雄‥‥‥‥‥‥‥‥‥‥‥‥‥‥18

駒井和愛‥‥‥‥‥‥‥‥‥‥‥219, 279

コルヤコワ‥‥‥‥‥‥‥26, 28, 31, 64

近藤喬一‥‥‥‥‥11, 39, 69, 72, 88, 91

近藤義郎‥‥‥‥‥‥‥‥‥‥‥‥‥‥18

さ

細竹里遺跡‥‥‥‥‥‥‥17, 232, 234, 267

斎藤山遺跡‥‥‥‥‥‥‥‥‥18, 19, 21

サッカラー・コレクション‥‥‥‥‥‥135

佐野元‥‥‥‥‥‥‥‥‥17, 255, 261～263

佐原真‥‥‥‥‥‥‥‥‥‥‥‥‥‥299

サムロンセン貝塚‥‥‥‥‥‥‥‥‥175

山戎‥‥‥‥‥‥‥‥‥‥‥132, 134, 212

三角文系連続Ｚ字文系列‥‥‥124, 147, 274

三官甸遺跡‥‥‥‥‥63, 81, 97, 130, 147, 276

三汲古城‥‥‥‥‥‥‥‥‥‥‥‥21, 148

傘金溝遺跡‥‥‥‥58, 97, 100, 101, 103, 105, 106, 108,
109, 115, 117, 119, 294

『三国志』魏書‥‥‥‥‥‥‥‥‥‥‥209

し

潮見浩‥‥‥‥‥‥‥‥‥17, 18, 20, 261

鹿石‥‥‥‥‥‥‥‥‥‥‥‥‥‥31, 154

鹿形青銅製品‥‥‥‥‥‥‥134, 135, 146

史記‥‥‥‥‥‥‥96, 126, 207, 208, 211, 220

支石墓‥‥‥‥‥‥‥‥‥‥‥‥‥‥151

四川‥‥‥161, 177, 179, 189, 191～193, 196, 197, 199,
201, 202

設楽博己‥‥‥‥‥‥‥19, 253, 287, 299

下地安広‥‥‥‥‥‥‥‥‥‥‥‥‥216

車馬‥‥46, 93, 128, 129, 135, 145, 147, 148, 152～154,
201, 202, 209, 228, 274, 276, 278

獣形飾金具‥‥‥‥‥‥‥‥‥‥134, 138

獣形青銅製品‥‥‥‥‥‥‥‥‥134, 135

獣形帯鉤‥‥‥‥‥‥‥‥‥‥‥135, 144

十二台営子遺跡‥‥‥11, 46, 62, 63, 130, 147, 274

周向永‥‥‥‥‥‥‥‥‥‥‥‥‥‥291

朱永剛‥‥‥‥‥‥‥‥‥‥‥‥‥37, 46

朱開溝遺跡‥‥‥‥‥‥‥36, 37, 52～54

小営子遺跡‥‥‥‥‥‥‥‥‥‥40, 48

昭王‥‥‥‥‥‥70, 80, 95, 126, 207～209

松菊里遺跡‥‥‥‥‥‥‥‥‥‥91, 130

小黒石溝遺跡‥‥‥‥12, 33, 37～41, 44, 46, 47, 55, 56,
60～64, 66, 67, 73, 81, 274, 287, 290, 293

邵国田‥‥‥‥‥‥‥‥‥‥‥‥‥‥56

松山里遺跡‥‥‥‥‥‥‥234, 242, 246

象徴伝統‥‥‥‥‥‥‥‥‥‥‥52, 86

小銅鐸‥‥‥‥‥‥‥‥‥‥‥274, 291

小都嶺遺跡‥‥‥‥‥‥‥‥‥‥73, 81

上堡遺跡‥‥‥‥‥‥‥‥‥81, 229, 245

徐家溝遺跡‥‥‥‥‥‥‥‥‥‥‥58

白井克也‥‥‥‥‥‥‥‥‥‥‥20, 216

秦開‥‥‥‥‥11, 13, 207～210, 212, 254

新疆‥‥‥‥‥‥‥‥‥13, 26, 28, 30, 64

新疆アンドロノヴォ文化圏‥‥‥‥‥‥28

新里貴之‥‥‥‥‥‥‥218, 294, 295, 300

辛荘頭遺跡‥‥‥‥‥‥‥95, 97～99, 123

新昌洞遺跡‥‥‥‥‥‥‥267, 269, 296

新成洞遺跡‥‥‥‥‥‥‥‥‥‥82, 242

シンターシタ文化‥‥‥‥‥‥‥‥28, 64

信洞里遺跡‥‥‥‥‥‥‥‥‥‥‥242

秦舞陽‥‥‥‥‥‥‥‥‥‥‥209, 210

す

綏寧‥‥‥‥‥‥‥‥‥‥‥‥‥‥‥10

鋤板類‥‥‥‥‥‥‥262, 265, 266, 269

スキタイ文化‥‥‥‥‥‥‥31, 133, 134

スキトーシベリア‥‥‥‥‥‥‥‥‥133

杉原荘介‥‥‥‥‥‥‥‥‥‥‥‥‥18

スルビナヤ文化‥‥‥‥‥‥‥‥‥‥28

せ

成侯‥‥‥‥‥‥80, 96, 126, 127, 129, 130

斉国‥‥‥‥21, 221, 253, 269, 270, 283, 296

星星哨遺跡‥‥‥‥‥‥‥‥73, 77, 82

清川江‥‥‥17, 27, 96, 132, 218, 223, 224, 232, 234, 241,
242, 245, 247, 249～251, 253, 254, 280

川西高原‥‥‥‥‥‥14, 15, 160, 203, 278

成璟瑭‥‥‥‥‥‥‥‥‥‥‥‥‥‥99

セイマ・トルビノ‥‥‥‥‥28, 30, 64, 274

石槨墓‥‥‥‥‥‥‥‥‥41, 56, 58, 60

石寨山遺跡‥‥‥‥‥‥‥‥‥‥‥191

関野雄‥‥‥‥‥‥‥‥‥‥‥‥‥‥17

石戈‥‥‥‥‥5, 14, 36, 159, 203, 277, 278

節帯‥‥‥‥58, 60, 62, 64, 70, 72, 78, 79, 88, 90, 108, 116,
125, 130, 214, 261, 274

先アンドロノヴォ文化ホライズン‥‥‥‥28

索　引

全榮來‥‥‥‥‥‥‥‥‥‥‥‥‥‥11, 70, 94
山海経‥‥‥‥‥‥‥‥‥‥219, 279, 280, 282
戦士西漸モデル‥‥‥‥‥‥‥‥‥‥‥‥‥30
先スキタイ文化‥‥‥‥‥‥‥‥‥‥‥‥‥31
川西高原石棺墓文化‥‥‥‥‥‥‥‥203, 278

そ

双房遺跡‥‥‥‥12, 33, 40, 44, 48, 54, 82, 130, 273, 290
素環頭刀子‥‥‥‥‥‥‥‥‥‥‥‥‥‥248
ゾクチュア遺跡‥‥‥‥‥163, 173〜176, 196
双合笵‥‥‥‥‥19, 58, 227, 232, 237, 238, 240, 241
素素里遺跡‥‥‥‥‥‥‥238, 242, 243, 253
鑿‥‥‥‥56, 58, 106, 227, 228, 230〜232, 241, 242, 247, 250, 252
孫家溝遺跡‥‥‥‥‥‥‥‥‥‥‥‥‥‥44
曹建恩‥‥‥‥‥‥‥‥‥‥‥‥‥‥146, 156
ソンタイ遺跡‥‥‥‥‥‥‥‥‥‥‥‥192

た

大山嘴子遺跡‥‥‥‥‥‥‥‥‥44, 46, 291
大荒地遺跡‥‥‥‥‥‥‥‥‥‥‥‥‥‥36
大・小凌河流域‥‥‥‥‥12, 39, 46, 56, 69, 266, 274
太平湾街望江村‥‥‥‥100, 101, 103, 107, 115, 117, 119, 123, 125
大泡子遺跡‥‥‥‥‥‥‥‥‥‥‥‥‥‥44
タガール文化‥‥‥‥‥‥‥‥‥31, 133, 147
高倉洋彰‥‥‥‥‥‥‥‥‥‥‥‥‥‥247
高橋健自‥‥‥‥‥‥‥‥‥‥‥‥‥‥‥10
高濱秀‥‥‥‥‥‥‥‥‥‥‥‥10, 31, 133
武末純一‥‥‥‥‥‥‥‥‥‥‥‥116, 237
多鈕鏡‥‥‥‥58, 62, 63, 82, 86, 124, 125, 147, 148, 244, 274, 276, 291〜293
多鈕細文鏡‥‥‥‥‥‥‥‥10, 11, 70, 234
茶戸里遺跡‥‥‥‥‥‥‥‥‥‥‥‥‥241
単合笵‥‥‥‥‥‥‥‥‥237, 238, 240, 241
炭坊洞遺跡‥‥‥‥‥‥‥‥‥‥‥‥‥‥72

ち

チェルカスクル文化‥‥‥‥‥‥‥‥‥‥64
チェルヌイフ‥‥‥‥‥‥‥‥13, 26, 30, 31
中国外郭圏‥‥‥‥‥5, 9, 14, 15, 93, 159〜161, 163, 198, 202, 203, 277〜279, 282, 288, 299
中山国‥‥‥‥‥‥‥‥‥‥‥‥21, 148, 294
中趙甫遺跡‥‥‥‥‥‥‥‥‥‥‥‥‥148
鋳造鉄器‥‥‥‥13, 17〜21, 86, 88, 130, 203, 208, 211, 214, 216, 219〜224, 237, 238, 241, 245〜247, 249〜

251, 253, 261, 263, 269, 279, 280, 283, 288, 289, 292〜297
鋳造鉄斧‥‥‥‥19, 20, 91, 153, 214, 217, 249, 280, 296
張家坡遺跡‥‥‥‥‥‥‥‥‥‥‥‥‥‥66
長胡有翼銅戈‥‥‥‥‥‥‥‥‥‥‥‥193
長城地帯‥‥‥‥‥9, 10, 13, 14, 30, 34, 36〜38, 53, 79, 132〜134, 146, 155, 160, 212〜214, 221, 277, 281, 282, 297
趙鎮先‥‥‥‥‥‥‥‥‥‥‥‥‥‥‥‥99
朝鮮古蹟調査‥‥‥‥‥‥‥‥‥‥‥9, 69
朝鮮琵琶形銅矛系列‥‥‥‥73, 77, 80, 82, 84, 85
鳥装の戦士‥‥‥‥‥‥‥‥‥‥‥‥‥203
長蛇山遺跡‥‥‥‥‥‥‥‥‥73, 79〜81, 84
沈那遺跡‥‥‥‥‥‥‥‥‥‥‥‥‥‥‥30

つ

鶴崎遺跡‥‥‥‥‥‥‥152, 155, 212, 213, 277

て

Ｔ字形剣柄‥‥‥‥‥‥‥‥‥‥‥39, 46, 58
鄭家窪子遺跡‥‥‥‥50, 51, 62, 63, 77, 79, 81, 82, 84, 90, 117, 124, 125, 129, 130, 148, 242〜244, 274, 292, 293
甜水塔湾村‥‥‥‥‥‥‥‥‥‥‥‥50, 77
丁峰里遺跡‥‥‥‥‥‥70, 77, 80, 82, 84, 85, 116, 117
鉄製農具‥‥‥‥‥‥255, 261, 262, 264, 266, 267, 269, 272〜282
鉄鋌銅鏃‥‥‥‥‥‥225, 227, 228, 230〜232, 234
伝大田出土‥‥‥‥‥‥‥‥‥‥‥‥‥151

と

ドイダー遺跡‥‥‥‥‥‥‥‥‥187, 189, 193
東亜考古学会‥‥‥‥‥‥‥‥‥‥‥9, 17
童恩正‥‥‥‥‥‥‥‥‥‥‥‥14, 160, 161
東歓坨遺跡‥‥‥‥‥‥‥‥‥‥‥‥‥262
東胡‥‥‥‥‥‥‥‥‥‥‥‥‥‥208〜212
銅鼓‥‥172, 173, 175, 177, 192, 193, 196, 197, 202, 287
東西里遺跡‥‥‥‥‥‥124, 125, 151, 243, 244, 274
東大杖子遺跡‥‥‥‥101, 103, 106, 113〜115, 125, 128, 210〜212, 289
銅鐸‥‥‥‥33, 131, 149, 151, 159, 198, 202, 203, 274, 276
東沈村6号居住遺跡‥‥‥‥‥‥‥‥‥225
銅斧‥‥‥‥55, 56, 61〜63, 100, 107, 108, 116, 117, 125, 130, 175, 196, 237
動物意匠‥‥‥‥131, 133, 134, 138, 144〜149, 151〜156, 273, 277, 282, 294

索　引

動物紋飾 ……………………………………………134
銅鈴 ……………………………58, 165, 172〜174, 276
突帯文土器 …………………………………………18, 21
虎形帯鉤 …………………………………………135, 144
虎谷遺跡 …………………………………………232, 234
鳥居龍蔵 ………………………………………………9
鳥形帯鉤 …………………………135, 138, 143, 144, 146
ドンソン遺跡 ………………163, 174, 175, 189, 193, 196
ドンダウ文化 …………………………………………163, 174

な

内蒙古 ……10, 11, 13, 14, 25, 30, 33, 34, 36〜39, 41, 48,
　　52, 53, 55, 56, 62, 69, 94, 95, 132, 133, 145, 155, 156,
　　208, 212 〜 214, 229, 273, 274, 276, 289, 290, 293,
　　294, 300
中川原遺跡 ………………………………………216〜218
中村大介 ……………………………20, 40, 46, 238, 290
菜畑遺跡 ………………………………………………18
ナン遺跡 …………………………………179, 187, 189, 192
南山根遺跡 …12, 33, 39, 44, 55, 56, 60, 62, 63, 66, 73,
　　81, 88, 148, 153
南城里遺跡 ………………………………………151, 244
南洞溝遺跡 ………………………………62, 63, 81, 147
南陽里遺跡 ………70, 73, 77, 78, 82, 90, 237, 238, 242,
　　244, 245, 253, 261

に

西村昌也 …………………………………………163, 176
二条突帯 ………91, 221, 227, 228, 240, 241, 253, 261
新田栄治 …………175〜177, 179, 195, 197, 287, 299
如意洞遺跡 ………………………………………243, 244
二龍古城 ………………………………………………86

ぬ

ヌルルホ山……12, 37〜40, 44, 46, 47, 54〜56, 60, 69,
　　73, 130, 132, 146, 147, 266, 274, 276

ね

寧夏 …………………………………13, 133, 145, 212
熱水湯遺跡 …………………53, 56, 60, 62, 63, 73, 81
粘土帯土器 ……11, 13, 82, 90, 224, 242, 244, 267, 269

の

野島永 ……………18, 88, 91, 245, 249, 294, 295, 300
ノントゥンピーポン遺跡 ……………………………287, 299

は

白雲翔 ……………19, 21, 261〜264, 294, 296, 300
朴淳發 …………………………………………11, 290
橋本裕行 …………………………………………149
八河川鎮 ………90, 99〜101, 103, 196, 114, 115, 117,
　　119, 125, 291, 292
八ノ坪遺跡 ………………90, 153, 214, 276, 279
八垧地遺跡 ………………………………………73, 82
土生遺跡 …………………………………………267, 269
林巳奈夫 …………………………63, 66, 95, 148, 153
バラノヴォ文化 ……………………………………64
春成秀爾 ……12, 19, 33, 40, 48, 90, 97, 130, 134, 149,
　　151, 156, 253, 288〜294, 299, 300
バンカー ……………………133, 135, 138, 145, 146
半月形文化伝播 …………………………………14, 160
ハンゴン7B遺跡 …………………………………165
バンチェン遺跡 …………………………………175, 197

ひ

比恵遺跡 …………………………………………283
美松里遺跡 ………………………………………130
比来洞遺跡 ………………………………………290
平鍬 ………………………262, 263, 265〜267, 270
琵琶形 ……………………52, 70, 85, 86, 88, 90, 274
琵琶形銅剣 ……………………………………11, 77, 78
ビンバー遺跡 ……………………………………165

ふ

プーマイ遺跡 …………………………………165, 173, 176
フェドロヴォ文化 …………………………………28
副将（大付将）溝 ………………………………238, 296
藤尾慎一郎 ………………………………………299
藤田亮策 ………………………………………………9
武陽台村21号宮殿遺跡 ………………………………227
プレ・ヘーガーⅠ式銅鼓 …………………………192, 193
フングエン文化 …………………………………203, 278
分銅形斧 ……………………………………165, 172
文唐洞遺跡 ………………………………………243, 291
ブンバック遺跡 …………………163, 165, 174, 176

へ

ヘーガーⅠ式銅鼓 ………………175, 192, 193, 197
ベトナム南部青銅器文化 …………………………164, 175
ペトロフカ文化 ………………………………………28

327

ほ

方形柄孔‥‥‥‥‥‥‥‥‥‥‥267, 269, 283
方形袋状鋤先‥‥‥‥‥‥‥‥‥‥‥262, 264
炮手営子遺跡‥‥‥‥‥56, 60, 62, 73, 82, 130
杜正勝‥‥‥‥‥‥‥‥‥‥‥‥‥‥‥‥134
防牌形銅飾り‥‥‥‥‥‥‥‥‥‥‥‥‥134
牧羊城遺跡‥‥‥‥‥‥‥17, 218, 296, 297
細形系‥‥‥‥‥‥‥52, 81, 84～86, 88, 90, 274
細形銅剣‥‥‥‥10, 11, 13, 26, 34, 46, 50～52, 70, 72, 78,
　　84, 98, 106, 114, 116, 119, 120, 123～125, 244, 245,
　　273, 291
細形銅矛‥‥‥‥11, 13, 26, 52, 69, 70, 72, 77～82,
　　84～86, 88, 90, 91, 115, 116, 244, 276
北方青銅器‥‥‥‥5, 10, 14, 15, 90, 131, 133, 134, 144,
　　149, 151, 154～156, 159～161, 208, 212, 276, 278,
　　282

ま

曲り田遺跡‥‥‥‥‥‥‥‥‥‥‥‥18, 19
磨製石剣‥‥‥‥‥‥‥‥‥‥9, 39, 47, 50
馬庄遺跡‥‥‥‥‥‥‥‥‥‥‥‥‥‥146
又鍬‥‥‥‥‥‥‥‥‥‥263, 265, 267, 270
町田章‥‥‥‥‥‥‥‥‥‥‥‥34, 36, 39
松井千鶴子‥‥‥‥‥‥‥‥‥177, 179, 192
マックス・レール‥‥‥‥‥‥‥‥‥‥‥64
松本圭太‥‥‥‥‥‥‥‥‥‥‥13, 30, 36
万家覇遺跡‥‥‥‥‥‥‥‥‥‥‥191, 192
満州式銅剣‥‥‥‥‥‥‥‥‥‥‥‥‥11

み

三品彰英‥‥‥‥‥‥‥‥‥‥‥‥‥‥203
水野精一‥‥‥‥‥‥‥‥‥‥‥‥10, 133
三宅俊彦‥‥‥‥‥‥‥‥‥‥‥‥‥‥146
宮里修‥‥‥‥‥50, 69, 70, 72, 77, 78, 80, 82, 85, 90, 263,
　　291～293, 296, 300
宮原晋一‥‥‥‥‥‥‥‥‥‥‥‥‥‥18
宮本一夫‥‥‥‥14, 15, 30, 36, 38～40, 42, 44, 46, 50, 51,
　　63, 70, 72, 77～80, 82, 84, 90, 95～98, 100, 101,
　　107, 108, 113～117, 119, 124～126, 156, 160, 161,
　　203, 210, 218, 244, 267, 278, 280, 282, 283, 288～
　　296, 299, 300

む

無鋜柄細形銅矛系列‥‥‥‥‥‥‥‥‥‥79
無胡形銅戈‥‥‥‥‥‥‥‥‥‥‥‥‥36

村上恭通‥‥‥‥‥‥17, 19, 38, 39, 50, 237, 238, 240
村松洋介‥‥‥‥‥‥‥‥‥98, 123, 291, 300

め

明刀銭‥‥‥‥‥11, 216, 218, 219, 231～234, 252
メコン河‥‥‥‥163, 172, 175, 196～198, 201

も

毛慶溝遺跡‥‥‥‥‥‥‥‥‥‥‥‥‥145
木製琴‥‥‥‥‥‥‥‥‥‥‥‥‥‥‥213
木製農具‥‥‥‥20, 261, 263, 266, 267, 269, 281
元松原遺跡‥‥‥‥‥‥‥‥‥‥‥247, 248
森貞次郎‥‥‥‥‥‥‥‥‥‥‥‥‥‥11

や

矢負いの鹿‥‥‥‥‥‥‥‥‥‥‥‥‥153
冶金圏‥‥‥‥‥‥‥‥‥‥‥26, 28, 30, 31
弥屯里遺跡‥‥‥‥‥‥72, 73, 77, 78, 80, 82, 84, 88
山ノ神遺跡‥‥‥‥‥‥‥‥‥‥‥19, 223
山本達郎‥‥‥‥‥‥‥‥‥‥‥‥‥‥177
弥生絵画‥‥‥‥‥‥‥‥‥‥149, 153, 155
弥生時代‥‥‥‥‥5, 6, 9, 10, 12, 14, 18～20, 26, 90, 98, 127,
　　131, 149, 151, 155, 159, 198, 202, 203, 207, 208, 213,
　　214, 216, 219, 220, 223, 245～247, 249, 250, 252,
　　253, 276, 279, 281, 282, 287, 288, 300

ゆ

有柄銅剣系列‥‥‥‥‥‥‥‥‥‥34～38, 52
有角石器‥‥‥‥‥‥‥‥5, 14, 159, 203, 277
遊環付双鈕脛当て形飾り板‥‥‥‥‥‥‥‥151
遊環付の異形青銅器‥‥‥‥‥‥‥‥‥‥151
ユーラシア東部‥‥‥9, 28, 31, 33, 35, 52, 133, 153
八日市地方遺跡‥‥‥‥‥‥‥‥‥214, 280

よ

楊建華‥‥‥‥‥‥‥‥‥‥‥‥‥134, 146
羊甫頭遺跡‥‥‥‥‥‥‥‥‥191～193, 196
葉脈文銅矛系列‥‥‥‥‥‥‥78, 84, 85, 101, 11
横鍬‥‥‥‥‥‥‥‥‥‥‥‥263, 265, 267
吉武高木遺跡‥‥‥‥‥‥‥‥‥‥‥‥282
吉田広‥‥‥‥‥‥‥‥‥‥‥‥‥‥‥88
吉野ヶ里遺跡‥‥‥‥‥‥153, 214, 248, 249, 276

ら

楽浪郡‥‥‥‥5, 10, 20, 98, 220, 224, 249, 273, 296
楽浪系土器‥‥‥‥‥‥‥‥‥216, 217, 297

328

索　引

楽浪土城 ……………………………………218

り

李榮文 …………………………………………50
李家山遺跡 …………………………191, 193
梨花洞遺跡 ……………………………………242
李家堡遺跡 ………………………47, 73, 81, 82
李健茂 ……………………50, 70, 78, 234, 237
李昌熙 ……………………………………………244
李スンジン ……………………………………17
李清圭 …………………………………………11, 70
李南珪 ……………………………………………241
龍淵洞遺跡……219, 232, 234, 237, 238, 240, 241, 247,
　248, 253, 261, 263, 267, 293
劉家哨遺跡 ………………………………78, 84, 148
柳林高紅遺跡 ………………37, 48, 64, 81, 274
梁家営子遺跡 ……96, 97, 103, 106, 108, 109, 117, 119
凌河文化地域 ……………………132, 147, 149
遼西 ……12〜15, 17, 33, 34, 37〜40, 44, 46〜48, 50, 51,
　53〜56, 60, 63, 64, 66, 67, 69, 72, 73, 79, 81, 85, 86,
　88, 90, 93, 95〜101, 106, 107, 114, 115, 117, 119,
　124, 126〜130, 132, 147, 152, 160, 198, 201〜203,
　209〜211, 214, 219, 223, 229, 230, 238, 240, 241,
　249〜251, 253〜267, 269, 273, 274, 276, 278, 280,
　282, 288〜290
遼西式銅戈 ………………13, 94, 98〜101, 129, 289
遼西柳葉形銅矛系列…………37, 38, 60, 63, 66, 73, 81
遼東 ………12, 13, 15, 17, 20, 33, 38〜40, 44, 46〜55,
　60, 69, 72, 73, 80〜82, 84〜86, 88, 90, 93, 99〜101,
　103, 106, 114, 115, 117, 119, 123〜125, 127〜130,
　132, 147, 148, 152, 160, 201, 203, 208, 209, 211,
　214, 217 〜 219, 223, 229, 231, 234, 238, 240, 241,
　247, 249〜252, 254〜257, 259, 273, 274, 276, 278,
　280, 282, 289〜292, 296
遼東柳葉形銅矛系列 ……………………………73, 81
遼寧 ……5, 6, 10, 11, 13, 14, 17, 20, 21, 25, 33, 34, 36,
　37, 39, 53, 55, 58, 60, 63, 69, 72, 73, 77, 78, 80〜
　82, 88, 90, 93, 94, 96〜98, 100, 103, 105〜107,
　116, 119, 129, 131, 132, 134, 147, 148, 152, 153,
　160, 207〜212, 214, 223〜225, 229, 230, 232, 240,

241, 250〜252, 255, 261, 263, 269, 274, 276, 277,
　279〜282, 287〜297, 300
遼寧式銅戈 ……5, 13, 55, 58, 85, 93, 94, 96, 101, 103,
　105〜115, 117, 119〜130
遼寧式銅戈遼西系列………13, 93, 101, 103, 107, 117,
　127, 274
遼寧式銅戈遼東系列…13, 93, 101, 103, 106, 117, 123,
　125, 128, 274
遼寧式銅剣 ……33, 34, 38, 40, 41, 44〜54, 58, 60, 72,
　76〜78, 81, 82, 84〜86, 88, 93, 97, 99, 100, 103〜
　105, 108〜111, 114〜116, 124, 125, 127, 128, 130,
　148, 209 〜 211, 242, 244, 245, 273, 274, 279, 283,
　289〜294
遼寧式銅矛 …………55, 58, 60, 70, 72, 73, 84
遼寧青銅器文化 ……5, 9〜11, 14, 15, 25, 55, 69, 72,
　130, 134, 151, 152, 159〜161, 175, 203, 273, 274,
　276〜278, 281〜283
遼寧琵琶形銅矛系列 ………………60, 73, 84, 85
遼寧細形銅矛系列 ………………79, 80, 84〜86
林澐 ………………………………………………12

る

琉璃河遺跡 ……………………………………289
ルンホア遺跡 …………………………203, 278

れ

歴博(国立歴史民俗博物館)……12, 13, 19, 33, 97, 98,
　127, 283, 287〜290, 299, 300
蓮花堡遺跡 ………………230, 240, 241, 253, 292
蓮花堡類型 …………………………………17, 253

ろ

郎井村10号工房遺跡 ………225, 227, 234, 264
老虎山遺跡 …………………………………230, 241
楼上遺跡 …………………………………………47
ロンザオ遺跡 …………163, 173〜175, 177, 179, 187,
　195〜197, 299

わ

湾柳街遺跡 ……………………………………48, 52, 291

329

小林　青樹（こばやし　せいじ）

略歴
1966 年群馬県に生まれる。國學院大學文学部史学科卒業。國學院大學大学院文学
研究科博士課程後期日本史学専攻満期退学。岡山大学埋蔵文化財調査研究センター
助手、國學院大學栃木短期大学専任講師、同助教授、同准教授、同教授を経て、
現在奈良大学文学部文化財学科教授。
博士（文学）：九州大学大学院人文科学府

主要著書
2008 年　『弥生時代の考古学』第 7 巻　儀礼と権力　同成社　共著
2009 年　『弥生時代の考古学』第 5 巻　食糧の獲得と生産　同成社　共著
2015 年　『十二支になった動物たちの考古学』新泉社　共著
2017 年　『倭人の祭祀考古学』新泉社　単著

弥生文化の起源と東アジア金属器文化

2019 年 3 月 15 日　第 1 版第 1 刷

著　者　小　林　青　樹
発行者　白　石　タ　イ

発行所　株式
　　　　会社　塙　書　房

〒113
-0033　東京都文京区本郷 6 丁目 8-16
　　　　電　話　03（3812）5821
　　　　ＦＡＸ　03（3811）0617
　　　　振　替　00100-6-8782

検印廃止

亜細亜印刷・弘伸製本

定価はケースに表示してあります。落丁本・乱丁本はお取替えいたします。
Ⓒ Seiji Kobayashi 2019 Printed in Japan　　ISBN978-4-8273-1305-5　C3021